Wahrung von Gläubigerinteressen in der Gesellschaftskrise

Europäische Hochschulschriften
Publications Universitaires Européennes
European University Studies

**Reihe II**
**Rechtswissenschaft**

Série II Series II
Droit
Law

**Bd./Vol. 3592**

PETER LANG
Frankfurt am Main · Berlin · Bern · Bruxelles · New York · Oxford · Wien

Christine Höhn

# Wahrung von Gläubigerinteressen in der Gesellschaftskrise

## Eine rechtsvergleichende Studie zu zivilrechtlichen Instrumenten bei der Fortführung einer Krisen-GmbH

PETER LANG
Europäischer Verlag der Wissenschaften

**Bibliografische Information Der Deutschen Bibliothek**
Die Deutsche Bibliothek verzeichnet diese Publikation in der Deutschen Nationalbibliografie; detaillierte bibliografische Daten sind im Internet über <http://dnb.ddb.de> abrufbar.

Zugl.: Tübingen, Univ., Diss., 2002

D 21
ISSN 0531-7312
ISBN 3-631-50559-0



www.peterlang.de

***Meinen Eltern***

***und***

***Mick und Keith***

## Vorwort

Danken möchte ich meinem Doktorvater, Professor Dr. Harm Peter Westermann, der diese Arbeit angeregt und betreut hat. Professor Dr. Georg Sandberger danke ich für die Erstellung des Zweitgutachtens. Ein warmer Dank geht an meine Tante, Gry Sæther, und meine Freunde Eldrid und Arne Lervik, Béatrice und Grégory Gannieux, Eliane und Jean-Sulvain Bourgenot für die Gastfreundschaft während meiner Forschungsarbeiten in Oslo und Paris. Besonderen Dank schulde ich dem *institutt for privatrett* der Universität Oslo für die freundliche Aufnahme im Institut und Dr. Kristin Normann Aarum für wertvolle Anregungen. Danken möchte ich auch Daniel Raiser für das Korrekturlesen des Manuskripts.

Stuttgart, den 26. Juli 2002

Christine Höhn

## INHALTSÜBERSICHT

## INHALTSVERZEICHNIS

# Einleitung

Eine Gesellschaft befindet sich in einer wirtschaftlichen Krise, wenn ihre Geschäftstätigkeit wesentliche Verluste verzeichnet und das Gesellschaftsvermögen nicht mehr ausreicht, um die Forderungen der Gläubiger vollständig und ordnungsgemäß erfüllen zu können[1]. Sollte sich die Gesellschaft nicht mehr erholen, wird über ihr Vermögen das Insolvenzverfahren eröffnet. Im Insolvenzverfahren fallen die Gesellschaftsgläubiger mit ihren Forderungen teilweise oder gar ganz aus. In den meisten Fällen wird sogar ein Insolvenzverfahren gar nicht stattfinden, da das Gesellschaftsvermögen nicht einmal ausreicht, um die Kosten des Verfahrens zu decken.
Nun ist auch für die Gesellschaftsgläubiger mit jedem unternehmerischen Handeln das Risiko verbunden, einen Verlust zu erleiden. Die Dinge nehmen jedoch eine entscheidende Wende, wenn ein Unternehmen klar in seiner Existenz bedroht oder sogar der Insolvenz bereits geweiht ist. Stellt die Gesellschaft ihre Tätigkeit nicht ein, sind neu hinzukommende Gläubiger einer Gefahr ausgesetzt, die das übliche Maß unternehmerischen Risikos bei weitem überschreitet. Die hohe Verlustgefahr, die sie eingehen, könnte nur dadurch gerechtfertigt sein, daß sie sich ihr bei Kenntnis der wahren Vermögenslage der Gesellschaft freiwillig ausgeliefert haben. Dann sind ihre Interessen gegebenenfalls anders als sonst nicht auf Gewinnerzielung, sondern darauf gerichtet, Rettungsversuche der Gesellschaft zu unterstützen. Möglich ist auch, daß sie sich vor dem drohenden Verlust besonders absichern konnten. Für die bereits vor der Krise vorhandenen Gläubiger hat sich die Situation ebenfalls entscheidend geändert. Ihre Interessen sind jetzt darauf gerichtet, daß sich ihre Befriedigungsaussichten nicht weiter verschlechtern. Wird die verlustbringende Geschäftstätigkeit lange aufrecht erhalten, wird das noch vorhandene Gesellschaftsvermögen weiter vermindert, wodurch die Konkursquoten absinken.

Alle hier untersuchten Rechtsordnungen haben rechtliche Lösungen entwickelt, um die Gesellschaftsgläubiger vor Gefahren aus der Fortführung einer defizitären Unternehmenstätigkeit zu schützen. Ziel dieser Arbeit ist es, neben der deutschen Lösung auch Rechtsinstrumente anderer Länder vorzustellen. Ausgewählt wurde zunächst die österreichische Rechtsordnung. Sie hat zwar die gleichen Ansätze wie das deutsche Recht gewählt. Inwieweit sich die Lösungen aber tatsächlich entsprechen, soll in dieser Arbeit untersucht werden. Weiter werden

---

[1] *K. Schmidt / Uhlenbruck / Maus*, GmbH in Krise, Sanierung und Insolvenz, S. 2 Rn. 3.

die Instrumente Englands und Frankreichs dargestellt. Das englische Recht ist für diese Untersuchung von besonderem Interesse, da es mit den Bestimmungen zum *wrongful trading* für die Fortführung einer Krisengesellschaft einen eigenständigen Tatbestand bereithält. In Frankreich trifft die Geschäftsführer im Insolvenzverfahren der Gesellschaft eine Ausfallhaftung, wenn sich herausstellt, daß ein Geschäftsführungsfehler zur Unterdeckung des Gesellschaftsvermögens geführt hat, sog. *action en comblement du passif*. In dieser Arbeit soll geklärt werden, inwieweit sie auch bei der Fortführung einer Krisengesellschaft zur Anwendung kommt. Schließlich werden noch die Lösungen der skandinavischen Staaten Schweden, Norwegen und Dänemark vorgestellt. Rechtsvergleichende Untersuchungen zu diesen Rechtsordnungen sind nicht nur selten. Für diese Untersuchung sind sie von besonderem Interesse, weil sie wiederum ganz andere Lösungen entwickelt haben. Das dänische und norwegische Recht einerseits haben aus ihren Deliktsrechten Lösungen entwickeln können. Das schwedische Recht hat demgegenüber wieder einen ganz anderen Ansatz gewählt. Danach trifft Geschäftsleiter eine weitgehende Haftung, wenn sie die nach wesentlichem Verlust des Stammkapitals zu ergreifenden Handlungspflichten nicht erfüllt haben. Diese Regelung geht weit über das in Art. 17 der 2. europäischen Gesellschaftsrichtlinie (Kapitlarichtlinie) Geforderte hinaus.
Nach einem einleitenden Teil, der Aufschluß darüber geben soll, wo eine Lösung ansetzen kann und auf einzelne mit dem jeweiligen Ansatz verbundene Probleme hinweist, folgen die Länderberichte, in denen die gefundenen Lösungen für sich ausführlich dargestellt werden. In Deutschland und Österreich kommt den Regeln zum Eigenkapitalersatz besondere Bedeutung zu. Daher wird für jede weitere Rechtsordnung hinterfragt, ob sie ein dem Eigenkapitalersatzrecht vergleichbares Instrument bereit hält. Nach den Länderberichten folgt ein Gesamtvergleich der gefundenen Instrumente.

Im Rahmen der Länderberichte wird für jede Lösung danach zu fragen sein, welches Stadium die Gesellschaftskrise erreicht haben muß, damit sie ihre Wirkungen entfaltet. Möglich ist, daß Konkursreife vorausgesetzt wird. Andererseits ist auch denkbar, daß bereits ein früherer Zeitpunkt genügt. Bei rechtlicher Würdigung[2] befindet sich ein Unternehmen nicht erst in der Krise, wenn es konkursreif ist. Nur so kann erklärt werden, daß bereits bei rezessiver Unternehmensentwicklung, aber schon vor Insolvenz bestimmte Verhaltenspflichten für die Gesellschaft aufgestellt werden[3]. Die Insolvenz ist vielmehr nur die Un-

---

2 Unter einem Krisenunternehmen versteht die Betriebswirtschaft, daß das Unternehmen in seiner Existenz bedroht ist, wobei die Krise mit der negativen Abweichung von der angestrebten Entwicklung beginnt, *K. Schmidt / Uhlenbruck / Maus*, GmbH in Krise, Sanierung und Insolvenz, S. 1.

3 vgl. *Braun / Uhlenbruck*, Unternehmensinsolvenz, S. 56 f. Für das deutsche Recht ist etwa zu denken an das Ausschüttungsverbot nach § 30 Abs. 1 GmbHG ab Unterbilanz.

ternehmenskrise im insolvenzrechtlichen Sinn. Regelmäßig hat das Unternehmen das Krisenstadium aber schon vor der Insolvenz betreten[4]. Jede Rechtsordnung kann andere Momente festlegen, um eine für den Gläubigerschutz relevante Unternehmenskrise anzunehmen. Möglich ist auch, daß eine Rechtsordnung mehrere Instrumente bereitstellt, die zu unterschiedlichen Zeitpunkten eingreifen[5].

Für jedes Rechtsinstrument wird weiter danach zu fragen sein, ob damit eine Haftung der Gesellschafter oder der Geschäftsführer begründet wird. Darüber hinaus wird es auch darauf ankommen, ob der Verantwortliche gegenüber der Gesellschaft oder direkt gegenüber den Gesellschaftsgläubigern haftet und wer berechtigt ist, die Ansprüche gegebenenfalls geltend zu machen.

---

4 *K. Schmidt / Uhlenbruck / Maus*, GmbH in Krise, Sanierung und Insolvenz, S. 1f. Der BGH ist der Auffassung, daß *„ein Bedürfnis, die Gläubiger durch zusätzliche Zugriffsmöglichkeiten zu schützen,* [...] *ab Insolvenznähe besteht"*, BGH NJW 94, 2221; zust. etwa *Bork*, ZGR 1995, 505, 508.

5 So greifen nach deutschem Recht die Eigenkapitalersatzregeln bereits ab Kreditunwürdigkeit ein, während die Schadensersatzhaftung des Geschäftsführers wegen Insolvenzverschleppung die Konkursreife der Gesellschaft voraussetzt.

## 1. Teil: Die unterschiedlichen Lösungsansätze

Werden Krisengesellschaften zu Lasten der Gesellschaftsgläubiger fortgeführt, setzen zivilrechtliche[6] Instrumente der untersuchten Rechtsordnungen entweder bei der mangelnden Eigenkapitalausstattung der Gesellschaft oder einer persönlichen Haftung der Geschäftsleiter wegen Fehlverhaltens in der wirtschaftlichen Krise an.

### A. Erster Ansatz: Unterkapitalisierung

Die untersuchten Rechtsordnungen verlangen für die Gründung einer GmbH allenfalls ein gesetzlich festgesetztes Mindestkapital. Die zwingend vorgesehene Untergrenze besteht ohne Rücksicht darauf, welchen Unternehmenszweck die Gesellschaft anstrebt[7]. Damit gewährleisten die Gesellschaftsrechte kein im Verhältnis zum Geschäftszweck oder Geschäftsumfang angemessenes anfängliches Eigenkapital. Dies wird am deutlichsten bei der englischen Rechtsordnung, die nicht einmal einen Mindestbetrag für das Startkapital voraussetzt[8].
Nach Aufnahme der Geschäfte ist die Gesellschaft ebensowenig dazu verpflichtet, Eigenmittel in einem hinreichenden Umfang bereitzustellen. Eine Ausnahme könnte allenfalls für die norwegische Rechtsordnung gelten: Der norwegische Gesetzgeber hat 1997 im Zuge der grundlegenden Aktienrechtsreform eine auf den ersten Blick für das Kapitalgesellschaftsrecht revolutionär erscheinende Regelung eingeführt. Gem. § 3-4 des norwegischen Aktiengesetzes (*aksjeloven*, ASL) hat die Gesellschaft *„zu jeder Zeit über ein Eigenkapital zu verfügen, das zum Risiko und Geschäftsumfang der Gesellschaft angemessen ist*". Diese Regelung ist für den vorliegenden Untersuchungsgegenstand von besonderem In-

---

6 In Betracht kommt auch, durch die Aufstellung strafrechtlicher Normen in die Fortführung von Krisenunternehmen einzugreifen (vgl. § 84 GmbHG). Die Androhung von Strafe kann den Einzelnen noch mehr als die Befürchtung einer zivilrechtlichen Haftung davon abhalten, gegen gesetzliche Pflichten, die in wirtschaftlicher Krise bestehen, überhaupt erst zu verstoßen. Andererseits setzt die bevorstehende Insolvenz kriminelle Energie gerade frei. Die strafrechtliche Ahndung von Verstößen gegen die hier zu behandelnden Geschäftsführerpflichten jedoch wird in dieser Arbeit nicht untersucht.

7 *K. Schmidt*, Gesellschaftsrecht, § 9 IV 4 a.

8 *Behrens / Behrens*, GmbH im internationalen und europäischen Gesellschaftsrecht, Großbritannien, S. 857 f. Rn. GB / NI / El 16; *Davies*, AG 1998, 346, 353 f.

teresse und wird daher im Rahmen der Darstellung der norwegischen Rechtslage ausführlich behandelt.

Da eine angemessene Eigenkapitalausstattung nicht gefordert wird, reichen die Eigenmittel der Gesellschaft häufig entweder von Anfang an oder nach Aufnahme des Geschäftsbetriebs nicht aus, um den nach Art und Umfang der Geschäftstätigkeit bestehenden Finanzbedarf zu decken. Die Gesellschaft ist unterkapitalisiert. Häufig decken die Gesellschafter das Kapitaldefizit durch finanzielle Mittel aus ihrem Privatvermögen ab und stellen so der Gesellschaft die erforderlichen Mittel zur Verfügung. Dies geschieht allerdings nur in der Form von Fremdmitteln, so daß die Gesellschafter selbst zu Gläubigern der Gesellschaft werden[9]. In Frage kommen insbesondere Gesellschafterdarlehen oder die Gewährung von Gesellschaftersicherheiten für Darlehen außenstehender Kreditgeber. Hier stellt sich die Frage, ob derartige Gesellschaftermittel einer Sonderbehandlung unterfallen können.

## I. Mit Gesellschaftermitteln ausgestattete Gesellschaft

### 1. Eigenkapitalersatzrecht in Deutschland und Österreich

Die Gesellschafter einer GmbH sind über ihre Einlage hinaus nicht dazu verpflichtet, der Gesellschaft finanzielle Mittel zuzuführen. Dies gilt insbesondere auch in Zeiten wirtschaftlicher Krisen. Auch dann besteht keine Pflicht, etwa Nachschüsse oder dergleichen leisten zu müssen[10]. Es steht den Gesellschaftern frei, sich für oder gegen eine Finanzierung der Gesellschaft zu entscheiden, welcher Art diese sein soll und wie hoch (Grundsatz der Finanzierungsfreiheit)[11]. Gewähren die Gesellschafter ihrer Gesellschaft Kapitalhilfen, wird in Deutschland und Österreich die Finanzierungsfreiheit der Gesellschafter jedoch in der Gesellschaftskrise unter bestimmten Voraussetzungen zugunsten der Gesellschaftsgläubiger eingeschränkt. Dies geschieht mit den Regeln über das Eigenkapitalersatzrecht[12]. Das Eigenkapitalersatzrecht erfaßt Darlehen oder ande-

---

9 *Hachenburg / Ulmer* Anh. § 30 GmbHG Rn. 21 nennt diesen Fall der Unterkapitalisierung „nominelle Unterkapitalisierung". Krit. zum Begriff der nominellen Unterkapitalisierung: *K. Schmidt,* Gesellschaftsrecht, § 9 IV a; *ders.* in *Scholz* §§ 32 a, b GmbHG Rn. 3

10 vgl. etwa BGHZ 90, 381, 389.

11 BGHZ 76, 326, 335; BGHZ 104, 33, 40; *Scholz / K. Schmidt* §§ 32 a, b GmbHG Rn. 4; *Henze*, Höchstrichterliche Rechtsprechung zum GmbH-Recht, S. 179.

12 §§ 30, 31 analog, 32 a, 32 b GmbHG, 135 InSO, 6 AnfG für Deutschland, §§ 74, 83 öGmbHG analog für Österreich.

re Kapitalhilfen, welche die Gesellschafter der GmbH gewährt haben, nachdem diese konkursreif war oder von Dritten keine Kredite mehr zu marktüblichen Bedingungen erhalten konnte. Die formal als Fremdkapital gewährten Gesellschafterleistungen werden in haftendes Eigenkapital der Gesellschaft umqualifiziert und dienen so der Befriedigung der Gesellschaftsgläubiger. Im Insolvenzverfahren können die Gesellschafter ihre Rückzahlungsansprüche allenfalls als letztrangige Insolvenzgläubiger geltend machen[13]. Die Umqualifizierung von Gesellschafterleistungen in Eigenkapital ermöglicht den Gesellschaftsgläubigern jedoch nicht, die darleihenden Gesellschafter direkt in Anspruch zu nehmen[14]. Die Rechtsfolgen, die das Eigenkapitalersatzrecht für die Behandlung der Gesellschaftermittel anordnet, betreffen das Innenverhältnis zwischen der Gesellschaft und dem Gesellschafter[15]. Die mögliche Belastung der Gesellschafter beschränkt sich darauf, daß die über die Einlage hinaus zugeführten Mittel zur Befriedigung der Gesellschaftsgläubiger bereitgestellt werden. Eine darüber hinausgehende Haftung mit dem Privatvermögen kann die Finanzierung einer unterkapitalisierten Gesellschaft nicht begründen[16]. Hat der Gesellschafter Mittel zurückerhalten, die aufgrund der Eigenkapitalersatzregeln an sich nicht hätten zurückgewährt werden dürfen, hat er diese zu erstatten. Die Erstattungsansprüche sind außerhalb eines Insolvenzverfahrens von dem Geschäftsführer, im Insolvenzverfahren vom Insolvenzverwalter geltend zu machen[17]. Der Gesellschafter hat die unrechtmäßigerweise erhaltenen Beträge in das Gesellschaftsvermögen bzw. die Insolvenzmasse zu leisten. Die eigenkapitalersetzenden Gesellschaftermittel kommen somit allen Gläubigern einheitlich zugute. Ein einzelner Gesellschaftsgläubiger kann den Erstattungsanspruch der Gesellschaft außerhalb eines Insolvenzverfahrens nur dann geltend machen, wenn er zur Vollstreckung eines gegen die Gesellschaft erwirkten Titels den der Gesellschaft gegen ihren Gesellschafter zustehenden Erstattungsanspruch pfändet und sich zur Einziehung überweisen läßt, §§ 829, 835 ZPO[18].
Bis auf Österreich hat keine der hier untersuchten Rechtsordnungen ein dem deutschen Eigenkapitalersatzrecht vergleichbares Rechtsinstitut. Österreich hat das deutsche Eigenkapitalersatzrecht im Grundsätzlichen übernommen[19]. In die-

---

13 vgl. für die deutsche Rechtslage §§ 32 a Abs. 1 GmbHG, 39 Abs. 1 Nr. 5 InSO.

14 BGHZ 68, 312, 319; BGHZ 81, 311, 317; *K. Schmidt*, Gesellschaftsrecht, § 9 IV 1 b; *Stimpel*, FS Goerdeler, S. 601, 613.

15 vgl. BGHZ 68, 312, 319; *Scholz / K. Schmidt* §§ 32 a, b GmbHG Rn. 14.

16 vgl. BGH NJW 1994, 2220, 2221.

17 *Lutter / Hommelhoff* §§ 32 a/b GmbHG Rn. 16, 100; *Scholz / K. Schmidt* §§ 32 a, b GmbHG Rn. 81.

18 vgl. BGHZ 68, 312, 319.

19 in Analogie zu §§ 74, 83 öGmbHG.

ser Arbeit wird jedoch hinterfragt, inwieweit sich das deutsche und österreichische Eigenkapitalersatzrecht tatsächlich entsprechen. Die griechische Rechtsordnung kennt immerhin ein Sonderrecht für Gesellschafterdarlehen, das in einem Exkurs untersucht und mit dem Eigenkapitalersatzrecht verglichen wird.

## 2. Rechtfertigungsargumente zum Eigenkapitalerstzrecht

Aus der Sicht des Gesellschafters sprechen gesellschaftsrechtliche, wirtschaftliche und steuerrechtliche[20] Gründe dafür, eine Fremdfinanzierung gegenüber der Kapitalerhöhung vorzuziehen[21]. Grundsätzlich wird diese Art der Unternehmensfinanzierung auch nicht beanstandet. Das Eigenkapitalersatzrecht setzt die formal als Fremdkapital gewährten Mittel jedoch im Interesse des Gläubigerschutzes dem Risiko aus, wie Eigenkapital behandelt zu werden[22]. Um diese Einschränkung der Finanzierungsfreiheit zu rechtfertigen, hatte der BGH in seiner Grundentscheidung vom 14.12.1959[23] noch das Verbot des widersprüchlichen Verhaltens (§ 242 BGB) angeführt[24]. Wer einer notleidenden GmbH bloß Fremdmittel gewährt, um ihren Konkurs abzuwenden, setze sich zu seinem Verhalten in Widerspruch, wenn er sie abzieht, bevor der damit verfolgte Zweck erreicht ist[25]. In der Folge hat der BGH ein ganzes Bündel an Argumenten entwickelt. Er berief sich insbesondere darauf, die Gesellschafter erhielten die GmbH durch die für sie weniger riskant scheinende Finanzierungsform künstlich am Leben[26]. Weiter dürften die Gesellschafter das von ihnen übernommene Finanzierungsrisiko nicht auf die Gesellschaftsgläubiger abwälzen[27]. Darüber hinaus verfügten die Gesellschafter im Vergleich zu den gesellschaftsfremden Gläubigern aufgrund ihrer besseren Einblicke in die internen Vorgänge der Gesellschaft über einen Informationsvorsprung, so daß sie auf dem Rücken der anderen Gläubiger spekulieren könnten[28]. Schließlich ließen die Gesell-

---

20 zur Behandlung eigenkapitalersetzender Leitungen im Steuerrecht vgl.: *Wassermeyer*, ZGR 1992, S. 639 ff.

21 BGHZ 76, 326, 330.

22 vgl. *Scholz / K. Schmidt* §§ 32 a, b GmbHG Rn. 2, 4.

23 BGHZ 31, 258.

24 ablehnend gegen den Gedanken des widersprüchlichen Verhaltens zur Begründung einer Eigenkapitalersatzfunktion: *Scholz / K. Schmidt* §§ 32 a, b GmbHG Rn. 9.

25 BGHZ 31, 258, 272.

26 BGHZ 75, 334, 337.

27 BGHZ 75, 334, 336 f.; BGHZ 76, 326,329.

28 BGHZ 90, 381, 388.

schafter durch ihre Fremdmittel den Anschein entstehen, die Gesellschaft sei ausreichend mit Eigenkapital ausgestattet[29].
In seinem Urteil vom 26.03.1984[30] führt der BGH aus, alle Überlegungen, mit denen sich die Eigenkapitalersatzregeln rechtfertigen ließen, könnten auf den Gedanken der Finanzierungsverantwortung der Gesellschafter zurückgeführt werden. Den Gesellschafter treffe[31]:

> „*die Verantwortung ... für eine ordnungsgemäße Unternehmensfinanzierung, die ihn in der Krise zwar nicht positiv verpflichtet, fehlendes Kapital aus seinem Vermögen nachzuschießen, der er sich aber nicht in der Weise zum Nachteil der Gläubiger entziehen kann, daß er bei einer tatsächlich beabsichtigten Finanzhilfe, anstatt sie durch die objektiv gebotene Einbringung haftenden Kapitals zu leisten, auf eine andere, ihm weniger riskant erscheinende Finanzierungsform ausweicht.*

Möglicherweise, um dem Vorwurf zu begegnen, der Begriff der Finanzierungsverantwortung suggeriere ein Gebot, die Gesellschaft mit dem notwendigen Kapital auszustatten[32], ist der BGH seit seiner Entscheidung vom 07.11.1994[33] unter Beifall des Schrifttums[34] dazu übergegangen, von einer Finanzierungs*folgen*verantwortung zu sprechen[35]. Die Gesellschafter hätten die Verantwortung für die Folgen ihrer in der Gesellschaftskrise getroffenen Finanzierungsentscheidung zu tragen[36]. Der Begriff der Finanzierungs*folgen*verantwortung soll treffender bezeichnen, daß es darum geht, den Gesellschafter gegebenenfalls an den Folgen seines Finanzierungsverhaltens in der Gesellschaftskrise festzuhal-

---

29 BGHZ 90, 381, 388.

30 BGHZ 90, 381, 389.

31 BGHZ 90, 381, 389.

32 vgl. *v. Gerkan*, ZGR 1997, 173, 176.

33 BGHZ 127, 336 = BGH ZIP 1994, 1934 m. Anm. *Altmeppen*.

34 s. schon *Wiedemann*, ZIP 1986, 1293, 1297; *Altmeppen*, ZIP 1996, 1455, 1455 (jedoch grundsätzlich kritisch gegenüber den Eigenkapitalersatzregeln); *v. Gerkan*, ZGR 1997, 173, 177; *Scholz / K. Schmidt* §§ 32 a, b GmbHG Rn. 4; *Lutter / Hommelhoff* §§ 32 a/b GmbHG Rn. 5; *Pape / Voigt*, DB 1996, 2113, 2113.

35 ausführlich zu den Begriffen der Finanzierungs- und Finanzierungsfolgenverantwortung vgl.: *Scholz / K. Schmidt* §§ 32 a, b GmbHG Rn. 4; *Lutter / Hommelhoff* §§ 32 a/b GmbHG Rn. 3 f.; *Hachenburg / Ulmer* § 32 a, b GmbHG Rn. 8. Der BGH führte die Finanzierungsfolgenverantwortung erstmals in BGHZ 127, 336, 344 f. an.

36 BGHZ 127, 336, 344 f.; BGH GmbHR 1998, 936, 937.

ten, indem er am Abzug der gewährten Mittel gehindert werden kann, nicht aber, ihn zur Leistung von Nachschüssen zu verpflichten[37].

### 3. Privatautonom getroffene Vereinbarungen

Von den Eigenkapitalersatzregeln zu unterscheiden ist die Möglichkeit, in Darlehensverträgen Vereinbarungen zu treffen, die sich im Ergebnis auf die Behandlung von Gesellschafterdarlehen ganz ähnlich auswirken können wie das Eigenkapitalersatzrecht. Denn dort sind die Kreditgeber bzw. Gesellschafter freiwillig damit einverstanden, abweichend von den üblichen Regeln nur nachrangig befriedigt zu werden, während das Eigenkapitalersatzrecht als zwingendes Recht unabhängig vom Willen der Parteien eingreift. Derartige privatautonom beschlossene Vereinbarungen wie etwa ein Rangrücktritt werden in allen hier untersuchten Rechtsordnungen getroffen. Dies gilt etwa für die in dieser Arbeit dargestellten sog. *subordination agreements* in England.

## II. Ausbleiben von Gesellschaftermitteln

Decken die Gesellschafter das Kapitaldefizit der Gesellschaft nicht einmal durch private Mittel[38], ist fraglich, ob die mangelnde Eigenkapitalausstattung es rechtfertigt, die beschränkte Haftung der Gesellschafter zu durchbrechen. Die Frage, ob ein Durchgriff auf die Gesellschafter wegen Unterkapitalisierung möglich ist, ist in allen hier untersuchten Rechtsordnungen, sofern sie überhaupt Beachtung findet, noch kaum geklärt. In manchen Ländern fordern Stimmen in der Literatur einen Durchgriff bei bloßer Unterkapitalisierung[39]. Die Gerichte sind jedoch nicht dazu bereit, die Haftungsbeschränkung wegen Unterkapitalisierung allein aufzuheben. Ob im Konzern anderes gilt, wird in dieser Arbeit nicht untersucht[40].

---

[37] BGHZ 127, 336, 344 f.; s. a. BGHZ 127, 17, 29; *v. Gerkan*, ZGR 1997, 173, 176 f.

[38] *Hachenburg / Ulmer* Anh. § 30 GmbHG Rn. 21 nennt diesen Fall der Unterkapitalisierung „materielle Unterkapitalisierung".

[39] Aus dem deutschen Schrifttum vgl.: *Hachenburg / Ulmer* §§ 32a, b GmbHG Rn. 50 ff. Aus dem schwedischen Schrifttum vgl.: *Brocker / Garpatin*, Ansvarsgenombrott, S. 85. Für Österreich vgl.: *Koppensteiner* § 64 öGmbHG Rn. 35.

[40] näher zur Durchgriffshaftung im Konzern für die deutsche Rechtslage vgl.: *Raiser*, ZGR 1995, 156 ff. mit zahlreichen Nachweisen aus der Rechtsprechung; *K. Schmidt*, Gesellschaftsrecht, § 9 IV 3.

Im deutschen Schrifttum wird teilweise[41] die Ansicht vertreten, daß ein Durchgriff auf die hinter der Gesellschaft stehenden Gesellschafter möglich ist[42]. Dies soll aber voraussetzen, daß die Eigenkapitalausstattung der Gesellschaft *„eindeutig und für Insider klar erkennbar unzureichend"* ist[43]. Diese Ansicht hat sich in der Praxis nicht durchgesetzt. Der VIII. Zivilsenat hat in einer Grundsatzentscheidung vom 04.05.1977[44] einen Haftungsdurchgriff bei bloßer Unterkapitalisierung ausdrücklich abgelehnt. Der II. Zivilsenat hat die Möglichkeit einer Durchgriffshaftung noch offen gelassen und *„einen verstärkten Gläubigerschutz"* nicht ausgeschlossen[45]. In einer späteren[46] Entscheidung[47] hat er eine persönliche Haftung des Gesellschafters einer unterkapitalisierten Ge-

---

41 *Hachenburg / Ulmer* §§ 32 a, b GmbHG Rn. 50 ff.; *Stimpel*, FS Goerdeler, S. 601, 608; *Raiser*, ZGR 1995, 156, 164 ff.; *Wiedemann*, Gesellschaftsrecht, § 4 III 1 b; Zahlreiche Nachweise aus dem älteren Schrifttum vgl. BGHZ 68, 312, 317.

42 Ablehnend *K. Schmidt*, Gesellschaftsrecht, § 9 IV 4 a, b, der bei Erkennbarkeit der Unterkapitalisierung nur eine Verschuldenshaftung der Gesellschafter gegenüber der Gesellschaft zulassen möchte. Auch *Grunewald*, Gesellschaftsrecht, 2. E. Rn. 146 zieht es gegenüber einem Haftungsdurchgriff vor, von Pflichten auch hinsichtlich der Eigenkapitalausstattung des Gesellschafters gegenüber der Gesellschaft auszugehen, bei deren schuldhafter Verletzung der Insolvenzverwalter zugunsten aller Gläubiger die Ansprüche geltend machen kann. In dieselbe Richtung zielt *Roth*, ZGR 1993, 170, 204 ff. Ablehnend auch *Baumbach / Hueck / Hueck / Fastrich* § 5 GmbHG Rn. 6, die einen Rückgriff auf § 826 BGB vorziehen.

43 *Hachenburg / Ulmer* §§ 32 a, b GmbHG Rn. 55; zust. *Raiser*, ZGR 1995, 156, 166; *Stimpel*, FS Goerdeler, S. 601, 608. Verkannt vom Berufungsgericht in dem vom BGH DStR 1999, 1198 entschiedenen Fall, vgl. Anm. *Goette* zu BGH DStR 1999, 1198, 1202. Darüber hinaus wird vorausgesetzt, daß über das Vermögen der Gesellschaft das Insolvenzverfahren eröffnet oder mangels Masse die Eröffnung abgelehnt worden ist, *Hachenburg / Ulmer* §§ 32 a, b GmbHG Rn. 61; *Raiser*, ZGR 1995, 156, 167 f. Anders *Wiedemann*, Gesellschaftsrecht, § 4 III 1 a, S. 223; Im ersteren Fall soll aber allein der Insolvenzverwalter klagebefugt sein, *Hachenburg / Ulmer* §§ 32 a, b GmbHG Rn. 64; anders *Raiser*, ZGR 1995, 156, 167 f der für eine unbeschränkt persönliche Ausfallhaftung der Gesellschafter gegenüber den Gläubigern direkt eintritt. Ablehnend gegenüber einer unmittelbaren Haftung der Gesellschafter gegenüber den Gläubigern *Stimpel*, FS Goerdeler, S. 601, 613 f.

44 BGHZ 68, 312.

45 BGH NJW 1977, 1683, 1686.

46 in der Grundsatzentscheidung des BGH zum Finanzplankredit vom 28.06.1999 (= BGH DStR 1999, 1198) erwähnt der BGH die „materielle Unterkapitalisierung" (s. 1. Leitsatz), stellt jedoch nur soviel dazu fest, daß sie den Gesellschafter nicht dazu verpflichten könne, eine zusätzliche Einlage zu erbringen, und zwar selbst dann nicht, wenn er sich dazu verpflichtet habe, der Gesellschaft über die Einlage hinaus finanzielle Mittel zuzuführen, vgl. *Sieger / Aleth*, GmbHR 2000, 462, 465.

47 BGH NJW 1979, 2104, 2104.

sellschaft gegenüber dem Gläubiger jedoch lediglich auf der Grundlage des § 826 BGB zugelassen. Ebenso hat er in einer weiteren Entscheidung gemeint, ob ein Durchgriff auf den Gesellschafter der unterkapitalisierten Gesellschaft möglich sei, müsse nicht entschieden werden, da jedenfalls Ansprüche aus unerlaubter Handlung, insbesondere § 826 BGB vorrangig zu prüfen seien[48]. Das BAG hat in einem Urteil vom 10.02.1999[49] entschieden, daß bloße Unterkapitalisierung für sich allein nicht ausreiche, um einen Haftungsdurchgriff zu begründen. Dagegen spreche, daß die Voraussetzungen unklar seien und der Gesetzgeber keine Mindestkapitalausstattung vorgesehen habe[50].

Die Aufhebung der Haftungsbeschränkung kann in anderen Fällen begründet sein, die für diese Arbeit jedoch ohne Bedeutung sind. So wird ein Durchgriff auf die Gesellschafter insbesondere angenommen, wenn die Rechtsform der Kapitalgesellschaft als solche mißbraucht wurde[51] oder die Gesellschafter keine Trennung ihres Vermögens von dem der Gesellschaft vorgenommen haben (sog. Sphären- oder Vermögensvermischung)[52].

Auf dieser Linie bewegt sich auch die Rechtsprechung in den anderen hier untersuchten Rechtsordnungen: Im schwedischen Recht ist kein Durchgriff (*ansvarsgenombrott*) bei bloßer Unterkapitalisierung begründet[53]. *Andersson* möchte aus der bisherigen schwedischen Rechtspraxis keine sicheren Schlüsse ziehen, in welchen Fällen ein Haftungsdurchgriff begründbar sein könnte. Das gelte auch für die Problematik der Unterkapitalisierung[54]. *Brocker / Garpatin* kommen zu dem Ergebnis, daß schwedische Gerichte bereits einige Male einen Durchgriff zugelassen hätten. Oft sei es dabei um Fälle der Sphärenvermischung gegangen oder hätte ein mißbräuchliches Verhalten nachgewiesen werden können[55]. Sie plädieren dafür, anknüpfend am Mißbrauchsgedanken in be-

---

48 BGH DStR 1991, 1429, 1430.

49 BAG NJW 1999, 2299.

50 BAG NJW 1999, 2299, 2999.

51 BGHZ 20, 4, 11 ff.; BGHZ 26, 31, 37; BGHZ 54, 222, 224.

52 BGH ZIP 1985 1263, 1264; BGHZ 95, 330, 333 f.; BGH WM 1994, 896, 896 f.; näher zur Sphärenvermischung vgl.: *K. Schmidt*, Gesellschaftsrecht, § 9 IV 2; *Grunewald*, Gesellschaftsrecht, 2 E Rn. 148 ff.

53 So aber *Hohloch / Foerster*, Eu-Hdb. Gesellschaftsrecht, Schweden Rn. 298 bei offensichtlicher Unterkapitalisierung. Sämtliche dort erwähnten Urteile des obersten Gerichtshofs, NJA 1947, 647; NJA 1975, 45; NJA 1982, 244; NJA 1992, 375 vermögen dies jedoch nicht zu begründen. Danach kann Unterkapitalisierung für sich allein nicht genügen, sondern es sind zusätzliche Merkmale erforderlich. In NJA 1947, 647 etwa ging es um einen Fall der Vermögensvermischung, während NJA 1982, 244 das Konzernrecht betraf.

54 *Andersson*, Kapitalskyddet i aktiebolag, S. 131 f.

55 vgl.: NJA 1947, 647; NJA 1975, 45; NJA 1982, 244; NJA 1992, 375.

stimmten Fällen eine unangemessene Eigenkapitalausstattung für unzulässig zu halten[56]. In Norwegen haben zwei neuere Urteile des obersten Gerichtshofs von 1996[57] dem Haftungsdurchgriff (*gjennomskjäring* oder *ansvarsgjennombrudd*) besondere Beachtung geschenkt[58]. Das Gericht hat offengelassen, ob es im norwegischen Recht Regeln für einen Haftungsdurchgriff gibt. Jedenfalls könne er nur in Ausnahmefällen begründet sein[59]. In der ersten Entscheidung prüfte das Gericht zwar, ob die Gesellschaft unterkapitalisiert war[60]. Ausgangspunkt der Überlegungen zum Haftungsdurchgriff war jedoch, ob die Aufrechterhaltung der Haftungsbeschränkung für die Gesellschaftsgläubiger unzumutbar wäre und eine Sphärenvermischung vorlag[61]. Im Rahmen der Unzumutbarkeitsprüfung stellte dann die Unterkapitalisierung lediglich einen Gesichtspunkt dar. Aufgrund einer etwa vorhandenen Unterkapitalisierung allein hätte das Gericht einen Durchgriff wohl nicht angenommen[62]. Die Ausführungen in der späteren Entscheidung bekräftigen nur die Aussagen des vorhergehenden Urteils[63]. Auch im dänischen Recht ist ein Haftungsdurchgriff (*ansvarsgennembrud*) auf die Gesellschafter nicht bereits bei bloßer Unterkapitalisierung gerechtfertigt. Ein Haftungsdurchgriff ist insbesondere im dänischen Konzernrecht bei Vermischung mehrerer Gesellschaften angenommen worden[64].
Im englischen *company law* wird die Haftungsbeschränkung nur ausnahmsweise von den Gerichten aufgehoben („*lifting* oder *piercing the veil*")[65]. Insbesondere kommt ein Durchgriff auf die Gesellschafter wegen mangelnder Eigenkapitalausstattung nicht in Betracht[66]. Ein Erklärungsversuch geht dahin, im *compa-*

56 *Brocker / Garpatin,* Ansvarsgenombrott, S. 85.

57 NRt 1996, 672 und NRt 1996, 742.

58 Die Fälle betreffen streng genommen das Konzernrecht. Die Ausführungen zum Haftungsdurchgriff sind indessen derart allgemein gehalten, daß sie hier dennoch wiedergegeben werden sollen.

59 NRt 1996, 672, 678; NRt 1996, 742, 757.

60 NRt 1996, 672, 680.

61 NRt 1996, 672, 678 f.

62 vgl. *Normann Aarum,* Vortrag bei Norwegens Juristenverbund im November 1996, S. 6 ff.

63 NRt 1996, 742, 757 f.

64 UfR 1997, 1642; UfR 1997, 400; *Pedersen,* UfR 1985, S. 352 ff. m.w.N. aus der Rechtsprechung; *Hansen,* Anpartsselskaber, S. 100 ff.

65 *Schulte,* The Company Lawyer 1997, 2, 3; *Mayson u. a.,* Company law, S. 143 ff.; *Scholz / H. P. Westermann* Einl. Rn. 139; *Neuling,* GmbH und private company, S. 70 ff.

66 für hier nicht bedeutsame Fälle vgl. *Triebel,* S. 234 f. Rn. 628 f. sowie *Hohloch / Hohloch,* EU – Hdb. Gesellschaftsrecht, Vereinigtes Königreich, S. 101 f. Rn. 299 f.

*ny law* würden schon traditionell Kapitalausstattung einerseits und Erlangen und Fortbestehen eigener Rechtspersönlichkeit andererseits beziehungslos nebeneinander stehen[67].

Die österreichische Rechtsprechung geht zurückhaltend mit der Frage nach Durchgriffsmöglichkeiten um. Ein Haftungsdurchgriff soll in Fällen des Rechtsmißbrauchs immerhin nicht ausgeschlossen sein[68]. Die Frage nach einem Durchgriff im Fall der Unterkapitalisierung hat der OGH bisher offen gelassen[69]. Andererseits hat ein Haftungsdurchgriff wegen Unterkapitalisierung in Österreich von vornherein nicht dieselbe Bedeutung, da in diesen Fällen häufig der Tatbestand des § 159 Abs. 1 Nr. 1 öStGB erfüllt sein wird, wonach eine persönliche, verschuldensabhängige Schadensersatzpflicht von Geschäftsführern und Gesellschaftern begründet sein kann[70]. § 159 Abs. 1 Nr. 1 öStGB lautet:

> *Mit Freiheitsstrafe bis zu zwei Jahren ist zu bestrafen, wer als Schuldner mehrerer Gläubiger fahrlässig seine Zahlungsunfähigkeit herbeiführt, insbesondere dadurch, daß er übermäßigen Aufwand treibt, leichtsinnig oder unverhältnismäßig Kredit benutzt oder gewährt, einen Bestandteil seines Vermögens verschleudert oder ein gewagtes Geschäft abschließt, das nicht zum ordnungsgemäßen Betrieb seines Geschäftes gehört oder mit seinen Vermögensverhältnissen in auffallendem Widerspruch steht.*

Ist der Schuldner eine juristische Person, ist Täter, wer die Tathandlung als leitender Angestellter der juristischen Person begeht, § 161 Abs. 1 öStGB. Der Geschäftsführer einer GmbH ist gem. § 309 Abs. 2 öStGB leitender Angestellter[71]. § 159 öStGB ist ein Schutzgesetz i.S.v. § 1311 ABGB zugunsten der Gesellschaftsgläubiger[72]. Eine Schadensersatzhaftung der Geschäftsführer nach §

---

67 *Bödecker*, Kapitalerhaltung im englischen Gesellschaftsrecht, S. 18, 26, 76 f.; *Neuling*, GmbH und private company, S. 155 f. Auch *Scholz / H.P. Westermann* Einl. Rn. 139 meint, daß „der Hang zur Beseitigung der Haftungsbeschränkung im englischen Recht nicht zu beobachten ist."

68 OGH ecolex 1992, 707. Zwei Jahre zuvor hatte der OGH noch ausdrücklich geäußert, ein Mißbrauch der Rechtsform der GmbH sei kein von ihm anerkannter Durchgriffstatbestand, OGH WBl 1990, 348, 349.

69 OGH WBl 1990, 348, 349.

70 *Roth*, ZGR 1993, 170, 176; *Koppensteiner* § 64 öGmbHG Rn. 34, der allerdings bei anfänglicher und qualifizierter Unterkapitalisierung für die Möglichkeit eines Durchgriffs auf die Gesellschafter eintritt, aaO Rn. 35. *Jabornegg*, WBl 1989, 43, 50 führt u. a. diese Vorschrift als Argument gegen einen (verschuldensunabhängigen) Durchgriff an.

71 vgl. OGH WBl 1988, 58, 59.

72 OGH WBl 1997, 210, 210.

159 Abs. 1 Nr. 1 öStGB i.V.m. § 1311 ABGB setzt Verschulden voraus[73]. Eine Haftung der Gesellschafter kommt unter Umständen als Tatbeteiligte in Frage, erfordert aber wiederum den Nachweis von Verschulden[74].
In Frankreich setzt der Gläubigerschutz insbesondere bei einer persönlichen Haftung der Geschäftsleiter an[75]. Bei Konstellationen, die in anderen Rechtsordnungen einen Durchgriff auf die hinter der juristischen Person stehenden Gesellschafter rechtfertigen, wie etwa dem Mißbrauch der juristischen Person, kommt in Frankreich die Erstreckung des Konkursverfahrens auf das Privatvermögen der Geschäftsleiter nach Art. 182 des Gesetzes vom 25.01.1985 betreffend die Sanierung und gerichtliche Auflösung von Unternehmen (Insolvenzgesetz)[76] in Betracht[77]. Der Fall der Unterkapitalisierung wird im Gesetz nicht für sich getrennt erfaßt. Unterkapitalisierung kann aber im Rahmen des Mißbrauchs der Haftungsbeschränkung Bedeutung bekommen[78]. Ein Durchgriff auf die Gesellschafter wegen bloßer Unterkapitalisierung findet in Frankreich jedenfalls keine Beachtung[79].
In keiner der untersuchten Rechtsordnungen findet damit ein Durchgriff auf die Gesellschafter wegen Unterkapitalisierung ihrer Gesellschaft allein statt. Die Gläubiger werden auf andere Weise bei der Fortführung einer Krisengesellschaft geschützt.

---

73 *Roth*, ZGR 1995, 170, 176.

74 *Roth*, ZGR 1995, 170, 176; In OGH ZIP 1994, 1871 hätten die Gesellschafter auch wegen Beteiligung an fahrlässiger Herbeiführung der Zahlungsunfähigkeit haften können, vgl. *Dellinger*, WBl 1993, 201, 204 FN 14

75 *Scholz / H.P.Westermann* Einl. Rn. 144; *Zahn*, Geschäftsleiterhaftung und Gläubigerschutz in Frankreich, S. 274.

76 Loi no. 85-98 du 25 janvier 1985 relative au redressement et à la liquidation judiciaire des entreprises.

77 *Zahn*, Geschäftsleiterhaftung und Gläubigerschutz in Frankreich, S. 274; anders *Wiedemann*, Gesellschaftsrecht, § 4 III 1, S. 223 zumindest in Fällen der Vermögensvermischung. Die Möglichkeiten einer Insolvenzerstreckung werden im französischen Teil behandelt.

78 vgl. Art. 182 Nrn. 1, 2 des Insolvenzgesetzes.

79 *Zahn*, Geschäftsleiterhaftung und Gläubigerschutz in Frankreich, S. 274 f.

## B. Zweiter Ansatz: Geschäftsleiterhaftung

### I. Vorbemerkung

Um bei der Fortführung einer Krisengesellschaft den Gesellschaftsgläubigern den Zugriff auf weitere Vermögensmassen zu ermöglichen, haben alle Rechtsordnungen einen Weg gefunden, diejenigen für die entstandenen Schäden haftbar zu machen, welche für die Gesellschaft weiterhin trotz der wirtschaftlichen Krise am Rechtsverkehr teilgenommen haben. Das sind die Mitglieder der Geschäftsleitung, welche die Gesellschaft nach außen vertreten und Dritten gegenüber verpflichten können. In Deutschland und Österreich sind das die Geschäftsführer, in Frankreich die *dirigeants*, in England die *directors* und in den skandinavischen Ländern Schweden, Dänemark und Norwegen die Mitglieder des *styrelse* oder *bestyrelse*[80] (wörtlich: Führung). Über die Gemeinsamkeit der Vertretungsbefugnis hinaus mögen Unterschiede im weiteren Aufgabenbereich der Geschäftsleiter existieren[81]. Dies ändert aber nichts daran, daß das Krisenunternehmen durch sie weiterhin am Rechtsverkehr teilnimmt. Die untersuchten Rechtsordnungen haben im Interesse des Gläubigerschutzes Möglichkeiten entwickelt, Geschäftsleiter persönlich haften zu lassen.

In Deutschland droht Geschäftsführern, die potentielle Geschäftspartner nicht über die prekäre wirtschaftliche Situation der Gesellschaft bei Vertragsverhandlungen aufgeklärt haben, eine persönliche Haftung für die den Gläubigern daraus entstandenen Schäden. Darüber hinaus sind sie dazu verpflichtet, einen Konkursantrag zu stellen. Die gleichen Ansätze hat wieder das österreichische Recht gewählt. Inwieweit sich die deutsche und österreichische Lösung jedoch decken, soll auch hier untersucht werden.

---

80 *Styrelse* wird in der Regel mit „Verwaltungsrat“, *Korkisch / Carsten*, Das schwedische Aktienrecht, S. 160; *Behrens / Carsten*, GmbH im internationalen und europäischen Recht, Dänemark, S. 766 Rn. DK 16 („Verwaltung“), selten auch „Vorstand“ übersetzt; *v. Bernstorff*, Vertrags-, Kauf-, Handels- und Gesellschaftsrecht in der EU, S. 184.

81 die Geschäftsleiter in den hier untersuchten skandinavischen Ländern etwa stehen aus deutscher Sicht zwischen dem Vorstand und Aufsichtsrat einer deutschen AG. Die Aufgaben des *styrelse* sind nicht direkt mit denjenigen eines deutschen AG-Vorstands oder eines GmbH-Geschäftsführers vergleichbar. Es ist für die Organisation, Verwaltung und Aufsicht in der Gesellschaft zuständig. Hinsichtlich der Vertretungsmacht ergeben sich jedoch keine Unterschiede, *v. Bernstorff*, Vertrags-, Kauf-, Handels- und Gesellschaftsrecht in der EU, S. 184; *Hohloch / Foerster*, EU-Handbuch Gesellschaftsrecht, Schweden Rn. 228; *Behrens / Carsten*, GmbH im internationalen und europäischen Recht, Dänemark, S. 766 Rn. DK 16 f., 19.

Nach dänischem und norwegischen Recht haften Geschäftsführer ebenfalls persönlich für Schäden, die den nach Kriseneintritt neu dazugekommenen Gläubigern, die nicht über die angespannte wirtschaftliche Lage der Gesellschaft aufgeklärt wurden, entstanden sind. Dies stellt in der Praxis zugleich den bei der Fortführung von Krisengesellschaften wesentlichen Gläubigerschutz dar. Auf welche Weise die dänische und norwegische Rechtsordnung eine Geschäftsführerhaftung wegen versäumter Offenlegung der Gesellschaftskrise behandeln, soll daher auch ausführlich untersucht und mit der deutschen Lösung verglichen werden.

Eine Untersuchung der skandinavischen Rechtsordnungen ist aber noch aus einem weiteren Grund für den vorliegenden Untersuchungsgegenstand von besonderem Interesse. In den skandinavischen Gesellschaftsrechten kommt den im Zusammenhang mit einem wesentlichen Verlust des Stammkapitals entstehenden Geschäftsführerpflichten besondere Bedeutung zu. Die zu ergreifenden Maßnahmen sind ausführlich geregelt. Insbesondere aber kommt bei Verletzung der betreffenden Handlungspflichten eine persönliche Haftung der Geschäftsführer direkt gegenüber den Gläubigern in Betracht. Am weitesten geht die schwedische Regelung, die ausdrücklich eine persönliche Haftung der Geschäftsführer für alle nach der Pflichtverletzung neu dazugekommenen Verbindlichkeiten vorsieht. Für das dänische und norwegische Recht ist dies auf der Grundlage der sog. *culpa*-Regel[82] theoretisch denkbar. Es bleibt aber abzuwarten, wie die Praxis sich zu einer direkten Haftung der Geschäftsleiter gegenüber den Gläubigern stellen wird.

Die englische und französische Rechtsordnung versuchen ebenfalls Schäden aus der Fortführung einer Krisengesellschaft durch eine Geschäftsführerhaftung zu ersetzen, haben dafür aber wieder andere Ansätze gewählt. In England gilt seit der Reform des Insolvenzrechts im Jahre 1986 die Aufrechterhaltung eines Geschäftsbetriebs, obwohl der Geschäftsführer wußte oder hätte erkennen müssen, daß die Gesellschaft das Insolvenzverfahren nicht würde vermeiden können, als *wrongful trading*. Der Geschäftsführer kann im Insolvenzverfahren der Gesellschaft zu einer Ausgleichszahlung in das Gesellschaftsvermögen verpflichtet werden[83]. Für den Fall, daß Gläubiger aus der Verschleppung einer Gesellschaftskrise Schäden erleiden, findet sich im englischen Recht damit eine eigene gesetzliche Regelung.

---

82 zur *culpa*-Regel vgl: 1. Teil B II 1.

83 Bei der persönlichen Haftung der *directors* wegen *wrongful trading* handelt es sich nicht um eine deliktische Haftung. Es wird jedoch in der Lehre diskutiert, ob der Maßstab, den das Gesetz dort für die Beurteilung des Verhaltens der Geschäftsleiter anlegt, die *common law duties of care and skill* beeinflußt, hierzu vgl.: *Gower*, Company Law, S. 640 ff.

Für die Ausfallhaftung der Geschäftsführer nach den Grundsätzen der *action en comblement du passif*[84] im französischen Recht ist entscheidend, ob ein Geschäftsführungsfehler zur Unterdeckung des Vermögens beigetragen hat. Schwerwiegende Geschäftsführungsfehler können sogar zu einer Erstreckung des Insolvenzverfahrens auf das Vermögen des Geschäftsführers führen. Da diese Haftung insbesondere auch bei der Fortführung einer Krisengesellschaft relevant wird, darf die Darstellung der französischen Lösung in dieser Untersuchung nicht fehlen.

In allen untersuchten Rechtsordnungen kann die Gesellschafter nach denselben Grundsätzen eine persönliche Schadensersatzpflicht treffen, wenn sie die Pflichtverletzung der Geschäftsleiter beeinflußt haben[85].

## II. Schwierigkeiten bei der Begründung einer persönlichen Haftung der Geschäftsleiter

Die persönliche Haftung der Geschäftsleiter stellt eine Ausnahme von dem bei Kapitalgesellschaften geltenden Grundsatz der beschränkten Haftung dar[86]. Daher bezeichnen *Westermann* und *Mutter* diese Fälle als den Wunsch nach einem „Ersatzschuldner“[87]. Fraglich ist aber, wie eine persönliche Haftung der Geschäftsführer überhaupt begründet werden kann. Diese Frage ist von grundsätzlicher Bedeutung und scheint angesichts der immer strenger werdenden Geschäftsführerhaftung in den Hintergrund zu geraten.

Schließt der Geschäftsführer nach Kriseneintritt weiterhin Verträge ab, ist problematisch, daß er nur als Vertreter der Gesellschaft gehandelt hat und nicht Vertragspartner geworden ist. Wer meint, Gläubiger mit Hilfe des Deliktsrechts schützen zu können, sieht sich zumindest bei Anwendung des deutschen Deliktsrechts dem Problem ausgesetzt, daß es sich bei den Schäden der Gläubiger um reine Vermögensschäden handelt [88]. Fraglich ist weiter, ob Geschäftsführer direkt gegenüber den Gesellschaftsgläubigern haftbar gemacht werden können.

---

84 ausführlich zur *action en comblement du passif* vgl.: *Zahn*, Geschäftsleiterhaftung und Gläubigerschutz bei Kapitalgesellschaften in Frankreich, 1986 (Diss.).

85 Schadensersatzpflichten sog. faktischer Geschäftsführer werden hier nicht näher untersucht.

86 *Westermann / Mutter*, DZWIR 1995, 184, 184; *Geißler*, ZIP 1997, 2184, 2184.

87 *Westermann / Mutter*, DZWIR 1995, 184, 184.

88 *Medicus*, DStR 1995, 1432, 1432; *Zahn*, Geschäftsleiterhaftung und Gläubigerschutz in Frankreich, S. 43.

### 1. Geschäftsführerhaftung aus Deliktsrecht

Vermögensschäden können die Folge eines Personen– oder Sachschadens sein, etwa in Form der Heilungs— oder Reparaturkosten. Von einem reinen Vermögensschaden spricht man indessen, wenn der Schaden ohne damit einhergehenden Personen – oder Sachschaden entstanden ist. Dies gilt in allen hier untersuchten Rechtordnungen. Unterschiedlich geregelt ist allerdings die Ersatzfähigkeit reiner Vermögensschäden in den einzelnen Deliktsrechten. Nach deutschem Recht können die Gesellschaftsgläubiger ihre Vermögensschäden nicht einfach mit Hilfe des Deliktsrechts ersetzt verlangen. Denn das Vermögen ist kein von § 823 Abs. 1 BGB geschütztes absolutes Rechtsgut oder Recht[89]. Das deutsche Recht kennt keinen allgemeinen Schutz vor fahrlässig herbeigeführten Vermögensschäden. Vermögensschäden sind nach deutschem Deliktsrecht nur ersatzfähig, wenn zugleich die Verletzung eines Schutzgesetzes, § 823 Abs. 2 BGB, oder eine vorsätzliche sittenwidrige Schädigung, § 826 BGB, gegeben ist. Diese Vorschriften werden bei der Frage nach einer Insolvenzverschleppungshaftung wegen verspäteter Stellung des Konkursantrags und einer Haftung wegen vorsätzlichen Verschweigens der Gesellschaftskrise relevant.
Es könnte vermutet werden, daß das französische Recht, welches das Vermögen allgemein deliktisch schützt, einen Gläubigerschutz aus dem Deliktsrecht entwickelt hat. Dies ist jedoch nicht der Fall: Der französische Code civil enthält in seinen Artikeln 1382 und 1383 deliktische Generalklauseln. Anders als in Deutschland, wo sich die enumerative Aufzählung einzelner Deliktstatbestände durchgesetzt hat, wollte der Gesetzgeber hier die gesamte deliktische Haftung auf ein einheitliches Grundprinzip reduzieren[90]. Eine deliktische Haftung ist daher begründet, sobald ein schuldhaftes Verhalten ursächlich für den eingetretenen Schaden ist. Artikel 1382 Code civil[91] verpflichtet zum Ersatz vorsätzlich verursachter Schäden (*délit*), Artikel 1383 Code civil[92] zum Ersatz fahrlässig verursachter Schäden (*quasi - délit*)[93]. Obwohl in Frankreich das Vermögen damit umfassend deliktisch geschützt wird, ist die Lösung des Problems der fortgeführten Krisen – GmbH dennoch nicht aus dem allgemeinen Deliktsrecht

---

89 *Palandt / Thomas*, § 823 BGB Rn. 31; *MüKo / Mertens* § 823 BGB Rn. 466; BGHZ 27, 137, 140; BGH NJW 1978, 2032; BGH NJW 1980, 1582.

90 *Zweigert / Kötz*, Rechtsvergleichung, S. 619.

91 Artikel 1382 Code Civil hat folgenden Wortlaut: *Tout fait quelconque de l'homme, qui cause à autrui un dommage, oblige celui par la faute duquel il est arrivé, à le réparer.*

92 Artikel 1383 Code Civil hat folgenden Wortlaut: *Chacun est responsable du dommage qu'il a causé non seulement par son fait, mais encore par sa négligence ou par son imprudence.*

93 zur historischen Entwicklung dieser Unterscheidung s. *Zweigert / Kötz*, Rechtsvergleichung, S. 619

entwickelt worden. Stattdessen hat der französische Gesetzgeber mit der bereits erwähnten *action en comblement du passif* ein eigenständiges Regelwerk im Insolvenzrecht angesiedelt, wonach die Geschäftsleiter eine persönliche Haftung in der Insolvenz der Gesellschaft treffen kann. Diese Ausfallhaftung wird auch bei der Fortführung einer Krisengesellschaft relevant.

In Österreich enthält § 1295 Abs. 1 ABGB zwar eine deliktische Generalklausel. Nach der höchstrichterlichen Rechtsprechung des OGH wird jedoch das Vermögen nicht allgemein deliktisch geschützt[94]. Außerhalb eines Schuldverhältnisses stehende Dritte genießen deliktischen Schutz nur bei der Verletzung absoluter Rechte[95]. Besondere Bedeutung kommt auch im österreichischen Deliktsrecht der Verletzung von Schutzgesetzen, geregelt in § 1311 Satz 2 Fall 2 ABGB[96] zu. Die Haftung wegen Verletzung eines Schutzgesetzes wird für diese Arbeit bei der Haftung der Geschäftsführer wegen verspäteter Stellung des Konkursantrags relevant.

Sowohl das dänische als auch das norwegische Deliktsrecht enthalten eine Generalklausel. Sie erfaßt die sog. *culpa* – Regel, wonach derjenige, der vorsätzlich oder fahrlässig gehandelt hat, dem Geschädigten den daraus entstandenen Schaden ersetzen muß[97]. Sie ist nicht gesetzlich fixiert. Die Schadensersatzgesetze Norwegens und Dänemarks behandeln allein Fragen der Schadensfolgen. Sie klären jedoch nicht, unter welchen Voraussetzungen eine deliktische Haftung begründet wird. Die *culpa* – Haftung (*culpa-ansvar*) wird auch als Haftung auf subjektiver Grundlage bezeichnet[98] und erfaßt sowohl vorsätzliches als auch fahrlässiges Handeln[99]. Trotz der deliktischen Generalklausel sollen Vermögensinteressen im dänischen und norwegischen Recht allein mit Hilfe des Ver-

---

94 OGH JBl 1986, 650: „Dem Vermögen einer Person kommt jedoch kein absoluter Schutz zu.“; *Schwimann / Harrer* § 1295 ABGB Rn. 1. Hierfür spricht auch die Regelung in § 1327 ABGB, der die erstattungsfähigen Kosten von Hinterbliebenen extra regelt. Wäre das Vermögen allgemein deliktisch geschützt, wäre diese Regelung überflüssig, *Schwimann / Harrer* § 1295 ABGB Rn. 3.

95 OGH JBl 1986, 650.

96 § 1311 Satz 2 Fall 2 ABGB lautet: „ *hat er* [ jemand ] *ein Gesetz, das den zufälligen Beschädigungen vorzubeugen sucht, übertreten ... so haftet er für allen Nachteil, welcher außer dem nicht erfolgt wäre.*“.

97 Historisch geht die *culpa*–Haftung zurück auf die großen europäischen Kodifikationen der Aufklärungszeit, das Allgemeine Preußische Landrecht von 1794, den französischen Code civil von 1804 und das Allgemeine Bürgerliche Gesetzbuch für das Kaiserreich Österreich von 1811; *Nörgaard* in *Dahl u. a.*, Danish Law, S. 269.

98 *Lödrup* § 9, erstatningsrett, S. 112.

99 Anders noch im Allgemeinen Preußischen Landrecht (ALR). Hier steht culpa für fahrlässiges Verhalten bzw. ein Versehen, vgl. ALR Teil I Titel 3 §§ 15-25 (Handlungen), Teil 1 Titel 5 §§ 277-284 (Vertrag) im Unterschied zum Vorsatz.

tragsrechts geschützt werden. Allerdings wird diese Regel von der Rechtsprechung nicht stringent durchgehalten, so daß das Vermögen in Durchbrechung dieses Grundsatzes gelegentlich auch außervertraglichen Schutz erhält[100]. Zu diesen Ausnahmefällen gehört auch die für den vorliegenden Untersuchungsgegenstand relevante und bereits erwähnte Konstellation, daß die Mitglieder der Geschäftsleitung Gläubiger bei den Vertragsverhandlungen schuldhaft nicht über die problematische Finanzsituation aufgeklärt haben. Diese Haftung wird zuweilen als *culpa in contrahendo* bezeichnet. Anders als im deutschen Recht handelt es sich dabei aber um einen deliktischen Anspruch.

Das schwedische Deliktsrecht unterscheidet sich maßgeblich vom dänischen und norwegischen Deliktsrecht. Es enthält keine Generalklausel. Vielmehr hat der schwedische Gesetzgeber sich wie der deutsche dafür entschieden, bestimmte Deliktstatbestände im Schadensgesetz (*skadestaandslag*, kurz SKL) zu formulieren. Der deliktsrechtliche Grundtatbestand verlangt die Verletzung der absoluten Rechtsgüter körperliche Unversehrtheit und Eigentum, Kapitel 2 § 1 SKL[101]. Vermögensschäden sind nach dem Schadensgesetz nur ersatzfähig, wenn sie „durch eine Straftat“ verursacht worden sind, Kapitel 2, § 4 SKL [102]. Diese „Sperregel“[103] gilt indessen nicht, soweit der Ersatz reiner Vermögensschäden nach anderen Gesetzen vorgesehen ist[104]. Dies ist etwa nach § 1 Kapitel 15 des schwedischen Aktiengesetzes der Fall. Danach haben Geschäftsleiter Schäden, die sie der Gesellschaft oder Dritten zufügen, persönlich zu ersetzen. Diese Haftungsgrundlage hat jedoch bei der gläubigerschädigenden Fortführung von Krisengesellschaften neben der bereits erwähnten Geschäftsführerhaftung wegen Versäumens der bei wesentlichem Verlust des Grundkapitals zu ergreifenden Handlungspflichten keine praktische Bedeutung.

Das englische Deliktsrecht (*law of tort*) weist bestimmte Deliktstatbestände auf (*nominate torts*). Darunter gibt es auch den eigenständigen *tort* der *negligence*,

---

100 Bei einem Vergleich mit der dänischen Rechtsprechung allerdings fällt auf, daß die norwegische Rechtsprechung eher zu einem außervertraglichen Schutz des Vermögens kommt als die dänische vgl. *v. Bar*, S. 260 ff.

101 Kapitel 2 § 1 SKL hat folgenden Inhalt: „Wer vorsätzlich oder fahrlässig Personen – oder Sachschaden verursacht, soll diesen Schaden ersetzen, soweit in diesem Gesetz nichts anderes bestimmt ist.“

102 Kapitel 2 § 4 SKL hat folgenden Inhalt: *„Wer einen reinen Vermögensschaden durch eine Straftat verursacht, hat den Schaden nach den in den §§ 1-3 für Personen – und Sachschaden geltenden Vorschriften zu ersetzen."* Der reine Vermögensschaden wird definiert in Kapitel 1 § 2 SKL: *„Unter einem reinen Vermögensschaden ist in diesem Gesetz ein solcher finanzieller Schaden zu verstehen, der unabhängig davon entsteht, ob jemand Personen – oder Sachschaden erleidet."*

103 so *Normann Aarum*, Styremedlemmers erstatningsansvar, S. 78.

104 *Normann Aarum*, Styremedlemmers erstatningsansvar, S. 79.

denn meist wird der Geschäftsführer fahrlässig gehandelt haben[105]. Die *common law* Gerichte sprechen dem Geschädigten aber kaum Schadensersatz für fahrlässig herbeigeführte reine Vermögensschäden zu[106]. Das Problem der fortgeführten Krisengesellschaft wurde denn auch in England nicht aus dem Deliktsrecht entwickelt. Stattdessen hat der englische Gesetzgeber sich mit den Bestimmungen zum bereits erwähnten *wrongful trading* für eine eigenständige Regelung im Insolvenzrecht entschieden.

### 2. Persönliche Haftung der Geschäftsleiter direkt gegenüber den Gesellschaftsgläubigern

#### a.) deutsche Rechtslage

Im deutschen GmbHG findet sich keine Regelung, welche eine persönliche Haftung des Geschäftsführers gegenüber den Gesellschaftsgläubigern abgesehen von der Handelndenhaftung im Gründungsstadium in § 11 Abs. 2 GmbHG vorsieht. Dies ist anders im Vereinsrecht[107]. Im Aktienrecht ist an mehreren Stellen immerhin vorgesehen, daß auch die Gläubiger den Ersatzanspruch der Gesellschaft gegen den Vorstand geltend machen können[108]. Die Geschäftsführer sind nach § 43 GmbHG nur der Gesellschaft gegenüber zu einer ordnungsgemäßen Geschäftsführung verpflichtet. Bei § 43 Abs. 1 GmbHG handelt es sich nicht um ein Schutzgesetz i.S.v. § 823 Abs. 2 BGB zugunsten der Gesellschaftsgläu-

---

105 *Rogers,* Winfield & Jolowicz on torts, S. 56 ff. *Negligence* kann jedoch auch die Art und Weise bezeichnen, mit der ein Deliktstabestand erfüllt wurde, *Rogers,* Winfield & Jolowicz on torts, S. 51 f., S. 90.

106 *Rogers,* Winfield & Jolowicz on torts, S. 132 f. Erfolgreiche Klagen wurden im Zusammenhang mit fahrlässig falscher Auskunft (*negligent misrepresentation* oder *misstatement*) angestrengt. Richtungsweisend ist hier die Entscheidung *Hedley Byrne & Co Ltd. v. Heler & Partners Ltd.* [ 1964 ] A.C. 465. S.a. *Zweigert / Kötz,* Rechtsvergleichung, S. 616 f., *von Bar*, Gemeineuropäisches Deliktsrecht, S. 296 f.

107 Nach § 42 Abs. 2 Satz 2 BGB haftet der Vereinsvorstand für den Gläubigern aus der verspäteten Stellung des Konkursantrags entstandene Schäden unmittelbar.

108 § 93 V AktG beispielsweise erlaubt den Gläubigern Ansprüche, die der Gesellschaft gegen die Vorstandsmitglieder zustehen, geltend zu machen. Dadurch soll die Rechtsverfolgung für den Gläubiger vereinfacht werden. Er braucht nicht erst einen Titel gegen die AG zu erwirken, um Ansprüche der Gesellschaft gegen die Vorstandsmitglieder dann pfänden und sich zur Einziehung überweisen zu lassen, §§ 829, 835 ZPO, *Hüffer*, AktG, § 93 Rn. 31. Parallelvorschrift zu § 93 AktG, ausgenommen freilich dessen Absatz 5 ist § 43 GmbHG, *Hüffer*, AktG, § 93 Rn. 2. Mißverständlich daher *Impelmannn*, WiB 1994, 801, 801. Weitere derartige Regelungen enthalten §§ 48 Satz 2, 309 Abs. 4 Satz 3, 310 Abs.4, 317 Abs. 3 i.V.m. Abs. 4, 318 Abs.4 AktG.

biger[109]. Den Gesellschaftsgläubigern bleibt allenfalls die Möglichkeit, im Wege der Zwangsvollstreckung aus einem gegen die Gesellschaft erwirkten Titel den Ersatzanspruch der Gesellschaft aus § 43 Abs. 2 GmbHG zu pfänden und sich überweisen zu lassen, §§ 829, 835 ZPO[110]. Zusätzlich bestimmt § 13 Abs. 2 GmbHG, daß für die Verbindlichkeiten der Gesellschaft lediglich das Gesellschaftsvermögen haftet. Und nach § 31 BGB hat die Gesellschaft Schäden, die Dritten durch das deliktische Handeln ihrer Organe, also auch ihres Geschäftsführers entstanden sind, zu ersetzen[111]. Der Gesetzgeber von 1892 vertrat zur Frage nach einer direkten Haftung des Geschäftsführers gegenüber den Gesellschaftsgläubigern folgenden Standpunkt:

> *„Eine direkte Haftpflicht des Geschäftsführers gegenüber den Gesellschaftsgläubigern kann ... als entbehrlich betrachtet werden; es genügt vielmehr ... , daß die Gläubiger in der Lage sind, die Ersatzansprüche der Gesellschaft nach Überweisung derselben im Wege der Zwangsvollstreckung geltend zu machen oder im Fall des Konkurses der Gesellschaft die Forderungen durch den Konkursverwalter verfolgen zu lassen."*[112]

Der GmbH-Gesetzgeber ging davon aus, daß die Gesellschaftsgläubiger keine unmittelbaren Ansprüche gegen die Geschäftsführer haben sollten und machte davon auch für den Fall keine Ausnahme, daß gegen gläubigerschützende Vorschriften verstoßen wurde[113]. Rechtsprechung und Lehre haben jedoch Grundlagen entwickelt, wonach die Geschäftsführer gegenüber den Gläubigern direkt haftbar gemacht werden können.

Nach allgemeiner Meinung ist der GmbH – Geschäftsführer für sein deliktisches Handeln[114] persönlich verantwortlich[115]. Dafür sprechen verschiedene

---

109 *Westermann / Mutter*, DZWIR 1995, 185, 189; *Hachenburg / Mertens*, § 43 GmbHG Rn. 110; BGH NJW 1994, 1803, 1804.

110 *Meyke*, Geschäftsführerhaftung, S. 9 Rn. 20; *Hachenburg / Mertens* § 43 GmbHG Rn. 100.

111 § 31 BGB ist auch auf die GmbH anzuwenden, s. etwa *MüKo / Reuter*, § 31 BGB Rn. 7; *Erman / H. P. Westermann*, § 31 BGB Rn. 1.

112 Begründung zu § 44, dem heutigen § 43 GmbHG, Verhandlungen des Reichstages, 125. Band, 8. Legislaturperiode, I. Session 1890 / 92, 5. Anlageband, S. 3750, Berlin 1892.

113 *Wilhelm*, Rechtsform und Haftung bei der juristischen Person, S. 362.

114 die unmittelbare Schadensverursachung ist zu unterscheiden von der mittelbaren, bei der andere als der Geschäftsführer innerhalb der GmbH deliktisch gehandelt haben. Hier stellt sich die Frage, ob der Geschäftsführer aus Organistaionsverschulden haftet und im Zusammenhang damit, ob er Träger von Verkehrssicherungspflichten sein kann, *Baustoff* – Entscheidung BGHZ 109, 297. Vgl. zur Problematik der mittelbaren

Erwägungen. Die §§ 823 ff. BGB, die bei Inkrafttreten des GmbHG noch gar nicht erlassen waren, knüpfen an das Verhalten von Menschen an („*Wer...*“, § 823 Abs. 1 BGB) und gehen davon aus, daß jeder, der die Haftungsvoraussetzungen erfüllt, haftet[116]. Der Geschäftsführer kann sich insoweit nicht darauf berufen, für ihn gelte anderes als für andere Personen[117]. Dem steht auch nicht etwa die Regelung des § 31 BGB[118] entgegen. Für die unerlaubte Handlung ist zunächst der Handelnde selbst, namentlich der Geschäftsführer verantwortlich. Er kann sich nicht unter Berufung auf seine Stellung als Organ einer juristischen Person der Verantwortung für sein deliktisches Handeln entziehen[119]. § 31 BGB dient vielmehr dazu, über die Eigenhaftung des Organs hinaus eine Haftung der juristischen Person bzw. der GmbH zu begründen[120]. Anders als § 839 BGB i.V.m. Art. 34 GG bei öffentlichen Körperschaften, bestimmt § 31 BGB nicht die Verlagerung, sondern die Erweiterung der Haftung auf die Gesellschaft[121]. Das GmbHG beschränkt sich darauf, die Pflichten des Geschäftsführers im Verhältnis zu der Gesellschaft zu normieren; die Beziehungen zu

---

Schadensverursachung: *Medicus*, ZGR 1998, 570, S. 571 ff.; *Groß*, S. 563 ff.; *Sandberger*, S. 129 ff.

115 s. bereits die Rechtsprechung des RG: RGZ 28, 238, 242; RGZ 73, 30, 33;RGZ 91, 72, 75 f. Ihm folgend der BGH: BGHZ 29, 100 ff.; BGHZ 56, 73, 77; BGHZ 109, 297, 303; BGH NJW 1984, 2284, 2285; BGH NJW 1994, S. 2220 ff.; BGH ZIP 1996, 786, 86. Dem schließt sich die Lehre an: *Medicus*, GmbHR 1993, 533, 534; *K. Schmidt*, Gesellschaftsrecht, § 36 II 5 d; *Westermann / Mutter*, DZWIR 1995, 184, 188; *Grunewald*, Gesellschaftsrecht, 2 E Rn. 65; *Baumbach / Hueck / Zöllner* § 43 GmbHG Rn. 57; *Lutter / Hommelhoff* § 43 Rn. 41 f.; *Gross*, ZGR 1998, 551, 552 ff.

116 *Medicus*, GmbHR 1993, 533, 534.

117 *Grunewald*, Gesellschaftsrecht, 2 E Rn. 65.

118 Organ – und Vertretertheorie gelangen für den unmittelbar deliktisch handelnden Geschäftsführer zum selben Ergebnis, so daß auf diese Theorien hier nicht näher eingegangen wird. Der Theorienstreit wird relevant beim mittelbar deliktisch handelnden Geschäftsführer, insbesondere wenn er Verkehrssicherungspflichten verletzt, vgl. zum Ganzen, *Sandberger*, Außenhaftung des GmbH-Geschäftsführers, S. 121 ff.

119 RGZ 28, 238, 242; RGZ 91, 72, 75 f.: „Die Handlung ihres Vertreters ist Handlung der juristischen Person, zugleich aber auch seine eigene; die Haftung der durch ihn vertretenen juristischen Person deckt ihn nicht und befreit ihn nicht von seiner eigenen Verantwortlichkeit für gesetzwidrige Handlungen.“

120 *Medicus*, GmbHR 1993, 533, 534.

121 *Erman / H. P. Westermann* § 31 BGB Rn. 1 („haftungszuweisend“); *Medicus*, GmbHR 1993, 533, 539. Gesellschaft und Geschäftsführer haften dem Gläubiger dann als Gesamtschuldner i.S.v. § 840 Abs.1 BGB. Der letztlich Verantwortliche ist aber der Geschäftsführer, bei dem die in Anspruch genommene Gesellschaft Regreß nehmen kann, *Erman / H. P. Westermann*, § 31 BGB Rn. 9; *Westermann / Mutter*, DZWIR 1995, 186, 188.

Dritten dagegen werden nicht durch das GmbHG geregelt und sind daher nach den allgemeinen gesetzlichen Bestimmungen zu behandeln[122].
Auch in Österreich wird angenommen, daß Geschäftsführer persönlich für Schäden aus unerlaubter Handlung haften[123].
Außerhalb eines Insolvenzverfahrens können geschädigte Gläubiger Ansprüche aus unerlaubter Handlung direkt gegenüber den Geschäftsführern geltend machen. Im Insolvenzverfahren aber stellt sich die Frage, ob die Aktivlegitimation für die Geltendmachung der deliktischen Ansprüche den Gesellschaftsgläubigern selbst oder aber dem Insolvenzverwalter zusteht. Soweit geschädigte Gläubiger aufgrund der Fortführung der Krisengesellschaft Ansprüche wegen Insolvenzverschleppung haben, hat die höchstrichterliche Rechtsprechung in Deutschland und Österreich diese Frage unterschiedlich entschieden.

**b.) die übrigen untersuchten Rechtsordnungen**

In Frankreich, Schweden, Norwegen und Dänemark haften die Geschäftsleiter den Gesellschaftsgläubigern bereits nach allgemeinen[124] gesellschaftsrechtlichen Regeln für durch Geschäftsführungsfehler verursachte Schäden. Am weitesten geht die französische Regelung, Art. 52 des Gesetzes über die Handelsgesellschaften von 1966[125], die bei den zu verantwortenden Geschäftsführungsfehlern keine Einschränkung macht[126]. Diese Bestimmung hat jedoch neben der *action en comblement du passif* kaum praktische Bedeutung. Die bereits erwähnte schwedische Regelung in § 1 Kapitel 15 des Aktiengesetzes (*aktiebolag*, ABL) beschränkt die Haftung der Geschäftsführer gegenüber den Gesellschaftsgläubigern auf Verstöße gegen das Aktiengesetz und die Satzung[127]. Die-

---

122 vgl. RGZ 73, 30, 33.

123 OGH WBl 1997, 210, 210, OGH WBl 1989, 155, 156; OGH WBl 1990, 147, 147.

124 von speziellen Haftungsgrundlagen im Insolvenzfall zunächst noch abgesehen.

125 Loi no. 66-537 du 24 juillet 1966 sur les sociétés commerciales. Abgedruckt mit deutscher Übersetzung in: *Behrens / Behrens*, Die GmbH im internationalen und europäischen Recht, Frankreich, S. 282 ff.

126 Art. 52 des Gesetzes über die Handelsgesellschaften lautet: „*Les gérants sont responsables, individuellement ou solidairement, selon le cas, envers la société ou envers les tiers, soit des infractions aux dispositions ou réglementaires applicables aux sociétés à responsabilité limitée, soit des violations des statuts, soit des fautes commises dans leur gestion.[...]*".

127 Kapitel 15, § 1 ABL hat übersetzt folgenden Wortlaut: „*Ein Gründer, ein Mitglied des Verwaltungsrates und ein geschäftsführender Direktor, der bei der Erfüllung seines Auftrages vorsätzlich oder fahrlässig der Gesellschaft Schaden zufügt, muß den Schaden ersetzen. Das gilt auch, wenn der Schaden bei einem Aktionär oder einem Dritten durch Verletzung dieses Gesetzes oder der Satzung verursacht worden ist.*

se Regelung hat jedoch, wie bereits erwähnt, für den Fall, daß die Gesellschaftskrise verschleppt wurde, keine praktische Bedeutung.
Im dänischen und norwegischen Recht können die Geschäftsleiter nach der bereits behandelten deliktischen Generalklausel (*culpa*-Regel) des bürgerlichen Rechts gegenüber der Gesellschaft, den Gesellschaftern, aber auch gegenüber den Gesellschaftsgläubigern persönlich zu Schadensersatz verpflichtet sein[128].
Die noch verbleibenden GmbH-Rechte Österreichs[129] und Englands enthalten wie das deutsche GmbH-Recht auch keine allgemeine Haftung der Geschäftsleiter für Geschäftsführungsfehler gegenüber den Gläubigern.

### 3. Persönliche Haftung von Geschäftsleitern wegen Verschuldens bei Vertragsverhandlungen

Gesellschaftsgläubiger, die erst nach Eintritt der wirtschaftlichen Krise zu der Gesellschaft in Rechtsbeziehung getreten sind, werden den Geschäftsleitern möglicherweise vorwerfen, bei den Vertragsverhandlungen nicht über die wahre wirtschaftliche Lage der Gesellschaft aufgeklärt zu haben. Bei Kenntnis der problematischen Finanzsituation hätten sie den Vertrag zumindest nicht zu den gegebenen Bedingungen geschlossen. Problematisch ist, daß der Geschäftsführer im Namen der Gesellschaft gehandelt hat. Vertragspartner ist damit die Gesellschaft, nicht der Geschäftsführer geworden. Eine vorvertragliche Aufklärungspflicht, die gegebenenfalls bestanden haben könnte, trifft jedoch grundsätzlich nur den vorgesehenen Vertragspartner, mithin die vertretene GmbH[130]. Zwar haftet sie den Gesellschaftsgläubigern für die Verletzung der Aufklärungspflicht auch dann, wenn sie bei den Vertragsverhandlungen vertreten wurde[131]. Ist die Gesellschaft insolvent, ist den Gläubigern aber eher geholfen, wenn auch die Geschäftsführer persönlich für den durch die unterlassene Aufklärung entstandenen Schaden einzustehen haben. Hat der Geschäftsführer vor-

---

128 *Normann Aarum*, Styremedlemmers erstatningsansvar, S. 69 f.

129 *Koppensteiner*, WBl 1988, 1, 2.

130 *Soergel / Wiedemann*, Vor § 275 BGB Rn. 218; *Medicus*, FS Steindorff, 1990, S. 725, 725 m.w.N.; *Impelmann*, WiB 1994, 801, 802; *Westermann / Mutter*, DZWIR 1995, 184, 186; BGHZ 14, 313, 318; RGZ 120, 249, 252.

131 hierüber besteht Einigkeit, wobei die Meinungen im Schrifttum darüber auseinandergehen, ob dies unter Verweis auf § 278 BGB, § 31 BGB oder die §§ 164 ff BGB dogmatisch zu begründen ist, *Sandberger*, Außenhaftung des GmbH-Geschäftsführers, S. 53; s. a. *Geißler*, ZIP 1997, 2184, 2184, jeweils m.w.N.. Nach der Rechtsprechung des BGH soll die Zurechnung über die Figur einer Verhandlungsvollmacht, BGHZ 6, 330, 334, bzw. in neuerer Zeit dadurch gerechtfertigt sein, daß der Verhandlungspartner regelmäßig dem Vertretenen und nicht dem Vertreter sein Verhandlungsvertrauen entgegenbringe, BGH DB 1985, 165, 166.

sätzlich und womöglich noch in der Absicht, die Gläubiger zu schädigen gehandelt, kann ihn gem. §§ 823 Abs. 2 BGB, 263 StGB oder § 826 BGB eine deliktische Eigenhaftung treffen. Meist wird der Geschäftsführer aber fahrlässig gehandelt haben oder können die Voraussetzungen eines vorsätzlichen Handelns nicht bewiesen werden. Die höchstrichterliche Rechtsprechung in Deutschland hat daher eine persönliche Haftung des GmbH-Geschäftsführers wegen Verschuldens bei Vertragsanbahnung nach den Grundsätzen der Eigenhaftung des Vertreters aus *culpa in contrahendo* entwickelt. Hatte die Gesellschaft die Pflicht, potentielle Geschäftspartner bei den Vertragsverhandlungen über die angespannte Finanzsituation aufzuklären, haften die Geschäftsführer persönlich. Sie können von den geschädigten Gläubigern direkt in Anspruch genommen werden. Eine Eigenhaftung von Vertretern bzw. Geschäftsführern aus *culpa in contrahendo* setzt allerdings über die üblichen Voraussetzungen der *culpa in contrahendo* hinaus noch besondere Zurechnungsmerkmale voraus. Der Geschäftsführer muß nach ständiger Rechtsprechung des BGH ein eigenes wirtschaftliches Interesse an dem Geschäftsschluß gehabt oder ein besonderes Vertrauen in Anspruch genommen haben.

Nach österreichischem Recht kann die Geschäftsführer ebenso eine Haftung nach den Grundsätzen der *culpa in contrahendo* treffen. Hier ist wieder von besonderem Interesse, inwieweit sich die deutsche und österreichische Lösung entsprechen.

Wie bereits festgestellt, beruht die Möglichkeit, daß Geschäftsführer in Dänemark und Norwegen persönlich für Schäden haften, die Gesellschaftsgläubiger wegen unterlassener Offenlegung der wirtschaftlichen Krise erleiden, auf der deliktischen Generalklausel. Besondere Zurechnungsmerkmale, um eine persönliche Haftung des Geschäftsführers, der im Namen der Gesellschaft auftritt, begründen zu können, werden nicht vorausgesetzt. Dadurch unterscheidet sich die norwegische und dänische grundlegend von der deutschen und österreichischen Lösung.

## C. Exkurs: Relevante europarechtliche Regelungen

### I. Europäische Gesellschaftsrichtlinien

Alle hier untersuchten Rechtsordnungen sind an europarechtliche Vorgaben im Gesellschaftsrecht gebunden[132]. Norwegen ist zwar nicht Mitglied der EU. Es ist aber dem Vertrag über den europäischen Wirtschaftsraum vom 02.05.1992[133] beigetreten und hat sich dazu verpflichtet, sein Aktienrecht den EU – Regeln anzupassen[134].

Nach Art. 44 Abs. 3 lit. g EGV können Rat und Kommission, soweit erforderlich die Schutzbestimmungen koordinieren[135], die in den nationalen Gesellschaftsrechten[136] der Mitgliedstaaten im Interesse der Gesellschafter sowie Dritter vorgeschrieben sind. Mit „Dritten" sind insbesondere die Gesellschaftsgläubiger gemeint[137]. Auf der Grundlage dieser Vorschrift sind eine Reihe von Richtlinien[138] ergangen, welche die Gesellschaftsrechte der EU – Mitgliedstaaten einander annähern sollen[139]. Für die vorliegende Untersuchung könnte allen-

---

132 Zu den Harmonisierungsbemühungen im europäischen Gesellschaftsrecht vgl.: *Behrens*, GmbH im internationalen und europäischen Recht, Europäische Rechtsangleichung, S. 63 ff.; *Schön*, Mindestharmonisierung im europäischen Gesellschaftsrecht, ZHR 1996, S. 221 ff.

133 in Norwegen *avtale om europäisk ökonomisk samarbeide* (*EÖS-avtalen*) genannt.

134 ausführlicher zum Beitritt Norwegens vgl.: *Bråthen*, Jussens Venner 1996, S, 242 ff.; *Aarbakke / Skåre* u. a., Aksjeloven og allmennaksjeloven, S. 20 f.

135 „koordinieren" bedeutet, die nationalen Gesellschaftsrechte einander anzunähern, nicht etwa sie zu vereinheitlichen. Die Eigenständigkeit der nationalen Rechte bleibt dabei unberührt, *Behrens / Behrens*, GmbH im internationalen und europäischen Recht, Europäische Rechtsangleichung, S. 64 Rn. EuR 2.

136 Art. 44 EGV spricht von den Gesellschaften i.S.d. Art. 48 Abs. 2 EGV. Dies sind nicht nur die Kapitalgesellschaften, sondern alle Gesellschaften des bürgerlichen Rechts und des Handelsrechts einschließlich der Genossenschaften und der sonstigen juristischen Personen des öffentlichen und privaten Rechts mit Ausnahme allerdings der Gesellschaften, die keinen Erwerbszweck verfolgen.

137 gemeint sind auch Kapitalanleger und Arbeitnehmer, *Calliess / Ruffert / Bröhmer*, Art. 44 EGV Rn. 12, S. 675.

138 Übersicht bei: *Grünwald*, Europäisches Gesellschaftsrecht, 1999 (mit Abdruck der Texte); *Behrens / Behrens*, GmbH im internationalen und europäischen Recht, Europäische Rechtsangleichung, S. 69 ff.; *von Bernstoff*, EWS 1998, 397, 399 (schlagwortartig); *Calliess / Ruffert / Bröhmer*, Art. 44 EGV Rn. 12, S. 676 ff.

139 Die Richtlinie ist verbindlich hinsichtlich ihres Regelungsziels, überläßt den Mitgliedstaaten bei der Umsetzung in nationales Recht aber die Form und Mittel, Art. 249 Abs.

falls die zweite Gesellschaftsrichtlinie, die sog. Kapitalrichtlinie vom 13.12.1976 relevant sein[140]. Mit ihr wurde immerhin ein gleichwertiger Schutz der Gesellschaftsgläubiger bei der Gründung, Kapitalaufbringung und Kapitalerhaltung angestrebt[141]. Allerdings betreffen diese Bestimmungen allein die Aktiengesellschaften, Art. 1 der Kapitalrichtlinie. Es gibt Richtlinien, die sich an die Aktiengesellschaft und die GmbH zugleich richten, etwa die erste Gesellschaftsrichtlinie, die sog. Publizitätsrichtlinie[142] und eine einzige Richtlinie, die allein die GmbH betrifft, die sog. Einpersonengesellschaftsrichtlinie[143]. Sie enthalten jedoch keine Bestimmungen, wonach durch die Fortführung einer Krisengesellschaft geschädigte Gesellschaftsgläubiger geschützt werden.

## II. Die Gesellschaftsrechtsform der GmbH in Europa

Nicht in allen EU – Mitgliedstaaten gibt es eine Zweiteilung von Kapitalgesellschaften in Aktiengesellschaft und GmbH. In den hier untersuchten Rechtsordnungen wird eine der deutschen Rechtslage vergleichbare Zweiteilung noch in Österreich, Frankreich und Dänemark vorgenommen. Nachdem man in Dänemark traditionellerweise am Konzept einer einheitlichen Kapitalgesellschaftsform festgehalten hatte, entschied sich der Gesetzgeber im Zuge des Beitritts Dänemarks zur EU am 01.01.1973, für kleinere Unternehmen eine weitere Kapitalgesellschaftsform anzubieten[144]. Daher wurde 1973 die sog. Anteilsgesellschaft, *anpartsselskab* (ApS)[145] mit dem Gesetz Nr. 371 vom 13. 6. 1973 betref-

---

3 EGV. Demgegenüber greift die Verordnung wesentlich tiefer in die nationalen Rechte ein, indem sie in allen ihren Teilen verbindlich ist, ohne daß es einer vorherigen Umsetzung bedarf, Art. 249 Abs. 2 EGV. Zum sekundären Gemeinschaftsrecht vgl.: *Oppermann*, Europarecht, 2. Aufl. 1999, § 6 II, S. 195 ff.

140 77 / 91 / EWG.

141 vgl. die Präambel der Kapitalrichtlinie.

142 68 / 151 / EWG vom 09.03.1968.

143 89 / 667 / EWG vom 21.12.1989.

144 das Aktiengesetz (*aktieselskabsloven*) enthielt flexible Regelungen, so daß es an sich auch für kleinere Unternehmen geeignet war, *Behrens / Carsten*, GmbH im internationalen und europäischen Recht, Dänemark, S. 760 Rn. DK 4

145 allgemein zur dänischen Anteilsgesellschaft vgl.: *Behrens / Carsten*, GmbH im internationalen und europäischen Recht, Dänemark, S. 758 ff. mit weiteren Literaturnachweisen; *Hohloch / Alsted / Hansen*, EU-Hdb. Gesellschaftsrecht, Dänemark, S. 67 ff. Rn. 207 ff.; dänische Literatur: *Rosenberg / Sneholt / Thomsen*, Anpartsselskabsloven af 1996; *Hansen*, Anpartselskaber; *Hansen / Krenchel*, Introduktion til selskabs- og foreningsretten; *Andersen*, Anpartsselskaber, Håndbog for selskabsejere.

fend die Anteilsgesellschaften, *anpartsselskabsloven* (ApSL)[146] eingeführt[147]. Die Anteilsgesellschaft ist die der deutschen GmbH entsprechende Gesellschaftsform[148]. Allerdings stimmten die Regelungen des ApSL zunächst weitgehend mit denjenigen im Aktiengesetz, *aktieselskabslov*, (ASL) überein. 1996 wurde das ApSL grundlegend reformiert, wodurch den Gesellschaftern größere Freiheit gegeben wurde, die Gesellschaft ihren individuellen Vorstellungen entsprechend zu organisieren. Gleichzeitig wurden Übereinstimmungen mit dem ASL deutlich vermindert[149]. Die englischen Kapitalgesellschaften sind im britischen Recht einheitlich geregelt im *Companies Act* 1985 (CA 1985). Er gilt gleichermaßen für die *public company limited by shares* (im folgenden: *public company*) und die *private company limited by shares*[150] (im folgenden: *private company*)[151]. Die *private company* hat sich aus der *public company* entwickelt[152]. *Shearman*[153] spricht davon, daß *private* und *public company* als *„zwei Varianten mit derselben rechtlichen Grundstruktur*" betrachtet werden. Der Kapitalgesellschaftsform der deutschen GmbH entspricht nach Funktion und rechtlicher Ausgestaltung in England die *private company limited by shares*[154] wäh-

---

146 abgedruckt mit deutscher Übersetzung in: *Behrens / Carsten*, GmbH im internationalen und europäischen Recht, Dänemark, S. 782 ff.

147 *Hansen*, Anpartsselskaber, S. 26 f.; *Behrens / Carsten*, GmbH im internationalen und europäischen Recht, Dänemark, S. 760 f. Rn. DK 4.

148 *Hohloch / Alsted / Hansen*, EU–Hdb. Gesellschaftsrecht, Dänemark, S. 67 Rn. 207; *Christensen* in: Danish Law, S. 393.

149 *Hansen / Krenchel*, Introduktion til selskabs- og foreningsretten, S. 44; *Behrens / Carsten*, GmbH im internationalen und europäischen Recht, Dänemark, S. 759 Rn. DK 1.

150 vgl. zur private company *Behrens / Behrens*, GmbH im internationalen und europäischen Recht, Großbritannien, S. 840 ff; *Shearman*, GmbHR 1992, S. 149 ff.; *Güthoff*, Gesellschaftsrecht in Großbritannien, S. 3 ff., 48 ff.; *Hohloch / Hohloch*, EU–Hdb. Gesellschaftsrecht, Vereinigtes Königreich, Rn. 122 ff., 313 ff.; *Scholz / H. P. Westermann* Einl Rn. 138 f.

151 der Companies Act unterscheidet weiter die companies limited by guarantee und die unlimited companies, die aber kaum praktische Bedeutung haben, *Güthoff*, Gesellschaftsrecht in Großbritannien, S. 4.

152 *Behrens / Behrens*, GmbH im internationalen und europäischen Recht, Großbritannien, S. 845 Rn. GB / NI / EL 8; zur historischen Entwicklung der englischen company ausführlich: *Neuling*, Deutsche GmbH und englische private company, S. 7 ff.; *Kisker*, GmbH und private company, S. 8 ff.

153 *Shearman*, GmbHR 1992, 149, 149.

154 allg. Meinung, *Güthoff*, Gesellschaftsrecht in Großbritannien, S. 5; *Scholz / H. P. Westermann*, Einl Rn. 149; *Shearman*, GmbHR 1992, 149, 149; *Neuling*, Deutsche GmbH und englische private company, S. 45 f. s. a. Bay OLG, AG 1986, 45, 47 f.

rend die *public company limited by shares* mit der deutschen AG vergleichbar ist[155].

In Norwegen hat der Gesetzgeber das zuletzt geltende norwegische Aktiengesetz von 1976 grundlegend reformiert[156]. Er hat insbesondere zwei Typen für die Aktiengesellschaft (*aksjeselskap*) eingeführt. Das Gesetz vom 13.06.1997 über die Aktiengesellschaften, *aksjeloven* (ASL), regelt Aktiengesellschaften, die ihre Aktien nicht der Öffentlichkeit anbieten dürfen. Diese Gesellschaftsform wird in Norwegen schlicht Aktiengesellschaft (*AS*) genannt und ist der deutschen GmbH gegenüberzustellen. Demgegenüber erfaßt das Gesetz vom 13.06.1997 über die öffentlichen[157] Aktiengesellschaften (ASA), *allmennaksjeloven* (ASAL), das Recht der börsennotierten Aktiengesellschaften[158]. Die beiden Gesetze sind am 01.01.1999 in Kraft getreten und enthalten größtenteils wortgleiche Regelungen. Streng genommen kann daher auch hier nur von zwei Varianten ein– und derselben Gesellschaftsrechtsform gesprochen werden.

In Schweden gibt es ebenfalls nur eine einheitliche Rechtsform für Kapitalgesellschaften[159]. Dies ist die Aktiengesellschaft (*aktiebolag*)[160]. Sie ist im *Aktiebolagslag* (ABL) von 1975[161] geregelt[162]. Zur Umsetzung der europäischen Richtlinien ist das ABL bereits zum 01.01.1995 geändert worden, obwohl Schweden erst am 01.01.1996 der EU beigetreten ist. Gleichzeitig wurde auch die Teilung in „*privata aktiebolag*" (Privat–AG) und „*publika aktiebolag*" (Pub-

---

155 *Güthoff*, Gesellschaftsrecht in Großbritannien, S. 5; *Shearman*, GmbHR 1992, 149, 149

156 zu den neuen norwegischen Aktiengesetzen in englischer Sprache: Den norske Revisorforening, The Norwegian Insitute of Public Accountants, New Norwegian Company Legislation, 2. Aufl., Oslo 1999

157 wörtlich: allgemeinen

158 zu den umfangreichen Gesetzgebungsarbeiten vgl.: *Aarbakke / Skåre* u.a., aksjeloven og allmennaksjeloven, S. 17 f.

159 *Hohloch / Foerster*, EU–Hdb. Gesellschaftsrecht, Schweden Rn. 199 f.; *von Bernstorff*, Vertrags-,Kauf-, Handels- und Gesellschaftsrecht in den Mitgliedstaaten der Europäischen Union, S. 183.

160 allg. zum schwedischen Aktienrecht vgl.: *Hohloch / Foerster*; EU–Hdb. Gesellschaftsrecht, Schweden; *Foerster*, Die schwedische Aktiengesellschaft, RIW 1992, 803 ff.; *von Bernstorff*, Vertrags-, Kauf-, Handels- und Gesellschaftsrecht in den Mitgliedstaaten der Europäischen Union, S. 182 ff.; *Korkisch / Carsten*, Das schwedische Aktienrecht, 2. Aufl., 1986..

161 Die ursprüngliche Fassung von 1975 auf dem Stand von 1985 findet sich in deutscher Sprache bei *Korkisch / Carsten*, Das schwedische Aktienrecht, S. 49 ff.

162 Die schwedische AG Stora Kopperberg Bergslag (Stora AB) rühmt sich damit, die älteste AG der Welt zu sein und kann eine Satzung von 1347 vorzeigen, *Hohloch / Foerster*, EU–Hdb. Gesellschaftsrecht, Schweden Rn. 198.

likums–AG) vorgenommen[163]. Die Privat–AG darf ihre Aktien nicht auf der Börse handeln[164]. Sie wird der deutschen GmbH gegenübergestellt[165].
In den Rechtsordnungen, in denen eine einheitliche Kapitalgesellschaftsform besteht, dient die Einteilung in eine „öffentliche" und eine „private" AG vornehmlich dazu, die Gesellschaften, die ihre Anteile auf dem öffentlichen Kapitalmarkt anbieten wegen der erhöhten Schutzbedürftigkeit ihres breiten Anlegerpublikums einer Reihe von strengen Sondervorschriften zu unterstellen[166].

---

163 *Hohloch / Foerster*, EU-Hdb. Gesellschaftsrecht, Schweden, S. 9 Rn. 16.

164 *Hohloch / Foerster*, EU–Hdb. Gesellschaftsrecht, Schweden, S. 47 Rn. 199.

165 *Hohloch / Foerster*, EU–Hdb. Gesellschaftsrecht, Schweden, S. 47 Rn. 199. Die hier zu untersuchenden im schwedischen Recht gefundenen Rechtsinstitute würden allerdings für die Publikums-AG gleichermaßen gelten.

166 *Hohloch / Foerster*, EU–Hdb. Gesellschaftsrecht, Schweden, S. 9 Rn. 16; *Hohloch / Hohloch*, EU–Hdb. Gesellschaftsrecht, Vereinigtes Königreich, S. 106 Rn. 13; *Behrens / Behrens*, GmbH im internationalen und europäischen Recht, Großbritannien, S. 852 Rn. GB / NI / EL 14.

## 2. Teil: Instrumente in Deutschland

### A. Finanzierung der unterkapitalisierten GmbH durch ihre Gesellschafter: Eigenkapitalersatzrecht

Im deutschen Recht kann sich der Eintritt einer wirtschaftlichen Krise auf Finanzierungshilfen der Gesellschafter auswirken. Die formal als Fremdkapital gewährten Kapitalhilfen der Gesellschafter können aufgrund der geltenden Eigenkapitalersatzregeln wie haftendes Eigenkapital der Gesellschaft behandelt werden. Schon lange vor der Fixierung von Eigenkapitalersatzregeln in den §§ 32 a und 32 b GmbHG durch die GmbH - Novelle 1980 gab es ein Eigenkapitalersatzrecht kraft Richterrechts, welches der BGH in Analogie zu den Kapitalerhaltungsregeln der §§ 30, 31 GmbHG entwickelte[167]. Die Novellen-Regeln setzen die Eröffnung eines Insolvenzverfahrens voraus. Die richterrechtlich entwickelten Regeln finden jedoch unabhängig davon Anwendung, ob über das Vermögen der Gesellschaft das Insolvenzverfahren eröffnet worden ist oder nicht. Dieses Nebeneinander von BGH-Regeln und Novellen-Regeln bietet einen zweistufigen Eigenkapitalersatzschutz.

#### I. Zweistufiges System

Nach der Amtlichen Begründung zum RegE GmbHG 1977[168] sollten die Vorschriften der §§ 32 a und 32 b GmbHG die Rechtsprechungsgrundsätze zum Eigenkapitalersatzrecht festschreiben. Der BGH hat aber in seiner Entscheidung vom 26.03.1984[169] entschieden, daß die Novellenregeln die Rechtsprechungsgrundsätze keineswegs abgelöst hätten, sondern daß sie vielmehr neben den ge-

---

167 Die seit 1892 unverändert gebliebenen Kapitalerhaltungsregeln in §§ 30, 31 GmbHG verbieten das Stammkapital schmälernde Auszahlungen an die Gesellschafter. Entgegen diesem Verbot ausgezahlte Beträge müssen an die Gesellschaft zurückerstattet werden. Da die Vorschriften der §§ 30, 31 GmbHG unmittelbar nur „originäres" Stammkapital der Gesellschaft erfassen, sind sie bei eigenkapitalersetzenden Leistungen analog anzuwenden.

168 BT-Drucks. 8 / 1347, S. 39.

169 BGHZ 90, 370.

setzlichen Vorschriften fortbestünden, was vom Schrifttum begrüßt wurde[170]. Zur Begründung führte der BGH aus, die BGH-Regeln und die Novellen-Regeln stünden aufgrund ihrer unterschiedlichen rechtlichen Konstruktion und Rechtsfolgen in keinem Spezialitätsverhältnis zueinander[171]. Weiter müßten im Gläubigerschutzinteresse die richterlichen Eigenkapitalersatzregeln fortgelten; ihre Streichung würde eine Verkürzung des bei Erlaß der Novellen-Regeln bereits bestehenden Gläubigerschutzes bedeuten[172].
Ein wesentlicher Unterschied zwischen richterrechtlich und gesetzlich geltendem Eigenkapitalersatzrecht besteht zunächst darin, daß die gesetzlichen Regeln der §§ 32 a und 32b GmbHG nur Anwendung finden, wenn über das Gesellschaftsvermögen das Insolvenzverfahren eröffnet worden ist („bloß reaktiver Gläubigerschutz"[173]). Das kodifizierte Eigenkapitalersatzrecht wird als die insolvenzrechtliche Lösung für eigenkapitalersetzende Gesellschafterleistungen[174], das richterlich entwickelte als das gesellschaftsrechtliche Schutzkonzept bezeichnet[175]. Weiter verstricken die Rechtsprechungsgrundsätze die Gesellschafterleistungen nur insoweit mit eigenkapitalersetzendem Charakter, als das Stammkapital der Gesellschaft angegriffen ist. Einen etwa darüber hinausgehenden Betrag kann der Gesellschafter zurückgezahlt verlangen[176]. Wenn aber das Insolvenzverfahren eröffnet ist, kann der Gesellschafter die Rückgewähr einer eigenkapitalersetzenden Leistung nach Änderung des § 32 a Abs. 1 GmbHG zwar immerhin als nachrangiger Insolvenzgläubiger geltend machen. Bleibt aber nach Befriedigung aller anderen Gläubiger nichts mehr übrig, erhält der Gesellschafter die eigenkapitalersetzende Leistung überhaupt nicht – auch nicht insoweit, als sie über den Betrag der Stammkapitalziffer hinaus Eigenkapital abdeckte – zurück[177]. Wurden die eigenkapitalersetzenden Gesellschaftermittel unzulässigerweise ausgezahlt, besteht konsequenterweise ein Erstattungsanspruch der Gesellschaft aus § 31 Abs. 1 GmbHG nur insoweit, als das Stammkapital angegriffen ist, während die Insolvenzanfechtung sich auf den

---

170 *Scholz / K. Schmidt* §§ 32 a, 32 b GmbHG Rn. 76; *Lutter / Hommelhoff* §§ 32 a / b GmbHG Rn. 10; *Hachenburg / Ulmer* § 32 a, b GmbHG Rn. 14 m.w.N.; *ders.*, ZIP 1984, 1163, 1163, *Hommelhoff*, ZGR 1988, 460, S. 480 ff.

171 BGHZ 90. 370, 378.

172 BGHZ 90, 370, 380.

173 *Lutter / Hommelhoff* §§ 32 a / b GmbHG Rn. 13.

174 *Hachenburg / Ulmer* § 32 a, b GmbHG Rn. 2.

175 *Hommelhoff*, ZGR 1980, 460, 483.

176 BGHZ 76, 326, 333; *Lutter / Hommelhoff* §§ 32 a/b GmbHG Rn. 102; *Scholz / K. Schmidt* §§ 32 a, 32 b GmbHG Rn. 77.

177 BGHZ 90, 370, 378, 381.

gesamten ausgezahlten Betrag bezieht[178]. Nach den Rechtsprechungsgrundsätzen haftet der Gesellschafter mithin für den Sockelbetrag bis zur Stammkapitalziffer, nach den Gesetzesregelungen für den Betrag über die Stammkapitalziffer hinaus. Hierin zeigt sich das zweistufige oder duale Schutzsystem im Eigenkapitalersatzrecht[179].

Ist (noch) kein Insolvenzverfahren eröffnet oder die Eröffnung mangels Masse abgelehnt worden, sind eigenkapitalersetzende Leistungen analog §§ 30, 31 GmbHG gebunden und der Gesellschaft zu erstatten[180]. Nach Eröffnung eines Insolvenzverfahrens demgegenüber sind die § 32 b GmbHG, 135 InsO anwendbar. Daneben bleiben aber auch die §§ 30, 31 GmbHG analog anwendbar[181]. Im eröffneten Insolvenzverfahren stehen dem Insolvenzverwalter Anfechtungsrechte nach §§ 135 InsO, 32 b GmbHG zu. Er kann jedoch auch auf §§ 30, 31 GmbHG zurückgreifen[182]. Das wird insbesondere relevant, wenn das Anfechtungsrecht des Insolvenzverwalters aus § 135 InsO nach § 146 Abs. 1 InsO bereits verjährt ist. Dann kann er immer noch auf den konkurrierenden Erstattungsanspruch des § 31 GmbHG zurückgreifen, der gem. § 31 Abs. 5 GmbHG erst nach fünf Jahren verjährt. Allerdings ist der Erstattungsanspruch nach § 31 GmbHG, wie bereits ausgeführt, auf Beträge beschränkt, die zu Lasten des Stammkapitals gegangen sind[183]. Außerhalb eines Insolvenzverfahrens ist der Erstattungsanspruch nach §31 GmbHG vom Geschäftsführer geltend zu machen[184]. Die wegen der Rückzahlung eigenkapitalersetzender Gesellschafterleistungen zu erstattenden Beträge sind in das Gesellschaftsvermögen bzw. in die Insolvenzmasse zu leisten und kommen so den Gläubigern einheitlich zugute.

---

178 *Noack*, Gesellschaftsrecht, S. 99 Rn. 228; *Goette*, DStR 1997, 2027, 2028.

179 *v. Gerkan / Hommelhoff / Hommelhoff*, Hdb. des Kapitalersatzrechts, S. 4 Rn. 1.4 f.

180 *Ulmer*, ZIP 1984, 1163, 1163.

181 *Goette*, DStR 1997, 2027, 2028; *Hachenburg / Ulmer* § 32 a, b Rn. 174; *Lutter / Hommelhoff*, §§ 32 a/b Rn. 16 mit Beispiel.

182 *Scholz / K. Schmidt*, §§ 32 a, 32 b Rn. 81; *Lutter / Hommelhoff*, §§ 32 a/b Rn. 16.

183 BGHZ 109, 55, 67; *Noack*, Gesellschaftsrecht, S. 98 Rn. 227 f.; *Ulmer*, ZIP 1984, 1163, 1163.

184 *Lutter / Hommelhoff*, §§ 32 a/b Rn. 106.

## II. Tatbestand des richterrechtlich entwickelten Eigenkapitalersatzrechts[185]

Die Tatbestandsmerkmale des Eigenkapitalersatzrechts sind seit der Grundentscheidung des BGH[186] vom 14.12.1959[187] stetig fortentwickelt worden. Der Anwendungsbereich des Eigenkapitalersatzrechts hat sich infolge einer Urteilsflut auf diesem Gebiet und der dazukommenden gesetzlichen Fixierung eines Teils des heute geltenden Eigenkapitalersatzrechts stark erweitert[188].

### 1. Arten eigenkapitalersetzender Finanzierungshilfen

#### a.) Gesellschafterdarlehen

Als eigenkapitalersetzende Gesellschafterleistung kommen zunächst Gesellschafterdarlehen in Betracht. Mit einem Gesellschafterdarlehen ist ein Vertrag i. S. d. § 607 BGB zwischen der Gesellschaft und dem Gesellschafter über die Überlassung von Geld als Fremdkapital auf Zeit gemeint[189]. Es ist ohne Bedeutung, welcher Rechtsgrund diesen Forderungen zugrunde liegt. Beispielhaft seien nicht entnommene Gewinne[190] oder dem Geschäftsführer zustehende Tantiemen und Spesen[191], gestundete Geschäftsführer - Gehälter[192]etc. genannt. Ei-

185 Die BGH-Rechtsprechung sowie die Literatur zum Eigenkapitalersatz der letzten Jahre hat sich mehr von den eigentlichen Grundfragen hin zu unzähligen Einzelproblemen gewendet, *K. Schmidt*, ZIP 1999, 1241, 2141. In der folgenden Untersuchung kann es nur darum gehen, zum grundsätzlichen Verständnis einen allgemeinen Überblick über das nur noch schwer überschaubare Eigenkapitalersatzrecht zu geben.

186 Bereits das RG hat entschieden, „der Senat hat ... die angeblichen Darlehen als das behandelt, was sie in Wirklichkeit sind, nämlich Gesellschaftereinlagen.“, RG, JW 1939, 355.

187 BGHZ 31, 258.

188 *Claussen,* GmbHR 1996, 316, 317 meint, man müsse schon den Beruf eines „Kapitalersatzrechtlers“ haben, um sich im Kapitalersatzrecht zurechtzufinden; *H. P. Westermann* in: *Henze / Timm / Westermann,* Gesellschaftsrecht, S. 269, 273 spricht vom Eigenkapitalersatzrecht als einem ungehemmt weiterwuchernden, sogar *„sich ständig autonom fortzeugendem Regelwerk“*, zustimmend *Grunewald*, GmbHR 1997, 7, 9.

189 *Hachenburg / Ulmer* § 32 a, b GmbHG Rn. 24; *Scholz / K. Schmidt* §§ 32 a, 32 b GmbHG Rn. 27.

190 BGH WM 1987, 284, 285.

191 BGHZ 81, 365, 366.

192 BGHZ 76, 326, 327.

ne Eingrenzung allerdings macht der BGH bei Forderungen aus „echten“ Verkehrsgeschäften[193].

**b.) Gesellschaftersicherheiten**

Seit der Entscheidung des BGH vom 27.09.1976[194] sind Bürgschaften, welche Gesellschafter einer konkursreifen GmbH für Darlehen gesellschaftsfremder Dritter geben, einer Darlehensgewährung des Gesellschafters gleichgestellt. Der beklagte Gesellschafter hatte für Bankverbindlichkeiten der konkursreifen GmbH eine selbstschuldnerische Bürgschaft übernommen, aus der er voll in Anspruch genommen wurde. Kurz vor Konkurseröffnung erstattete die Gesellschaft dem bürgenden Gesellschafter den an die Bank geleisteten Betrag. Der Konkursverwalter begehrte dessen Rückerstattung an die Gemeinschuldnerin. Der BGH entschied, die Bürgschaftsübernahme mit einer Darlehenshingabe gleichzusetzen, da sie bloß ein anderer Weg sei, um eine konkursreife GmbH am Leben zu erhalten, ohne ihr Eigenkapital als solches zuzuführen. Die Bürgschaft eines Gesellschafters für ein Drittdarlehen führe zum selben wirtschaftlichen Erfolg wie das Darlehen eines Gesellschafters[195].
In der Folge blieb es nicht bei der Bürgschaftsübernahme allein. Weitere Möglichkeiten, wie der Gesellschafter Drittdarlehen absichern kann, wurden ebenfalls in den Anwendungsbereich des Eigenkapitalersatzrechts miteinbezogen. An dieser Stelle seien bloß beispielhaft Grundpfandrechte[196] und selbständige Schuldversprechen[197] genannt[198]. Die Fallgruppe gesellschafterbesicherter Drittdarlehen, auch mittelbare Gesellschafterdarlehen genannt, wird heute sogar als die typische Fallgruppe eigenkapitalersetzender Gesellschafterleistungen bezeichnet[199].

---

193 BGHZ 81, 252, 263, der eigenkapitalersetzende Charakter gestundeter Kaufpreisforderungen aus Warenlieferungen des Gesellschafters wurde damit begründet, daß die Stundung Bestandteil umfassender Sanierungsmaßnahmen gewesen seien. A. A. wohl *Habersack*, ZHR 1998, 201, 208.

194 BGHZ 67, 171 ff.

195 BGHZ 67, 171, 182.

196 BGH NJW 1992, 1764, 1766.

197 BGH NJW 1992, 1763 f.

198 ausführlich zu dieser Art kapitalersetzender Gesellschafterleistungen vgl.: *Hachenburg / Ulmer* § 32 a, b GmbHG Rn. 129; *Scholz / K. Schmidt* § GmbHG Rn. 148.

199 *Hachenburg-Ulmer*, § 32 a,b GmbHG Rn 129.

**c.) Nutzungsüberlassung**

Seit dem Urteil vom 16.02.1989[200] behandelt der BGH auch die Überlassung von Gegenständen des Gesellschafters aufgrund schuldrechtlicher Vereinbarungen zur Nutzung und zum Gebrauch als eine mögliche Form eigenkapitalersetzender Finanzierungshilfen[201]. Die klagende Gesellschafterin hatte der wirtschaftlich angeschlagenen Gesellschaft Geschäftsräume und ein Lagergrundstück vermietet. Nach Konkurseröffnung begehrte die Klägerin den rückständigen Mietzins. Der BGH entschied, die Gesellschafterin habe der notleidenden GmbH zwar keine Geldmittel zugeführt, aber benötigte Sachwerte zum Gebrauch überlassen. Die Gesellschaft habe daher im Ergebnis ebenso Vermögenswerte erhalten und die wirtschaftliche Krise verschleppen können[202].

**d.) Finanzplankredit**

In der Entscheidung vom 14.12.1992[203] stellte der BGH fest, daß die Regeln über den Finanzplankredit auch auf die GmbH anwendbar seien[204]. Bei Finanzplankrediten geht es in der Sache um Gesellschafterdarlehen, zu deren Gewährung sich der Gesellschafter über die Leistung seiner Einlage hinaus aufgrund der langfristigen Finanzplanung der Gesellschaft verpflichtet hat (gesplittete Einlage)[205]. Die Besonderheit im Vergleich zu den „herkömmlichen" eigenkapi-

---

200 BGHZ 109, 55.

201 Bis zu diesem Zeitpunkt war die Einbeziehung der Gebrauchsüberlassung in den Anwendungsbereich der Eigenkapitalersatzregeln heftig umstritten und von der h. M. abgelehnt worden. Näher hierzu vgl.: *v. Gerkan*, GmbHR 1990, 384, 385. *Scholz / K. Schmidt* §§ 32 a, b GmbHG Rn. 127 hält die eigenkapitalersetzende Nutzungsüberlassung weiterhin für eine „Fehlentwicklung".

202 BGHZ 109, 55, 58; *Hachenburg / Ulmer* § 32 a, b GmbHG Rn. 106.

203 BGHZ 121, 31, 41.

204 Finanzplankredite wurden ursprünglich für die Publikums-Kommanditgesellschaften entwickelt, vgl. BGHZ 104, 33, 38 f. m.w.N.

205 BGHZ 104, 33, 40; *Wilken*, ZIP 1996, 61, 61 f. Der BGH hat in BGHZ 104, 33, 40 vorausgesetzt, daß es sich bei der Verpflichtung zur Darlehenshingabe um eine echte *„gesellschaftsvertragliche Pflicht in ihrer Eigenschaft als Gesellschafter"* handeln müsse. Die Voraussetzung einer statutarischen Verpflichtung wird in der Literatur überwiegend für nicht erforderlich gehalten. Nach einer Ansicht ist eine außergesellschaftsvertragliche rechtsgeschäftliche Bindung ausreichend, *Wilken*, ZIP 1996, 61, 62; *Altmeppen*, ZIP 1996, 909, 911; *Hachenburg / Ulmer* §§ 32 a, 32 b Rn. 61; *Habersack*, ZHR 1997, 457, 486; *Sieger / Aleth*, GmbHR 2000, 462, 466. W. N. bei. *Altmeppen*, ZIP 1996, 909, 911 FN 15. Mit der Entscheidung vom 28.06.1999 scheint der BGH nunmehr immerhin eine schuldrechtliche Nebenabrede im Gesellschaftsvertrag für ausreichend zu halten, vgl. BGH DStR 1999, 1198, 1200.

talersetzenden Gesellschafterleistungen besteht darin, daß Finanzplankredite unabhängig von einer wirtschaftlichen Krise gewährt werden[206]. In der Literatur wurde heftig diskutiert, ob Finanzplankredite ein eigenständig neben dem Eigenkapitalersatzrecht stehendes Rechtsinstitut und damit materielles, echtes Eigenkapital[207] oder aber ein Sonderfall des Eigenkapitalersatzrechts[208] seien[209]. Die Rechtsprechung des BGH in diesem Punkt war unklar. In der Entscheidung vom 21.03.1988[210] hatte er ausgesprochen, daß Finanzplankredite *„den Charakter von Eigenkapital“* hätten. Einem späteren Urteil vom 14.12.1992[211] demgegenüber kann man entnehmen, daß die Eigenkapitalersatzregeln auch auf finanzplanmäßig geleistete Gesellschafterhilfen anwendbar sein sollten; hierfür könne es *„grundsätzlich nur auf objektive Gesichtspunkte ankommen“*.

Der Finanzplankredit darf in seiner praktischen Bedeutung nicht überbewertet werden. Tatsächlich wird er überhaupt erst relevant, wenn der Gesellschafter behauptet, sein Darlehen habe nicht kraft „Stehenlassens“ in der wirtschaftlichen Krise Eigenkapitalersatzfunktion erhalten[212]. Für diesen Fall kommt es darauf an, ob es sich bei dem Darlehen um einen Finanzplankredit handelt und es allein aus diesem Grund den Eigenkapitalersatzregeln zu unterwerfen ist[213].
In der Entscheidung vom 28.06.1999[214] hat der BGH grundlegend zum Charakter von Finanzplankrediten Stellung genommen. Danach handelt es sich nicht um eine eigenständige Kategorie des Eigenkapitalersatzrechts. Für die Frage, ob aufgrund besonderer Vereinbarungen gewährte Gesellschafterleistungen in Eigenkapital umqualifiziert werden können, gelten die üblichen Regeln zum Ei-

---

206 BGHZ 104, 33, 37; *Altmeppen*, ZIP 1996, 909, 911; *Fleischer*, Finanzplankredite und Eigenkapitalersatz, S. 6 ff., 47 ff.

207 so *v. Gerkan*, ZGR 1997, S. 193; *Lutter / Hommelhoff* §§ 32 a / b GmbHG Rn. 14; *Habersack*, ZHR 1997, 457, 464; *Fleischer*, Finanzplankredite und Eigenkapitalersatz, S. 151 ff., 341 ff.

208 so *Scholz / K. Schmidt*, 8. Aufl., §§ 32 a, 32 b GmbHG Rn. 38; *K. Schmidt / Uhlenbruck / K. Schmidt*, GmbH in Krise, Sanierung und Insolvenz, S. 55 Rn. 85; *Hachenburg / Ulmer* § 32 a, b GmbHG Rn. 48, 61; *Wilken*, ZIP 1996, 61, 62.

209 ausführlich hierzu vgl.: *Fleischer*, Finanzplankredite und Eigenkapitalersatz, S. 151 ff., 341 ff.

210 BGHZ 104, 33, 38.

211 BGHZ 121, 31, 41 f.

212 BGH ZIP 1999, 1263, 1264.

213 *Altmeppen*, ZIP 1996, 909, 911; *K. Schmidt / Uhlenbruck/ K. Schmidt*, S.55 Rn. 85.

214 BGH ZIP 1999, 1263 = BGH BB 1999, 1672 m. Anm. *Thümmel* = GmbHR 1999, 911 m.Anm. *Brauer* = NJW 1999, 2809 m. Anm. *Altmeppen* = BGH DStR 1999, 1198 m. Anm. *Goette; Dauner-Lieb*, Anm. zu BGH, Urt. v. 28.06.1999, EWiR 1999, 843 f.

genkapitalersatz[215]. Damit geht der BGH davon aus, daß „finanzplanmäßig" geleistete Kapitalhilfen nicht per se eigenkapitalersetzend sind, sondern auch hier die sonst üblichen Voraussetzungen für die Verstrickung mit Eigenkapitalersatzcharakter, d.h. insbesondere eine wirtschaftliche Krise gegeben sein müssen[216]. In der Entscheidung hatte sich einer der Gründer-Gesellschafter im Gesellschaftsvertrag dazu verpflichtet, der GmbH neben der Einlage auf Anfordern der Gesellschaft ein Darlehen zu gewähren. Nach der hierzu später getroffenen Darlehensverpflichtung sollte der beklagte Gesellschafter ein „kapitalersetzendes" Darlehen i.H.v. 240000.- DM leisten, dem er zur Hälfte nachkam. Nachdem über das Vermögen der Gesellschaft, die von Beginn an unterkapitalisiert gewesen war das Gesamtvollstreckungsverfahren eröffnet worden war, forderte der Verwalter den Gesellschafter zur Zahlung eines Teilbetrags i.H.v. 50000.- DM auf. Das Berufungsgericht hatte eine Zahlungspflicht des Gesellschafters angenommen und damit begründet, daß es sich bei dem Darlehen um einen Finanzplankredit handle, der eine eigenständige Fallgruppe des Eigenkapitalersatzrechts darstelle. Der BGH stellte klar, daß die Regeln über den Eigenkapitalersatz den Gesellschafter nicht dazu verpflichten könnten, eine Leistung zu erbringen, sondern sich darauf beschränkten, die Auszahlung bereits erbrachter Leistungen gegebenenfalls zu sperren[217]. Daran ändere sich auch nichts dadurch, daß der Gesellschafter sich im Rahmen eines Finanzplans zu der Darlehensgewährung verpflichtet habe. Für die Frage, ob der Gesellschafter den restlichen Darlehensbetrag zahlen müsse, könne allein die zwischen der Gesellschaft und dem Gesellschafter getroffene Vereinbarung entscheidend sein[218].

---

215 BGH ZIP 1999, 1263, erster Leitsatz. *Goette*, Anm. zu BGH DStR 1999, 1198, 1202.

216 *Goette*, Anm. zu BGH DStR 1999, 1198, 1202; *H. P. Westermann*, DZWIR 2000, 1, 9; *K. Schmidt*, ZIP 1999, 1241, 1248, der allerdings darauf hinweist, daß die Lösung als Unterfall des Eigenkapitalersatzes zur Vermeidung von Diskussionen über das Stehenlassen von Finanzplankrediten vorzugswürdig wäre. Dies lasse sich aber kaum mit der Voraussetzung einer „Krise der Gesellschaft" in § 32 a GmbHG vereinbaren.

217 BGH ZIP 1999, 1263, 1263 f.

218 BGH ZIP 1999, 1263, 1264 f. Die Entscheidung zeigt, daß die Bindung an einen Finanzplan gefährlicher sein kann als die Hingabe eines nicht von Anfang an mit Eigenkapitalersatzcharakter verstrickten Darlehens, das in der Krise abgezogen werden kann, um nicht kraft Stehenlassens eigenkapitalersetzend zu werden. Ein Hauptproblem bei Finanzplankrediten besteht mithin darin, unter welchen Voraussetzungen der Gesellschafter sich wieder von der übernommenen Pflicht, der Gesellschaft Darlehen gewähren zu müssen, lösen kann, vgl. BGH ZIP 1999, 1263, 1265 f. Zu den Aussichten des Gesellschafters, sich wieder von der Pflicht lösen zu können, vgl.: *H. P. Westermann*, DZWIR 2000, 1, 9 f.; *K. Schmidt*, ZIP 1999, 1241, 1250; *Altmeppen*, NJW 1999, 2812, 2813 f.; *Lutter / Hommelhoff*, §§ 32 a/b GmbHG Rn. 170.

## 2. Gesellschafter als Leistender

### a.) Gesellschaftereigenschaft

Im Ausgangspunkt können nur Finanzierungshilfen eines Gesellschafters Eigenkapitalersatzfunktion haben. Nach h.M[219] waren keine Anforderungen an die Art der Gesellschaftsbeteiligung zu stellen. Vielmehr sollte jede Art der Beteiligung, unabhängig von ihrer Größe oder mit ihr verbundenem Ziel ausreichen[220]. Nach Einführung von Satz 2 in §32a Abs. 3 GmbHG durch das Kapitalaufnahmeerleichterungsgesetz (KapAEG) vom 20.4.1998[221] braucht der Gesellschafter, der weder Geschäftsführer noch mit über 10 % am Stammkapital der Gesellschaft beteiligt ist, die Anwendung der Eigenkapitalersatzregeln nicht mehr zu fürchten[222]. § 32 a Abs. 3 S. 2 GmbHG wird als eine das Eigenkapitalersatzrecht allgemein, also auch soweit es um die BGH-Regeln geht, einschränkende Vorschrift verstanden, indem sie sich auf *„die Regeln des Eigenkapitalersatzrechts“* schlechthin bezieht[223]. Die Neuregelung wird von der Lehre abgelehnt. Die Grenzziehung von 10 % sei völlig willkürlich und könne allenfalls indizielle Bedeutung haben, um bestimmte Gesellschafter aus dem Anwendungsbereich des Eigenkapitalersatzrechts herausnehmen zu können[224]. Sie eigne sich jedoch nicht dazu, automatisch auf eine Finanzierungsverantwortung oder eine sonstwie geartete mitunternehmerische Beteiligung schließen zu können[225]. Es

219 *Hachenburg / Ulmer*, § 32 a, b GmbHG Rn. 35; *Scholz / K. Schmidt*, 8. Aufl., §§ 32 a, 32 b GmbHG Rn. 30; *Baumbach / Hueck / Hueck*, Voraufl., § 32 a GmbHG Rn. 17, 19.

220 A.A. bereits die von *Lutter / Hommelhoff*, 14. Aufl. §§ 32a/b GmbHG Rn. 55 ff vertretene Mindermeinung, die eine die mitunternehmerische Verantwortung rechtfertigende Mindestbeteiligung forderte und als Richtwert eine Mindestbeteiligung von 10 % nannte.

221 BGBl I, 70.

222 zur Frage, ob § 32 a Abs. 3 Satz 2 GmbHG auch beim Finanzplankredit Anwendung findet, vgl.: *Sieger / Aleth*, GmbHR 2000, 462, 468; *Lutter / Hommelhoff*, §§ 32 a/b GmbHG Rn. 66, 180.

223 *Seibert*, GmbHR 1998, 309, 309; *Habersack*, ZHR 1998, 201, 210 f.; *H. P. Westermann*, DZWIR 2000, 200, 1, 6. Davon geht auch *K. Schmidt*, ZIP 1996, 1586, 1589 aus, der dies jedoch für einen Eingriff in die „Fortbildungskompetenz der Gerichte“ hält. Kritisch, ob die 10 %-Klausel auch im richterrechtlich entwickelten Eigenkapitalersatzrecht gilt, *Karollus*, ZIP 1996, 1894, S. 1895, da gesetzgeberische Motive die Gerichte nicht binden würden.

224 *K. Schmidt*, ZIP 1996, 1586, 1588.

225 *Altmeppen*, ZIP 1996, 1455; Dauner-*Lieb*, DStR 1998, 609, 613 f.; *Pentz*, GmbHR 1999, 437, 438 f.

wird sogar vermutet, sie beabsichtige lediglich, die Beteiligungen gewerblicher Kreditgeber zu privilegieren[226]. Insbesondere wird auch befürchtet, daß die gesetzte Grenze zu Zurechnungsproblemen und Umgehungsversuchen führen und daher weitere Kasuistik, v. a. zu Ausnahmen von der Ausnahmevorschrift des § 32 a Abs. 3 Satz 2 GmbHG produzieren wird[227].

### b.) Auseinanderfallen von Gesellschaftereigenschaft und Darlehensgewährung

In der Regel fallen Gesellschaftereigenschaft und Darlehensgewährung in wirtschaftlicher Krise zeitlich zusammen. Aber auch bei Auseinanderfallen können die Eigenkapitalersatzregeln zur Anwendung kommen. Wurde der Kreditgeber erst nach Darlehenshergabe Gesellschafter, konnte bisher sein Fremddarlehen nachträglich eigenkapitalersetzenden Charakter erlangen[228]. Dies ist seit Einführung von Satz 3 in § 32 a Abs. 3 GmbHG, was auf das Gesetz zur Kontrolle und Transparenz im Unternehmensbereich (KonTraG) vom 17. 4. 1998[229] zurückgeht, nicht mehr möglich. Insbesondere können gem. § 32 a Abs. 3 Satz 2 GmbHG auch Leistungen eines erst in der Krise neu dazukommenden Gesellschafters nicht mit Eigenkapitalersatzcharakter verstrickt werden, sog. „Sanierungsprivileg“[230]. Dies soll einen Anreiz bieten, aussichtsreiche Sanierungsversuche zu unterstützen[231]. *Grunewald* meint, das eingeführte „Sanierungsprivileg“ sei nicht mit den Grundüberlegungen des Eigenkapitalersatzrechts vereinbar. Denn gerade solche Gesellschafter, die erst in der Krise Kapitalhilfen gewähren, müßte die Finanzierungsfolgenverantwortung treffen[232]. Fraglich ist, ob die Gesellschafter sich nur dann auf die Ausnahmevorschrift berufen können, wenn eine Sanierungsmöglichkeit objektiv tatsächlich gegeben war[233].

---

226 *v. Gerkan*, GmbHR 1997, 677, 678; dies klingt auch an bei *Dauner-Lieb*, DStR 1998, 609, 616.

227 *v. Gerkan*, GmbHR 1997, 677; *K. Schmidt*, ZIP 1996, 1586, 1588; *Habersack*, ZHR 1998, 201, 210.

228 BGHZ 81, 311, 316; *Hachenburg / Ulmer* § 32 a, b GmbHG Rn. 38 f.; *Fleck*, S. 125; A. A. schon damals *Claussen*, ZHR 1983, 195, 216 ff.

229 BGBl I, 786.

230 zur Frage, ob die Regeln zum Finanzplankredit auch bei den nach § 32 a Abs. 3 Satz 3 GmbHG privilegierten Gesellschafterleistungen Anwendung finden, vgl.: *Sieger / Aleth*, GmbHR 2000, 462, 468 f.; *Lutter / Hommelhoff*, §§ 32 a/b GmbHG Rn. 180.

231 ausführlich zum Sanierungsprivileg vgl.: *Grunewald*, FS Bezzenberger, S. 85, 86 ff.; *Dauner-Lieb*, DStR 1998, S. 1517 ff.; *Früh*, GmbHR 1999, 842, 844 f.; s. a. *Seibert*, GmbHR 1998, 309, 310;

232 *Grunewald*, FS Bezzenberger, S. 85, 86.

233 näher hierzu vgl. *H. P. Westermann*, DZWIR 2000, 1, 8.

Scheidet der Gesellschafter vor Eintritt der wirtschaftlichen Krise aus, wird das Darlehen nicht mit eigenkapitalersetzendem Charakter verstrickt, es sei denn, das vor der Krise gegebene Darlehen war aufgrund besonderer Vereinbarungen von vornherein auf eine Krisenfinanzierung angelegt[234]. Scheidet der Gesellschafter nach Eintritt der wirtschaftlichen Krise aus, gibt es kein Zurück mehr. Ist das Darlehen einmal eigenkapitalersetzend, bleibt es eigenkapitalersetzend[235]. Hat der Gesellschafter den Darlehensrückzahlungsanspruch abgetreten, kann gegenüber dem Zessionar derselbe Einwand der Auszahlungssperre geltend gemacht werden, § 404 BGB i. V. m. § 30 GmbHG[236].

**c.) gesellschaftsfremde Dritte**

Auch Finanzierungshilfen gesellschaftsfremder Dritter können Eigenkapitalersatzcharakter haben[237]. Dies gilt etwa für Darlehen desjenigen, der die Gesellschaftsbeteiligung als Treugeber für einen anderen hält[238]. Kapitalhilfen naher Angehöriger des Gesellschafters sind eigenkapitalersetzend, wenn die Mittel der Finanzierungshilfe in Wahrheit von dem Gesellschafter stammen[239]. Weiter sind die Regeln des Kapitalersatzrechts auch anwendbar auf mit einem Gesellschafter oder mit der Gesellschaft verbundene Unternehmen[240].

Der BGH hat den personellen Anwendungsbereich auch auf Dritte erweitert, denen aufgrund schuldrechtlicher Vereinbarungen eine der Mitgliedschaft ver-

---

234 BGH ZIP 1987, 169 f., anders, wenn die Zweckbestimmung auf Dauer seiner Gesellschafterstellung beschränkt oder ein bestehendes Kündigungsrecht bei Ausscheiden ausgeübt wird, BGH ZIP aaO.

235 *Hachenburg / Ulmer* § 32 a, b GmbHG Rn. 40 ; *Scholz / K. Schmidt* §§ 32 a, 32 b GmbHG Rn. 34; *Goette*, DStR 1997, 2027, 2034.

236 BGHZ 104, 33, 43; *Hachenburg / Ulmer* § 32 a, b GmbHG Rn. 41.

237 eine ausführliche Darstellung der unterschiedlichen in Frage kommenden Dritten findet sich bei *Altmeppen*, FS Kropff, S. 654 ff.

238 BGHZ 31, 258, 267.

239 BGH ZIP 1991, 366, 366 f. Die Einführung einer Beweislastumkehr, wonach bewiesen werden müßte, daß die Kapitalhilfen nicht mit Mitteln des Gesellschafters geleistet wurden, ist aus verfassungsrechtlichen Bedenken (Art. 6 Abs. 1 GG) abgelehnt worden. So aber noch § 32 a Abs. 6 des Regierunsentwurfs, vgl. BGH ZIP 1991, 366, 366. In der Literatur wird die Ansicht vertreten, in besonders gelagerten Fällen könne ein prima facie Beweis angewendet werden, *Hachenburg / Ulmer* § 32 a, b GmbHG Rn. 120; *Scholz / K. Schmidt* §§ 32 a, 32 b GmbHG Rn. 119; *v. Gerkan*, ZGR 1997, 173, 184. Der BGH möchte dem allenfalls in Fällen folgen, in denen sich die Verdachtsmomente verdichten, BGH ZIP 1991, 366, 367.

240 BGHZ 81, 311, 315 f. ; *Hachenburg / Ulmer*, § 32a, b GmbHG Rn. 121 f. Zur Bestimmung verbundener Unternehmen sind §§ 15 ff. AktG heranzuziehen.

gleichbare Position eingeräumt worden ist. Dies trifft nicht zu auf den Normalfall einer stillen Gesellschaft nach den §§ 230 ff. HGB[241]. Sind die Rechte des stillen Gesellschafters aber mit denjenigen eines GmbH - Gesellschafters vergleichbar, unterfällt seine Einlage den Regeln des Eigenkapitalersatzrechts. Dies ist der Fall, wenn der Stille am Vermögen und am Ertrag der Gesellschaft beteiligt ist und darüber hinaus noch entscheidenden Einfluß auf die Geschäftsführung nehmen kann[242]. Forderungen von Pfandgläubigern gegen die Gesellschaft können eigenkapitalersetzenden Charakter erlangt haben, sofern sie aufgrund zusätzlicher Abreden imstande sind, die Geschicke der GmbH mitzubeeinflussen. Daß der Pfandgläubiger nicht am Gesellschaftsvermögen beteiligt ist, steht dem nicht entgegen[243].
Nach *Fleischer* soll für die Anwendung der Eigenkapitalersatzregeln ausreichen, daß zwischen dem gesellschaftsfremden Kreditgeber und der Gesellschaft sog. *financial covenants*, auch Bilanzrelationenklauseln genannt, vereinbart wurden[244]. Englische Kreditinstitute vereinbaren üblicherweise *financial covenants*, um Einfluß auf den Kreditnehmer nehmen zu können. Zur Verringerung des Kreditrisikos werden zur Krisenfrüherkennung Indikatoren festgelegt, die insbesondere an der Eigenkapitalausstattung, der Verschuldung, dem Ertrag und der Liquidität des Kreditnehmers ansetzen, damit bei Überschreiten der einzuhaltenden Kennzahlen der Kreditgeber etwa eine Nachbesicherung geltend machen oder den Kredit frühzeitig fällig stellen kann[245]. Gegen die Auffassung *Fleischers* wird vorgebracht, eine Einflußnahme, die sich auf Kreditsicherung beschränkt, genüge nicht, um das Eigenkapitalersatzrecht anwenden zu können[246].

Die neue Reglung in § 32 a Abs. 3 S. 2 GmbHG wird auch zugunsten der gesellschafterentsprechenden Dritten anzuwenden sein, da das Gesetz in § 32 a

---

241 BGH WM 1983, 594, 595; Seine Einlage kann gleichwohl eigenkapitalersetzenden Charakter erlangen, wenn vereinbart wurde, daß der stille Gesellschafter seine Einlage erst nach völliger Befriedigung der Gesellschaftsgläubiger zurückfordern kann, BGHZ 83, 341, 345.

242 BGHZ 106, 7, 10 f. ; *Hachenburg/ Ulmer* § 32 a, b GmbHG Rn. 125.

243 BGHZ 119, 191, 195 ff., wobei der BGH immerhin eine „mittelbare Beteiligung" angenommen hat.

244 *Fleischer*, ZIP 1998, 313, 315 ff.

245 Ausführlich zu *financial covenants* vgl.: *K. Schmidt / Uhlenbruck / Wittig*, GmbH in Krise, Sanierung und Insolvenz, S. 16 ff.; *Fleischer*, ZIP 1998, 313, 313 f.; *Tennekoon*, S. 84 f.

246 *Früh*, GmbHR 1999, 842, 843; auch *Scholz / K. Schmidt* §§ 32a, 32 b GmbHG Rn. 141.

Abs. 3 Satz 1 GmbHG von einer Gleichbehandlung von Gesellschaftern und gesellschafterentsprechenden Dritten ausgeht[247].

### 3. Wirtschaftliche Krise

Vom Anwendungsbereich der Eigenkapitalersatzregeln werden nur solche Kapitalhilfen erfaßt, die der GmbH nach Eintritt der Konkursreife oder Kreditunwürdigkeit gewährt wurden.

#### a.) Gesellschafterdarlehen bei Konkursreife

Eine GmbH ist gem. § 64 Abs. 1 GmbHG konkursreif, wenn sie zahlungsunfähig oder überschuldet ist. Nachdem es sich in der Grundsatzentscheidung des BGH zum Eigenkapitalersatzrecht vom 14.12.1959[248] noch um eine zahlungsunfähige Gesellschaft gehandelt hatte, sind seit der Entscheidung vom 29.03.1973[249] die §§ 30 f. GmbHG auch auf solche Gesellschafterdarlehen anwendbar, welche der Gesellschafter einer bloß überschuldeten Gesellschaft gewährt hat[250]. Gemeint ist Überschuldung i. S. v. § 19 Abs. 2 InsO. Bilanzielle Überschuldung kann allenfalls bei der Frage, ob eine Gesellschaft kreditunwürdig ist, im Rahmen der dafür anzustellenden Gesamtwürdigung der Umstände Bedeutung erlangen[251]. Der Konkursgrund der Überschuldung wird durch eine gesonderte Überschuldungsprüfung festgestellt, sog. Überschuldungsstatus. Die bilanzielle Überschuldung ergibt sich allein aus der Handelsbilanz[252]. Für die Feststellung einer insolvenzrechtlichen Überschuldung i. S. v. § 19 Abs. 2 InsO dagegen ist zunächst erforderlich, daß das Vermögen der Gesellschaft unter An-

247 *v. Gerkan*, GmbHR 1997, 677, 680.

248 BGHZ 31, 258.

249 BGHZ 60, 324.

250 begründet hat der BGH die Anwendung der §§ 30 f. GmbHG damit, daß nicht einzusehen sei, warum §§ 30 f. GmbHG Anwendung finden sollen, wenn noch Stammkapital vorhanden ist, aber nicht mehr, wenn es gänzlich aufgebraucht ist, BGHZ 60, 324, 331.

251 Zuletzt bestätigt in BGH DB 1999, 1894, 1894. Es darf nicht übersehen werden, daß zum Zeitpunkt des Urteils BGHZ 60, 324 die betriebswirtschaftlichen Erkenntnisse noch zurücklagen. Erst 1992, neunzehn Jahre später, hat der BGH aufgrund *„zutreffender neuerer Erkenntnis"* den Begriff der rechnerischen Überschuldung gem. dem sog zweistufigen Überschuldungsbegriff entwickelt, BGH NJW 1992, 2891 ff. Und er hat in jener Entscheidung klargestellt, daß die Eigenkapitalersatzregeln nur im Falle der Überschuldung i.S.d. inzwischen aufgehobenen § 63 Abs. 1 GmbHG, also bei Konkursreife ohne weiters anwendbar seien, BGH NJW 1992, 2891, 2894.

252 *Scholz / H. P. Westermann*, § 30 GmbHG Rn. 17.

satz von Liquidationswerten einschließlich Offenlegung der stillen Reserven die Verbindlichkeiten der Gesellschaft nicht deckt. Dabei ist zu beachten, daß nach h. M.[253] Verbindlichkeiten aus eigenkapitalersetzenden Leistungen in der Überschuldungsbilanz zu passivieren sind[254]. Zusätzlich zum Überschuldungsstatus ist eine Fortführungs- oder Überlebensprognose durchzuführen. (sog. zweistufiger Überschuldungsbegriff)[255]. Es ist danach zu fragen, ob die Finanzkraft des Unternehmens nach überwiegender Wahrscheinlichkeit mittelfristig dazu ausreicht, um die Gesellschaft fortzuführen[256]. Nach Einführung von § 19 Abs. 2 S. 2 InsO möchte der Gesetzgeber jedoch eine positive Fortbestehensprognose allein nicht genügen lassen, um die Überschuldung beseitigen zu können[257]. Vielmehr muß bei positiver Prognose eine neue Bewertung des Vermögens durchgeführt werden, bei welcher Fortführungswerte (*going–concern*–Werte) eingestellt werden. Sollte sich dann wieder eine Überschuldung ergeben, müssen die Geschäftsführer nach § 64 Abs. 1 GmbHG Konkurs anmelden[258].

---

253 A.A. *v. Gerkan / Hommelhoff / Kleindiek*, Hdb. des Kapitalersatzrechts, S. 204 Rn. 7.31 ff.; *Lutter / Hommelhoff* § 64 GmbHG Rn. 17 d. Gegen diese Ansicht *Altmeppen*, ZIP 1997, 1173, 1176,da es gesellschaftsfremden Gläubigern nicht diene, daß das Insolvenzverfahren aufgrund von Gesellschafterleistungen hinausgezögert werde.

254 wohl auch BGHZ 124, 282, 285 f.; *H. P. Westermann*, FS Fleck, S. 423, 438 m. N. aus der Rechtsprechung in FN 69; *Scholz / K. Schmidt* §§ 32 a, 32 b GmbHG Rn. 63; *Altmeppen*, ZIP 1997, 1173, 1176. Bis zum Inkrafttreten der InSO zum 01.01.1999 wurde angenommen, daß eine Passivierungspflicht allerdings entfällt, wenn der Gesellschafter einen Rangrücktritt erklärt hat. Mit der Einführung von § 39 Abs. 1 Nr. 5 InSO sind nunmehr Forderungen aus eigenkapitalersetzenden Gesellschafterleistungen als nachrangige Forderungen im Insolvenzverfahren zu beachten, und, wenn ein Rangrücktritt erklärt wurde, als nach-nachrangige Forderungen, § 39 Abs. 2 InSO. Für manche Autoren ist dieser Umstand gemeinsam mit den Gesetzesmaterialien, wonach auf der Passivseite des Überschuldungsstatus auch die nachrangigen Verbindlichkeiten zu passivieren sind und davon nur bei einem Forderungsverzicht abgewichen werden kann (Begr. zu RegE § 23, BT-Drucks. 12/2443, S. 115), Anlaß, nur einen Forderungsverzicht für ausreichend zu halten, um eine Passivierung ausschließen zu können, *Reck*, GmbHR 1999, 267, 274; *Möhlmann*, DStR 1998, 1843, 1846. Anders, Rangrücktritt ausreichend (und erforderlich): *K. Schmidt* §§ 32 a, 32 b GmbHG Rn. 63; *ders.*, GmbHR 1999, 9, 11 ff.; *Fischer*, GmbHR 2000, 66, 68.

255 BGHZ 119, 201, 214; BGH NJW 1998, 2667, 2269.

256 zu der noch ungeklärten Frage der Beweislastverteilung hinsichtlich der Fortbestehensprognose vgl. BGH NJW 1994, 2220, 2225 m. N.

257 ablehnend gegen diesen Standpunkt des Gesetzgebers: *K. Schmidt*, GmbHR 1999, 9, 10.

258 *Schmidt – Räntsch* § 19 InsO Rn. 2; *Haarmeyer* u. a., Handbuch zur InSO, Kap. 1 Rn. 91 f.; *Altmeppen*, ZIP 1997, 1173, 1175. Ausführlich zur Überschuldung nach neuem Insolvenzrecht, vgl.: *Kallmeyer*, GmbHR 1999, S. 16 ff.

Mit der seit dem 01.01.1999 geltenden Insolvenzordnung wurde auch die drohende Zahlungsunfähigkeit als Konkursgrund eingeführt, § 18 Abs. 1 InsO.[259]. Es bleibt abzuwarten, welche Bedeutung der BGH der drohenden Zahlungsunfähigkeit für die Feststellung von Eigenkapitalersatzcharakter geben wird.

**b.) Gesellschafterdarlehen bei Kreditunwürdigkeit**

Seit dem Urteil vom 24.03.1980[260] wird ein nach Eintritt der Kreditunwürdigkeit gewährtes Gesellschafterdarlehen mit Eigenkapitalersatzcharakter verstrickt. Mit dieser Entscheidung wurde der maßgebliche Zeitpunkt für die Umqualifizierung von Fremdkapital in Eigenkapital vorverlagert. Der beklagte ehemalige Gesellschafter hatte der Gesellschaft sein monatliches Geschäftsführergehalt belassen und der Gesellschaft darüber hinaus noch weitere Beträge darlehensweise gewährt, als die Gesellschaft von gesellschaftsfremden Dritten keine Kredite mehr erhalten konnte. Einige Monate später ließ er sich die gewährten Beträge wieder auszahlen. Mit der Klage verfolgte die Gesellschaft Rückzahlung dieser Beträge. Der BGH entschied, für die Umqualifizierung von Gesellschafterleistungen reiche bereits die fehlende Kreditwürdigkeit der Gesellschaft im Zeitpunkt der Darlehensgewährung aus. Zur Rechtfertigung führte der BGH aus, der Gesellschafter, welcher der Gesellschaft anstelle des dringend benötigten Eigenkapitals Darlehen gewähre, wälze das Finanzierungsrisiko auch dann auf die Gesellschaftsgläubiger ab, wenn die Gesellschaft zwar noch nicht konkursreif, aber doch nicht mehr dazu fähig sei, am Markt die von ihr benötigten Kredite zu erhalten[261].
Eine GmbH ist kreditunwürdig, wenn sie, ohne zahlungsunfähig oder überschuldet zu sein, von außenstehenden Dritten keinen Kredit, zumindest nicht zu den marktüblichen Bedingungen erhält und ohne die Gesellschafterleistung liquidiert werden müßte[262]. Entscheidend ist, ob ein wirtschaftlich vernünftig handelnder Kreditgeber, der weder Gesellschafter ist noch beabsichtigt dies zu werden, unter denselben Voraussetzungen und zu denselben Bedingungen einen Kredit gegeben hätte[263]. Ob die Gesellschaft kreditunwürdig ist, darf nicht ex post, sondern allein anhand der Umstände im Zeitpunkt der Kredithingabe be-

---

259 Jedoch stellt sie nur dann einen Konkursgrund dar, wenn der Geschäftsführer die Eröffnung des Insolvenzverfahrens beantragt; ein Fremdantrag ist bei drohender Zahlungsunfähigkeit nicht zulässig, ausführlich zur drohenden Zahlungsunfähigkeit: *K. Schmidt / Uhlenbruck / K. Schmidt*, GmbH in Krise, Sanierung und Insolvenz, S. 315 ff.

260 BGHZ 76, 326.

261 BGH ZIP 1980, 361, 362.

262 BGHZ 76, 326, 330.

263 BGH ZIP 1992, 177, 178; BGH ZIP 1992, 1541, 1542.

wertet werden[264]. In aller Regel wird eine wertende Gesamtbetrachtung aller in Betrachtung kommenden Umstände vorzunehmen sein[265]. Nach der Rechtsprechung des BGH gibt es Umstände mit Indizienwirkung, um eine evt. bestehende Kreditunwürdigkeit feststellen zu können. Solche Umstände ergeben sich aus der Bilanz, den Liquiditätsschwierigkeiten, dem Mangel an stillen Reserven, der Ertragslage, zur Besicherung von Krediten etwa vorhandenem Vermögen etc.[266]. Sie können hier nur beispielhaft wiedergegeben und vereinzelt vertieft werden[267]. Gegen fehlende Kreditfähigkeit soll an sich sprechen, wenn die Gesellschaft imstande ist, das ihr gewährte Darlehen immerhin aus ihrem eigenen Vermögen zu besichern[268]. Besondere Vorsicht ist geboten, wenn die Gesellschafter mit ihrem persönlichen Vermögen den gegebenen Kredit absichern. Einerseits handelt es sich bei dieser Fallgruppe um eine anerkannte Art der Gesellschafterfinanzierung, die wie ein unmittelbares Gesellschafterdarlehen eigenkapitalersetzenden Charakter erhalten kann, andererseits reicht die Gesellschafterbesicherung allein nicht aus, um Kreditunwürdigkeit annehmen zu können. Denn es kann sein, daß Kredite an eine GmbH nach einer konkreten Bankenpraxis nur gegen Gesellschaftersicherheiten gewährt werden[269].
Bei Liquiditätsschwierigkeiten ist zu unterscheiden. Gewährt ein Gesellschafter ein Darlehen zur bloßen Überbrückung eines kurzfristigen und vorübergehenden Kapitalbedarfs, ist dieses nicht mit eigenkapitalersetzendem Charakter verstrickt[270]. Gesellschafterdarlehen an eine GmbH mit anhaltenden Liquiditätsschwierigkeiten struktureller Art, d.h. wenn die Gesellschaft ihre Zahlungsverpflichtungen über Jahre nicht begleichen kann, sind eigenkapitalersetzend[271].
Bei bilanzieller Überschuldung kann es sein, daß die Gesellschaft dennoch Kredite zu marktüblichen Bedingungen erhält[272]. Hat die GmbH aber bereits mehr

264 BGHZ 119, 201, 207; BGH ZIP 1992, 1541, 1542.

265 vgl. BGHZ 119, 201, 206 f.; *Lutter / Hommelhoff* § 32 a/ b GmbHG Rn. 19; *Hachenburg / Ulmer* § 32 a, b GmbHG Rn. 43.

266 BGH NJW 1996, 720; BGH NJW 1996, 722.

267 Übersicht etwa bei *Lutter/Hommelhoff* §§ 32a/ b GmbHG Rn. 20; *Hachenburg / Ulmer* § 32 a, b GmbHG Rn. 54, 55.

268 BGH ZIP 1987, 1541, 1542; BGH NJW 1985, 858, 858.

269 BGH ZIP 1987, 169, 170; BGH ZIP 1992, 1541, 1542; vgl. jüngst OLG München GmbHR 2000, 732, 733, die Kreditunwürdigkeit wird nicht etwa mit der Absicherung durch die Gesellschafterbürgschaft begründet.

270 BGHZ 90, 381, 394 f.; anders in BGH ZIP 1990, 95, 97. Es kam der Umstand dazu, daß die Gesellschaft ohne das „Überbrückungsdarlehen" bereits konkursreif gewesen wäre, *Henze*, Höchstrichterliche Rechtsprechung zum GmbH-Recht, S. 184.

271 BGHZ 105, 168, 181 f., 185.

272 BGHZ 119, 201, 213; BGH BB 1999, 1894, 1894.

als die Hälfte ihres Stammkapitals verloren, ist dies ein Indiz für fehlende Kreditfähigkeit[273].
Bei der Gebrauchsüberlassung als eine der möglichen Formen eigenkapitalersitzender Finanzierungsleistungen ergeben sich Besonderheiten. Konkursreife ist auch hier jedenfalls ausreichend, um die Gebrauchsüberlassung mit eigenkapitalersetzendem Charakter zu verstricken[274]. Bei der Frage nach der Kreditwürdigkeit aber ist auf die Besonderheiten der Gebrauchsüberlassung Rücksicht zu nehmen. Erstens kommt es darauf an, ob die Gesellschaft ohne Hilfe ihrer Gesellschafter einen Kredit erhalten hätte, um das Gut selbst erwerben zu können. Zusätzlich muß die Gesellschaft überlassungsunwürdig sein. Dies ist der Fall, wenn ein gesellschaftsfremder Dritter ihr den Gegenstand nicht zum Gebrauch überlassen hätte[275]. Dabei ist zwischen Standardwirtschaftsgütern und speziell auf die individuellen Nutzungsbedürfnisse der GmbH zugeschnittenen Anlagegütern zu unterscheiden. Bei Standardwirtschaftsgütern wie beispielsweise Kraftfahrzeugen ist die Gesellschaft nur dann überlassungsunwürdig, wenn sie nicht in der Lage ist, das geschuldete Nutzungsentgelt regelmäßig zu begleichen[276]. Bei speziell auf die Bedürfnisse der Gesellschaft ausgerichteten Wirtschaftsgütern wie Maschinen, Computersoftware etc. dagegen ist neben dem Nutzungsentgelt darüber hinaus entscheidend, ob die Gesellschaft auch die Kosten einer Veränderung der Güter für einen anderen Nutzer aufbringen könnte[277].

### 4. Subjektives Element

Die Verstrickung mit Eigenkapitalersatzcharakter setzt nach ganz h. M. keine rechtsgeschäftliche Entscheidung des Gesellschafters voraus[278]. Die Eigenkapitalersatzfunktion bestimmt sich ausschließlich anhand objektiver Kriterien. Jedenfalls beim erstmaligen Gewähren der Leistung braucht der Gesellschafter nicht einmal gewußt zu haben, daß die Gesellschaft sich in einer wirtschaftliche Krise befindet[279]. Im Fall der gesellschafterbesicherten Drittdarlehen braucht

---

273 BGH NJW 1996, 720,720 sowie BGHZ NJW 1996, 722, 722;

274 BGHZ 109, 55, 60; BGH ZIP 1993, 1072, 1073.

275 BGHZ 109, 55, 62 f.; BGHZ 121, 31, 38 f.

276 BGHZ 109, 55, 63.

277 BGHZ 109, 55, 64.

278 A.A. *Habersack*, ZHR 1998, 201, 2206 f.; *Lutter / Hommelhoff* §§ 32 a/b GmbHG Rn. 5, die für eine Übertragung der in BGHZ 127, 336 zum Stehenlassen entwickelten Grundsätze eintreten.

der Dritte nicht die Eigenkapitalersatzfunktion der Sicherheit zu kennen[280]. Die Frage nach subjektiven Anforderungen wird beim Stehenlassen vormals gewährter Gesellschafterleistungen anders behandelt.

## 5. Die Rechtsprechung zum „Stehenlassen"

### a.) Grundsätzliches

Seit der Entscheidung vom 26.11.1979[281] können Darlehen, die einer zunächst kreditwürdigen Gesellschaft gewährt wurden, nachträglich eigenkapitalersetzenden Charakter erhalten. Dies ist der Fall, wenn die Gesellschaftermittel nach Eintritt der Krise nicht abgezogen, sondern der Gesellschaft weiterhin belassen werden. Die Gesellschafter hatten der GmbH zu einem Zeitpunkt Darlehen gewährt, als diese noch ausreichend mit Kapital ausgestattet gewesen war. Die wirtschaftliche Lage der Gesellschaft verschlechterte sich erst später und schließlich wurde über das Gesellschaftsvermögen wegen Überschuldung das Konkursverfahren eröffnet. Mit der Klage begehrten die Gesellschafter vom Konkursverwalter Rückzahlung der gewährten Darlehen. Der BGH hielt die Darlehensrückzahlung gem. § 30 Abs. 1 GmbHG für gesperrt. Dies wurde damit begründet, die Darlehensgewährung müsse nicht dazu bestimmt sein, eine Konkurslage unmittelbar zu beseitigen[282], es also gleichgültig sei, welcher Zweck ursprünglich mit ihr verfolgt wurde. Entscheidend sei, daß es den Gesellschaftern ab dem Zeitpunkt, ab welchem sie von der zwischenzeitlich eingetretenen Überschuldung Kenntnis hatten, überlassen war, entweder darauf hinzuwirken, daß die Geschäftsführer Konkurs anmeldeten oder aber das Darlehen der GmbH weiterhin zu überlassen[283]. Indem sie sich für letzteres entschieden, erhielten ihre Darlehen ab diesem Zeitpunkt ebenso eigenkapitalersetzenden Charakter wie solche Darlehen, die einer bereits zum Zeitpunkt der Darlehenshergabe überschuldeten GmbH gewährt werden. Für die schutzbedürftigen Gläubiger nämlich bestünde kein Unterschied; in beiden Fällen diene die Darlehensvaluta letztendlich dazu, eine an sich konkursreife GmbH doch noch am Leben zu erhalten[284].

---

279 s. nur BGHZ 75, 334, 337 ff.; BGHZ 119, 201, 207; BGHZ 81, 311, 314 f.; BGHZ 121, 31, 41 f.; *Hachenburg / Ulmer,* § 32 a, b GmbHG Rn. 56; *K. Schmidt*, ZIP 1999, 1241, 1244; *Baumbach / Hueck/ Hueck / Fastrich* § 32 a Rn. 49.

280 *Scholz / K. Schmidt* §§ 32 a, 32 b Rn. 146; *Lutter / Hommelhoff* §§ 32 a/b Rn. 133; vom BGH offen gelassen, BGH ZIP 1992, 177, 179.

281 BGHZ 75, 334 ff.

282 BGHZ 75, 334, 336.

283 BGHZ 75, 334, 338.

284 BGHZ 75, 334, 337, 338.

Nach der BGH-Rechtsprechung wird ohne weiteres von einem „Stehenlassen" i.S.d. Eigenkapitalersatzrechts ausgegangen, wenn der Gesellschafter nach Eintritt der wirtschaftlichen Krise das Darlehen prolongiert[285] oder den Rückzahlungsanspruch stundet[286]. In diesen Fällen liegt eine rechtsgeschäftliche Vereinbarung zwischen Gesellschafter und Gesellschaft vor, die es rechtfertige, diese Art der Darlehensbelassung wie eine erstmalige Darlehensgewährung zu behandeln[287].

**b.) Schlichtes Stehenlassen**

Problematisch sind die Fälle, in denen das Darlehen „schlicht" stehengelassen wurde, sog. „einseitig stehengelassene Gesellschafterkredite". Hier hat der Gesellschafter eine fällige Forderung gegen die Gesellschaft nicht geltend gemacht oder ein Kündigungsrecht nicht ausgeübt, obwohl die GmbH sich inzwischen in einer wirtschaftlichen Krise befand. Nach der BGH–Rechtsprechung können schlicht stehengelassene Gesellschafterleistungen eigenkapitalersetzenden Charakter erhalten, ohne daß es dabei auf eine irgendwie geartete Finanzierungsabrede zwischen Gesellschafter und Gesellschaft ankommen soll[288].
Der BGH verlangt für eine Umqualifizierung schlicht stehengelassener Gesellschafterdarlehen in Eigenkapital aber immerhin eine „echte Finanzierungsentscheidung" des Gesellschafters[289]. Das setzt voraus, daß der Gesellschafter objektiv in der Lage war, zu wählen, die Gesellschaft nicht mehr zu unterstützen und seine Leistung zurückzuverlangen bzw. die Gesellschaft in die Liquidation zu führen oder der Gesellschaft das Darlehen unter Inkaufnahme der damit verbundenen Risiken zu belassen[290]. Diese Wahlfreiheit ist regelmäßig gegeben. Der Gesellschafter kann bei Eintritt der Krise nach § 610 BGB wegen Verschlechterung der Vermögensverhältnisse das Darlehen außerordentlich kündigen[291]. Hat der Gesellschafter der Gesellschaft eine Sicherheit für ein Drittdarlehen gewährt, wird er in der wirtschaftlichen Krise kaum erfolgreich die Rückgabe der Bürgschaft vom Dritten verlangen können. Er kann jedoch von der notleidenden GmbH Befreiung von seiner Bürgschaft verlangen (§ 775 Abs.1

285 vgl. BGHZ 81, 311, 316, Zurücknahme der Kreditkündigung.

286 BGHZ 81, 252, 263.

287 *Hachenburg / Ulmer* § 32 a, b GmbHG Rn. 28, 29; *Scholz / K. Schmidt* §§ 32 a, 32 b GmbHG Rn. 45.

288 BGHZ 81, 252, 257; BGH NJW 1992, 1764, 1766.

289 BGHZ 121, 31, 36.

290 BGHZ 75, 334, 338.

291 BGH ZIP 1987, 169, 170 f.; *MüKo / H. P. Westermann*, § 610 BGB Rn. 15.

Satz 1 BGB)[292]. Auch bei anderen Sicherheiten hat der Gesellschafter regelmäßig die Möglichkeit, in späterer wirtschaftlicher Krise zu wählen, entweder die Sicherheit abzuziehen oder aber der Gesellschaft zu belassen[293]. Sollte der Gesellschafter nach den maßgeblichen schuldrechtlichen Regeln ausnahmsweise nicht seine Leistung zurückfordern können, ist danach zu fragen, ob er aufgrund seiner gesellschaftsrechtlichen Stellung in der Lage war, unmittelbar selbst die Liquidation der Gesellschaft zu veranlassen[294]. Sollte dies nicht der Fall sein, konnte er immerhin noch versuchen, auf die Mitgesellschafter Einfluß zu nehmen, wobei diese praktisch wohl nicht bedeutende Konstellation jedoch noch ungeklärt ist[295].

Der BGH hatte lange keine definitive Entscheidung zu der Frage getroffen, ob die Umqualifizierung eines schlicht stehengelassenen Darlehens darüber hinaus davon abhängt, daß der Gesellschafter den Eintritt der wirtschaftlichen Krise kannte[296]. Im Urteil vom 07.11.1994[297] hat der BGH die Frage in der Weise entschieden, daß der Gesellschafter wenigstens die Möglichkeit gehabt haben muß, die wirtschaftliche Krise zu erkennen („Kennen – und Handelnmüssen"). Denn die Anwendung der Eigenkapitalersatzregeln setze, wie bereits erwähnt, eine echte, wenn auch bloß einseitige Finanzierungsentscheidung nach Eintritt der wirtschaftlichen Krise voraus[298] Allerdings sind an das „Erkennkönnen" keine hohen Anforderungen zu stellen. Der BGH geht ausdrücklich davon aus, daß der Gesellschafter nur ausnahmsweise nicht die Möglichkeit hatte, die wirtschaftliche Krise zu erkennen, was er darlegen muß[299]. Dabei ist zu beachten, daß die Frage des „Erkennenkönnens" wiederum anhand eines objektiven Maßstabs zu entscheiden ist, orientiert an den Wertungen des Gesetzes in den §§ 276 BGB, 346 HGB bzw. § 43 GmbHG[300]. Dem Gesellschafter ist nach Eintritt der Krise eine angemessene Überlegungsfrist zuzugestehen, innerhalb der er die

---

292 BGHZ 81, 252, 257; BGH NJW 1992, 1763, 1766.

293 BGH NJW 1992, 1763, 1766.

294 BGHZ 121, 31, 36 f.; *Lutter / Hommelhoff* §§ 32 a/ b GmbHG Rn. 50; *Henze*, Höchstrichterliche Rechtsprechung zum GmbH-Recht, S. 188. Ablehnend, für das Stehenlassen komme es nicht auf eine Liquidationszuständigkeit des Gesellschafters an: *Scholz / K. Schmidt*, §§ 32 a, 32 b Rn. 50 f.

295 *v. Gerkan / Hommelhoff / Johlke*, Hdb. des Kapitalersatzrechts, S 158 Rn. 5.106.

296 BGHZ 75, 334, 339; BGH NJW 1992, 1764, 1766; BGHZ 105, 168, 186.

297 BGHZ 127, 336, 344, 346. der Begriff „Kennen – und Handelnmüssen" geht zurück auf: *Lutter / Hommelhoff*, 14. Aufl., §§ 32 a / b GmbHG Rn. 49.

298 BGHZ 127, 336, 345.

299 BGH NJW 1992, 1764, 1766 ; BGHZ 127, 336, 343 f.; BGH NJW 1996, 722, 722; *v. Gerkan*, Anm. zu BGH, Urt. v. 11.12.1995, EWiR 1996, 171 f.

300 BGHZ 127, 336, 347.

Wahlmöglichkeit, seine Finanzierungshilfe der Gesellschaft zu belassen oder sie zurückzufordern, ausüben muß. Die Länge dieser Überlegungsfrist beträgt in Anlehnung an § 64 Abs. 1 GmbHG allenfalls zwei bis drei Wochen[301]. Läßt der Gesellschafter diese Frist verstreichen, ist seine Leistung mit eigenkapitalersetzendem Charakter verstrickt. In Fällen, in denen die Gesellschafterleistung vereinbarungsgemäß auch Bestand haben soll, wenn sich die Vermögensverhältnisse der Gesellschaft künftig verschlechtern (auch „Krisendarlehen" genannt), entfällt eine Beurteilung des „Erkennenkönnens". Hier ist die Gesellschafterleistung von vornherein auch als Krisenfinanzierung gedacht und entfaltet bei Eintritt einer wirtschaftlichen Krise unmittelbar eigenkapitalersetzende Funktion; der Gesellschafter kann auch nicht etwa bei Erkennen der Krise seine Leistung wieder abziehen[302]. Besonderheiten gelten auch bei „finanzplanmäßigen" Leistungen. Die der Gesellschafterleistung zugrundeliegende Vereinbarung entscheidet darüber, ob der Gesellschafter sich nach Erkennen der Krise von seiner Verpflichtung wieder lösen kann[303].

Im Schrifttum wird teilweise der BGH – Rechtsprechung gefolgt, d. h. eine Finanzierungsabrede soll nicht erforderlich sein, jedoch ein Erkennenkönnen der wirtschaftlichen Krise[304]. Andere fordern eine, wenn auch nur konkludente Finanzierungsabrede[305]. Nach einer dritten Auffassung[306] sollen weder eine Finanzierungsabrede zwischen Gesellschaft und Gesellschafter noch subjektive Momente erforderlich sein; die Umqualifizierung in Eigenkapitalersatz rechtfertige sich allein daraus, daß die Gesellschafterleistung trotz eingetretener wirtschaftlicher Krise nicht zurückgefordert werde.

---

301 BGH NJW 1996, 722, 723; BGH GmbHR 1998, 936, 937.

302 BGH NJW 1992, 1763, 1764 m.w.N.; *Lutter / Hommelhoff* §§ 32 a/ b GmbHG Rn. 172.

303 BGH ZIP 1999, 1263, 1265 f., s. insbesondere auch zweiter Leitsatz. Zu den Aussichten des Gesellschafters, sich wieder von der Pflicht lösen zu können, vgl.: *K. Schmidt*, ZIP 1999, 1241, 1250; *Altmeppen*, NJW 1999, 2812, 2813 f.; *Lutter / Hommelhoff*, §§ 32 a/b GmbHG Rn. 170.

304 *Lutter / Hommelhoff* §§ 32 a / b GmbHG Rn. 47.

305 *Scholz / K. Schmidt* §§ 32 a, 32 b GmbHG Rn. 48 ; *Hachenburg / Ulmer* § 32 a, b GmbHG Rn. 31. Die praktische Bedeutung der Meinungsunterschiede ist eher gering. Fordert man eine wenigstens konkludente Finanzierungsabrede, kann regelmäßig in dem „Stehenlassen" ein konkludent abgegebenes Angebot seitens des Gesellschafters einerseits und in dem Belassen im Gesellschaftsvermögen eine schlüssige Annahme der Gesellschafterleistung andererseits gesehen werden, vgl. *Henze*, Höchstrichterliche Rechtsprechung zum GmbH-Recht, S. 193. Allerdings darf nicht übersehen werden, daß die Meinungsunterschiede sich auf den Umfang der Parteivorträge und der tatrichterlichen Prüfung auswirken, *Scholz / K. Schmidt* §§ 32 a, 32 b GmbHG Rn. 48; *Lutter / Hommelhoff*, 14. Aufl., §§ 32 a/ b GmbHG Rn. 44.

306 *v. Gerkan*, GmbHR 1986, 218, 221 ; *Wiedemann*, ZIP 1986, 1293, 1297.

## III. Rechtsfolgen des richterrechtlich geltenden Eigenkapitalersatzrechts

### 1. Gesellschafterdarlehen

#### a.) Auszahlungssperre des § 30 GmbHG

Die Rückzahlung eigenkapitalersetzender Gesellschafterdarlehen an den Gesellschafter unterfällt der Auszahlungssperre des § 30 GmbHG, wenn deren Voraussetzungen erfüllt sind. Nach § 30 Abs. 1 GmbHG darf das zur Erhaltung des Stammkapitals erforderliche Vermögen nicht ausgezahlt werden. Das zur Erhaltung des Stammkapitals erforderliche Vermögen ist das Vermögen, welches notwendig ist, um sämtliche Verbindlichkeiten, einschließlich der zurückgestellten[307] und das nominelle Stammkapital der Gesellschaft abzudecken. § 30 Abs. 1 GmbHG bindet damit das Reinvermögen, d. h. die Aktiva minus echte Passiva ohne Stammkapital bis zu dem Betrag, welcher der Höhe der Stammkapitalziffer entspricht[308]. Zu beachten ist, daß die Verbindlichkeiten aus eigenkapitalersetzenden Darlehen in der Bilanz nach allgemeiner Meinung zu passivieren sind[309]. In der Bilanz sind die Werte zu fortgeführten Buchwerten anzusetzen[310]. Fällt das Reinvermögen unter die Stammkapitalziffer, spricht man von einer Unterbilanz. Eine bilanzielle Überschuldung sogar ist gegeben, wenn die Buchwerte der Passiva ausschließlich dem Stammkapital die Buchwerte der Aktiva übersteigen[311].

Führt die Auszahlung eigenkapitalersetzender Gesellschafterleistungen im Zeitpunkt der Rückgewähr[312] zu einer Unterbilanz oder vertieft eine bereits vorhan-

---

307 ausführlich zu Rückstellungen vgl.: *Großfeld*, Bilanzrecht, S. 136 ff.

308 *Scholz / H. P. Westermann* § 30 GmbHG Rn. 13; Hachenburg / Goerdeler / Müller § 30 GmbHG Rn. 28; BGHZ 76, 326, 333.

309 BGHZ 124, 282, 284; *Scholz / H. P. Westermann* § 30 GmbHG Rn. 15 ; *v. Gerkan / Hommelhoff / Kleindiek*, Hdb. des Kapitalersatzrechts, S. 194 Rn. 7.12; *Hachenburg / Goerdeler / Müller* § 30 GmbHG Rn. 36; *Scholz / K. Schmidt*, §§ 32 a, 32 b GmbHG Rn. 77, der meint, Passivierungspflicht anders als beim Überschuldungsstatus selbst dann, wenn Rangrücktritt besteht. Anders in diesem Punkt *Scholz / H. P. Westermann*, § 30 GmbHG Rn. 15; vom BGH offen gelassen, BGHZ 124, 282, 284. Zum Rangrücktritt selbst ausführlich: *Scholz / K. Schmidt*, §§ 32 a, 32 b GmbHG Rn. 99 ff.

310 *Scholz / H. P. Westermann* § 30 GmbHG Rn. 14; *Hachenburg / Goerdeler / Müller* § 30 GmbHG Rn. 30.

311 *Scholz / H. P. Westermann* § 30 GmbHG Rn. 17.

312 BGHZ 67, 171, 177 ; BGHZ 76, 326, 332 ; *Scholz / H. P. Westermann* § 30 GmbHG Rn. 43.

dene, ist die Auszahlung nach § 30 Abs. 1 GmbHG gesperrt. Dasselbe gilt bei (bilanzieller) Überschuldung; hier ist § 30 GmbHG nach der BGH – Rechtsprechung entsprechend anzuwenden[313].

Das Auszahlungsverbot des § 30 GmbHG erfaßt auch die – ebenso eine Verminderung des Stammkapitals bedeutende – Aufrechnung[314] oder Verrechnung[315] mit Gegenforderungen der Gesellschaft[316]. Die Auszahlungssperre betrifft auch Zinsen und sonstige Nebenforderungen aus dem Darlehen[317]. Die Rückzahlung des eigenkapitalersetzenden Darlehens sowie der Nebenforderungen ist nur insoweit gesperrt als es eine Unterbilanz oder Überschuldung im Stammkapital abdeckt. Würde man das oberhalb der Stammkapitalziffer mit dem eigenkapitalersetzenden Darlehen abgedeckte Vermögen der Gesellschaft schützen, widerspräche dies der gesetzlichen Wertung, wonach eine GmbH nur zur Erhaltung des anhand der Stammkapitalziffer festgesetzten Mindestkapitals verpflichtet ist[318]. Wie noch gezeigt wird, ändert sich die Rechtslage im Insolvenzverfahren. Die Auszahlungssperre besteht nicht mehr, sobald und soweit das Stammkapital durch andere Mittel wieder aufgefüllt ist[319]. Es muß an dieser Stelle jedoch vorgreiflich erwähnt werden, daß die betreffende eigenkapitalersetzende Leistung möglicherweise nach dem gesetzlich geregelten Eigenkapitalersatzrecht bei Rückzahlung gebunden war und daher gem. §§ 32 b GmbHG, 135 InsO, 6 AnfG zurückzuerstatten ist[320].

---

313 BGHZ 76, 326, 335, BGHZ 67, 171, 178 f. ; BGHZ 60, 324, 331 ff.; für unmittelbare Anwendbarkeit des § 30 GmbHG bei Überschuldung: *Scholz / H. P. Westermann* § 30 GmbHG Rn. 18.

314 BGHZ 81, 365, 367 f.

315 BGHZ 90, 370, 376; BGHZ 95, 188, 191; ausführlich zu Verrechnungsabreden vgl.: *H. P. Westermann*, FS Oppenhoff, S. 535 ff.

316 Zu der Frage, ob die Ausbuchung eines eigenkapitalersetzenden Gesellschafterdarlehens gesperrt ist, wenn der Gesellschafter und die Gesellschaft gemeinsam ein neues Fremddarlehen aufgenommenen haben, und die Gesellschaft sich dazu verpflichtet hat, das neue Fremddarlehen unter jeweiliger Verrechnung auf die Darlehensforderung des Gesellschafters zurückzuführen vgl.: BGH ZIP 1999, 965, 966.

317 BGHZ 67, 171, 179.

318 BGHZ 76, 326, 333; *Lutter / Hommelhoff* §§ 32 a/ b GmbHG Rn. 102.

319 BGHZ 76, 326, 335; BGHZ 81, 365, 367; *Henze*, Höchstrichterliche Rechtsprechung zum GmbH-Recht, S. 213; *Lutter / Hommelhoff* §§ 32 a/b GmbHG Rn. 110. Entstrickung auch bei widererlangter Kreditwürdigkeit: *Scholz / K. Schmidt* §§ 32 a, 32 b GmbHG Rn. 54.

320 BGHZ 90, 370, 381, indem der BGH unwiderleglich vermutet, die Gesellschafterleistung sei eigenkapitalersetzend gewesen, wenn innerhalb der Jahresfristen in §§ 32 b Satz 1 GmbHG, 135 Ziff. 2 InsO, 6 Ziff. 2 AnfG das Insolvenzverfahren eröffnet wird.

### b.) Erstattungsanspruch

Dem Auszahlungsverbot des § 30 Abs. 1 GmbHG zuwider ausgezahlte Gesellschafterdarlehen sind der Gesellschaft nach § 31 GmbHG zurückzuerstatten. Der Anspruch richtet sich gegen den Gesellschafter, der das Darlehen empfangen hat. Nach § 31 GmbHG haften aber auch empfangende Dritte, denen das Auszahlungsverbot des § 30 Abs. 1 GmbHG zugerechnet werden kann[321]. Das sind Dritte, die nach obigen Ausführungen mit dem Gesellschafter eine „wirtschaftliche Einheit" bilden wie etwa dem Treugeber des Geschäftsanteils oder einem verbundenen Unternehmen[322]. Darüber hinaus wird § 30 GmbHG auf die Auszahlung an den Ehegatten oder minderjährige Kinder des Gesellschafters angewendet. Dies begründet der BGH mit der in den §§ 89 Abs. 3, 115 Abs. 2 AktG erfolgten Typisierung von Umgehungstatbeständen, die auf das GmbH – Recht zu übertragen sei[323]. Der einmal entstandene Erstattungsanspruch nach § 31 GmbHG entfällt nach der Rechtsprechung des BGH[324] wieder, wenn und soweit das Stammkapital wieder aufgefüllt ist. §§ 30, 31 GmbHG seien eben nur durchsetzbar, soweit das Stammkapital tatsächlich angegriffen ist[325]. Für die Rückerstattung eigenkapitalersetzender Darlehen können die Mitgesellschafter subsidiär analog § 31 Abs. 3 GmbHG haftbar gemacht werden[326]. Allerdings ist der Anspruch gegen die Mitgesellschafter dann wohl auf die Höhe des Stammkapitals[327] oder sogar die Höhe des Stammeinlagebetrages des verbotswidrig empfangenden Gesellschafters[328] beschränkt. Mitgesellschafter, die weder Geschäftsführer noch mit über 10 % am Stammkapital beteiligt sind, dürften wegen der Neureglung in § 32 Abs. 3 Satz 2 GmbHG aus der Ausfallhaftung auszunehmen sein[329]. Die übrigen Vorschriften des § 31 GmbHG sind im Eigenkapitalersatzrecht ebenfalls entsprechend anwendbar. Das ist insbesondere von Bedeutung für die Verjährungsvorschrift des § 31 Abs. 5 GmbHG. Während der Erstattungsanspruch aus § 31 Abs. 1 GmbHG erst nach fünf Jahren verjährt,

---

321 BGHZ 81, 365, 368 f.;

322 BGHZ 81, 365, 368; *Altmeppen*, FS Kropff, S. 642, 655.

323 BGHZ 81, 365, 368 f.; BGH ZIP 1986, 456, 458; bestätigt wieder durch BGH ZIP 1996, 68, 68.

324 A. A. *Scholz / H. P. Westermann* § 31 GmbHG Rn. 6 f.

325 BGH ZIP 1987, 1113, 1114 f. mit Anm. *H. P. Westermann* .

326 BGH ZIP 1990, 451, 452 f.

327 offen gelassen in BGH ZIP 1990, 451, 453; *Lutter / Hommelhoff* § 31 GmbHG Rn. 106.

328 *K. Schmidt*, BB 1985, 154, 157 f., *Scholz / H. P. Westermann* § 31 GmbHG Rn. 30.

329 *Gaiser*, GmbHR 1999, 210, 216; *Lutter / Hommelhoff* §§ 32 a/b GmbHG Rn. 106.

verjährt das Anfechtungsrecht nach § 135 InsO bereits ein Jahr nach Konkurseröffnung[330]. Wie bereits erwähnt, kann der Insolvenzverwalter im eröffneten Insolvenzverfahren auch nach § 31 GmbHG Erstattung des ausgezahlten eigenkapitalersetzenden Darlehens verlangen.

### 2. Gesellschaftersicherheiten für Drittdarlehen

Leistet der Gesellschafter eine eigenkapitalersetzende Sicherheit für die Gewährung des Darlehens eines Dritten, müssen bei den Rechtsfolgen die Rechtsverhältnisse der einzelnen Personen zueinander getrennt werden. Der Dritte kann uneingeschränkt seinen Anspruch auf Darlehensrückzahlung geltend machen. Denn ihm kann der Einwand aus § 30 Abs. 1 GmbHG nicht entgegengehalten werden[331]. Die Gesellschaft kann den Dritten nicht einmal darauf verweisen, vorrangig aus der von dem Gesellschafter gestellten Sicherheit Befriedigung zu suchen[332]. Der Dritte kann aber auch seine Rechte aus der Sicherheit geltend machen. Allerdings kann der Gesellschafter im Falle einer Ausfallbürgschaft von dem Dritten vorrangige Befriedigung aus dem Vermögen der Gesellschaft verlangen[333]. Die Gesellschaft kann von dem Gesellschafter Freistellung von ihrer Darlehensschuld verlangen. Die Höhe des Freistellungsanspruchs entspricht dem Betrag, der benötigt wird, um eine Unterbilanz des Stammkapitals auszugleichen[334]. Soweit das Darlehen der Gesellschaft über die Stammkapitalziffer hinaus Vermögen zur Verfügung stellt, muß sie das Darlehen selbst an den Dritten zurückzahlen[335]. Hat die Gesellschaft das Darlehen an den Dritten zurückgezahlt, wandelt sich der Freistellungsanspruch um in einen Erstattungsanspruch analog § 31 GmbHG[336]. Soweit der Gesellschafter die Gesellschaft oberhalb der Stammkapitalziffer freigestellt hat, steht ihm gegen die Gesellschaft ein Rückgriffsanspruch bzw. vor Zahlung an den Dritten ein Freistel-

---

330 Zweifel zum Verhältnis des § 31 Abs. 5 GmbHG zur Jahresfrist des § 135 InsO und und § 32 b GmbHG: *Baumbach / Hueck* § 32 a GmbHG Rn. 78.

331 *Hachenburg / Ulmer* § 32 a, b GmbHG Rn. 170. Hierin zeigt sich ein Unterschied zu § 32 a Abs. 2 GmbHG.

332 *Lutter / Hommelhoff* §§ 32a/b GmbHG Rn. 121.

333 *Lutter / Hommelhoff* §§ 32a/b GmbHG Rn. 100.

334 *Scholz / K. Schmidt* §§ 32 a, 32 b GmbHG Rn. 165; *Lutter / Hommelhoff* §§ 32 a/b GmbHG Rn. 130.

335 BGHZ 81, 252, 260 f.; *Scholz / K. Schmidt* §§ 32 a, 32 b GmbHG Rn. 176; *Lutter / Hommelhoff* §§ 32 a/b GmbHG Rn. 130.

336 BGHZ 81, 252, 260 f.

lungsanspruch zu, in Höhe des Betrags, der über die Stammkapitalziffer hinausgeht[337].

### 3. Gebrauchsüberlassungen

Die Auszahlungssperre des § 30 Abs. 1 GmbHG wirkt sich bei eigenkapitalersetzenden Gebrauchsüberlassungen auf den Überlassungsentgeltanspruch aus. Der Gesellschafter kann für die gewährte Gebrauchsüberlassung kein Nutzungsentgelt verlangen, sofern und soweit die Zahlung eine Unterbilanz oder gar Überschuldung bedeuten würde, § 30 Abs. 1 GmbHG analog. Dennoch gezahltes Entgelt ist der Gesellschaft gem. § 31 Abs. 1 GmbHG analog zurückzuerstatten[338]. Oberhalb der Stammkapitalziffer jedoch kann der Gesellschafter Nutzungsentgelt verlangen[339]. Der Gesellschafter bleibt weiterhin Eigentümer des überlassenen Gegenstandes[340]. Allein das Nutzungsrecht, das der Gesellschafter durch die Gebrauchsüberlassung der Gesellschaft eingeräumt hat, wird mit Eigenkapital gleichgestellt[341]. Dem Herausgabeanspruch des Gesellschafters auf die überlassene Sache steht § 30 Abs. 1 GmbHG[342] bzw. § 986 BGB[343] entgegen. Die Dauer dieser „Zwangsüberlassung" richtet sich in erster Linie nach der zugrundeliegenden schuldrechtlichen Vereinbarung[344]. Die vertraglichen Vereinbarungen sind aber nur wirksam, wenn sie ernstlich gemeint sind und nicht gegen die Kapitalersatzregeln verstoßen[345].

### 4. Finanzplankredite

Aufgrund des umstrittenen Charakters von Finanzplankrediten ist auch streitig, welchen Rechtsfolgen Finanzplankredite unterliegen. Seit der Grundsatzentscheidung des BGH vom 28.06.1999[346] gelten für die Umqualifizierung finanz-

---

337 vgl. §§ 670, 426 Abs. 2, 774, 1143, 1225 BGB; BGHZ 67, 171, 180 ff.; BGH WM 1986, 447, 448 f.; *Hachenburg / Ulmer* § 32a, b GmbHG Rn. 175 a. E.

338 BGHZ 109, 55, 66 f.; BGHZ 121, 31, 42; BGH ZIP 1993, 1072, 1073; BGHZ 127, 1, 7; BGH GmbHR 1998, 936, 938.

339 BGHZ 109, 55, 66 f.; BGHZ 121, 31, 42.

340 BGHZ 109, 55, 65; BGHZ 121, 31, 45; BGHZ 127, 1, 8.

341 BGHZ 127, 1, 9.

342 *v. Gerkan,/ Hommelhoff*, Kapitalersatz im Gesellschafts- und Insolvenzrecht, S. 187 Rn. 8. 20; OLG Karlsruhe, ZIP 1996, 918, 920.

343 so wohl *Hachenburg / Ulmer* § 32 a, b GmbHG Rn. 113.

344 BGHZ 127, 1, 10.

345 BGHZ 127, 1, 10; BGHZ 121, 31, 40.

346 BGH ZIP 1999, 1263.

planmäßiger Leistungen die üblichen Voraussetzungen[347]. Haben sie Eigenkapitalersatzfunktion, sind wie bei anderen eigenkapitalersetzenden Gesellschafterleistungen §§ 30, 31 GmbHG analog anwendbar[348].

## IV. Das gesetzlich erfaßte Eigenkapitalersatzrecht

Das 1980 kodifizierte Eigenkapitalersatzrecht setzt sich zusammen aus den auf die GmbH – Novelle 1980 zurückgehenden §§ 32 a und 32 b GmbHG und den damit korrespondierenden Anfechtungstatbeständen der §§ 3 b AnfG und 32 a KO. Seit dem 01.01.1999[349] gilt in der Bundesrepublik das neue Insolvenzrecht, welches auch an den genannten Vorschriften des Eigenkapitalersatzrechts nicht spurlos vorbeigegangen ist[350]. Die §§ 32 a und 32 b GmbHG wurden geändert (Art. 48 EGInsO) sowie das AnfG komplett neu gefaßt (Art. 1 EGInsO). Weiter wurde die KO aufgehoben (Art. 2 EGInsO). Das Anfechtungsrecht des Konkursverwalters nach § 32 a KO ist durch § 135 InsO abgelöst worden; das Anfechtungsrecht des Vollstreckungsgläubigers nach § 3 b AnfG durch § 6 AnfG.

### 1. § 32 a, § 32 b GmbHG

#### a.) Tatbestand

Die Fassung und Auslegung der §§ 32 a, 32 b GmbHG orientiert sich an den Rechtsprechungsgrundsätzen, so daß für die tatbestandlichen Voraussetzungen weitgehend auf die Ausführungen zu den Rechtsprechungsgrundsätzen verwiesen werden kann[351]. § 32 a Abs. 1 GmbHG beschreibt die Eigenkapitalersatzfunktion durch die Wendung, daß zum selben Zeitpunkt „ordentliche Kaufleute Eigenkapital zugeführt hätten“. Das Finanzierungsverhalten „ordentlicher Kaufleute“ ist ein wertausfüllungsbedürftiges Merkmal. Zu dessen Konkretisierung wird auf die von der Rechtsprechung entwickelten Abgrenzungskriterien zur

---

347 im Schrifttum wurden bzw. werden die Rechtsfolgen kontrovers diskutiert, näher hierzu vgl.: *Lutter / Hommelhoff*, 14. Aufl., §§ 32 a/ b GmbHG Rn. 18; *Wilken*, ZIP 1996, 61, 63 f. Unterschiede zeigten sich für die Zeit nach Eröffnung des Insolvenzverfahrens, wenn bei Anwendung der §§ 32 b GmbHG, 135 InsO die Auszahlung eigenkapitalersetzender Gesellschafterleistungen insgesamt, nicht auf die Stammkapitalziffer beschränkt angefochten werden kann.

348 *Scholz / K. Schmidt* §§ 32 a, 32 b GmbHG Rn. 37, 88.

349 Art. 110 Abs. 1 EGInsO.

350 ausführlich zu den gesetzlichen Neuerungen im Eigenkapitalersatzrecht vgl.: *Noack*, Gesellschaftsrecht, S. 79 ff.

351 *Hachenburg / Ulmer* § 32 a, b GmbHG Rn. 161, 8; *Fleck*, FS Werner, S. 107, 120.

Bestimmung einer Eigenkapitalersatzfunktion abgestellt. Danach ist Eigenkapitalersatzfunktion gegeben, wenn sich die Gesellschaft im Zeitpunkt der Darlehensgewährung in einer wirtschaftlichen Krise befunden hat, d. h. entweder konkursreif oder kreditunwürdig war[352]. Daß Kreditunwürdigkeit auch für das gesetzlich geregelte Eigenkapitalersatzrecht ausreicht, wird mit der Bezugnahme auf den Begriff der „Krise der Gesellschaft" in Abs. 1 von § 32 a GmbHG klar[353]. § 32 a Abs. 3 GmbHG erfaßt in einer Generalklausel die nach den Rechtsprechungsgrundsätzen einer Darlehensgewährung wirtschaftlich entsprechenden Rechtshandlungen. Hierunter fallen z. B. die bereits besprochenen Fälle des „Stehenlassens" von Forderungen[354] sowie der eigenkapitalersetzenden Nutzungsüberlassung[355]. § 32 a Abs. 3 GmbHG bezieht darüber hinaus Rechtshandlungen Dritter mit ein, die nach den Rechtsprechungsgrundsätzen einem Gesellschafter gleichstehen[356]. § 32 a Abs. 2 GmbHG regelt selbstständig die Fallgruppe der gesellschafterbesicherten Drittdarlehen.

**b.) Rechtsfolgen**

**aa.) Gesellschafterdarlehen**

Nach alter Gesetzeslage konnte der Gesellschafter seine Rückgewähransprüche hinsichtlich eigenkapitalersetzender Darlehen und sich daraus ergebender Nebenforderungen[357] im Konkurs – bzw. Vergleichsverfahren überhaupt nicht geltend machen, § 32 a Abs. 1 GmbHG a. F. Nach neuer Gesetzeslage kann er sie immerhin als nachrangiger Insolvenzgläubiger der letzten Rangstufe (vgl. § 39 Abs. 1 Nr. 5 InsO) geltend machen, § 32 a Abs. 1 GmbHG n. F. Gem. § 174 Abs. 3 InsO ist zur Anmeldung der Forderung aber erforderlich, daß das Insolvenzgericht dazu besonders auffordert. Dieselbe Rechtslage besteht bei der Darlehensgewährung wirtschaftlich entsprechenden Rechtshandlungen, beispiels-

---

352 *Hachenburg / Ulmer* § 32 a, b GmbHG Rn. 45, 8; *Scholz / K. Schmidt* §§ 32 a, 32 b GmbHG Rn. 35; *Scholz / K. Schmidt* §§ 32 a, 32 GmbHG b Rn. 38; *Lutter / Hommelhoff* §§ 32 a/b GmbHG Rn. 18.

353 „Bundestag verabschiedet KonTraG - Beschlussempfehlung des Rechtsausschusses", ZIP 1998, 487, 491; *Seibert*, GmbHR 1998, 309, 310.

354 das Stehenlassen wird teils Abs. 1, *Scholz / K. Schmidt* §§ 32 a, 32 b GmbHG Rn. 47, teils Abs. 3 unterstellt, *Lutter / Hommelhoff* §§ 32 a/ b GmbHG Rn. 45, was jedoch ohne praktische Bedeutung ist, *Scholz / K. Schmidt*, aaO.

355 *Scholz / K. Schmidt* §§ 32 a, 32 b GmbHG Rn. 121.

356 *Hachenburg / Ulmer* § 32 a, b GmbHG Rn. 34, 123; *Scholz / K. Schmidt* §§ 32 a, 32 b GmbHG Rn. 134 f.

357 „Nebenforderungen teilen das Schicksal der Hauptforderung", *Hachenburg / Ulmer* § 32 a, b GmbHG Rn. 69; *Scholz / K. Schmidt* §§ 32 a, 32 b GmbHG Rn. 77.

weise bei stehengelassenen Forderungen, § 32 a Abs. 3 GmbHG. Das Vergleichsverfahren ist durch die Regeln über den Insolvenzplan in den §§ 217 ff. InsO abgelöst worden. Gibt es einen Insolvenzplan[358], gelten die Forderungen nachrangiger Insolvenzgläubiger nach § 225 Abs. 1 InsO, sofern nichts anderes vereinbart ist, als erlassen[359].

**bb.) Gesellschaftersicherheiten für Drittdarlehen**

Bei den gesellschafterbesicherten Drittdarlehen sind wieder die Rechtsverhältnisse zwischen den einzelnen Personen auseinanderzuhalten. § 32 a Abs. 2 GmbHG regelt die Rechtsfolgen im Verhältnis zwischen Gesellschaft und Drittem nach Eröffnung des Insolvenzverfahrens. Für den Kreditgeber ändert sich die Rechtslage nach Eröffnung des Insolvenzverfahrens ganz maßgeblich. Nach Verfahrenseröffnung ist der Dritte gehalten, zunächst Befriedigung aus der für seinen Darlehensrückzahlungsanspruch bestellten Sicherheit zu suchen. Am Insolvenzverfahren selbst nimmt er nur noch mit dem Restbetrag teil, mit dem er bei Inanspruchnahme der Sicherung ausgefallen ist. Dabei ist § 32 a Abs. 2 GmbHG zwingend, so daß ein etwaiger Verzicht des Dritten auf die Verwertung der Sicherheit unbeachtlich ist[360]. Für das Verhältnis zwischen der Gesellschaft und ihrem Gesellschafter ist § 32 b GmbHG maßgeblich, soweit die Gesellschaft das Darlehen getilgt hat. Der Gesellschaft steht dann ein Erstattungsanspruch gegen den sichernden Gesellschafter zu. Gem. § 32 b S. 2 GmbHG ist der Erstattungsanspruch der Gesellschaft begrenzt auf den Betrag, der mit der Sicherheit tatsächlich abgedeckt wurde[361]. Allerdings findet eine Begrenzung auf die Stammkapitalziffer – wie beim Erstattungsanspruch aus § 31 GmbHG - nicht statt[362]. Nach alter Gesetzeslage wurden nur solche Tilgungshandlungen zulasten des Gesellschaftsvermögens erfaßt, die im letzten Jahr vor Konkurseröffnung geleistet worden waren, § 32 b S. 1 GmbHG a. F. Nach §32 b S. 1 GmbHG n. F. werden außer den Leistungen innerhalb des letzten Jahres vor dem Antrag auf Verfahrenseröffnung auch solche nach Antragstellung erfaßt. Der Erstattungsanspruch aus § 32 b GmbHG ist im Wege der Insolvenzanfech-

---

358 ausführlich zum Insolvenzplan und Kapitalersatz, *Noack*, Gesellschaftsrecht, S. 91 Rn. 210 ff.

359 Nachrangige Insolvenzgläubiger haben jedoch bestimmte Zustimmungsrechte zum Insolvenzplan, §§ 244-246 InsO.

360 *Scholz / K. Schmidt* §§ 32a, 32 b GmbHG Rn. 159.

361 *Hachenburg / Ulmer* §§ 32a, 32b GmbHG Rn. 155; *Lutter / Hommelhoff* §§ 32a/b GmbHG Rn. 132.

362 *Lutter / Hommelhoff* §§ 32a/b GmbHG Rn. 132.

tung geltend zu machen[363]. Im Vergleich zur alten Gesetzeslage, wonach auf die einjährige Anfechtungsfrist des § 41 KO entsprechend zurückzugreifen war[364], findet sich jetzt in § 32 b S. 1 HS 2 GmbHG ein ausdrücklicher Verweis auf die zweijährige Anfechtungsfrist des § 146 InsO. Hat umgekehrt der Gesellschafter das Darlehen getilgt, steht dem Gesellschafter gegen die Gesellschaft ein Regreßanspruch zu, sofern das besicherte Darlehen Gesellschaftsvermögen über das nominelle Stammkapital hinaus auffüllte. Nach Eröffnung des Insolvenzverfahrens sind seine Ansprüche zwar nicht auf die Stammkapitalziffer begrenzt, sie unterliegen aber den Rechtsfolgen des § 32 a Abs. 1 GmbHG[365].
Die Vorschrift des § 32 a Abs. 2 GmbHG ist auch für die Beziehungen zwischen dem Kreditgeber und dem Gesellschafter maßgeblich. Danach wird der Dritte darauf verwiesen, vorrangige Befriedigung vom sichernden Gesellschafter zu fordern[366].

**cc.) Gebrauchsüberlassungen**

Nach Eröffnung des Insolvenzverfahrens kann der Gesellschafter seinen Anspruch auf Nutzungsentgelt insgesamt, d. h. ohne Rücksicht auf die Stammkapitalziffer nur als nachrangiger Insolvenzgläubiger geltend machen, §§ 32 a Abs. 1 GmbHG, 39 Abs. 1 Nr. 5 InsO. Unrechtmäßigerweise erhaltenen Mietzins kann der Konkursverwalter nach § 135 InsO zurückverlangen[367]. Der Gesellschafter bleibt weiterhin Eigentümer der überlassenen Sache und kann sie im Insolvenzverfahren an sich aussondern (§ 47 InsO)[368]. Allerdings steht seinem Aussonderungsanspruch das Nutzungsrecht der Gesellschaft an der Sache entgegen[369]. Das Nutzungsrecht fällt in den Haftungsverband der Gesellschaft und kann von dem Konkursverwalter, etwa durch Weitervermietung des überlassenen Gegenstandes verwertet werden[370]. Für die Dauer dieser „Zwangsüberlassung" ändert sich nichts im Vergleich zu der außerhalb eines Insolvenzverfah-

---

363 *Lutter / Hommelhoff* §§ 32a/b GmbHG Rn. 133; *Noack*, Gesellschaftsrecht, S. 97 Rn. 223 m. w. N.; vgl. zur alten Rechtslage in diesem Sinne: BGH ZIP 1993, 1614; *Lutter / Hommelhoff*, 14. Aufl., §§ 32a/b GmbHG Rn. 106 m.w.N.

364 BGHZ 123, 289, 291.

365 *Scholz / K. Schmidt* §§ 32 a, 32 b GmbHG Rn. 166.

366 *Lutter / Hommelhoff* §§ 32a/b GmbHG Rn. 128.

367 BGHZ 109, 55, 66 f.; BGHZ 121, 31, 42; BGHZ 127, 1, 7.

368 vgl. BGHZ 109, 55, 63 ; BGHZ 127, 1, 8 f. ; *Hachenburg / Ulmer* § 32 a, b GmbHG Rn. 113.

369 *Hachenburg / Ulmer* § 32 a, b GmbHG Rn. 113 beruft sich auf § 986 Abs. 1 BGB.

370 BGHZ 127, 1, 9 ; *Hachenburg / Ulmer* § 32 a, b GmbHG Rn. 113

rens bestehenden Rechtslage[371]. Eine Vereinbarung über das Ende der Gebrauchsdauer ist wieder nur wirksam, wenn sie nicht gegen die Kapitalersatzregeln verstößt und ernstlich gewollt ist[372].

### dd.) Finanzplankredite

Zur Behandlung von Finanzplankrediten im Insolvenz – bzw. Konkursverfahren hatte der BGH[373] sich bereits vor seiner neueren Grundsatzentscheidung zum Finanzplankredit[374] dahingehend geäußert gehabt, daß der „finanzplanmäßige" Darlehensrückzahlungsanspruch hinter die Ansprüche der übrigen Gesellschaftsgläubiger trete und erst nach deren Befriedigung verfolgt werden könne[375], ohne allerdings konkrete Vorschriften zu nennen. Seit der Grundsatzentscheidung vom 28.06.1999[376] werden Finanzplankredite, die Eigenkapitalersatzfunktion haben nach den allgemeinen Eigenkapitalersatzregeln zu behandeln sein. Dann ergeben sich keine Besonderheiten zu den bisher dargestellten Rechtsfolgen.

---

371 BGHZ 127, 1, 10.

372 BGHZ 127, 1, 10; etwa bei außerordentlichem Kündigungsrecht im Falle des Gesellschaftskonkurses, BGHZ aaO sowie bei bloß kurzfristiger Nutzungsüberlassung oder kurzfristiger Kündigungsmöglichkeit, BGHZ 121, 31, 40.

373 BGHZ 104, 33, 43.

374 BGH ZIP 1999, 1263.

375 In der Literatur wurden bzw. werden die Rechtsfolgen für Finanzplankredite im Insolvenzverfahren kontrovers diskutiert. Soweit die Ansicht vertreten wird, es handle sich bei einem Finanzplankredit um materielles, echtes Eigenkapital, sind „allein" die Kapitalerhaltungsregeln (§§ 30 f. GmbHG) anwendbar, *Lutter / Hommelhoff*, 14. Aufl., §§ 32 a/ b GmbHG Rn. 15, 17; *Habersack*, ZHR 1997, 457, 490. Hält man dagegen Finanzplankredite für einen Unterfall des Eigenkapitalersatzrechts, gelangt man ohne weiteres zur Anwendung der §§ 32 a, b GmbHG, 135 InsO, *Wilken*, ZIP 1996, 61, 62 ff.; *Scholz / K. Schmidt*, 8. Aufl., §§ 32 a, 32 b GmbHG Rn. 38; *Hachenburg / Ulmer* §§ 32 a, b GmbHG Rn. 48, 61; *Ebenroth / Wilken*, BB 1993, 305, 307; s. a. *Noack*, Gesellschaftsrecht, S. 88 Rn. 203. Dies ist insofern von entscheidender Bedeutung, als nach den gesetzlich erfaßten Eigenkapitalersatzregeln die gewährte Finanzierungshilfe über die Stammkapitalziffer hinaus gebunden ist, vgl. *Wilken*, ZIP 1996, 61, 63. Bemerkenswerterweise sollten dann aber auch nach Ansicht derer, die dem Finanzplankredit materielle Eigenkapitalfunktion beimessen eine Anwendung der gesetzlichen Eigenkapitalersatzregeln möglich sein, damit die Haftungsfolgen nicht hinter Gesellschafterdarlehen ohne Finanzplanqualität zurückbleiben, *v. Gerkan*, ZGR 1997, 173, 195.

376 BGH ZIP 1999, 1263.

## 2. Die Anfechtungstatbestände, §§ 135 InsO, 6 AnfG

Gegenstand der Anfechtung durch den Insolvenzverwalter sind nach wie vor solche Rechtshandlungen, die dem Gesellschafter – Gläubiger eine Sicherheit oder Befriedigung seines Anspruchs auf Rückgewähr einer eigenkapitalersetzenden Leistung gebracht haben. Nach § 143 Abs. 1 InsO muß der Gesellschafter das Erhaltene an die Insolvenzmasse zurückerstatten. Unter den Begriff der Sicherung fallen alle Rechtshandlungen der Gesellschaft, die dem Gesellschafter als Darlehensgeber oder als Sicherheitengeber für ein Drittdarlehen zur Absicherung seiner Ansprüche Sicherheit gewähren[377]. Der Gesellschafter hat Befriedigung für seine Leistung erhalten, wenn sein Darlehensrückzahlungsanspruch bzw. damit zusammenhängende Nebenforderungen getilgt worden sind[378]. Die InsO hat einige Neuerungen gegenüber der alten Gesetzeslage gebracht. Während nach § 41 Abs. 1 S. 1 KO das Anfechtungsrecht binnen Jahresfrist ausgeübt werden mußte, verjährt der Anfechtungsanspruch aus § 135 InsO nach zwei Jahren ab Eröffnung des Insolvenzverfahrens, § 146 Abs. 1 InsO. Weiter ist die Anfechtung von Befriedigungshandlungen nicht mehr auf diejenigen im letzten Jahr vor dem Eröffnungsantrag beschränkt, § 32 a S. 2 KO, sondern erweitert auf solche aus der Zeit nach dem Eröffnungsantrag, § 135 Nr. 2 InsO. Andererseits werden hinsichtlich der Gewährung von Sicherheiten nach § 135 Nr. 1 InsO für die Zeit vor dem Eröffnungsantrag nur noch die in den letzten zehn Jahren vor dem Eröffnungsantrag erfaßt statt wie zuvor in den letzten dreißig Jahren, § 41 Abs. 1 S. 3 KO. Dafür wird die Anfechtungsmöglichkeit aber erweitert auf Sicherungsgewährungen nach dem Eröffnungsantrag.
Das 1980 eingeführte Anfechtungsrecht des Vollstreckungsgläubigers aus § 3 b AnfG findet sich nach Neufassung des AnfG in § 6 AnfG. Nach § 6 AnfG können Rechtshandlungen, die dem Gesellschafter eine Befriedigung oder Sicherheit für die Rückgewähr seiner eigenkapitalersetzenden Leistungen gewährt haben, auch außerhalb eines Insolvenzverfahrens in der Zwangsvollstreckung angefochten werden. Im Vergleich zur alten Rechtslage vor Geltung der InsO haben sich lediglich hinsichtlich der maßgeblichen Zeitpunkte Änderungen ergeben.

## 3. Entstrickung

Der Gesellschafter kann sich nur dann darauf berufen, seine Leistung sei bei Rückgewähr wieder entstrickt gewesen, wenn die Gesellschaft zu diesem Zeit-

---

377 *Hachenburg / Ulmer* § 32 a, b GmbHG Rn. 78; *Scholz / K. Schmidt* §§ 32 a, 32 b Rn. 73.

378 *Hachenburg / Ulmer* § 32 a, b GmbHG Rn. 79; *Scholz / K. Schmidt* §§ 32 a, 32 b GmbHG Rn. 70.

punkt ihre Kreditwürdigkeit wiedererlangt hatte. Eine Wiederauffüllung des Stammkapitals zum Zeitpunkt der Auszahlung ist anders als bei den §§ 30 f. GmbHG für den Geltungsbereich der §§ 32 a, 32 b GmbHG irrelevant[379]. Zu beachten ist, daß der BGH unwiderleglich vermutet, daß die Gesellschafterleistung bei Rückgewähr Eigenkapitalersatzfunktion hatte, wenn innerhalb der Jahresfrist in §§ 32 b S. 1 GmbHG, 135 Ziff. 2 InsO, 6 Ziff. 2 AnfG ein Insolvenzverfahren über das Gesellschaftsvermögen eröffnet wird[380]. Diese Rechtsprechung stößt zuweilen[381] auf Kritik. Einmal wird darauf hingewiesen, die Rückzahlung einer solchen Gesellschafterleistung verstoße nicht gegen das Eigenkapitalersatzrecht[382]. Zum anderen wird vorgeschlagen, wenigstens die Widerlegbarkeit der Vermutung zuzulassen[383].

---

379 BGHZ 90, 370, 381; BGH GmbHR 1997, 501, 503; *Scholz / K. Schmidt* §§ 32 a, 32 b GmbHG Rn. 54.

380 BGHZ 90, 370, 381; *Goette*, DStR 1997, 2027, 2028.

381 zustimmend *Lutter / Hommelhoff* §§ 32 a/b GmbHG Rn. 93.

382 *Scholz / K. Schmidt* §§ 32 a, 32 b GmbHG Rn. 54.

383 *v. Gerkan*, ZGR 1997, 173, 200.

## B. Geschäftsführerhaftung[384]

Die Fortführung einer Krisen-GmbH kann unter bestimmten Voraussetzungen eine persönliche Haftung von Geschäftsführern begründen. Dies ist einmal der Fall, wenn sie es unterlassen haben, potentielle Geschäftspartner über die wirtschaftliche Krise aufzuklären. Weiter kommt eine Eigenhaftung des Geschäftsführers wegen verspäteter Stellung des Konkursantrags (sog. Insolvenzverschleppungshaftung) gem. §§ 823 Abs. 2 BGB, 64 Abs. 1 GmbHG in Frage[385].

### I. wegen Verletzung der Aufklärungspflicht

Grundsätzlich kommt eine persönliche Haftung des Geschäftsführers für Fehlverhalten bei Vertragsverhandlungen nur aus Delikt in Betracht[386]. Da es sich bei den Ausfallschäden der Gesellschaftsgläubiger um reine Vermögensschäden handelt, müßte der Geschäftsführer zugleich ein Schutzgesetz verletzt oder vorsätzlich und sittenwidrig das Vermögen des Gläubigers geschädigt haben, §§ 823 Abs. 2, 826 BGB. Sollte der Geschäftsführer die wahre wirtschaftliche Lage bewußt verschwiegen haben, kommt eine deliktische Eigenhaftung wegen Eingehungsbetrugs nach den §§ 823 Abs. 2 BGB, 263 StGB und bei Sittenwidrigkeit nach § 826 BGB in Frage. Abgesehen von den Schwierigkeiten in der Beweisführung bei diesen Haftungsgrundlagen[387], wobei auf die Besonderheiten einer Haftung nach § 826 BGB noch eingegangen wird, wird der Geschäftsführer meist aber fahrlässig gehandelt haben. Dann stellt sich die Frage, ob den Geschäftsführer eine persönliche Haftung nach den Grundsätzen der *culpa in*

---

384 Aus den letzten Jahren ist eine Tendenz erkennbar, wonach insbesondere die deliktische Haftung des Geschäftsführers erweitert worden ist. Die Darstellung der deliktischen Haftung des Geschäftsführers beschränkt sich hier auf die Fälle, in denen der Geschäftsführer die GmbH zulasten der Gesellschaftsgläubiger fortführt. Nicht beachtet wird allerdings die Haftung für nicht abgeführte Sozialversicherungsbeiträge, vgl. hierzu: *Westermann / Mutter*, DZWIR 1995, 184, 185; *Keil*, DZWiR 2000, 177, 177 ff. Nicht weiter behandelt wird auch der mit der InsO neu eingeführte Schadensersatzanspruch von Gläubigern, die einen Massekostenvorschuß für ein masseloses Insolvenzverfahren leisten, § 26 Abs. 3 GmbHG, vgl. hierzu: *Keil*, DZWIR 2000, 177, 181. Für weitere Fälle sei verwiesen auf *Sandberger*, die Außenhaftung des GmbH-Geschäftsführers, 1997; *Haas*, Geschäftsführerhaftung und Gläubigerschutz, 1997; *Gross*, ZGR 1998, S. 551 ff.

385 zur Versicherbarkeit der Haftungsrisiken vgl.: *Thümmel*, DB 1995, 1013, 1016 ff.

386 *MüKo / Emmerich* Vor § 275 BGB Rz 172; *Geißler*, ZIP 1997, 2184, 2184; *Goette*, DStR 1994, 1048, 1049.

387 *Medicus*, GmbHR 1993, 533, 538; *Goette*, DStR 1994, 1048, 1048; *Meyke*, Geschäftsführerhaftung, S. 129 Rn. 241.

*contrahendo* treffen kann. Zunächst soll untersucht werden, unter welchen Voraussetzungen eine Pflicht, den potentiellen Gesellschaftsgläubiger über die prekäre wirtschaftliche Lage aufklären zu müssen, überhaupt bestehen kann.

### 1. Aufklärungspflicht

Ein Vertragsteil hat die Pflicht, bei Vertragsverhandlungen, in denen die Beteiligten entgegengesetzte Interessen verfolgen, über bestimmte, nur ihm bekannte Umstände aufzuklären, wenn bei fehlender Offenlegung dieser Umstände der Vertragszweck des anderen vereitelt werden könnte. Darüber hinaus müssen die betreffenden Umstände für den potentiellen Vertragspartner ersichtlich von wesentlicher Bedeutung sein und muß eine Aufklärung über diese Umstände nach Treu und Glauben erwartet werden können[388].
In Bezug auf die Vermögenslage der potentiellen Vertragspartner bedeutet dies: Grundsätzlich haben sie nicht die Pflicht, diese offenzulegen. Eine Offenbarungspflicht besteht jedoch dann, wenn die Vermögenslage dazu geeignet ist, die Durchführung des Vertrags von vornherein ernstlich zu gefährden[389]. Ob dies der Fall ist, hängt nicht allein von der Zahlungskraft des Verhandlungspartners, sondern auch von der Art des Geschäfts ab. Handelt es sich um ein Zug um Zug Geschäft, wird dem anderen Vertragsteil aus der prekären Finanzlage des Verhandlungspartners kein Nachteil entstehen. Anders ist die Beurteilung, wenn einer der Vertragspartner dazu bereit ist, vorzuleisten oder einen Kredit zu gewähren[390]. Er ist bei Vertragsanbahnung über die schwierige Finanzlage aufzuklären, da sie seinen Vertragszweck vereiteln kann. Der BGH hat hierzu ausgeführt[391]:

> *„Zwar ist der Käufer in der Regel nicht verpflichtet, dem Geschäftspartner seine Vermögenslage und Kreditwürdigkeit zu offenbaren. Anders liegt es jedoch, wenn der Vertragspartner – wie im Falle des Warenkre-*

---

388 ständige Rechtsprechung, vgl. etwa BGH NJW 1984, 2284, 2286; BGH ZIP 1991, 1140, 1144; BGH WM 1996, 594, 595; RGZ 120, 249, 252; weitere Nachweise bei *Soergel / Teichmann*, § 242 BGB Rn. 138 FN 13; zust. die Literatur: *Hachenburg / Ulmer* § 64 GmbHG, Rn. 67; *Soergel / Teichmann*, § 242 BGB Rn. 138; *MüKo / Roth*, § 242 BGB Rn. 218; *Kiethe*, DStR 1993, S. 1298 ff.

389 BGH WM 1983, 413, 415.

390 BGH NJW 1983, 676, 677; BGH WM 1983, 413, 415; BGH NJW-RR 1991, 1312, 1315; *Haas*, Geschäftsführerhaftung und Gläubigerschutz, S. 32 f., 70 f.; *Hachenburg / Ulmer*, § 64 GmbHG Rn. 69; *Scholz / K. Schmidt*, § 64 GmbHG Rn. 60; *MüKo/ Roth*, § 242 BGB Rn. 225; *Lutter / Hommelhoff* § 43 GmbHG Rn. 28.

391 BGH NJW 1983, 676, 677; fast identisch bei BGH WM 1983, 413, 415.

*dits – vorleistet und der Vertreter der GmbH weiß oder wissen muß, daß die GmbH die begründeten Verbindlichkeiten nicht mehr erfüllen kann."*

Nicht bereits jede Vermögensverschlechterung kann die Gesellschaft dazu verpflichten, potentiellen Geschäftspartnern gegenüber ihre Vermögenslage offenzulegen. Nach der Rechtsprechung des BGH ist die kreditnehmende Gesellschaft dazu verpflichtet, ihre prekäre Finanzlage bei Vertragsschluß zu offenbaren, sobald sie konkursreif, also entweder zahlungsunfähig oder überschuldet ist (§§ 17, 19 InsO)[392]. Der BGH läßt damit den Eintritt der Überschuldung ausreichen. Dabei kommt es auch nicht darauf an, wie weit die Überschuldung fortgeschritten ist. Der BGH prüft nicht, ob bei Vertragsschluß damit gerechnet werden mußte, daß die Gesellschaft bei Fälligkeit der Darlehensforderung zahlungsunfähig sein würde. Dies wird damit begründet, daß das Insolvenzverfahren über das Vermögen der Gesellschaft nicht erst ab Zahlungsunfähigkeit, sondern bereits ab Überschuldung stattfindet. Dies zeige, daß die Vertragsdurchführung bereits ab Überschuldung gefährdet sei. Die Gefährdung des Vertragszwecks sei aber notwendig und ausreichend, um eine Aufklärungspflicht begründen zu können[393]. Zu der Frage, ob auch die mit der InsO neu eingeführte bloß drohende Zahlungsunfähigkeit (§ 18 InsO) ausreicht, um eine Aufklärungspflicht annehmen zu können, hat sich der BGH bisher noch nicht geäußert[394].

In der Literatur besteht Einigkeit darüber, daß die kreditnehmende Gesellschaft dazu verpflichtet ist, den Kreditgeber über die bereits bestehende Zahlungsunfähigkeit aufzuklären. Strittig ist, ob sie auch dazu verpflichtet ist, bereits den Eintritt der Überschuldung offenzulegen. Nach *Ulmer* soll die Überschuldung nur ausreichen, wenn bei Vertragsschluß davon ausgegangen werden kann, daß die Gesellschaft im Fälligkeitszeitpunkt zahlungsunfähig sein wird. Er begründet dies damit, daß zwischen Überschuldung als der regelmäßigen Vorstufe der Zahlungsunfähigkeit und der Zahlungsunfähigkeit selbst genug Zeit liegen kann, um die wirtschaftliche Lage der Gesellschaft zu verbessern[395]. Die h.

---

392 BGH NJW 1983, 676, 677; BGH NJW 1984, 2284, 2286; BGH NJW 1988, 2234, 2235 f.; BGH ZIP 1991, 1140, 1144.

393 BGH NJW 1983, 676, 677; BGH ZIP 1991, 1140, 1144.

394 dies kann bezweifelt werden, da die drohende Zahlungsunfähigkeit nur dann einen Konkursgrund darstellt, wenn der Geschäftsführer die Eröffnung des Insolvenzverfahrens beantragt, näher zur drohenden Zahlungsunfähigkeit, vgl.: *K. Schmidt / Uhlenbruck / Uhlenbruck*, GmbH in Krise, Sanierung und Insolvenz, S. 85 f.

395 *Ulmer*, NJW 1983, 1577, 1578 f.; *ders.* in diesem Sinn auch in *Hachenburg*, § 64 GmbHG Rn. 68 und FN 107.

M.[396] jedoch nimmt eine Aufklärungspflicht bereits mit dem Eintritt der Überschuldung an[397].
Ausnahmen von einer vorvertraglichen Aufklärungspflicht erwägt der BGH unter dem Gesichtspunkt, daß die GmbH Sanierungsmaßnahmen eingeleitet hat. Allerdings ist erforderlich, daß die Krise nach den Umständen für überwindbar und die Sanierungsversuche für erfolgsversprechend gehalten werden durften[398]. Dem folgt die Literatur und meint, dies müsse auch dann gelten, wenn die entsprechenden Sanierungsmaßnahmen erst während der Frist des § 64 Abs. 1 GmbHG eingeleitet würden[399].

## 2. Geschäftsführerhaftung wegen verletzter Aufklärungspflicht gem. § 826 BGB

Verschweigt der GmbH-Geschäftsführer dem potentiellen Vertragspartner gegenüber die wahre wirtschaftliche Situation der Gesellschaft, kommt eine deliktische Haftung wegen sittenwidriger Schädigung nach § 826 BGB in Frage. Der BGH hat die haftungsbegründenden Merkmale für eine Haftung nach § 826 BGB stetig aufgeweicht. Sittenwidrig handelt, wer gegen das Anstandsgefühl aller billig und gerecht Denkenden verstößt[400]. Es ist jedoch nicht erforderlich, daß dem Handelnden die Sittenwidrigkeit als solche bewußt ist. Erforderlich und ausreichend ist vielmehr, daß der Schädiger die haftungsbegründenden

---

396 *Medicus*, GmbHR 1993, 533, 538; *Lutter / Hommelhoff*, § 43 GmbHG Rn. 28; *MüKo / Roth*, § 242 BGB Rn. 225; *K. Schmidt*, Anm. zu BGH NJW 1993, 2931, 2935; *Scholz / K. Schmidt*, § 64 GmbHG Rn. 60.

397 *Haas*, Geschäftsführerhaftung und Gläubigerschutz, S. 79 meint, Überschuldung müsse ausreichen, da mit der seit dem 01.01.1999 geltenden Insolvenzordnung bereits die drohende Zahlungsunfähigkeit einen Konkursgrund darstelle und die drohende Zahlungsunfähigkeit der Überschuldung sogar zeitlich vorgelagert sei. Andererseits kann dieses Argument wiederum dadurch relativiert werden, daß der Geschäftsführer bei drohender Zahlungsunfähigkeit nicht dazu verpflichtet, sondern nur dazu berechtigt ist, Insolvenzeröffnung zu beantragen. Denn nach § 18 Abs. 1 InsO ist sie nur dann Insolvenzgrund, wenn der Geschäftsführer die Eröffnung des Verfahrens tatsächlich beantragt, zur drohenden Zahlungsunfähigkeit vgl.: *K. Schmidt / Uhlenbruck / Uhlenbruck*, GmbH in Krise, Sanierung und Insolvenz, S. 85 Rn. 143.

398 BGH ZIP 1991, 1140, 1145; BGH Z 108, 134, 144; BGH WM 1965, 475, 476; für die AG: BGHZ 75, 96, 108 – 115.

399 *Hachenburg / Ulmer*, § 64 GmbHG Rn. *69; Scholz / K. Schmidt* § 64 Rn. 60; *Kiethe*, DStR 1993, 1298, 1302; *Grunewald*, ZGR 1986, 580, 599.

400 ständige Rechtsprechung, s. nur RGZ 80, 219, 221; BGHZ 10, 228, 232; BGHZ 69, 295, 297.

Umstände kennt, aus denen sich die Sittenwidrigkeit ergibt[401]. Der Geschäftsführer handelt zunächst sittenwidrig, wenn er die prekäre Vermögenslage arglistig verschwiegen oder den Geschäftspartner bewußt über die wahre Vermögenslage getäuscht hat[402]. Der Geschäftsführer braucht die haftungsbegründenden Umstände jedoch nicht positiv zu kennen. Nach der höchstrichterlichen Rechtsprechung reicht es aus, daß er sich ihrer Kenntnis bewußt entzieht, indem er grob leichtfertig oder gewissenlos handelt[403]. Eine Haftung nach § 826 BGB setzt weiter vorsätzliches Handeln voraus. Dies ist zunächst dann gegeben, wenn der Geschäftsführer wußte, daß sein Verhalten den Gesellschaftsgläubiger schädigen würde und die Schädigung auch gewollt hat. Allerdings kommt eine Haftung gem. § 826 BGB nicht nur bei direktem Vorsatz in Betracht. Nach der Rechtsprechung des BGH reicht es aus, wenn der Geschäftsführer mit Eventualvorsatz gehandelt hat[404]. Darüber hinaus läßt es der BGH nicht selten und gerade auch bei der Haftung des Geschäftsführers wegen unterlassener Offenlegung der wahren Finanzlage zu, aus der Art und Weise des sittenwidrigen Verhaltens Rückschlüsse darauf zu ziehen, ob der Schädiger mit Vorsatz gehandelt hat[405]. Weiter braucht der Geschäftsführer die Person des Geschädigten nicht zu kennen[406].

In der Literatur sprechen sich Stimmen dafür aus, eine Haftung des Geschäftsführers nach §826 BGB nur in Ausnahmefällen anzunehmen und warnen vor einer Haftungserweiterung im Rahmen einer Vorschrift, die tatsächlich vorsätzliches Handeln voraussetzt[407]. *Roth*[408] meint, wenn der BGH auf der Grundlage des § 826 BGB potentielle Geschäftspartner wirksam vor Schäden schützen möchte, müsse er die objektiven und subjektiven Tatbestandsvoraussetzungen

---

401 ständige Rechtsprechung, s. nur BGH NJW-RR 1986, 1150, 1151; BGH ZIP 1994, 1102, 1103.

402 BGH NJW 1984, 2284, 2285.

403 BGHZ 10, 228, 233 m.w.N.; BGH WM 1966, 1150, 1151; BGH WM 1976, 498, 500; BGH ZIP 1989, 1455, 1458; BGH NJW 1994, 197, 198; *Haas*, Geschäftsführerhaftung und Gläubigerschutz, S. 71; *Goette*, DStR 1994, 1048, 1048;

404 BGH NJW 1963, 579, 580; BGH WM 1976, 498, 500; BGHZ 108, 135, 142. BGH NJW 1984, 2284, 2285; BGHZ 108, 135, 142; BGH NJW 1994, 197, 198.

405 für den GmbH-Geschäftsführer direkt vgl.: BGH GmbHR 1994, 464, 465; BGH NJW 1994, 197, 198; vgl. i. ü. BGH WM 1966, 1148, 1149; BGH WM 1976, 498, 500; BGH WM 1986, 904, 906.

406 BGH WM 1966, 1150, 1152; BGH NJW-RR 1986, 1150, 1151; *Hachenburg / Ulmer* § 64 Rn. 63.

407 *H.P Westermann / Mutter*, DZWIR 1995, 184, 191; *Sandberger*, Außenhaftung des GmbH-Geschäftsführers, S. 231; s. a. *Goette*, DStR 1994, 1048, 1048.

408 *Roth*, ZGR 1993, 170, 173.

*„bis zur Unkenntlichkeit verdünnen"*. Weiter könne die haftungserweiternde Rechtsprechung zu § 826 BGB zu Wertungswidersprüchen mit anderen Haftungsgrundlagen führen, die bei demselben Sachverhalt ebenfalls zu prüfen seien. Die Rede ist insbesondere[409] von den Haftungsvoraussetzungen der *culpa in contrahendo* sowie der Insolvenzverschleppung nach den §§ 823 Abs. 2 BGB i.V.m. § 64 Abs. 1 GmbHG. Im Ergebnis würde die Haftung wegen sittenwidriger Schädigung nach § 826 BGB dann die geringsten Anforderungen stellen[410]. *Westermann* und *Mutter* plädieren dafür, die Haftung nach § 826 BGB mit der inzwischen eingegrenzten Eigenhaftung aus Verschulden bei Vertragsverhandlungen abzustimmen[411]. Trotz der haftungserweiternden Rechtsprechung zu § 826 BGB wird dem geschädigten Geschäftspartner der Nachweis der Voraussetzungen dennoch schwerlich gelingen[412].

Ist eine Haftung des Geschäftsführers nach § 826 BGB begründet, hat er den individuellen Schaden des Gesellschaftsgläubigers zu ersetzen und ihn so zu stellen, wie er stehen würde, wenn er ihn ordnungsgemäß aufgeklärt hätte (§ 249 Satz 1 BGB). Zu ersetzen ist dessen negatives Interesse[413].

### 3. Geschäftsführerhaftung wegen verletzter Aufklärungspflicht aus *culpa in contrahendo*[414]

Kann dem Geschäftsführer ein vorsätzliches Verschweigen der Konkursreife nicht nachgewiesen werden, kommt eine persönliche Haftung des Geschäftsführers aus *culpa in contrahendo* in Betracht. Anders als bei einer deliktischen Haftung wird im Rahmen des vorvertraglichen Schuldverhältnisses auch das Vermögen geschützt und reicht bereits leichteste Fahrlässigkeit zur Haftungs-

---

409 in Betracht kommt ferner eine Haftung nach § 823 Abs. 2 BGB i. V. m. §§ 263, 283 StGB.

410 *Kiethe*, DStR 1993, 1298, 1302.

411 *H.P. Westermann / Mutter*, DZWIR 1995, 184, 191.

412 *Medicus*, GmbHR 1993, 533, 538; *Goette*, DStR 1994, 1048, 1048; *Meyke*, Geschäftsführerhaftung, S. 129 Rn. 241.

413 OLG Köln, WiB 1994, 610, 611; *Palandt / Thomas* § 826 BGB Rn. 14.

414 Es ist seit langem anerkannt, daß bereits die Anbahnung von Verträgen zu einem vertragsähnlichen Schuldverhältnis führt. Dieses begründet zum Schutz der Rechtsgüter des Verhandlungspartners besondere Pflichten, deren schuldhafte Verletzung zum Schadensersatz aus *culpa in contrahendo* verpflichtet. Mit der Regelung in § 11 Nr. 7 AGBG ist dies inzwischen auch gesetzlich anerkannt. Auf die dogmatische Begründung der Haftung aus *culpa in contrahendo* kann hier nicht näher eingegangen werden. Es sei daher verwiesen auf die Darstellung bei *Sandberger*, Außenhaftung des GmbH-Geschäftsführers, S. 47 ff. mit zahlreichen weiteren Belegen.

begründung aus[415]. Schon lange ist anerkannt, daß neben dem Vertretenen auch der Vertreter selbst für sein Fehlverhalten bei Vertragsschluß haften kann (Eigenhaftung des Vertreters aus *culpa in contrahendo*)[416]. Aufbauend darauf hat der BGH die Eigenhaftung des GmbH-Geschäftsführers aus *culpa in contrahendo* entwickelt[417]. Während der BGH zunächst sehr weit darin gegangen war, eine Eigenhaftung des Geschäftsführers aus Verschulden bei Vertragsanbahnung wegen mangelnder Aufklärung der Gesellschaftsgläubiger anzunehmen, hat er seine Rechtsprechung unter dem Eindruck heftiger Kritik des Schrifttums schließlich eingeschränkt[418].

**a.) Voraussetzungen**

Der Geschäftsführer ist selbst schadensersatzpflichtig für die Verletzung der Aufklärungspflicht, wenn er das Vertrauen des Geschäftspartners persönlich in besonderem Maße in Anspruch genommen hat oder an dem Geschäftsabschluß ein eigenes wirtschaftliches Interesse hatte und daraus einen eigenen Nutzen erstrebte[419].

**aa.) wirtschaftliches Eigeninteresse**

Zur Begründung eines wirtschaftlichen Eigeninteresses muß dem Geschäftsführer nachgewiesen werden, nicht nur ein seiner Stellung als Geschäftsführer der GmbH entsprechendes Interesse an dem Vertragsschluß, sondern ein darüber hinausgehendes starkes eigenes Interesse an dem Geschäftsschluß gehabt zu

---

415 *Medicus*, DStR 1995, 1432, 1432; RGZ 97, 325, 327.

416 Die Rechtsprechung zur Eigenhaftung des Vertreters geht zurück auf das Reichsgericht, vgl. etwa RGZ 120, 249; RGZ 132, 76, 80 f.; RGZ 159, 33, 54 f. Zur historischen Entwicklung vgl. *Sandberger*, Außenhaftung des GmbH-Geschäftsführers, S. 55 ff. Zur dogmatischen Begründung einer Eigenhaftung des Vertreters aus *culpa in contrahendo* vgl. *Sandberger*, Außenhaftung des GmbH-Geschäftsführers, S. 79 ff. Speziell zur Eigenhaftung des GmbH – Geschäftsführers vgl. *Medicus*, FS Steindorff, 1990, 725 ff; *ders.*, DStR 1995, S. 1432 ff.; *ders.*,GmbHR 1993, S. 535 ff.; *Westermann / Mu*tter, DZWIR 1995, 184, 186 ff.; *Impelmann*, WiB 1994, 801, 802 ff.

417 Der BGH hat die früheren Ansätze des Reichsgerichts, RGZ 120, 249, 252; RGZ 132, 76, 80 f.; RGZ 159, 33, 54 f., und auch seine eigenen Ansätze aus einer früheren Entscheidung, BGHZ 14, 313, 318 f., zur Eigenhaftung des Vertreters aus *culpa in contrahendo* erstmals in einem Urteil vom 19.12.1962, BGH WM 1963, 160, 161, auch auf den GmbH – Geschäftsführer angewendet.

418 *Meyke*, Geschäftsführerhaftung, S. 69 Rn. 127; *Medicus*, GmbHR 1993, 533, 533.

419 BGH WM 1963, 160, 161; BGH NJW 1983, 676, 677; BGH NJW 1983, 1607, 1608; BGH WM 1983, 413, 415; BGH NJW 1994, 2220, 2220.

haben[420]. Obwohl der BGH zur Bestimmung eines Eigeninteresses immer wieder ausdrücklich an der vom RG begründeten Rechtsprechung, wonach der Vertreter gleichsam in eigener Sache tätig geworden sein muß (*procurator in rem suam*)[421] anknüpfte[422], hat er diese Rechtsprechung – wie er selbst feststellt[423] - weit ausgedehnt[424]. Nicht ausreichend ist jedoch ein bloß mittelbares Interesse des Geschäftsführers, etwa wenn er eine Provision für den Geschäftsabschluß erhält[425].

Der BGH hat es allerdings zunächst zugelassen, ein wirtschaftliches Eigeninteresse bereits aus der Stellung als Allein– oder Mehrheitsgesellschafter zu begründen[426]. Dies ist in der Lehre überwiegend[427] auf heftige Kritik gestoßen[428].

---

420 BGH WM 1963, 160, 161.

421 RGZ 120, 249, der Käufer eines Grundstückes verkaufte dieses weiter noch bevor er selbst Eigentümer geworden war. Dabei trat er dem „Zweiterwerber" gegenüber aus rein formalen Gründen als Vertreter des wahren Eigentümers auf und verfolgte ausschließlich seine eigenen Interessen.

422 vgl. etwa BGH WM 1963, 160, 161; BGH NJW 1986, 586, 587.

423 BGH NJW 1994, 2220, 2220.

424 so auch *Ulmer*, NJW 1983, 1577, 1579. *Geißler*, ZIP 1997, 2184, 2186 und *Wiedemann*, NJW 1984, 2286, 2287 vertreten die Auffassung, der BGH halte nicht daran fest, daß ausschließlich der Vertreter bzw. der Geschäftsführer das wirtschaftliche Interesse haben und das wirtschaftliche Risiko tragen müsse.

425 BGHZ 56, 81, 84; BGH NJW 1983, 1607, 1609; BGH NJW – RR 1989, 110, 111.

426 BGH NJW 1983, 676, 677 (Alleingesellschafter); BGH NJW 1983, 1607, 1609 (Mehrheitsgesellschafter).

427 dem BGH folgend: *Emmerich*, JUS 1983, 630, 631.

428 Dagegen wurde insbesondere vorgebracht, eine Eigenhaftung des Geschäftsführers aus Eigeninteresse mit der Beteiligung allein zu begründen, würde gegen die Haftungsbeschränkung des § 13 Abs. 2 GmbHG verstoßen, *Ulmer*, NJW 1983, 1577, S. 1579; s. a. *Wiedemann*, NJW 1984, 2286, 2286 f.; *Brandner*, FS Werner, S. 53, 64 f. Darüber hinaus wies *Ulmer*, NJW 1983, 1577, 1580 auf damals bestehende systemwidrige Widersprüche hin, wenn die Schadensersatzhaftung von Geschäftsführern wegen fahrlässiger Konkursverschleppung aus den §§ 823 Abs. 2 BGB, 64 Abs. 1 GmbHG gegenüber den Neugläubigern auf den Quotenschaden beschränkt ist, andererseits aber die Haftung aus Verschulden bei Vertragsanbahnung ab Konkursreife schlechthin den Ersatz des vollen Vertrauensschadens der Neugläubiger bedeutet. Dagegen der BGH in: NJW 1988, 2234, S. 2236, Tatbestand und Rechtsfolgen der fahrlässigen Konkursverschleppung seien nicht deckungsgleich mit der bei Vertragsverhandlungen unter bestimmten Voraussetzungen begründeten Aufklärungspflicht, s.a. *Medicus*, FS Steindorff, S. 725, 731. Mit der Grundsatzentscheidung des BGH vom 06.06.1994, NJW 1994, 2220 ff. ist diesem Argument *Ulmers* der Boden entzogen, da seither der Geschäftsführer bei schuldhafter Konkursverschleppung den Neugläubigern gegenüber ebenfalls auf Ersatz des vollen negativen Schadens haftet. Schließlich zeigte noch *Me-*

Der BGH ist mit seiner Entscheidung vom 23.10.1985[429] von dieser Rechtsprechung abgerückt. Das wirtschaftliche Eigeninteresse kann nicht mehr allein mit der Beteiligung des Geschäftsführers an der GmbH begründet werden[430]. Vielmehr müssen weitere Umstände hinzukommen. Denn von der Beteiligung allein auszugehen – so nun auch der BGH - würde gegen die Haftungsbeschränkung des § 13 Abs. 2 GmbHG verstoßen. Dies würde besonders deutlich bei der Einmann - GmbH; hier müßte der Alleingesellschafter für das Fehlverhalten bei Vertragsschluß dann immer auch persönlich haften[431].

Nach früherer Rechtsprechung wurde weiter ein Eigeninteresse des Geschäftsführers bereits darin gesehen, daß er der Gesellschaft zusätzlich zu seiner Kapitalbeteiligung persönliche Bürgschaften oder dingliche Sicherheiten gewährt hatte, damit Gesellschaftsverbindlichkeiten abgesichert werden konnten. Das Eigeninteresse wurde hier damit begründet, der Geschäftsführer verfolge bei Geschäftsabschlüssen ab Konkursreife der Gesellschaft vordergründig das Ziel, nicht mit seinen Sicherheiten in Anspruch genommen zu werden[432]. Auch diese Auffassung wurde in der Lehre kritisiert[433]. Mit seinem Grundsatzurteil zum Quotenschaden vom 06.06.1994[434] hat der BGH diese Rechtsprechung ebenfalls aufgegeben[435]. Dies wurde damit begründet, die Gesellschafterleistungen wür-

---

*dicus,* FS Steindorff, 725, 729 die Gefahr auf, im Ergebnis zu einem Haftungsdurchgriff auf Gesellschafter-Geschäftsführer zu gelangen, der eher als unter den sonst diskutierten Voraussetzungen eingreifen würde, wenn auch beschränkt auf das negative Interesse.

429 BGH ZIP 1986, 26 = BGH NJW 1986, 586.

430 bestätigt in: BGH ZIP 1986, 26, 29; BGH NJW 1994, 2220.

431 BGH ZIP 1986, 26 = BGH NJW 1986, 586, 587; zust. *Flume*, ZIP 1994, 337, 338; *Medicus*, DStR 1995, 1432, S, 1432;

432 BGH NJW 1984, 2284 ff, 2286; BGH NJW 1988, 2234, 2235

433 *Wiedemann*, NJW 1984, 2286, 2287 meinte, eine persönliche Bürgschaft werde von den Kreditinstituten routinemäßig von GmbH – Gesellschaftern verlangt, so daß diese Rechtsprechung eine erhebliche Gefährdung von Gesellschaftern nach sich ziehe, die sich am Geschäftsverkehr des Unternehmens beteiligten. *Grunewald*, ZGR 1986, 580, 587 wand ein, daß die Übernahme von Sicherheiten nicht bedeute, daß dies auch den ungesicherten Gläubigern zugute kommen solle, die von den Sicherheiten regelmäßig nichts wüßten. Hiergegen *Flume*, ZIP 1994, 337 ff, 338, da es überhaupt nicht darauf ankomme, ob dem Geschäftspartner die Absicherung bekannt sei oder nicht. Krit. auch *Medicus*, FS Steindorff, S. 725, 730 ff.

434 BGH NJW 1994, 2220 ff. Zuvor hatte der II. Zivilsenat sich in einem Beschluß gem. § 132 Abs. 3 GVG an den VIII. und IX. Zivilsenat mit der Frage gewandt, ob an der bisherigen Rechtsprechung zum wirtschaftlichen Eigeninteresse des GmbH – Geschäftsführers, BGH ZIP 1993, S. 763 ff.

435 bestätigt in BGH ZIP 1995, 124, 125; BGH ZIP 1995, 211, 212.

den in der Krise der Gesellschaft bereits von den Eigenkapitalersatzregeln (§§ 30, 31 analog; 32 a, 32 b, GmbHG) erfaßt. Das bedeute, daß die Gesellschaftersicherheiten in Eigenkapital umgewandelt würden und damit gleich der vom Gesellschafter übernommenen Stammeinlage der Befriedigung der Gesellschaftsgläubiger dienten. Darin erschöpfe sich aber das Risiko für den Gesellschafter. Die Gesellschaftersicherheit vermittle den Gläubigern ebensowenig wie bekanntlich die Stammeinlage noch zusätzlich den Zugriff auf das Privatvermögen des sichernden Gesellschafters[436]. Darüber hinaus reiche das Interesse des sichernden Geschäftsführers, nicht mit seiner Sicherheit in Anspruch genommen zu werden, nicht aus, um eine erhöhte Gefährdung für die Gesellschaftsgläubiger zu begründen[437].

Der BGH hat damit die Eigenhaftung des Geschäftsführers wegen wirtschaftlichen Eigeninteresses erheblich eingeschränkt, ohne diese Rechtsfigur jedoch gänzlich aufzugeben. Die haftungsbegründenden Umstände dürfen jedoch nicht mehr mit der Gesellschaftsbeteiligung oder der Hingabe von Sicherheiten begründet werden[438]. Ein Eigeninteresse soll aber nach einem Fall außerhalb des Gesellschaftsrechts[439] möglich sein, wenn der Geschäftsführer mit dem Geschäftsschluß versucht, Schäden zu beseitigen, für die er andernfalls von dem Vertretenen möglicherweise in Anspruch genommen werden könnte[440]. Ein Eigeninteresse seitens des Geschäftsführers an dem Vertragsgegenstand soll weiter dann gegeben sein, wenn er bei Geschäftsschluß vorhat, die von dem Vertragspartner zu erbringende Leistung pflichtwidrig nicht der Gesellschaft, son-

---

436 Beim außenstehenden Geschäftsführer, der die Eigenkapitalersatzregeln nicht zu fürchten braucht, gilt: Auch für ihn erschöpft sich das Risiko darin, bei Vermögensverschlechterung des Unternehmens seine Sicherheit zu verlieren, BGH, NJW 1994, 2220, 2221; zust. *Westermann / Mutter*, DZWIR 1995, 184, 188: Beim außenstehenden Geschäftsführer können nicht strengere Anforderungen gelten.

437 BGH, NJW 1994, 2220, 2221. *Flume*, ZIP 1994, 337, 338 f. vertritt hier allerdings eine Gegenposition. Er ist der Auffassung, derjenige Geschäftsführer, welcher die Inanspruchnahme seiner Sicherheiten fürchte, schließe ab Konkursreife das Geschäft um seinet-, nicht um der Gesellschaft willen. Es handle sich hierbei um einen klaren Fall des Handelns als *procurator in rem suam*.

438 vgl. BGH NJW 1985, 586, 588; insbesondere auch BGH NJW 1994, 2220, 2221 läßt nicht eine generelle Absage an das Eigeninteresse erkennen; *Goette*, DStR 1994, 1048, 1050; *Sandberger*, Außenhaftung des GmbH-Geschäftsführers, S. 77.

439 BGH NJW 1963, 2166. Ein Bauleiter hatte ein Unternehmen mit der Mängelbeseitigung beauftragt. Der BGH erwog, ob den Bauleiter eine persönliche Haftung treffen könnte, da er möglicherweise ein eigenes Interesse an der Mängelbeseitigung gehabt habe. Er hatte befürchten müssen, von dem Bauherrn wegen der Mängel in Anspruch genommen zu werden.

440 BGH NJW 1986, 586, 588.

dem sich selbst zuzuleiten[441]. Für die Praxis sind diese beiden Fallgruppen kaum relevant und auch sonst dürfte für eine Eigenhaftung des Geschäftsführers wegen Eigeninteresses kaum ein Anwendungsbereich verbleiben[442].

Das deutsche Schrifttum steht der Fallgruppe des wirtschaftlichen Eigeninteresses auch für die noch verbleibenden Fälle überwiegend[443] ablehnend gegenüber. Diese Ablehnung beruht auf den Schwierigkeiten, ein Eigeninteresse des Geschäftsführers dogmatisch begründen zu können. Die Bedenken richten sich insbesondere dagegen, daß die Haftung aus *culpa in contrahendo* in Anlehnung an *Ballerstedt*[444] verstanden wird als eine Haftung aus gewährtem und in Anspruch genommenen Vertrauen. Dies passe aber gerade nicht für den eigeninteressierten Geschäftsführer. Hat der Geschäftspartner das Eigeninteresse nicht erkannt, könne es sich nicht auf sein Vertrauen ausgewirkt haben. Hat er es dagegen erkannt, könne der Geschäftspartner gerade nicht ein besonderes Vertrauen entwickelt haben, da einem Eigeninteressierten gewöhnlich weniger Vertrauen entgegengebracht werde als dem durch fremde Interessen Geleiteten[445]. Weiter fehle es in den noch verbleibenden Fällen an der vom BGH selbst geforderten Unmittelbarkeit des Eigeninteresses. In dem Regreßfall werde ein unmittelbares Eigeninteresse des Geschäftsführers erst durch die tatsächliche Inanspruchnahme begründet. Das gleiche gelte, wenn der Geschäftsführer vorhabe, das Geleistete pflichtwidrig sich selbst zuzuleiten.[446]. Ferner wird die Eigenhaftung wegen wirtschaftlichen Eigeninteresses mit dem Repräsentationsprinzip für unvereinbar gehalten. Der Geschäftsführer trete nur als Repräsentant der Gesellschaft auf. Das Stellvertretungsrecht, das nicht auf ein „Interessenprinzip", sondern auf das „Offenheitsprinzip" abstelle, zeige, daß der Geschäftsführer auch dann nicht Vertragspartei werden könne, wenn er an dem Geschäftsschluß ein eigenes Interesse habe[447]. Schließlich wird weiterhin eine Aufweichung des in § 13 Abs. 2 GmbHG festgelegten Trennungsprinzips be-

---

441 BGH NJW 1986, 586, 588; wieder BGH NJW 1995, 1544.

442 *Karollus*, ZIP 1995, 269, 270; *Haas*, Geschäftsführerhaftung und Gläubigerschutz, S. 75; *Uhlenbruck*, ZIP 1996, 1641, 1643; *Meyke*, Geschäftsführerhaftung, S. 72 Rn. 132; *Geißler*, ZIP 1997, 2184, 2185.

443 für zu restriktiv andererseits wird die neue Rechtsprechung von *Flume*, ZIP 1994, 337, 338 f., *Karollus*, ZIP 1995, 269, 270 und *Altmeppen*, ZIP 1997, 1173, 1174 gehalten.

444 *Ballerstedt*, AcP 151 (1950 / 51), S. 501.

445 *Medicus*, FS Steindorff, S. 725, 730 ff.; *K. Schmidt*, ZIP 1988, 1497, 1503; *Sandberger*, Außenhaftung des GmbH-Geschäftsführers, S. 81 f.

446 *Medicus*, FS Steindorff, S. 725, 730; *Geißler*, ZIP 1997, 2184, 2187.

447 *Müller*, ZIP 1993, 1531, 1533.

fürchtet. Die Haftungsbeschränkung dürfe nur in Fällen evidenten Rechtsmißbrauchs durchbrochen werden[448].

**bb.) Inanspruchnahme besonderen Vertrauens**

Die zweite Fallgruppe der Eigenhaftung des GmbH – Geschäftsführers wegen Verletzung der Aufklärungspflicht ist weit weniger umstritten. Dazu kommt, daß diese Fallgruppe praktisch nur selten in Betracht kommt[449].
Der Geschäftsführer, der im Namen der GmbH Vertragsverhandlungen führt nimmt grundsätzlich nur das normale Verhandlungsvertrauen in Anspruch. Offenbart er die prekäre Vermögenslage der Gesellschaft nicht, ist i.d.R. allein das Verhandlungsvertrauen zwischen Gesellschaft und Vertragspartner enttäuscht. Ein persönliches Vertrauen nimmt der Geschäftsführer nach der Rechtsprechung des BGH nur dann in Anspruch, wenn er dem potentiellen Vertragspartner gegenüber eine zusätzliche, von ihm selbst ausgehende Gewähr für die Richtigkeit und Vollständigkeit seiner Erklärungen geboten hat und dies für den Willensentschluß des Vertragspartners bedeutsam war[450]. Dazu ist erforderlich, daß der Geschäftsführer gleichsam die Stellung als Organ der Gesellschaft verlassen und darüber hinaus als selbständige Person agiert hat[451]. Nach der Entscheidung des BGH vom 06.06.1994 wird der Geschäftsführer dann letztlich Erklärungen im Vorfeld einer Garantiezusage abgegeben haben[452]. Der BGH hat eine Eigenhaftung des Geschäftsführers wegen Inanspruchnahme besonderen Vertrauens zunächst in Fällen angenommen, in denen der Geschäftsführer zu dem Verhandlungspartner in verwandtschaftlichen Beziehungen stand[453]. Inzwischen hält der BGH eine besondere Vertrauensbeziehung aber auch für möglich, wenn der Geschäftsführer sich auf seine besondere Sachkunde und / oder

[448] *Geißler*, ZIP 1997, 2184, 2185. Demgegenüber meint *Medicus*, FS Steindorff, S. 725, 730, in den noch verbleibenden Fällen des wirtschaftlichen Eigeninteresses stünde § 13 GmbHG nicht entgegen, da die Eigenhaftung des Geschäftsführers in diesen Fällen ja nicht auf die Gesellschaftsbeteiligung gestützt werde.

[449] *H.P Westermann / Mutter*, DZWIR 1995, 184, 186; *Geißler*, ZIP 1997, 2184, 2188

[450] BGH WM 1984, 475, 477; BGH ZIP 1991, 1140, 1144; BGH WM 1992, 699, 700; BGH GmbHR 1994, 464, 465; BGH NJW 1994, 2220, 2222

[451] *Medicus*, DStR 1995, 1432, S. 1432; *ders.*, FS Steindorff, S. 725, 737; *Haas*, Geschäftsführerhaftung und Gläubigerschutz, S. 75; *Impelmann*, WiB 1994, 801, 803; *Meyke*, Geschäftsführerhaftung, S. 73

[452] BGH NJW 1994, 2220, S. 2222

[453] BGH NJW 1983, 1607, der Geschäftsführer hatte dem Kreditgeber, der sein Bruder war, auf Nachfrage versichert, daß es der Gesellschaft wirtschaftlich gut ginge und er sich wegen der Rückzahlung daher keine Sorgen zu machen brauche.

besondere Zuverlässigkeit beruft, sofern dies über das hinausgeht, was der Geschäftspartner ohnehin erwarten darf[454].

Auch bei der Eigenhaftung des Geschäftsführers wegen Inanspruchnahme besonderen Vertrauens weist die Lehre auf dogmatische Schwierigkeiten hin. Dem Gesellschaftsgläubiger stehe es frei, von dem Geschäftsführer eine Bürgschaft oder Garantiezusage zu verlangen oder mit ihm einen Auskunftsvertrag zu schließen. Die Rechtsprechung des BGH demgegenüber hebe das Vertragserfordernis des § 305 BGB auf[455]. Insgesamt allerdings ist die Fallgruppe der Gewährung besonderen Vertrauens weniger umstritten als die des Eigeninteresses und wird im Ergebnis als haftungsbegründender Umstand für die Eigenhaftung des Geschäftsführers wegen Verletzung der Aufklärungspflicht überwiegend[456] befürwortet, was insbesondere für die Untergruppe der verwandtschaftlichen Beziehungen gilt[457].

### cc.) Gegenposition von *Karsten Schmidt* und *Flume*

Ein besonderes Vertrauen soll der Geschäftsführer nach der Rechtsprechung des BGH nicht bereits aus dem Grund in Anspruch nehmen, weil er entgegen bestehender Aufklärungspflicht dem Geschäftspartner die Konkursreife der Gesellschaft verschweigt[458]. Eine Gegenposition in diesem Punkt wird von *Karsten Schmidt* vertreten. *Karsten Schmidt* sieht die Basis für das Entstehen eines besonderen Vertrauens bereits darin, daß der Geschäftsführer als Repräsentant der

454 BGH ZIP 1991, 1140, 1144; BGH ZIP 1993, 363, 365; BGH GmbHR 1994, 464, 465; BGH NJW 1994, 2220, 2222.

455 Nicht ein rechtsgeschäftlicher Wille des Geschäftsführers soll entscheiden, sondern von ihm beanspruchtes Vertrauen ausreichen, vgl. näher hierzu: *Medicus*, FS Steindorff, S. 725, 737 ff., 739: „Inwieweit darf das Fehlen einer echten rechtsgeschäftlichen Erklärung durch ein gesetzliches (in Wahrheit auf Richterecht gegründetes) Schuldverhältnis kompensiert werden ?"; *ders.*, GmbHR 1993, 533, 537; in diesem Sinn auch *H.P Westermann / Mutter*, DZWIR 1995, 184, 186 f.; *Lutter / Hommelhoff* § 43 GmbHG Rn. 29; *Geißler*, ZIP 1997, 2184, 2188 f.

456 ablehnend *Geißler*, ZIP 1997, 2184, 2188, der darauf hinweist, daß der Geschäftsführer naturgemäß mehr oder weniger existenziell von den Geschäftserfolgen der Gesellschaft abhängig sei und deshalb nicht immer unbefangen handeln könne, so daß sich die Rechtsprechung der Lebenswirklichkeit verschließe.

457 *Ulmer*, NJW 1983, 1577, 1579; *Medicus*, FS Steindorff, S. 725, 741; differenzierend *H.P. Westermann / Mutter*, DZWIR 1995, 184, 187, die ein besonderes Vertrauen allerdings für möglich halten etwa bei Wirtschaftsprüfer-Gesellschaften, bei denen die Geschäftsbeziehungen ganz besonders von der Integrität, Kompetenz und Persönlichkeit der Geschäftsführer geprägt sind.

458 ausdrücklich in BGH NJW 1994, 2220, 2222.

Gesellschaft auftrete. Aufgrund der hohen Insolvenzanfälligkeit von GmbHs sei der Rechtsverkehr ganz besonders auf ein Vertrauen in die Geschäftsführung angewiesen. Der Geschäftsführer sei „Vertrauensträger kraft Amtes". Dann aber nehme der Geschäftsführer immer besonderes Vertrauen in Anspruch, wenn potentiellen Vertragspartnern gegenüber eine Pflicht zur Offenbarung der prekären Finanzlage besteht[459]. Die Ansicht *Karsten Schmidts* führt im Ergebnis dazu, daß der Geschäftsführer für eine schuldhafte Verletzung der Aufklärungspflicht immer haftet.

Der BGH ist diesem Ansatz, den er als „Repräsentantenhaftung" bezeichnet entschieden entgegengetreten, da er darin neben den gesetzlichen Haftungstatbeständen der §§ 823 Abs. 2 BGB, 64 Abs. 1 GmbHG eine unzulässige Haftungserweiterung bei der Fortführung konkursreifer GmbHs sieht. Denn Haftungsvoraussetzung ist praktisch die Konkursreife während vorvertragliche Aufklärungspflicht und Konkursantragspflicht im wesentlichen gleichlaufen würden[460]. Auch in der Literatur stößt die Ansicht *Karsten Schmidts* auf Ablehnung[461]. *Haas* begründet dies damit, die „Repräsentantenhaftung" überspiele, daß der Geschäftspartner dem Vertretenen und nicht dem Vertreter Vertrauen entgegenbringe. Von diesem Grundsatz könne nicht allein wegen der Vermögenslage des Vertretenen abgewichen werden[462]. *Karollus* hält der Ansicht *Karsten Schmidts* entgegen, daß ihre Grenzen schwer bestimmbar seien. Nicht nur GmbH-Geschäftsführer, sondern grundsätzlich alle Vertrauen erweckenden Vertreter könnten in ihren Anwendungsbereich fallen[463].

*Flume*[464] hat ebenfalls Bedenken gegen die von *Karsten Schmidt* vertretene Auffassung, gelangt aber mit anderer Begründung zu demselben Ergebnis wie er. *Flume* schlägt vor, den für die GmbH nach Konkursreife handelnden Geschäftsführer gleichzustellen mit einem Vertreter, der noch nach Konkurseröffnung für den Gemeinschuldner handelt. Verschweige ein Vertreter, daß der Vertretene in Konkurs gefallen sei, hafte der Vertreter für die Verpflichtungen aus *culpa in contrahendo*.

---

459 *K. Schmidt*, ZIP 1988, 1497, 1503; *ders.*, Anm. zu BGH NJW 1993, 2931, 2935; *Scholz / K. Schmidt*, § 64 GmbHG Rn. 59.

460 BGH NJW 1994, 2220, 2222.

461 *Haas*, Geschäftsführerhaftung und Gläubigerschutz, S. 77; *Karollus*, ZIP 1995, 269, 270; *Flume*, ZIP 1994, 337, 338; *Sandberger*, Außenhaftung des GmbH-Geschäftsführers, S. 103 f.

462 *Haas*, Geschäftsführerhaftung und Gläubigerschutz, S. 77.

463 *Karollus*, ZIP 1995, 269, 270.

464 *Flume*, ZIP 1994, 337, 338.

### dd.) Verschulden

Subjektiv pflichtwidrig (§ 276 BGB) ist die unterlassene Aufklärung, wenn der Geschäftsführer die Konkursreife gekannt hat oder hätte kennen müssen[465]. Fahrlässigkeit reicht somit aus. Der Geschäftsführer ist aufgrund seiner Pflichten gegenüber dem Gesellschaftsvermögen dazu verpflichtet, die wirtschaftliche Lage der Gesellschaft beständig zu prüfen. In Krisenzeiten hat er sich durch Erstellung einer Vermögensbilanz einen Überblick zu verschaffen[466].

### b.) Rechtsfolgen

Der Geschäftsführer hat den Gläubiger so zu stellen als ob er rechtzeitig über die prekäre wirtschaftliche Lage der Gesellschaft aufgeklärt worden wäre, § 249 Satz 1 BGB. Der geschädigte Gesellschaftsgläubiger kann Ersatz seines individuellen Schadens verlangen. Aus *culpa in contrahendo* ist regelmäßig der Vertrauensschaden bzw. das negative Interesse des Gesellschaftsgläubigers zu ersetzen[467]. Dies kann sogar den Gewinn, den der Gläubiger aus einem anderweitigen Geschäftsschluß bei ordnungsgemäßer Aufklärung erzielt hätte, umfassen[468].

## 4. Zusammenfassung

Ab Konkursreife hat die Gesellschaft potentielle Vertragspartner, die zu einer Kreditgewährung bereit sind, über die eigene prekäre Vermögenslage aufzuklären. Dies gilt nach allgemeiner Meinung ohne Unterschied, ob die Gesellschaft überschuldet oder zahlungsunfähig ist. Lediglich *Ulmer* plädiert dafür, bloße Überschuldung für sich allein nicht genügen zu lassen. Nimmt der Geschäfts-

---

465 BGH NJW 83, 676, 678; BGH NJW 1984, 2284, 2286; BGH NJW 1988, 2234, 2235; BGH ZIP 1991, 1140, 1144; *Scholz / K. Schmidt* § 64 GmbHG Rn. 60.

466 vgl. §§ 30, 33, 43, 43 a, 64 GmbHG; BGH GmbHR 1995, 299, 300; BGH GmbHR 1994, 539, 545; OLG München GmbHR 2000, 732, 733; BAG NJW 1999, 2299, 2300; BGH GmbHR 1994, 539, 545; BAG NJW 1999, 2299, 2300; *Scholz / K. Schmidt § 64 GmbHG Rn. 10;* vgl. näher hierzu *Haas*, Geschäftsführerhaftung und Gläubigerschutz, S. 16 ff.

467 BGH NJW 1988, 2234, 2236; *Medicus*, GmbHR 1993, 533, 538; BGH WM 1963,160, 161. Anders als in den Fällen der §§ 122, 179, 307 BGB ist der Anspruch aus *culpa in contrahendo* aber in seiner Höhe nicht auf den Ersatz des Erfüllungsinteresses beschränkt, *Palandt / Heinrichs* § 276 BGB Rn. 100. Ausnahmsweise ist aus Verschulden bei Vertragsverhandlungen das positive Interesse zu ersetzen, vgl. *Palandt / Heinrichs* § 276 BGB Rn. 101.

468 BGH NJW 1988, 2234, 2238; *Medicus*, GmbHR 1993, 533, S. 538.

führer diese Aufklärungspflicht bei Vertragsverhandlungen nicht wahr, haftet grundsätzlich nur die insolvente Gesellschaft. Nach ständiger Rechtsprechung des BGH kann der Geschäftsführer den Gesellschaftsgläubigern nur ausnahmsweise aus *culpa in contrahendo* oder, bei sittenwidrigem Verhalten und Schädigungsvorsatz, nach § 826 BGB persönlich für den entstandenen Schaden verantwortlich gemacht werden. Bei beiden Haftungsgrundlagen hat der geschädigte Gesellschaftsgläubiger einen schwierigen Stand. In beiden Fällen reicht die bloße Unterlassung der Aufklärung für sich nicht aus, um eine direkte Haftung des Geschäftsführers für sein Verhalten begründen zu können. Es müssen weitere haftungsbegründende Umstände erfüllt sein. Für eine Haftung aus *culpa in contrahendo* ist in Übereinstimmung mit den Grundsätzen der Eigenhaftung des Vertreters erforderlich, daß der Geschäftsführer entweder ein eigenes wirtschaftliches Interesse an dem Geschäftsschluß hatte oder ein besonderes Vertrauen in Anspruch genommen hat. Beide Konstellationen sind jedoch eng auszulegende Ausnahmetatbestände. Insbesondere hat der BGH die praktisch eher relevante Fallgruppe des Eigeninteresses erheblich eingeschränkt. Die Rechtsprechung zur Haftung nach § 826 BGB ist zwar haftungserweiternd. Letztendlich liegt die Beweislast dafür, daß der Geschäftsführer vorsätzlich und in sittenwidriger Weise gehandelt hat dennoch bei dem geschädigten Gesellschaftsgläubiger, der diesen Beweis in der Regel schuldig bleiben wird.
Im Ergebnis kommt eine Eigenhaftung des Geschäftsführers wegen Verletzung der bestehenden Aufklärungspflicht nach deutschem Recht damit nur in Ausnahmefällen in Betracht. Aus dem deutschen Schrifttum schlagen nur *Karsten Schmidt* und *Flume* Möglichkeiten vor, den Geschäftsführer stets für die Folgen der Nichtaufklärung haften zu lassen.

### II. wegen verspäteter Stellung des Konkursantrags

#### 1. Grundsätzliches

Nach § 64 Abs. 1 GmbHG haben die Geschäftsführer ohne schuldhaftes Zögern, spätestens aber drei Wochen nach Eintritt der Konkursreife die Eröffnung eines Insolvenzverfahrens zu beantragen, sobald die Gesellschaft zahlungsunfähig oder überschuldet ist. Die bloß drohende Zahlungsunfähigkeit i.S.v. § 18 InsO verpflichtet nicht zur Stellung des Konkursantrags. Sie berechtigt den Geschäftsführer lediglich, Konkurs zu beantragen und ist auch nur dann Konkursgrund[469]. Umstritten ist, wann die Dreiwochenfrist zu laufen beginnt: Mit der positiven Kenntnis von der Konkursreife oder aber, sobald die Konkursreife

[469] ausführlich zur drohenden Zahlungsunfähigkeit: *K. Schmidt / Uhlenbruck / K. Schmidt*, GmbH in Krise, Sanierung und Insolvenz, S. 315 ff.

objektiv vorliegt und für einen sorgfältigen Geschäftsführer erkennbar ist. Der BGH hat in einer Entscheidung vom 29.11.1999[470] entschieden, daß es für die Ansprüche aus § 64 GmbHG nicht auf die positive Feststellung der Überschuldung durch den Geschäftsführer ankomme. Es genüge für § 64 Abs. 1 und 2 GmbHG, daß der Geschäftsführer die Konkursreife habe erkennen können. Darüber hinaus wird ein entsprechendes Verschulden des Geschäftsführers vermutet[471]. Die ganz h. M. im Schrifttum stellt auf die positive Kenntnis ab[472]. Dies ist insbesondere für den Konkursgrund der Überschuldung bedeutsam. Zahlungsunfähigkeit kann dem Geschäftsführer kaum verborgen bleiben. Überschuldung ist aber weit schwieriger erkennbar[473].

### 2. Haftung gegenüber der Gesellschaft

Verzögert der Geschäftsführer die Stellung des Konkursantrags schuldhaft, ist der Geschäftsführer der GmbH nach § 64 Abs. 2 Satz 1 GmbHG zum Ersatz von „Zahlungen" verpflichtet, die er noch nach dem Eintritt der Insolvenzreife aus dem Gesellschaftsvermögen geleistet hat. Der Begriff der „Zahlungen" i. S. v. § 64 Abs. 2 GmbHG wird weit ausgelegt[474]. Nach der h. M.[475] im Schrifttum soll auch das Eingehen neuer Verbindlichkeiten erfaßt sein[476]. Der BGH hat bisher offen gelassen, ob unter „Zahlungen" auch die Belastung des Gesellschaftsver-

---

470 BGH DZWiR 2000, 200 m. Anm. Keil.

471 BGH DZWIR 2000, 200, 200. Zur Verschuldensvermutung vgl. bereits BGH WM 1994, 1030, 1031.

472 A. A. *Scholz / K. Schmidt*, § 64 GmbHG Rn. 18, der bei Zahlungsunfähigkeit Kenntnis für nicht erforderlich hält und bei Überschuldung „*zutage tretende*" Fakten und Zahlen genügen läßt. Dies begründet er v. a. damit, daß in der n. F. anders als in der a. F. vor dem 01.08.1986 von § 64 Abs. 1 GmbHG die Überschuldung nicht mehr bilanziell ausgewiesen zu sein braucht. Zust. *Lutter / Hommelhoff* § 64 GmbHG Rn. 26, da im Fall der Überschuldung zugunsten der Gläubiger die Frist gegebenenfalls früher zu laufen beginnt und der Geschäftsführer dazu angehalten wird, die wirtschaftliche Situation der Gesellschaft beständig zu prüfen; *Keil,* Anm. zu BGH DZWIR 2000, 200, 202.

473 vgl. BGHZ 75, 96, 110; *Medicus*, DStR 1995, 1432, 1434; *Hachenburg / Ulmer* § 64 GmbHG Rn. 25.

474 so auch der BGH, vgl. BGH DZWIR 2000, 200, 201.

475 *Scholz / K. Schmidt*, § 64 GmbHG Rn. 24, 33; *Lutter / Hommelhoff*, § 64 GmbHG Rn. 31; *Flume*, ZIP 1994, 337, 341; *Grunewald*, GmbHR 1994, 665, 666.

476 A. A. *Hachenburg / Ulmer*, § 64 GmbHG Rn. 40; *Karollus*, ZIP 1995, 269, 271 f.

mögens mit neuen Forderungen zu verstehen ist[477]. *Karsten Schmidt* geht davon aus, daß der BGH Neuverbindlichkeiten ausschließt[478].
Wenn es sich auch um einen Anspruch[479] der Gesellschaft handelt, kommt er im Ergebnis der Gläubigergesamtheit zu. Ersatzleistungen nach § 64 Abs. 2 GmbHG vergrößern das Gesellschaftsvermögen einheitlich und erhöhen so die Konkursquoten der Gesellschaftsgläubiger[480]. Der Anspruch kann nur vom Insolvenzverwalter, nicht von den durch die Masseschmälerung geschädigten Gesellschaftsgläubigern selbst geltend gemacht werden[481].

### 3. Haftung gegenüber den Gesellschaftsgläubigern

#### a.) Schutzzweck des § 64 Abs. 1 GmbHG

§ 64 Abs. 1 GmbHG ist ein Schutzgesetz i. S. v. § 823 Abs. 2 BGB zugunsten der Gesellschaftsgläubiger. Dies ist allgemeine Meinung[482]. Seit dem Urteil des BGH vom 16.12.1958[483] ist auch geklärt, daß § 64 Abs. 1 GmbHG seinem persönlichen Schutzbereich nach sowohl den Schutz der Alt- als auch der Neugläubiger[484] bezweckt[485]. Hätte der Geschäftsführer rechtzeitig Konkurseröffnung beantragt, wäre in aller Regel die wirtschaftliche Lage der Gesellschaft nicht noch weiter verschlechtert worden. Bei den Altgläubigern besteht daher

---

477 zuletzt BGH NJW 1998, 2667, 2668.

478 *K. Schmidt*, NZI 1998, 9, 11.

479 umstritten ist, ob es sich um einen „Ersatzanspruch eigener Art“, so BGH NJW 1974, 1088, 1089 oder einen Schadensersatzanspruch handelt. Schadensersatzanspruch, durch den der Schaden der Gesamtgläubigerschaft liquidiert werde, *Scholz / K. Schmidt* § 64 GmbHG Rn. 32; *Lutter / Hommelhoff*, § 64 GmbHG Rn. 30.

480 BGH NJW 1974, 1088, 1089; BGH DZWIR 2000, 200, 200; *Medicus*, DStR 1995, 1432, 1433; *Lutter / Hommelhoff* § 64 GmbHG Rn. 30.

481 *Lutter / Hommelhoff* § 64 GmbHG Rn. 30; *Scholz / K. Schmidt* § 64 GmbHG Rn. 32.

482 s. bereits RGZ 73, 30, 35; BGHZ 29, 100, 103; BGHZ 75, 96, 106; BGH NJW 1994, 2220, 2222; *Westermann / Mutter*, DZWIR 1995, 184, 189; *Medicus*, DStR 1995, 1432, 1434.

483 BGHZ 29, 100.

484 Altgläubiger sind die Gläubiger, die ihre Forderung bereits vor dem Zeitpunkt erworben haben, zu dem Konkursantrag hätte gestellt werden müssen, Neugläubiger, die ihre Forderung erst nach diesem Zeitpunkt erwerben, BGH NJW 1994, 2220, 2222.

485 Die Antragspflicht besteht solange weiter wie die GmbH konkursreif ist, und zwar auch gegenüber den Gläubigern, die erst nach Konkursreife dazukommen. Neugläubiger sind als nunmehrige Gläubiger der GmbH in derselben Weise gegen weitere Verletzungen des § 64 Abs. 1 GmbHG geschützt wie die Altgläubiger, BGHZ 29, 100, 104; so auch BGH NJW 1994, 2220, 2222.

der Schaden in der Differenz zwischen der Konkursquote, die sie bei rechtzeitiger Konkursanmeldung erhalten hätten und der Quote, die sie jetzt bekommen[486]. Dies ist der sog. Quotenschaden oder auch Quotendifferenzschaden. Der Schaden der Neugläubiger wird seit der Grundsatzentscheidung des BGH vom 06.06.1994[487] anders beurteilt. Da sie sich bei rechtzeitiger Konkursanmeldung gar nicht mehr mit der Gesellschaft eingelassen hätten, sollen sie nunmehr ihr gesamtes negatives Interesse aus dem nach Eintritt der Insolvenzreife geschlossenen Rechtsgeschäft ersetzt bekommen. Strittig ist, ob die Neugläubiger daneben noch einen Quotenschaden geltend machen können.

### b.) Frühere Rechtsprechung

Bis zu seinem Urteil vom 06.06.1994[488] hatte der BGH in ständiger Rechtsprechung[489] die Auffassung vertreten, auch den Neugläubigern gebühre lediglich der Quotenschaden[490]. Dies wurde damit begründet, daß die Einbeziehung der Neugläubiger in den Schutzbereich des § 64 Abs. 1 GmbHG nicht automatisch bedeute, daß sie nach § 249 BGB ihren ganzen Schaden ersetzt verlangen könnten[491]. Der Gesetzgeber habe mit der Konkursantragspflicht die Eröffnung des Konkursverfahrens bezwecken wollen, sobald das Gesellschaftsvermögen nicht mehr die bestehenden Schulden deckt. Dann aber sei es ihm vordergründig darum gegangen, das noch vorhandene Vermögen bzw. die Konkursmasse vor weiteren Einbußen zu bewahren. § 64 Abs. 1 GmbHG wolle aber nicht den Einzelnen ganz allgemein vor den Gefahren schützen, die sich aus dem Fortbestehen einer konkursreifen GmbH ergeben können. Denn das Vertrauen in die Zahlungsfähigkeit und die Kreditwürdigkeit eines Geschäftspartners werde im Geschäfts- und Wirtschaftsleben nur in den Grenzen des § 826 BGB oder der §§ 823 Abs. 2 BGB i.V.m. 263 StGB geschützt[492].

---

486 *Roth*, ZGR 1993, 170, 172; *Medicus*, DStR 1995, 1432, 1434.

487 BGH NJW 1994, 2220.

488 BGH NJW 1994, 2220.

489 BGH ZIP 1993, 763, 766 m. N.

490 dieser ist bei den Neugläubigern i.d.R. niedriger als bei den Altgläubigern, da der relevante Zeitpunkt für die Berechung ihres Quotenschadens sogar erst nach dem Zeitpunkt liegt, zu dem der Konkurs hätte beantragt werden müssen, vgl. BGH NJW 1994, 2220, 2222 m.w.N.; *Medicus*, DStR 1995, 1432, 1435.

491 BGHZ 29, 100, 104 f.

492 BGHZ 29, 100, 105.

**c.) Rechtsprechungswende mit dem Urteil vom 06.06.1994**

Seit der Grundsatzentscheidung des BGH vom 06.06.1994[493] wird der Schaden der Neugläubiger anders berechnet. Dem Urteil waren zwei Beschlüsse vorausgegangen, in denen der II. Senat einmal[494] bei den III., VII. und IX. Senat, zum anderen[495] bei dem gemeinsamen Senat der Obersten Gerichtshöfe des Bundes anfragte, ob sie an der Auffassung festhielten, daß Neugläubigern lediglich der Quotenschaden gebühre. Der Senat hatte über folgenden Sachverhalt zu entscheiden. Der beklagte Geschäftsführer und Alleingesellschafter hatte noch im Dezember 1985 und Januar 1986 im Namen der GmbH bei der Klägerin Waren im Gesamtwert von 98 236, 22.- DM bestellt. Die Gesellschaft war 1981 mit einem Stammkapital von 50 000.- DM gegründet worden. Die Klägerin lieferte die Waren unter Eigentumsvorbehalt im Januar und Februar 1986. Einen Monat später stellte der Beklagte Konkursantrag und im April 1986 wurde der Konkurs über das Vermögen der Gesellschaft eröffnet. Die Klägerin hatte keine Bezahlung für die gelieferten Waren erhalten. Im Wege der Aussonderung erlangte sie Waren im Wert von 7960, 11.- DM zurück. Wegen des restlichen Betrags i. H. v. 90 276, 11.- DM, womit sie nach ihrer Behauptung im Konkurs ausgefallen wäre, nahm sie den Beklagten mit dem Argument auf Schadensersatz in Anspruch, daß die GmbH bereits 1985 überschuldet und zahlungsunfähig gewesen sei, was der Beklagte gewußt habe.

Der BGH legte entscheidenden Wert darauf, daß die Neugläubiger bei pflichtgemäßer Stellung des Konkursantrags nicht mehr mit der Gesellschaft kontrahiert und dann gar keinen Schaden erlitten hätten. Nach *„allgemeinen Schadensersatzregeln“* habe dies zur Folge, daß ihnen der gesamte Schaden zu ersetzen sei[496]. Der BGH argumentierte, der Normzweck der Konkursantragspflicht in § 64 Abs. 1 GmbHG bestehe darin, konkursreife GmbHs aus dem Rechtsverkehr zu ziehen, damit Gläubiger nicht geschädigt würden. Demgegenüber hätte die bisherige Rechtsprechung die Auffassung vertreten, die Absätze 1 und 2 des § 64 GmbHG hätten eine einheitliche Schutzrichtung, nämlich das Gesellschaftsvermögen bzw. die Konkursmasse vor weiteren Schmälerungen zu bewahren. Nach dieser Ansicht erschöpfe sich der Schutz des § 64 GmbHG darin, das Gesellschaftsvermögen vor weiteren Masseschmälerungen zu bewahren. Den Gesellschaftsgläubigern könne dann nur der Masseverkürzungsschaden ersetzt werden. Daß es sich bei § 64 GmbHG um ein Schutzgesetz i.S.v. § 823 Abs. 2 BGB handelt, vermittle den Gläubigern dann lediglich die Möglichkeit,

---

493 BGH NJW 1994, 2220.

494 BGH ZIP 1993, 763.

495 BGH ZIP 1993, 1543.

496 BGH NJW 1994, 2220, 2222 f.

ihren Schaden außerhalb des Konkurses selbständig geltend machen zu können[497]. Diese Auffassung würde der Bedeutung der Konkursantragspflicht aber nicht gerecht. Die Konkursantragspflicht ergänze die Vorschriften über die Kapitalaufbringung und –erhaltung. Gemeinsam rechtfertigten sie die nach § 13 Abs. 2 GmbHG bestehende Haftungsbeschränkung auf das Gesellschaftsvermögen. Sie habe ihre Legitimation aber verloren, wenn das Vermögen vollständig verwirtschaftet sei[498]. Weiter müsse die Konkursantragspflicht einen wirksamen Gläubigerschutz bieten. Dies sei nicht der Fall, wenn die Folgen ihrer Verletzung sich darin erschöpften, den Gläubigern deren Quotenschaden zu ersetzen. Die Berechung der Quotenschäden sei äußerst schwierig und habe eine Haftung wegen Verletzung der Konkursantragspflicht weitgehend außer Kraft gesetzt[499]. Die dogmatisch zwar so nicht mehr haltbare Eigenhaftung des Geschäftsführers aus *culpa in contrahendo* zeige aber, daß ein Bedürfnis bestünde, die aufgrund der Konkursverschleppung geschädigten Gläubiger individuell zu schützen[500]. Aus diesen Gründen sei den Neugläubigern der gesamte Schaden zu ersetzen, der ihnen aus Rechtsgeschäften mit einer konkursreifen Gesellschaft entstanden ist. Da der Geschäftsführer nur bei Verschulden hafte und er ohnehin dazu verpflichtet sei, die wirtschaftliche Lage der Gesellschaft andauernd zu überprüfen, treffe ihn die Haftung gegenüber den Neugläubigern nicht unangemessen[501]. Die Schadenshöhe begrenzte der BGH jedoch auf den Vertrauensschaden abzüglich der Konkursquote[502].

**d.) Geltendmachung**

Die Aktivlegitimation für die Geltendmachung der Vertrauensschäden steht ausschließlich den einzelnen geschädigten Neugläubigern zu. Dies gilt auch während eines Insolvenzverfahrens. Das Grundsatzurteil des BGH vom 06.06.1994 hatte noch offen gelassen, ob daneben auch der Konkursverwalter nach § 64 Abs. 2 GmbHG zu einer Geltendmachung berechtigt ist[503]. Diese Frage ist inzwischen mit dem neueren Urteil des BGH vom 30.03.1998[504] endgül-

497 BGH NJW 1994, 2220, 2223.

498 BGH NJW 1994, 2220, 2223.

499 es sei kein einziger Prozeß bekannt geworden, in dem von vornherein Ersatz für einen Quotenschaden eingeklagt worden wäre, BGH NJW 1994, 2220, 2224.

500 BGH NJW 1994, 2220, 2224.

501 BGH NJW 1994, 2220, 2224.

502 BGH NJW 1994, 2220, 2224; Rechenbeispiel bei *Altmeppen*, ZIP 1994, 1173, 1181.

503 BGH NJW 1994, 2220, 2224.

504 BGH NJW 1998, 2667, 2267.

tig[505] verneint worden[506]. Die Aktivlegitimation der Neugläubiger wird damit begründet, daß es sich bei ihren Schäden um Individualschäden Einzelner handle und nicht um einen alle Gläubiger gleichermaßen treffenden Schaden, der insgesamt die Haftungsmasse verkürzt habe[507]. Die Aktivlegitimation für die Geltendmachung der Quotenschäden der Altgläubiger steht allein dem Insolvenzverwalter zu. Der BGH hält die Quotenschäden der Altgläubiger für Schäden, welche durch das Verhalten des Geschäftsführers bei der Gläubigergesamtheit und nicht individuell bei einzelnen Gläubigern eintreten[508]. Die Aktivlegitimation des Insolvenzverwalters ergebe sich damit aus § 92 Satz 1 InsO, wonach der Insolvenzverwalter zuständig ist für die Geltendmachung der *„Ansprüche der Insolvenzgläubiger auf Ersatz eines Schadens, den diese Gläubiger gemeinschaftlich durch eine Verminderung des zur Insolvenzmasse gehörenden Vermögens ... erlitten haben (Gesamtschaden), ...* “[509]. Die weitere, hier nicht zu entscheidende Frage ist indessen, ob außer den Altgläubigern nicht auch die Neugläubiger über ihre Individualschäden hinaus jeweils einen Quotenschaden erleiden, so daß der Verwalter nach § 92 InsO einen Gesamtschaden nicht nur der Alt-, sondern auch der Neugläubiger geltend machen müßte[510]. Die Neugläubiger sollen nach der geänderten Rechtsprechung des BGH wohl keinen Quotenschaden erleiden[511].

---

505 In BGH ZIP 1995, 211, 212 f. hatte der BGH noch nur klargestellt, daß der Neugläubiger selbst Aktivlegitimation besitzt.

506 Einen umfassenden Überblick über die Geltendmachung der Ansprüche von Alt- und Neugläubigern nach der neueren Rechtsprechung und dem neuen Insolvenzrecht bietet *Uhlenbruck*, „Die Durchsetzung von Gläubigerschäden gegen eine vermögenslose GmbH und deren Organe nach geltendem und neuem Insolvenzrecht“, ZIP 1996, 1641 ff.; s. a. *Altmeppen / Wilhelm*, NJW 1999, 673, 674 sowie *K. Schmidt*, NZI 1998, 9, 11.

507 BGH NJW 1998, 2667, 2668; *Uhlenbruck*, ZIP 1996, 1641, 1644; *Karollus*, ZIP 1995, 269, 271. *K. Schmidt* sieht hierin die Aufgabe eines Quotenschadens der Neugläubiger überhaupt.

508 BGH NJW 1998, 2667, 2668; *Altmeppen*, ZIP 1997, 1173, 1182; *Karollus*, ZIP 1995, 269, 271.

509 *Altmeppen*, ZIP 1997, 1173, 1182; *Karollus*, ZIP 1995, 269, 271.

510 so *K. Schmidt*, NZI 1998, 9, 14.

511 vgl. BGH NJW 1998, 2667, 2668, *„Anders als bei den Altgläubigern, die infolge der Konkursverschleppung regelmäßig einen einheitlichen Quotenverringerungsschaden und insofern einen Gesamtgläubigerschaden erleiden, besteht grundsätzlich kein einheitlicher Quotenschaden der Neugläubiger ...“* . Davon gehen auch *K. Schmidt*, ZGR 1998, 633, 665; *ders.*, NZI 1998, 9, 11 und *Altmeppen/Wilhelm*, ZIP 1999, 673, 674 aus.

### e.) Alternativkonzepte

Im deutschen Schrifttum wurde die Rechtsprechungswende teils[512] begrüßt, überwiegend[513] jedoch abgelehnt. *Karsten Schmidt* weist darauf hin, daß die geführte Diskussion weitgehend rechtsdogmatischer Art ist[514]. Die dogmatische Rechtfertigung kann hier nicht im einzelnen untersucht werden[515]. Es sollen jedoch zwei Gesamtkonzepte vorgestellt werden, die Alternativen zur neuen Rechtsprechung bieten.

#### aa.) Konzept Karsten Schmidts

Das erklärte Hauptanliegen *Karsten Schmidts* liegt darin, den Gesamtgläubigerschaden und Individualschäden sachlich voneinander zu trennen[516]. Dabei möchte er nicht nur die Individualschäden der Neugläubiger statt über §§ 823 Abs. 2 BGB, 64 Abs. 1 GmbHG aus *culpa in contrahendo* allein ersetzen, sondern auch zum Ersatz des Quotenschadens der Neugläubiger zurückkehren[517].

---

512 *Karollus*, ZIP 1995, 269 ff.; *Flume*, ZIP 1993, 337, 339 f. hält den Ersatz des Vertrauensschadens für folgerichtig, wenn damit ernst gemacht werden soll, daß es sich bei § 64 Abs.1 GmbHG um ein Schutzgesetz zugunsten der Neugläubiger handle.

513 *Ulmer*, ZIP 1993, 769, 771 f. sieht den Weg eröffnet, § 64 GmbHG als „Schutzgesetz für jedermann" und nicht eines abgrenzbaren Personenkreises auszulegen und damit die Gefahr, daß § 64 GmbHG „die erforderlichen Konturen" verliere; *Müller*, ZIP 1993, 1531 ff.; *ders.*, GmbHR 1996, 393 ff.; *K. Schmidt*, ZIP 1993, 2934 f.; *ders.* in *Scholz*, § 64 GmbHG Rn. 40 (zur alternativen Lösung *K. Schmidts* später ausführlich); *Wilhelm*, ZIP 1993, 1833 ff. begrüßte zwar einen Vertrauensschadensersatz für die Neugläubiger, wollte dies aber von Anfang an dogmatisch anders begründen; *Altmeppen*, ZIP 1997, 1173, 1178 hatte die Rechtsprechungswende zunächst noch für dogmatisch vertretbar und im Ergebnis für dringend geboten gehalten; inzwischen haben *Altmeppen / Wilhelm*; NJW 1999, 673 ff ein eigenes Gesamtkonzept vorgeschlagen (zu deren Alternativmodell später); *Medicus*, GmbHR 1993, 533, 540; *ders.*, DStR 1995, 1432, 1435 hat wiederholt auf die Gefahr für Geschäftsführer hingewiesen, „nicht mehr kalkulierbaren und womöglich existenzbedrohenden Haftungsrisiken" ausgesetzt zu sein, was sie von der Übernahme einer Stellung als Geschäftsführer abschrecken könnte; Bedenken in diese Richtung auch bei *Westermann / Mutter*, DZWIR 1995, 184, 190; *Canaris*, JZ 1993, 649, 651 meint, die neue Rechtsprechung begründe eine im geltenden Deliktsrecht unzulässige Fahrlässigkeitshaftung für einen betrugsähnlichen Tatbestand.

514 *K. Schmidt*, NZI 1998, 9, 11.

515 eine ausführliche Darstellung findet sich bei *Sandberger*, Außenhaftung des GmbH-Geschäftsführers, S. 190 ff.

516 *Scholz / K. Schmidt* § 64 GmbHG Rn. 40.

517 so sehen es auch *Altmeppen/Wilhelm*, ZIP 1999, 673, 675. *K. Schmidt*, ZGR 1998, 633, 664 führt anschaulich aus: „Der Bundesgerichtshof vereinheitlicht alle Schadenser-

*Karsten Schmidt* möchte zwar auch den Vertrauensschaden der Neugläubiger ersetzen. Die Grundlage dafür sei aber nicht, den objektiven Schutzbereich des § 64 Abs. 1 GmbHG dahin auszulegen, daß er auch das negative Interesse der Neugläubiger erfasse. § 64 GmbHG habe mit einem individuellen Vertrauensschutz nichts zu tun. Grundlage für den Ersatz individueller Schäden sei vielmehr allein die Eigenhaftung des Geschäftsführers aus *culpa in contrahendo*[518]. Dabei sei hier wiederholt, daß *Karsten Schmidt* Ansprüche aus Verschulden bei Vertragsverhandlungen unter dem Gesichtspunkt eines Eigeninteresses zwar ablehnt. Der Geschäftsführer einer konkursreifen Gesellschaft, der zu Offenlegung der prekären Vermögenslage der Gesellschaft verpflichtet ist, nimmt bei den Vertragsverhandlungen seiner Ansicht nach aber immer besonderes Vertrauen in Anspruch (sog. Repräsentantenhaftung)[519]. Das Abstellen auf ein Verschulden bei Vertragsverhandlungen habe den Vorteil, daß nur solche Neugläubiger geschützt würden, die tatsächlich im Vertrauen auf die Solvenz der Gesellschaft noch mit dieser kontrahiert haben[520].
Darüber hinaus sieht *Karsten Schmidt* jedoch in § 64 Abs. 1 GmbHG auch ein Schutzgesetz zugunsten aller Gesellschaftsgläubiger, also auch der Neugläubiger[521]. Allerdings mißt er den Absätzen 1 und 2 des § 64 GmbHG eine einheitliche Schutzrichtung bei[522]. § 64 GmbHG sei darauf beschränkt, alle Gesellschaftsgläubiger vor einer weiteren Masseschmälerung, nicht aber einzelne Gläubiger individuell zu schützen[523]. Zwar hätten die Altgläubiger wirklich nur einen Quotenschaden, während die Neugläubiger demgegenüber in voller Höhe ihrer Forderungen geschädigt sein könnten. Zu unserem Deliktsrecht aber, das keinen allgemeinen Vermögensschutz anerkennt und die Verletzung bestimmter Rechtsgüter (§ 823 Abs. 1 BGB) bzw. des Schutzbereichs bestimmter Schutzgesetze (§ 823 Abs. 2 BGB) voraussetzt, passe es nicht, § 64 GmbHG unterschiedliche Schutzrichtungen (keine Masseschmälerung zum Schutz der Altgläubiger einerseits, keine Verletzung der Erfüllungserwartung der Neugläubiger anderer-

---

satzansprüche der Neugläubiger zu einem Deliktsanspruch, während der Verfasser für die Aufteilung in einen deliktsrechtlichen Gesamtgläubigeranspruch und einen auf culpa in contrahendo gestützten Anspruch auf Ersatz des Individualschadens eingetreten war."

518 *K. Schmidt*, NJW 1993, 2934, 2935.

519 *K. Schmidt*, NJW 1993, 2934, 2935.

520 *K. Schmidt*, NJW 1993, 2934, 2935; ders., § 64 GmbHG Rn. 40, nach der neuen Rechtsprechung komme es nur noch i.R.d. § 254 BGB darauf an, ob der Geschäftspartner auf die Solvenz der GmbH verraute und vertrauen durfte.

521 *Scholz / K. Schmidt* § 64 GmbHG Rn. 37.

522 *K. Schmidt*, NJW 1993, 2934, 2935; *K. Schmidt* § 64 GmbHG Rn. 38.

523 *Scholz / K. Schmidt* § 64 GmbHG Rn. 38; *ders.* zuletzt, NZI 1998, 9, 13.

seits) zuzusprechen[524]. *Karsten Schmidt* kritisiert an der neuen Rechtsprechung auch, daß danach die Geltendmachung der Ansprüche aus Insolvenzverschleppung gem. §§ 823 Abs. 2 BGB, 64 Abs. 1 GmbHG zwischen den Neugläubigern einerseits und dem Insolvenzverwalter andererseits aufgespalten sei[525]. Dies belaste auch den Insolvenzverwalter, der gem. § 60 InsO gegenüber allen Gesellschaftsgläubigern verantwortlich ist. Für die Gläubiger sei von entscheidender Tragweite, welchen Zeitpunkt er als den hypothetischen Eröffnungszeitpunkt zugrunde legt, um sie auf diese Weise in die Gruppe der Alt- und die Gruppe der Neugläubiger zu trennen[526]. Nach seinem Konzept haben Alt- und Neugläubiger einen ungeteilten Anspruch auf Ersatz ihres durch die Schmälerung der Masse herbeigeführten Schadens[527]. Dieser Schaden sollte über das Gesellschaftsvermögen liquidiert werden. Diese Vorgehensweise werde von Abs. 2 in § 64 GmbHG vorgegeben[528]. Zu ersetzen sei die Differenz der aktuellen Quote und der Quote, die sich hypothetisch bei pflichtgemäßer Antragstellung ergeben hätte (§ 287 ZPO)[529]. Dabei dürfe nicht unterschieden werden zwischen Alt- und Neugläubigern. Die Wiederauffüllung der Masse müsse allen Gesellschaftsgläubigern nützen, was auch § 92 InsO belege. Ebenso wie für die Altgläubiger sei auch im Verhältnis zu den Neugläubigern die Soll-Quote herzustellen[530].

Der BGH meint, die Auffassung, es müsse ein „gemeinschaftlicher" Schaden von Alt- und Neugläubigern ersetzt werden, laufe auf eine „petitio principii" hinaus. Darüber hinaus würde diese Auffassung durch Aufspaltung von Vertrauensschaden und Quotenschaden mit je unterschiedlichen Anspruchsinhabern eine Prozeßmehrung bedeuten[531].

---

524 *K. Schmidt*, NJW 1993, 2934, 2934.

525 *Scholz / K. Schmidt* § 64 GmbHG Rn. 40.

526 *K. Schmidt*, NZI 1998, 9, 10.

527 *K. Schmidt*, NJW 1993, 2934, 2935.

528 *Scholz / K. Schmidt* § 64 GmbHG Rn. 32, 35; *ders.*, NJW 1993, 2934, 2935. Bei Ablehnung der Insolvenzeröffnung mangels Masse ist der (bloße) Quotenschaden durch einzelne Gläubiger geltend zu machen. Zugegebenermaßen sei dies weder eine den Geschäftsführer abschreckende noch eine für die Gläubiger attraktive Haftung. Eine Verbesserung dieser Lage hätte aber nicht an der Aufgabe der früheren Rechtsprechung ansetzen sollen, sondern an der Bekämpfung der masselosen Insolvenzen, *Scholz / K. Schmidt*, § 64 GmbHG Rn. 40; ders. wieder, NZI 1998, 9, 11.

529 *Scholz / K. Schmidt* § 64 GmbHG Rn. 38.

530 *K. Schmidt*, NZI 1998, 9, 12.

531 BGH NJW 1998, 2667, 2668; gegen diese Argumentation *K. Schmidt* in NZI 1998, 9, 11 ff.

### bb.) Konzept von *Wilhelm* und *Altmeppen*

*Wilhelm* und *Altmeppen* begrüßen im Ergebnis die Rechtsprechungswende, wollen sie aber auf eine andere dogmatische Grundlage stellen, die im Einklang mit dem gesetzgeberischen Willen in § 64 GmbHG stehen soll[532].
Sie bezeichnen es als grundlegenden Fehler, der gesetzlich vorgegebenen Haftung des Geschäftsführers gegenüber der GmbH gem. den §§ 64 Abs. 2, 43 Abs. 2 GmbHG keine Beachtung zu schenken und stattdessen über § 823 Abs. 2 BGB Schadensersatzansprüche der Gesellschaftsgläubiger unmittelbar gegenüber dem Geschäftsführer zu konstruieren[533]. Ausgangspunkt des Konzepts von *Altmeppen* und *Wilhelm* ist, daß sich der Gesetzgeber in §64 Abs. 2 GmbHG für einen „Gläubigerschutz kraft Gesellschaftsberechtigung", d. h. eine Organhaftung gegenüber der Gesellschaft und damit einen nur mittelbaren Gläubigerschutz durch Masseauffüllung entschieden habe[534].
§ 64 Abs. 2 GmbHG scheint nach seinem Wortlaut[535] nach Eintritt der Insolvenzreife nur pflichtwidrige Auszahlungen aus dem Gesellschaftsvermögen zu verbieten. Sinn und Zweck des § 64 Abs. 1 GmbHG sei aber - auch nach der Auslegung *Altmeppens* und *Wilhelms* -, die insolvente Gesellschaft aus dem Rechtsverkehr zu entfernen. Sie soll ab Insolvenzreife keine werbenden Zwecke mehr verfolgen. Für den Geschäftsführer bedeute dies, daß eine ordnungsgemä-

532 *Wilhelm* bereits ZIP 1993, S. 1833 ff.; *Altmeppen*, ZIP 1997, 1173, 1178 sprach 1997 noch davon, daß die Kritik des Schrifttums gegen die Rechtsprechungswende unbegründet sei, da das Urteil vom 06.06.1994 „dogmatisch jedenfalls vertretbar und im Ergebnis dringend geboten" sei. In NJW 1999, S. 673 ff. erschien dann die gemeinsame Abhandlung von *Wilhelm* und *Altmeppen*.

533 *Altmeppen / Wilhelm*, NJW 1999, 673, 679.

534 *Altmeppen / Wilhelm*, NJW 1999, 673, 678, wieder 679. Sowohl der Deutsche Handelstag als auch die preußische Handelskammer forderten während der Verhandlungen des Reichstags eine direkte Haftung des Zuwiderhandelnden im Fall der verspäteten Konkursantragstellung, Stenographische Berichte über die Verhandlungen des Reichstags, Band 125, 8. Legislaturperiode, 1. Session 1890/92, Anlagen zu den Verhandlungen, Aktenstück Nr. 660, Anlage A und B, S. 3760 ff. Trotz dieser Anträge auf eine Direkthaftung hat der Gesetzgeber sich in § 64 Abs. 2 GmbHG, der allein eine schadensersatzrechtliche Haftungsfolge ausdrücklich vorsieht, auf eine Innenhaftung beschränkt. Andererseits war das BGB bei Erlaß des GmbHG 1892 noch gar nicht in Kraft getreten. Daß § 64 GmbHG keine Außenhaftung vorsieht, schließt nicht notwendigerweise aus, über § 823 Abs. 2 BGB, der erst später dazugekommen ist, zu einer direkten Haftung zu gelangen, BGH NJW 1994, 2220, 2223.

535 für die Auslegung anhand des Wortlauts wird verwiesen auf die §§ 30, 31 GmbHG, bei denen die Rechtsfolge des Ersatzes von „Zahlungen" ebenso als unzureichend empfunden wird, *Wilhelm*, ZIP 1993, 1833, 1836; *Altmeppen / Wilhelm*, NJW 1999, 673, 678 m. N.

ße Geschäftsführung nach § 43 Abs. 1 GmbHG ab diesem Zeitpunkt nur noch darauf gerichtet sein könne, die Gesellschaft abzuwickeln[536]. § 64 GmbHG verbiete daher die Fortführung der insolventen Gesellschaft als einer werbenden überhaupt[537]. Dann aber verpflichte jede Geschäftsführung, die ab Insolvenzreife nicht einer ordnungsgemäßen (§ 43 Abs. 1 GmbHG) Abwicklung entspricht, zum Schadensersatz nach den §§ 64, 43 GmbHG, sofern die Gesellschaft dadurch einen Verlust an ihrem Vermögen erleidet. Der pflichtwidrig handelnde Geschäftsführer habe das Gesellschaftsvermögen soweit aufzufüllen, bis es dem entspricht, wenn er rechtzeitig Insolvenzantrag gestellt hätte. Und zwar gelte dies im Interesse aller Gesellschaftsgläubiger[538].
Der Geschäftsführer verletze seine Pflicht, die Gesellschaft in das Insolvenzverfahren zu führen und nicht mehr als werbende weiter bestehen zu lassen, wenn er an einzelne Altgläubiger aus dem Gesellschaftsvermögen Auszahlungen vornimmt. Ebenso soll das Eingehen neuer Schulden dem veränderten Gesellschafts(abwicklungs)zweck widersprechen. Denn keine weitere werbende Tätigkeit des Geschäftsführers für die insolvente Gesellschaft darf sich in einem Verlust am Gesellschaftsvermögen niederlassen. Der Gesellschaft steht insoweit ein Anspruch auf Befreiung von den neu hinzugekommenen Belastungen zu. Im Ergebnis soll die Wiederauffüllung des Gesellschaftsvermögens gem. den §§ 64, 43 GmbHG dazu führen, daß die Altgläubiger die Quote wiederhergestellt bekommen, die sie bei rechtzeitiger Stellung des Insolvenzantrags bekommen hätten, während die Neugläubiger ihre Verbindlichkeiten voll ausgeglichen erhalten[539].
Bei diesem Verständnis von § 64 GmbHG gelingt es *Altmeppen* und *Wilhelm*, die herrschende Auffassung zu überwinden, aus § 64 GmbHG könnten lediglich Quotenschäden ersetzt verlangt werden. Vielmehr können nach ihrem Konzept auch die Kontrahierungsschäden der Neugläubiger ersetzt werden, aber ohne daß es des Umwegs über § 823 Abs. 2 BGB bedarf[540]. Für sie ist § 64 GmbHG genausowenig wie § 43 GmbHG ein Schutzgesetz i. S. d. § 823 Abs. 2 BGB[541]. Würde es sich um Schutzgesetze handeln, wären die dort angeordneten zivil-

---

536 *Wilhelm*, ZIP 1993, 1833, 1836; *Altmeppen / Wilhelm*, NJW 1999, 673, 678.

537 *Altmeppen / Wilhelm*, NJW 1999, 673, 678.

538 *Altmeppen / Wilhelm*, NJW 1999, 673, 678; Wilhelm, ZIP 1993, 1833, 1836. Der Verlust ist anhand einer Zwischenbilanz zu ermitteln, die den Zeitraum der Geschäftsfortführung erfaßt, *Altmeppen / Wilhelm*, NJW 1999, 679.

539 *Wilhelm*, ZIP 1993, 1833, 1836.

540 *Wilhelm*, ZIP 1993, 1833, 1835; *Altmeppen / Wilhelm*, NJW 1999, 673, 679.

541 so auch *Müller*, GmbHR 1996, 393, 400.

rechtlichen Folgen der Pflichtverletzung (§§ 43 Abs. 2, 64 Abs. 2 GmbHG), die als Innenhaftung ausgestaltet sind, überflüssig[542].
Im Unterschied zur neuen Rechtsprechung sind die Gesellschaftsgläubiger nach dieser Lösung jedoch auf einen mittelbaren Schutz durch Wiederauffüllung der Haftungsmasse beschränkt[543]. Aus der wiederhergestellten Masse sind dann alle Gesellschaftsgläubiger quotal zu befriedigen[544]. *Altmeppen* und *Wilhelm* sehen in ihrem Konzept jedoch einen angemessenen Schutz für alle Gesellschaftsgläubiger, da die Schuldnerin in einen vermögensmäßigen Zustand versetzt werde, der bei ordnungsgemäßer Abwicklung nicht günstiger für sie gewesen wäre[545]. Nach *Altmeppen* und *Wilhelm* vernachlässigt die Lösung des BGH, daß die Neugläubiger der Gesellschaft einen Kredit gewährt haben und daher nur im Verhältnis zu der Gesellschaft ein negatives Interesse haben, nicht aber gegenüber dem Geschäftsführer, der zu dessen Ersatz verpflichtet sein soll. Nach der Lösung des BGH vergrößere die Vorleistung des Neugläubigers das Gesellschaftsvermögen während die Masse selbst nur mit der Quote belastet sein soll. Auf diese Weise werde das Gesellschaftsvermögen zuerst auf Kosten des Neugläubigers, danach auf Kosten des Geschäftsführers vermehrt, was nicht mit dem Schutzzweck des § 64 GmbHG vereinbar sei[546].
Die Vorzüge ihrer Lösung sehen *Altmeppen* und *Wilhelm* darin, daß der Anspruch der Gesellschaft gem. §§ 43, 64 GmbHG auf Verlustausgleich auch einen Quotenschaden der Neugläubiger, der sehr wohl entgegen der neuen Rechtsprechung auch bei Neugläubigern auftreten könne[547], miterfaßt wäre[548]. Dar-

542 *Altmeppen / Wilhelm*, NJW 1999, 673, 679.

543 *Wilhelm*, ZIP 1993, 1833, 1836. Nach der neuen Rechtsprechung sind die Neugläubiger unmittelbar geschützt, indem sie ihren jeweils individuellen Kontrahierungsschaden direkt gegenüber dem Geschäftsführer geltend machen.

544 *Altmeppen / Wilhelm*, NJW 1999, 673, 679. Findet kein Verfahren statt, sollen die Gläubiger den Anspruch der Gesellschaft selbständig geltend machen dürfen, *Wilhelm*, ZIP 1993, 1833, 1836 f. Dagegen *Karollus*, ZIP 1995, 269, 272, der hierin ein – inkonsequentes - Zurückkehren zum einzig vernünftigen Prinzip, den Ersatzanspruch selbständig geltend machen zu dürfen, sieht.

545 *Altmeppen/Wilhelm*, NJW 1999, 673, 679.

546 Altmeppen / Wilhelm, NJW 1999, 673, 677.

547 *Altmeppen/Wilhelm*, NJW 1999, 673, 677: Dies gelte einmal für vertragliche Neugläubiger, die ihrerseits noch nicht geleistet und auch sonst keinen Schaden i.S.d. negativen Interesses erlitten hätten hinsichtlich ihres positiven Interesses sowie für gesetzliche Neugläubiger. Der BGH seinerseits habe aber mit dem Urteil vom 30.03.1998 = BGH NJW 1998, 2667, entschieden, daß der Schaden der Neugläubiger kein Quotenschaden sei, sondern nur die Altgläubiger einen Quotenschaden hätten, *Altmeppen/Wilhelm*, NJW 1999, 673, 674.

548 *Altmeppen/Wilhelm*, NJW 1999, 673, 680.

über hinaus würden Ansprüche der Neugläubiger unabhängig davon erfaßt, ob sie sich aus Vertrag oder aus Gesetz ergeben[549]. Weiter wäre der Anspruch auf Verlustausgleich wegen pflichtwidriger Fortführung einer insolventen GmbH insgesamt vom Insolvenzverwalter geltend zu machen[550].
Neben der Organwalterhaftung gem. den §§ 43, 64 GmbHG gegenüber der Gesellschaft, die darauf gerichtet ist, den durch die Insolvenzverschleppung erwirtschafteten Vermögensverlust auszugleichen, soll jedoch gegebenenfalls ein Anspruch vertraglicher Neugläubiger aus *culpa in contrahendo* unmittelbar gegenüber dem Geschäftsführer bestehen können. Ein solcher Anspruch würde aus der Verletzung einer Aufklärungspflicht, nicht aus der Insolvenzverschleppung als solcher entstehen. Zu ersetzen sei der gesamte Kontrahierungsschaden Zug um Zug gegen Abtretung der Forderung, die dem Gläubiger gegen die GmbH zusteht (§ 255 BGB)[551].

---

549 *Altmeppen / Wilhelm*, NJW 1999, 673, 680. Demgegenüber schützt die neue Rechtsprechung des BGH allein vertragliche Neugläubiger, *Altmeppen / Wilhelm*, NJW 1999, 673, 677. *Ulmer*, ZIP 1993, 769, 772, meint, indem der BGH anscheinend nur geschädigten Neugläubigern, die sich vertraglich gebunden haben, nicht aber deliktisch geschädigten Neugläubigern den vollen Schaden ersetzen wolle, mißachte er die deliktische Natur der Haftung nach §§ 823 Abs. 2 BGB, 64 Abs. 1 GmbHG. In Wahrheit ginge es ihm dann gar nicht um die deliktische Gefahrenabwehr, sondern um eine quasivertragliche Vertrauenshaftung. Letztlich wäre dann aber die Geschäftsführerhaftung aus *culpa in contrahendo* wie von *K. Schmidt* vorgeschlagen, konsequenter gewesen.

550 *Altmeppen / Wilhelm*, NJW 1999, 673, 681, 678 was den Vorteil habe, daß nicht in unterschiedlichen Prozessen widersprüchlich darüber entschieden werden kann, wer Alt- und wer Neugläubiger ist und wem ein eingeklagter Gesamtschaden zusteht und wem nicht. Dies sei aber die Gefahr bei der neuen Rechtsprechung, welche die Geltendmachung von Insolvenzverschleppungsansprüchen dem Insolvenzverwalter einerseits und den Neugläubigern andererseits zuweise. Auch *Grunewald*, GmbHR 1994, 665, 666 weist darauf hin, daß nach der neuen Rechtsprechung derselbe Sachverhalt zu Ansprüchen von Gesellschaftsgläubigern nach §§ 823 Abs. 2 BGB, 64 Abs. 1 GmbHG sowie der Gesellschaft gem. § 64 Abs. 2 GmbHG selbst führen kann (vorausgesetzt das Eingehen neuer Schulden wird als „Zahlung" i.S.v. § 64 Abs. 2 GmbHG verstanden), da der Geschäftsführer, der nicht ordnungsgemäß Konkursantrag stellt, auch seine Pflichten gegenüber der Gesellschaft verletzt. Der Schaden kann darin liegen, daß die Gesellschaft neue Schulden dazubekommen hat, ohne dabei ein vertragliches Äquivalent erhalten zu haben. Der den Neugläubigern zu ersetzende Vertrauensschaden umfaßt nur den Schaden abzüglich der von der Gesellschaft zu zahlenden Konkursquote. Der Schaden der Gesellschaft liegt also in dieser Quote. Dann hat der Geschäftsführer einmal an die Gesellschaft und zum anderen an den Neugläubiger zu zahlen. *Grunewald,* aaO befürchtet darüber hinaus, daß der Geschäftsführer im Ergebnis für die gesamte Forderung aufzukommen habe.

551 *Altmeppen / Wilhelm*, NJW 1999, 673, 680, 681.

Der BGH hat den Ansatz *Altmeppens* und *Wilhelms* bereits in seinem Urteil vom 30.08.1998[552] abgelehnt[553]. Zwar sollte, wer unter „Zahlungen" i. S. v. § 64 Abs. 2 GmbHG auch das Eingehen neuer Schulden versteht, konsequenterweise dem Insolvenzverwalter einen Zahlungsanspruch gegenüber dem Geschäftsführer nicht nur in Höhe der quotalen Mehrbelastung, sondern in voller Höhe der Neugläubigerforderungen zugestehen. Diese Befreiungshaftung des Geschäftsführers komme aber allen Gesellschaftsgläubigern, einschließlich der bereits auf anderer Grundlage abzufindenden Altgläubiger zugute während der einzelne Neugläubiger wegen seines darüber hinausgehenden Vertrauensschadens evt. leer ausgehen könne. Daher sollten die Neugläubiger weiterhin ihren Vertrauensschaden selbständig geltend machen können[554].

### 4. Zusammenfassung

Der GmbH- Geschäftsführer ist gem. § 64 Abs. 1 GmbHG dazu verpflichtet, die Eröffnung des Insolvenzverfahrens zu beantragen, sobald die Gesellschaft überschuldet oder zahlungsunfähig ist. Kommen die Geschäftsführer dieser Pflicht nicht nach, können sie sowohl der Gesellschaft als auch den Gesellschaftsgläubigern gegenüber zum Ersatz des entstandenen Schadens verpflichtet sein. Der Gesellschaft haben sie gem. § 64 Abs. 2 GmbHG nach diesem Zeitpunkt aus dem Gesellschaftsvermögen geleistete Zahlungen zu ersetzen. Weiter handelt es sich bei § 64 Abs. 1 GmbHG nach der Rechtsprechung des BGH um ein Schutzgesetz zugunsten aller Gesellschaftsgläubiger i.S.v. § 823 Abs. 2 BGB. Nach der früheren Rechtsprechung stand den Gläubigern der Ersatz ihrer Quotenschäden zu, den der Konkursverwalter einheitlich als Gesamtgläubigerschaden geltend machte. Seit dem Urteil vom 06.06.1994[555] unterscheidet der BGH jedoch beim objektiven Schutzbereich zwischen den Schäden der Alt- und denen der Neugläubiger. Für die Altgläubiger hat sich die Rechtslage nicht geändert. Die Neugläubiger können aber nunmehr Ersatz ihres vollen Kontrahierungsschadens verlangen, d.h. sie können verlangen so gestellt zu werden, als hätten sie mit der insolventen Gesellschaft überhaupt nicht mehr kontrahiert. Seit dem Urteil vom 30.03.1998[556] muß angenommen werden, daß der BGH einen Quotenschaden der Neugläubiger überhaupt verneint. Die Geltendmachung ihrer Individualschäden steht allein ihnen zu.

---

552 BGH NJW 1998, 2667, 2668.

553 Argumente gegen das Konzept von *Altmeppen* und *Wilhelm* auch bei *Karollus*, ZIP 1995, 269, 272, der meint, aufgrund der Abwicklung über die Insolvenzmasse würden die Altgläubiger unverdientermaßen vom Unglück der Neugläubiger profitieren.

554 BGH NJW 1998, 2667, 2668.

555 BGH NJW 1994, 2220.

556 BGH NJW 1998, 2667.

*Karsten Schmidt* möchte zum Quotenschaden der Neugläubiger zurückkehren. § 64 GmbHG schütze seinem objektiven Schutzbereich nach einheitlich die Gläubigergesamtheit vor weiteren Masseschmälerungen, nicht aber einzelne Gläubiger vor individuellen Schäden. Der Geschäftsführer müsse gem. den §§ 823 Abs. 2 BGB, 64 GmbHG die durch die Insolvenzverschleppung verursachte Schmälerung der Masse, die sich bei den alten sowie den neuen Gesellschaftsgläubigern jeweils als Quotenschaden bemerkbar mache, ausgleichen, mithin die Differenz zwischen der Ist- und der Soll-Quote (§ 287 ZPO) ersetzen. Dieser Gesamtgläubigerschaden gem. den §§ 823 Abs. 2 BGB, 64 GmbHG soll durch Zahlung an die Masse abgewickelt und einheitlich vom Insolvenzverwalter geltend gemacht werden (§ 92 InsO). Dies hindert nicht, Vertrauensschäden der Neugläubiger zu ersetzen. Die richtige Grundlage hierfür seien aber die Grundsätze der Eigenhaftung des Vertreters aus *culpa in contrahendo*. Dabei nehme der Geschäftsführer, der bei Vertragsanbahnung an sich über die wahre wirtschaftliche Lage der GmbH aufklären muß, immer das besondere Vertrauen des potentiellen Geschäftspartners in Anspruch und hafte daher stets für die Verletzung der Aufklärungspflicht.
Ein anderes Konzept haben *Altmeppen und Wilhelm* entwickelt. Der Gesetzgeber habe sich in § 64 Abs. 2 GmbHG dazu entschieden, die Folgen der Insolvenzverschleppung als Innenhaftung auszugestalten. Nach ihrer Auffassung handelt es sich bei § 64 Abs. 1 GmbHG überhaupt nicht um ein Schutzgesetz zugunsten der Gesellschaftsgläubiger. Die teleologische Auslegung des § 64 GmbHG ergebe vielmehr, daß der Gesetzgeber die Fortführung der Gesellschaft als einer werbenden überhaupt verbieten will. Ab Insolvenzreife sei eine ordnungsgemäße Geschäftsführung i.S.v. § 43 Abs. 1 GmbHG auf Abwicklung der Gesellschaft gerichtet. Führt der Geschäftsführer die GmbH pflichtwidrig fort, folge daraus, daß er gegenüber der Gesellschaft jeglichen Verlust, der während der pflichtwidrigen Fortführung der Geschäfte erwirtschaftet wurde, gem. den §§ 43, 64 GmbHG auszugleichen habe. Dabei sei der Begriff der „Zahlungen in § 64 Abs. 2 GmbHG“ weit auszulegen und erfasse auch das Eingehen von Neuverbindlichkeiten, d.h. die Gesellschaft bzw. der Insolvenzverwalter kann Befreiung von der Neuforderung in voller Höhe verlangen. Aus der wiederhergestellten Masse in den Zustand, den sie vor pflichtwidriger Geschäftsführung gehabt hätte, werden dann alle Gesellschaftsgläubiger quotal befriedigt. Ein darüber hinausgehender Vertrauensschaden von Neugläubigern sei aus *culpa in contrahendo* wegen Verletzung der Aufklärungspflicht zu ersetzen.

## C. Gesellschafterhaftung

### I. Unstrittige Fälle

Bei der Fortführung von Krisengesellschaften kann auch eine Haftung der Gesellschafter begründet sein. In Betracht kommt zunächst eine Haftung nach den allgemeinen Vorschriften der §§ 826 BGB, 823 Abs. 2 BGB i.V.m. 263 StGB, wenn die Voraussetzungen erfüllt sind. Die Gesellschafter können ferner selbst aus *culpa in contrahendo* haften, wenn sie in direkte Verhandlungen mit den Gläubigern getreten sind und einen entsprechenden Vertrauenstatbestand in ihre Person veranlaßt haben. In diesen Fällen trifft die Gesellschafter eine persönliche Haftung direkt gegenüber den geschädigten Gesellschaftsgläubigern[557]. Die Gesellschafter können den Gesellschaftsgläubigern auch dann haften, wenn der Konkursantrag nicht rechtzeitig gestellt worden ist. Die Antragspflicht des § 64 Abs. 1 GmbHG richtet sich jedoch nur an die Geschäftsführer, so daß die Gesellschafter allenfalls als Teilnehmer, Anstifter oder Gehilfen, haften können. Das gilt auch beim Allein- oder Mehrheitsgesellschafter[558]. Haben die Gesellschafter den Geschäftsführer durch entsprechende Weisungen an der Antragstellung gehindert, haften sie den Gesellschaftsgläubigern nach §§ 840, 830 Abs. 2 BGB als Gesamtschuldner[559]. In der Lehre umstritten ist, ob dies eine vorsätzlich begangene Haupttat voraussetzt[560]. Jedenfalls muß nach ganz h. M.[561] der Gesellschafter vorsätzlich gehandelt haben[562].

---

557 *Baumbach / Hueck / Schulze-Osterloh* § 64 GmbHG Rn. 37; *Hachenburg / Ulmer* § 64 Rn. 76.

558 *K. Schmidt* noch anders in JZ 1978, 661, 665 f., maßgebliche Gesellschafter hafteten als Täter.

559 vgl. BGHZ 75, 96, 107, allerdings nur in einem aktienrechtlichen Fall; *Hachenburg / Ulmer* § 64 GmbHG Rn. 74; *Scholz / K. Schmidt* § 64 GmbHG Rn. 45; *Baumbach / Hueck / Schulze-Osterloh*, Voraufl., § 64 Rn. 36.

560 *Baumbach / Hueck / Schulze-Osterloh* § 64 Rn. 89; *Hachenburg / Ulmer* § 64 GmbHG Rn. 75 fordern mit der h. M. Vorsatz. A.A. *Scholz / K. Schmidt* § 64 GmbHG Rn. 45.

561 vgl. BGHZ 75, 96, 107; so auch *Scholz / K. Schmidt* § 64 GmbHG Rn. 45; *Baumbach / Hueck / Schulze-Osterloh* § 64 GmbHG Rn. 89.

562 A.A., Fahrlässigkeit genügt, *Karollus*, ZIP 1995, 269, 272 f.; *Flume*, ZIP 1994, 337, 342.

## II. Ungeklärte Fälle

### 1. direkte Haftung gegenüber den Gläubigern

Umstritten ist, ob die Gesellschafter darüber hinaus in weiteren Fällen den Gesellschaftsgläubigern unmittelbar haften können. *Ulmer* hat vorgeschlagen, zumindest die maßgeblich an der Gesellschaft beteiligten Gesellschafter haftbar zu machen, wenn sie in der Krise die Geschicke der Gesellschaft selbst in die Hand nehmen und die Geschäftsführer auf den laufenden Geschäftsbetrieb verweisen. In diesem Fall hätten die Gesellschafter eine erhöhte Gefahr für den Rechtsverkehr geschaffen. Als Haftungsgrundlage solle die zu § 823 Abs. 1 BGB entwickelte Lehre von der deliktischen Haftung wegen Verletzung von Verkehrspflichten dienen, die durch Schaffung einer Gefahrenquelle begründet sein können. Allerdings ist zweifelhaft, ob entsprechende Verkehrspflichten im Rahmen von § 823 Abs. 2 BGB zum Schutz fremden Vermögens begründet werden können[563]. *Ulmer* selbst warnt vor diesem Ansatz und meint, er könne allenfalls dann in Frage kommen, wenn das Verhalten der Gesellschafter aus eigennützigen Gründen den Interessen des Rechtsverkehrs grob zuwiderlaufe. Dann aber sei meist eine Haftung bereits aus § 826 BGB gegeben[564]. Weiter geht *Karollus*, der zu einer unbeschränkten Haftung der Gesellschafter gegenüber den Gläubigern durch Herausbildung eines Systems von Verkehrspflichten gelangen möchte. Er meint, wer gegen das „Verbot der Geschäftsfortführung bei Insolvenz" verstoße, habe seine Haftungsbeschränkung verspielt[565].

### 2. Haftung gegenüber der Gesellschaft

Eine andere Frage ist, ob die Gesellschafter gegebenenfalls noch eine Haftung gegenüber der Gesellschaft treffen kann. *Karsten Schmidt* plädiert für eine mitgliedschaftliche Haftung der Gesellschafter, wenn sie Sorgfaltspflichten schuldhaft verletzt haben, die in der zwischen ihnen und der Gesellschaft bestehenden Sonderrechtsbeziehung begründet sein können. Die Haftungsvoraussetzungen könnten gerade auch erfüllt sein, wenn die Gesellschafter die Konkursverschleppung oder Masseschmälerung veranlaßt oder nicht verhindert haben[566]. Konkreter hält *Karsten Schmidt* etwa solche Gesellschafter für ersatzpflichtig, welche die Gesellschaft planvoll unterkapitalisiert haben, die ihr Vermögen, insbesondere durch verdeckte Ausschüttungen *„ausgezehrt"* haben

---

563 dafür plädiert *MüKo / Mertens* § 823 BGB Rn. 427 ff.

564 *Hachenburg / Ulmer* § 64 GmbHG Rn. 78. Ablehnend gegen diesen Ansatz *Scholz / K. Schmidt* § 64 Rn. 45.

565 *Karollus,* ZIP 1995, 269, 273.

566 *Scholz / K. Schmidt* § 64 Rn. 47.

oder die durch Beeinflussung der Geschäftsführer die Gesellschaft geschädigt haben[567]. Eine Verschuldenshaftung der Gesellschafter wegen Pflichtverletzungen im Gesellschaftsverhältnis gegenüber der Gesellschaft wird auch von anderen Autoren vertreten[568]. Aus der Praxis kann hier allenfalls eine[569] Entscheidung des BGH von 1984[570] angebracht werden, in der es allerdings nicht um die verspätete Stellung eines Konkursantrags, sondern um eine gem. § 30 Abs. 1 GmbHG unzulässige Auszahlung von haftendem Kapital ging. In diesem Fall hatte der beklagte Gesellschafter bei einem Gesellschafterbeschluß für die Auszahlung von nach § 30 Abs. 1 GmbHG gebundenen Kapital an die Gesellschafter gestimmt. Der BGH entschied, der Gesellschafter habe der Gesellschaft den gesamten durch die verbotene Auszahlung entstandenen Schaden zu ersetzen. Er begründete dies damit, das Auszahlungsverbot in § 30 GmbHG richte sich auch und sogar in erster Linie an die Gesellschafter. Die Gesellschafter treffe *„das gesetzliche Gebot, den satzungsmäßigen Haftungsfonds im Interesse der Gläubiger zu erhalten.“*[571] Dieses Gebot habe der Gesellschafter dadurch verletzt, daß er für die Auszahlung der zu erstattenden Beträge gestimmt und so die Geschäftsführer zu der Auszahlung veranlaßt habe. Verletzt sei damit eine Gesellschafterpflicht, für die er *„nach allgemeinen Regeln“* hafte. Daher sei insbesondere nicht § 43 Abs. 2 GmbHG, sondern § 276 BGB anzuwenden[572]. Die so begründete Schadensersatzpflicht soll neben der Einstandspflicht des § 31 Abs. 3 GmbHG bestehen. Darüber hinaus kann wegen des anzuwendenden § 276 BGB selbst leichte Fahrlässigkeit die Schadensersatzpflicht auslösen. An der Entscheidung wurde daher kritisiert, die Schadensersatzpflicht widerspreche der gesetzlichen Regelung in § 31 Abs. 3 GmbHG, die auf die Höhe der verbotenen Auszahlungen beschränkt sei und nur subsidiär eingreife[573]. Der BGH hat sich denn auch mit einer Entscheidung vom 21.06.1999[574] von dieser älteren Ent-

567 *K. Schmidt,* ZIP 1988, 1497, 1506.

568 *Wilhelm,* Rechtsform und Haftung bei der juristischen Person, S. 336 ff.; *Priester,* ZGR 1993, 512, 521 ff.; *Baumbach / Hueck / Schulze-Osterloh* § 64 GmbHG Rn. 90, der die Haftung dann an § 43 Abs. 2 GmbHG orientieren möchte.

569 *K. Schmidt,* ZIP 1988, 1497, 1506 f. führt noch die „Autokran-Entscheidung“, BGHZ 95, 330 an, da der BGH seiner Ansicht nach hier Konzern- und Verschuldenshaftung der Gesellschafter vermische.

570 BGHZ 93, 146.

571 BGHZ 93, 146, 149.

572 BGHZ 93, 146, 150.

573 *Scholz / H. P. Westermann* § 31 GmbHG Rn. 31; *Hachenburg / Goerdeler / Müller* § 31 GmbHG Rn. 57; *Baumbach / Hueck / Hueck / Fastrich* § 31 Rn. 17 a.

574 BGH ZIP 1999, 1352 m. ablehnender Anm. *Altmeppen* = BGH GmbHR 1999, 921 m. zustimmender Anm. *Müller.*

scheidung abgewandt. Die Gesellschafter sollen bei einem Verstoß gegen § 30 GmbHG ausschließlich nach dem speziell die Rechtsfolgen einer verbotenen Auszahlung regelnden § 31 GmbHG haften[575].

Fraglich bleibt indessen, ob das ältere Urteil abgesehen von der speziell in § 31 GmbHG geregelten Haftung der (Mit-)Gesellschafter im übrigen richtungsweisend sein kann, wenn die Gesellschafter sich an fehlerhaften Geschäftsführungsakten beteiligt haben. Nach *Karsten Schmidt* hätte das Urteil damit richtig begründet werden können, daß ein Gesellschafter, der durch Beeinflussung der Geschäftsführung einen Gesetzesverstoß und einen Schaden der Gesellschaft verursacht, den eingetretenen Schaden zu ersetzen habe[576]. Für *Priester* ist entscheidend, daß der BGH im Ergebnis eine Schadensersatzpflicht der Gesellschafter angenommen hat, weil sie ihre Gesellschaft schuldhaft geschädigt hätten[577].

*Westermann* warnt vor einer Ausweitung der in BGHZ 93, 146 angelegten Rechtsprechung. Es wäre vorzugswürdig, die Gesellschafter bei Teilnahme an Pflichtverletzungen des Geschäftsführers nur nach Maßgabe des § 826 BGB haften zu lassen. Jedenfalls müßten Gesellschafterpflichten gesetzesnah entwickelt werden und überschaubar und kalkulierbar sein[578].

---

575 BGH ZIP 1999, 1352, 1353 f.

576 *K. Schmidt,* ZIP 1988, 1497, 1506.

577 *Priester*, ZGR 1993, 512, 522.

578 *Scholz / H. P. Westermann* § 31 GmbHG Rn. 31.

# 3. Teil: Instrumente in anderen Ländern

## A. Rechtslage in Österreich

Die österreichische GmbH[579] (im folgenden: öGmbH) wurde 1902 als eigenständige Gesellschaftsform durch den österreichischen Gesetzgeber eingeführt. Der oberste Gerichtshof in Österreich (OGH) hat Regelungen der deutschen GmbH bereits vielfach im Wege der Rechtsfortbildung auf die öGmbH[580] für anwendbar erklärt. Dies gilt etwa auch für das Eigenkapitalersatzrecht der deutschen GmbH.

### I. Finanzierung der unterkapitalisierten GmbH durch ihre Gesellschafter: Eigenkapitalersatzrecht

Die österreichische Rechtsprechung hat die deutschen Eigenkapitalersatzregeln grundsätzlich übernommen. Die Übernahme betrifft allerdings nur die vom BGH entwickelten Eigenkapitalersatzregeln. Das in Deutschland gesetzlich normierte Eigenkapitalersatzrecht beansprucht in Österreich keine Geltung. Nur soweit die Novellenregeln BGH-Rechtsprechungsgrundsätze festlegen, sind sie auch für den österreichischen Rechtsbereich maßgeblich. Dasselbe gilt für die zu den Novellenregeln ergangene Rechtsprechung[581]. Bei näherem Hinsehen zeigt sich jedoch, daß der OGH doch in einigen Punkten von den BGH-Regeln abweicht. Ein gesetzlich geregeltes Eigenkapitalersatzrecht gibt es in Österreich nicht.

---

579 allg. zur öGmbH vgl.: *Hohloch / Szep,* EU – Hdb. Gesellschaftsrecht, Österreich, S. 74 ff.; *Behrens / Behrens,* GmbH im internationalen und europäischen Recht, Österreich, S. 89 ff.; *Koppensteiner,* Kommentar zum öGmbHG, Allg Einl.

580 das österreichische GmbHG (öGmbHG) ist abgedruckt bei *Behrens / Behrens*, GmbH im internationalen und europäischen Recht, Österreich, S. 115 ff.

581 OGH WBl 1998, 316, 317; *Schummer*, ÖJZ 1996, 241, S. 244; A. A.: *Krejci*, ecolex 1993, 308, 309, 312.

## 1. Stand des richterrechtlich geltenden Eigenkapitalersatzrechts

Der OGH hat in seinem Urteil vom 08.05.1991[582] entschieden, daß

> *„die im deutschen Recht entwickelten Grundsätze über eigenkapitalersetzende Gesellschafterdarlehen auch in Österreich anzuwenden sind*"[583].

Über diese Entscheidung wird in Österreich gesagt, daß sie *„wie keine andere in den letzten Jahrzehnten gefällte Entscheidung das Gesellschaftsrecht nachhaltig beeinflußt*" habe[584]. Der Kläger, ein zu 75 % an einer GmbH beteiligter Gesellschafter, hatte der Gesellschaft ein jederzeit rückforderbares Darlehen gewährt. Nachdem über das Gesellschaftsvermögen der Konkurs eröffnet worden war, begehrte der darleihende Gesellschafter mit der Klage Feststellung des Darlehensrückzahlungsanspruchs. Der Masseverwalter bestritt den Anspruch und hatte Erfolg. Der OGH begründete dies damit, der Gesellschafter habe der Gesellschaft das Darlehen nach Eintritt der Kreditunwürdigkeit gewährt. Zwar sei er hierzu nicht verpflichtet gewesen. Wenn der Gesellschafter jedoch in der wirtschaftlichen Krise statt Nachschüsse zu leisten, eine „Quasi-Eigenfinanzierung" durch Gesellschafterdarlehen vorziehe, dränge sich für die Frage der Rückzahlbarkeit des Darlehens eine Analogie zu den Rückzahlungsvoraussetzungen des § 74 öGmbHG[585] bei Nachschüssen auf. Gesellschafterdarlehen könnten die gleichen Gefahren für die Gesellschaftsgläubiger bedeuten, denen der Gesetzgeber bei der Rückzahlung von Nachschüssen vorbeugen wollte[586]. Der OGH führte aus, zu verurteilen sei die Doppelrolle, die der darleihende Gesellschafter für sich in Anspruch nehme: Einerseits verspreche er sich durch die Darlehenshingabe eigennützige Vorteile für die Gesellschaft. Andererseits gewähre er nur Fremdkapital, was sich zulasten der Gläubiger auswirke[587].

---

582 OGH ecolex 1991, 697.

583 OGH ecolex 1991, 697, 698.

584 *Schummer*, Eigenkapitalersatzrecht, S. V. Der Leitentscheidung des OGH war eine rege Diskussion im österreichischen Schrifttum vorangegangen, ob Gesellschafterdarlehen als Eigenkapitalersatz behandelt werden sollten und auf welche dogmatische Grundlage dies gestützt werden könnte, ausführlich zu den Kontroversen vgl.: *Schummer*, Eigenkapitalersatzrecht, S. 53 ff.

585 § 74 Abs. 1 öGmbHG lautet: *„Eingezahlte Nachschüsse können, soweit sie nicht zur Deckung eines bilanzmäßigen Verlustes am Stammkapital erforderlich sind, an die Gesellschafter zurückgezahlt werden.*"

586 OGH ecolex 1991, 697, 698.

587 OGH ecolex 1991, 697, 698.

### a.) Tatbestand

#### aa.) Finanzierungshilfe

##### ( 1 ) Gesellschafterdarlehen

Als eigenkapitalersetzende Finanzierungshilfe kommen zunächst Darlehen in Betracht. Nach der Rechtsprechung des OGH werden jedoch im Einklang mit der BGH-Rechtsprechung nicht nur Forderungen des Gesellschafters gegen die Gesellschaft aus Darlehensverträgen den Eigenkapitalersatzregeln unterstellt. Eigenkapitalersatzfunktion können etwa auch nicht geltend gemachte Gehalts– und Urlaubsentschädigungsansprüche des Gesellschafter-Geschäftsführers erhalten[588].

##### ( 2 ) weitere Arten der Finanzierungshilfen

Als eigenkapitalersetzende Finanzierungshilfe kommt weiter die Übernahme einer Sicherheit für ein Drittdarlehen durch den Gesellschafter in Betracht[589]. Darüber hinaus hat der OGH sich in seiner Entscheidung vom 28.01.1997[590] auch für die Nutzungsüberlassung als eine mögliche Form von eigenkapitalersetzenden Gesellschafterleistungen ausgesprochen.
Der OGH beurteilte in seiner Entscheidung vom 22.12.1993[591] Finanzplankredite in Anlehnung an *Karsten Schmidt*[592] als einen Unterfall von eigenkapitalersetzenden Gesellschafterdarlehen. Der OGH scheint damit grundsätzlich davon auszugehen, daß Finanzplankredite per se Eigenkapitalersatzfunktion besitzen. Dies wird besonders deutlich in einem später entschiedenen Fall vom 29.08.1996[593]. Dort hatte der darleihende Gesellschafter sich gegen die Auszahlungssperre seines Darlehens mit dem Argument gewehrt, die Gesellschaft sei im Zeitpunkt der Darlehenshingabe gar nicht kreditunwürdig gewesen. Der OGH begründete die Rückzahlungssperre damit, daß das Darlehen ein Finanzplankredit gewesen sei. Bei Finanzplankrediten handle es sich um Gesellschafterdarlehen, die planvoll von Anfang an Eigenkapital ersetzen sollten, ohne daß

---

588 OGH ecolex 1994, 205; OGH WBl 1998, 93; *Schummer*, Eigenkapitalersatzrecht, S. 67; *Berger*, Eigenkapitalersatzrecht, S. 68.

589 OGH ecolex 1994, 818; OGH WBl 1998, 316; *Koppensteiner* § 74 öGmbHG Rn. 17; *Berger*, Eigenkapitalersatzrecht, S. 39 f.

590 OGH ÖJZ 1997, 627, 629.

591 OGH WBl 1994, 205, 208.

592 *K. Schmidt / Uhlenbruck / K. Schmidt*, S. 45 Rn. 76, 78.

593 OGH ecolex 1997, 362.

es bei Kreditgewährung auf eine wirtschaftliche Krise ankomme[594]. Die Auffassung, Finanzplankredite seien automatisch eigenkapitalersetzend hat der OGH jedoch in einer Entscheidung vom 25.11.1997[595] wieder relativiert[596]. Denn die in diesem Fall gewährten Finanzplankredite sollten mit der Begründung nicht eigenkapitalersetzend sein, daß die Gesellschaft bei Kreditgewährung überdurchschnittlich mit Eigenkapital ausgestattet gewesen sei und realistischerweise mit Fremddarlehen hatte rechnen dürfen. Dann aber dürfte es für den OGH für die Umqualifizierung von Finanzplankrediten doch darauf ankommen, ob die Gesellschaft nach den üblichen Eigenkapitalersatzregeln im Zeitpunkt der Darlehensgewährung sich in einer wirtschaftlichen Krise befunden hat. Eine konkrete Aussage in diesem Punkt steht jedoch noch aus. Im österreichischen Schrifttum wird die Frage nach der Einordnung von Finanzplankrediten nicht diskutiert[597].

### bb.) Gesellschafter als Leistender

#### ( 1 ) Gesellschaftereigenschaft

Der OGH hat sich bislang noch nicht abschließend dazu geäußert, ob Gesellschafter, die nur über sog. Zwerganteile am Gesellschaftsvermögen verfügen, von den Eigenkapitalersatzregeln erfaßt werden. Dies erklärt sich daraus, daß die bisherigen Entscheidungen überwiegend Mehrheitsgesellschafter betrafen[598]. In der Entscheidung vom 30.10.1997[599] allerdings hat der OGH immerhin miteinfließen lassen, daß eine Beteiligung von mehr als 20 % nicht erforderlich sei[600]. Im Schrifttum wird z. T.[601] die Auffassung vertreten, ein unternehmerisches Eigeninteresse seitens des darleihenden Gesellschafters sei notwendige Voraussetzung[602]. Als Richtwert nennt *Berger* zwar eine Beteiligung am Gesell-

---

594 OGH ecolex 1997, 362.

595 OGH 1998, 311.

596 *Koppensteiner*, § 74 öGmbHG Rn. 12.

597 vgl. nur *Dellinger*, Geschäftsführerhaftung im Insolvenzfall, S. 235; *Koppensteiner* § 74 öGmbHG Rn. 12; *Schmidsberger*, Eigenkapitalersatz im Konzern, S. 36 f.

598 so auch *Schummer*, Eigenkapitalersatzrecht, S. 67.

599 OGH WBl 1998, 93.

600 OGH WBl 1998, 93, 95.

601 A. A. *Schummer*, ÖJZ 1996, 241, 244; *Schmidsberger*, Eigenkapitalersatz im Konzern, S. 30 ff.

602 *Berger*, Eigenkapitalersatzrecht, S. 138 ff.; *Koppensteiner* § 74 öGmbHG Rn. 12 m.w.N.

schaftsvermögen von 25 %. Entscheidend allerdings soll sein, ob der Gesellschafter über ausreichend Mitspracherechte verfügt. Liegt die Beteiligung unter 25 %, kommt es darauf an, ob er – etwa durch Zugehörigkeit zur Geschäftsführung – entsprechenden Einfluß auf die Finanzierungssituation der Gesellschaft nehmen kann. Andererseits kann es sein, daß ein Gesellschafter zwar über eine Beteiligung von über 25 % verfügt, aber nicht über ausreichend Mitbestimmungsrechte[603].

Es bleibt abzuwarten, wie sich der OGH zu den in Deutschland eingeführten gesetzlichen Neuerungen in § 32 a Abs. 3 Satz 2 GmbHG stellen wird[604]. Dies gilt auch für das in § 32 a Abs. 2 Satz 3 GmbHG eingeführte sog. „Sanierungsprivileg". Inwiefern beim Auseinanderfallen von Gesellschaftereigenschaft und Darlehensgewährung Eigenkapitalersatzfunktion bestehen kann, hat der OGH noch nicht entschieden[605].

### ( 2 ) gesellschaftsfremde Dritte

Eigenkapitalersatzfunktion können auch Kapitalhilfen des Treugebers[606] und verbundener Unternehmen[607] erlangen. Die Eigenkapitalersatzregeln werden weiter erstreckt auf die Einlage und Darlehen von atypisch stillen Gesellschaftern, wobei maßgeblich ist, ob der stille Gesellschafter am Gesellschaftsvermögen beteiligt ist. Ob er darüber hinaus in atypischer Weise die Geschicke der Gesellschaft (mit-)bestimmen kann, soll nach der Rechtsprechung des OGH nicht von entscheidender Bedeutung sein. Die Atypik bestehe in der „stillen Mitunternehmerschaft", d. h. den atypischen stillen Gesellschafter müsse wie einen anderen Gesellschafter auch ein Unternehmerrisiko treffen. Ein solches werde aber vermittelt durch eine Beteiligung am Vermögen der Gesellschaft, nicht durch Verwaltungsrechte[608].

Soweit ersichtlich, ist noch keine Entscheidung dazu ergangen, ob im Einklang mit der deutschen Rechtsprechung[609] auch der atypische Pfandgläubiger von

---

603 *Berger*, Eigenkapitalersatzrecht, S. 138 ff.

604 Vermutlich werden sie an der österreichischen Rechtsfortbildung kaum spurlos vorübergehen, vgl. *Karollus* in: *Achatz / Jabornegg / Karollus*, S. 5.

605 *Koppensteiner* § 74 öGmbHG Rn. 12 meint, das Darlehen behalte seinen kapitalersetzenden Charakter nach Austritt des Gesellschafters aus der GmbH.

606 OGH ecolex 1996, 461.

607 *Schmidsberger*, Eigenkapitalersatz im Konzern, S. 61 ff., 124 ff.; *Koppensteiner* § 74 öGmbHG Rn. 17.

608 OGH ecolex 1996, 459, 460; s. a. OGH ecolex 1996, 863 f.; kritisch *Karollus* in: *Achatz / Jabornegg / Karollus*, S. 8, der über eine Vermögensbeteiligung hinaus auch Verwaltungsbefugnisse des stillen Gesellschafters fordert.

609 BGHZ 119, 191.

den Eigenkapitalersatzregeln erfaßt ist. Vom österreichischen Schrifttum allerdings wird die Rechtsprechung des BGH in diesem Punkt z. T. stark kritisiert[610]. Dies insbesondere aus dem Grund, weil der Pfandgläubiger in der betreffenden Entscheidung des BGH gar nicht am Gesellschaftsvermögen beteiligt war, sondern ausreichen sollte, daß er in der Lage war, die Geschicke der Gesellschaft mitzubestimmen[611]. *Karollus* dagegen stützt für den Fall des Pfandgläubigers die Auffassung des BGH und hält die Begründbarkeit einer atypischen Pfandgläubigerschaft im Gegensatz zur atypischen stillen Gesellschaftsbeteiligung allein aufgrund erweiterter Verwaltungsbefugnisse für nachvollziehbar[612]. Die Frage, ob die nahen Angehörigen des Gesellschafters Adressaten der Eigenkapitalersatzregeln sein können, ist vom OGH noch nicht entschieden.

**cc.) wirtschaftliche Krise**

**( 1 ) Konkursreife und Kreditunwürdigkeit**

Nach der Rechtsprechung des OGH hat die Gesellschafterleistung Eigenkapitalersatzfunktion, wenn sie der Gesellschaft im Zeitpunkt der Konkursreife oder Kreditunwürdigkeit gewährt wurde[613]. Konkursreif ist eine GmbH nach österreichischem Recht, wenn sie entweder zahlungsunfähig oder überschuldet ist, §§ 67 Abs. 1, 69 Abs. 2 öKO[614]. Der Konkursgrund der Überschuldung liegt nach der Rechtsprechung des OGH nicht bereits vor, wenn die Gesellschaft bloß bilanziell überschuldet ist. Vielmehr ist darüber hinaus zu prüfen, ob für die Gesellschaft ein positive Fortbestehensprognose besteht. Solange damit zu rechnen ist, daß sich das Unternehmen künftig positiv entwickeln wird und daß es wahrscheinlich zahlungsfähig bleibt, ist es nicht konkursrechtlich überschul-

---

610 *Berger*, Eigenkapitalersatzrecht, S. 160 m.w.N. in FN 114; *Schummer*, Eigenkapitalersatzrecht, S. 69 FN 295.

611 *Berger*, Eigenkapitalersatzrecht, S. 159 ff.

612 *Karollus*, ecolex 1996, 860, 863.

613 etwa OGH ecolex 1991, 697, 698; OGH ecolex 1994, 818; OGH ÖJZ 1997, 697, 697; *Schummer*, ÖJZ 1996, 241, S. 245; *Berger*, Eigenkapitalersatzrecht, S. 37; *Koppensteiner* § 74 öGmbHG Rn. 12.

614 Die GmbH ist zahlungsunfähig, wenn sie außerstande ist, ihre fälligen Verbindlichkeiten zu bezahlen. Eine bloß vorübergehende Zahlungsstockung ist unerheblich. Umstritten ist, ob erst künftig fällig werdende Verbindlichkeiten zu berücksichtigen sind, vgl. OGH WBl 1989, 250, 251; OGH WBl 1990, 345, 346; OGH WBl 1990, 348, 349; *Dellinger*, Anm. zu OGH WBl 1990, 345, 348; *ders.*, Anm. zu OGH WBl 1990, 349, 352; *Koppensteiner*, § 25 öGmbHG Rn. 36.

det[615]. Kreditunwürdigkeit hat der OGH angenommen, wenn die Gesellschaft keine Kredite zu marktüblichen Bedingungen erhält und ohne die Gesellschafterleistung liquidiert werden müßte. Dies ist wie nach der Rechtsprechung des BGH anhand von Indizien über die konkrete Finanzierungslage der Gesellschaft, die sich etwa aus der Ertragskraft, der Bilanz und den konkreten Darlehenskonditionen ergeben kann, zu entscheiden[616].

### ( 2 ) Besonderheit bei der Gebrauchsüberlassung an eine kreditunwürdige Gesellschaft

Eine Besonderheit besteht im österreichischen Eigenkapitalersatzrecht für die Gebrauchsüberlassung. Während die Kreditunwürdigkeit der Gesellschaft in Deutschland im Fall der Gebrauchsüberlassung mit dem Kriterium der sog. Überlassungsunwürdigkeit bestimmt wird, soll die Überlassung von Gegenständen nach dem OGH nur dann eigenkapitalersetzenden Charakter haben, wenn die Anschaffung des betreffenden Gegenstandes im Gesellschaftsvermögen eine Unterbilanz oder gar Überschuldung hervorgerufen hätte[617]. Anders soll es nach *Koppensteiner* darauf ankommen, ob sich die Gesellschaft die überlassenen Gegenstände auch von dritter Seite zu marktüblichen Preisen hätte beschaffen können[618]. Dies würde im Ergebnis dem in Deutschland geforderten Kriterium der Überlassungsunwürdigkeit entsprechen. Es leuchtet nicht ein, daß der OGH für die Frage, ob die Gebrauchsüberlassung eigenkapitalersetzend ist, hypothetisch darauf abstellt, ob die Beschaffung des Gegenstandes eine Unterbilanz verursacht hätte. Der OGH begründet seine Auffassung damit, daß § 74 öGmbHG, der im Eigenkapitalersatzrecht analog anwendbar sei, die Unversehrtheit des Stammkapitals schütze. Tatsächlich kann sich die Frage, ob die Nutzungsüberlassung eigenkapitalersetzend ist, aber nur nach den sonst üblichen Eigenkapitalersatzregeln richten. Dazu ist insbesondere erforderlich, daß die Gesellschaft sich in einer wirtschaftlichen Krise befindet. Ist die Gesellschaft bloß bilanziell überschuldet, kann dies im Rahmen der Gesamtwürdigung aller Umstände, ob sie kreditunwürdig ist, eine Rolle spielen. Eine Unterbilanz oder bilanzielle Überschuldung ist im übrigen aber erst von Bedeutung, wenn es darum geht, ob die Rückzahlung einer Gesellschafterleistung bzw. die Auszahlung von Nutzungsentgelt für eine Gebrauchsüberlassung gesperrt ist. Das Kriterium der Unterbilanz i. S. v. § 74 öGmbHG bzw. § 30 GmbHG betrifft die Rechtsfolgenseite, nachdem Eigenkapitalersatzfunktion feststeht. Der OGH hat

---

615 OGH WBl 1989, 250, 251; OGH WBl 1990, 345, 345; *Koppensteiner*, § 25 öGmbHG Rn. 36.

616 OGH ecolex 1991, 697, 698; *Koppensteiner* § 74 öGmbHG Rn. 12.

617 OGH ÖJZ 1997, 627, 629.

618 *Koppensteiner* § 74 öGmbHG Rn. 16.

es aber für den Fall der Gebrauchsüberlassung auf die Tatbestandsseite gesetzt. Dies wird auch im österreichischen Schrifttum für zweifelhaft gehalten[619]. Zur Begründung beruft sich der OGH in nicht nachvollziehbarer Weise[620] darauf, in Österreich gebe es keine dem § 32 a GmbHG entsprechende Regelung, die von vornherein das gesamte Gesellschafterdarlehen erfasse. Dies gilt aber in Österreich doch für alle Arten eigenkapitalersetzender Gesellschafterleistungen. Um eine Gesellschafterleistung mit eigenkapitalersetzendem Charakter zu verstricken, bedarf es gar keiner dem § 32 a GmbHG entsprechenden Regelung. Dies folgt schon daraus, daß es bereits vor Geltung der § 32 a, 32 b GmbHG ein Eigenkapitalersatzrecht gab.

**dd.) subjektives Element**

Nach der Rechtsprechung des OGH kann die Gesellschafterleistung nur Eigenkapitalersatzfunktion erhalten, wenn der Gesellschafter die Kreditunwürdigkeit der Gesellschaft kannte bzw. kennen mußte[621]. Der OGH läßt es damit bemerkenswerterweise im Gegensatz zum BGH nicht genügen, daß die Kreditunwürdigkeit objektiv vorliegt, sondern es muß ein subjektives Element dazukommen. Für Aufregung hatten die Entscheidungen des OGH vom 22. 12. 1993[622] und vom 27. 7. 1995[623] gesorgt, in denen er davon sprach, dem Gesellschafter müsse die Kreditunwürdigkeit der Gesellschaft bewußt sein. Dies hat im österreichischen Schrifttum die Frage aufgeworfen, ob der OGH für das Entstehen eigenkapitalersetzenden Charakters tatsächlich echte Kenntnis seitens des darleihenden Gesellschafters voraussetze oder aber ein Kennenmüssen ausreichen lasse[624]. In seiner Entscheidung vom 12.09.1996[625] hat der OGH dann klargestellt, daß es zwar auch beim erstmaligen Gewähren einer Kapitalhilfe auf subjektive Merkmale ankomme, es allerdings ausreiche, daß der Gesellschafter die Kreditunwürdigkeit erkennen mußte[626]. Damit genügt, ist aber auch erforderlich, daß der Gesellschafter im Zeitpunkt der Darlehensgewährung die wirtschaftliche Krise der Gesellschaft erkennen konnte[627].

---

619 *Karollus* in *Achatz / Jabornegg / Karollus*, S. 9.

620 OGH ÖJZ 1997, 627, 629.

621 s. a. *Koppensteiner* § 74 öGmbHG Rn. 12.

622 OGH WBl 1994, 205.

623 OGH RdW 1996, 13.

624 *Schummer*, ÖJZ 1996, 241, S. 245; *Ostheim*, WBl 1994, 185, 186; *Berger*, Eigenkapitalersatzrecht, S. 151.

625 OGH ecolex 1997, 506

626 nochmals klargestellt in OGH WBl 1998, 93, S. 95.

627 vgl. OGH WBl 1998, 93, S. 95.

### ee.) „Stehenlassen"

Dem erstmaligen Gewähren von Kapitalhilfen steht seit dem Urteil des OGH vom 22.12.1993[628] das spätere Stehenlassen in wirtschaftlicher Krise gleich. Auch in Österreich muß unterschieden werden zwischen rechtsgeschäftlich vereinbarten und schlicht stehengelassenen Gesellschafterdarlehen. Erstere sind unproblematisch. Bei schlicht stehengelassenen Gesellschafterdarlehen verlangt der OGH keine, auch nicht nur konkludente Finanzierungsabrede zwischen Gesellschafter und Gesellschaft[629]. Der OGH fordert jedoch eine Finanzierungsentscheidung seitens des Gesellschafters. Im Unterschied zur Rechtsprechung des BGH allerdings nahm der OGH eine solche nur an bei Vorliegen

> *„einer – durchaus und sogar in der Regel nur erschließbaren, also konkludenten – Bewußtseinslage: es ist erforderlich daß der Anspruch des Gesellschafters gegen die Gesellschaft über den Zeitpunkt hinaus, von dem an ordentliche Kaufleute der Gesellschaft Eigenkapital zugeführt hätten, weil sie zu marktüblichen Bedingungen am Kapitalmarkt kein Fremdkapital mehr ... bekommen hätte bewußt[630] nicht geltend gemacht wurde"[631].*

Der OGH vermied eine Definition dazu, was unter „*bewußt*" zu verstehen ist. Das österreichische Schrifttum war der Ansicht, der OGH setze echte Kenntnis, nicht bloß eine Kenntnismöglichkeit des Gesellschafters von der Kreditunwürdigkeit der Gesellschaft voraus[632]. Das Erfordernis einer positiven Kenntnis wurde jedoch dadurch relativiert, daß der OGH zumindest beim Mehrheitsgesellschafter und alleinigem Geschäftsführer der Gesellschaft prima facie davon ausging, daß ihnen die Kreditunwürdigkeit zum maßgeblichen Zeitpunkt *bewußt* gewesen ist[633]. Die Beweislast für das Vorliegen einer bewußten Finanzierungsentscheidung, die beim Masseverwalter liegt, wurde hierdurch zwar erheb-

---

628 OGH WBl 1994, 205 = OGH ecolex 1994, 234; hierzu vgl.: *Berger*, Eigenkapitalersatzrecht, S. 40; *Koppensteiner* § 74 öGmbHG Rn. 15

629 zuletzt deutlich OGH WBl 1998, 93, 95; s. a. OGH WBl 1994, 205, 208 m. zust. Anm *Dellinger*, Geschäftsführerhaftung im Insolvenzfall, S. 235; *Ostheim*, WBl 1994, 185, S. 187; *Koppensteiner* § 74 Rn. 15.

630 Hervorhebung auch im Originaltext.

631 OGH WBl 1994, 205, S. 208.

632 *Schummer*, Eigenkapitalersatzrecht, S. 63; *Dellinger*, Geschäftsführerhaftung im Insolvenzfall, S. 235; für bloß mißglückte Wortwahl seitens des OGH: *Ostheim*, WBl 1994, 185, 186.

633 OGH WBl 1994, 205, 208.

lich erleichtert[634], dennoch wurde diese OGH – Entscheidung vom österreichischen Schrifttum heftig kritisiert. Es wurde die Auffassung vertreten, das Erfordernis einer positiven Kenntnis benachteilige die Gesellschaftsgläubiger unangemessen; daß der Gesellschafter sich nicht über die wirtschaftliche Situation der Gesellschaft informiert habe, könne nicht zu deren Lasten gehen. Die Rechtsprechung des BGH, wonach es ausreicht, daß der Gesellschafter die Kreditunwürdigkeit erkennen konnte, sei vorzugswürdig[635].
Der OGH hat in seiner Entscheidung vom 30.10.1997[636] der genannten Kritik ausdrücklich „*Rechnung getragen*" und eine deutliche Abkehr von seiner vorherigen Rechtsprechung gemacht. Damit ist auch klar, daß der OGH zunächst beim Stehenlassen tatsächlich echte Kenntnis seitens des Gesellschafters von der Kreditunwürdigkeit der Gesellschaft vorausgesetzt hat. Nach der Grundsatzentscheidung vom 30.10.1997 reicht es aus, daß der Gesellschafter die Kreditunwürdigkeit der Gesellschaft erkennen konnte[637]. Genauere Angaben dazu, unter welchen Umständen von einem Erkennenkönnen des Gesellschafters auszugehen ist, stehen jedoch noch aus. Anknüpfend an sein älteres Urteil vom 22.12.1993[638] wird der OGH jedenfalls beim Mehrheitsgesellschafter und alleinigen Geschäftsführer davon ausgehen, daß er die Krise der Gesellschaft kraft seiner Stellung in der Gesellschaft erkennen konnte.
Hat der Gesellschafter die Kreditunwürdigkeit erkannt, billigt der OGH ihm eine angemessene Überlegungsfrist für die Entscheidung zu, ob er seine Kapitalhilfe zurückfordern oder der Gesellschaft belassen möchte. Unter Berufung auf die Wertung der in § 69 Abs. 2 KO geregelten Konkursantragspflicht des Geschäftsführers darf diese Frist 60 Tage nicht überschreiten[639].

---

634 *Dellinger*, Geschäftsführerhaftung im Insolvenzfall, S. 235.

635 *Schummer*, ÖJZ 1996, 241, S. 245; *Ostheim*, WBl 1994, 185, S. 187.

636 OGH WBl 1998, 93.

637 OGH WBl 1998, 93, 95.

638 OGH WBl 1994, 205, 208.

639 OGH WBl 1998, 93, 95.

## b.) Rechtsfolgen

### aa.) Gesellschafterdarlehen

#### ( 1 ) außerhalb eines Konkursverfahrens

Nach ständiger Rechtsprechung des OGH[640] dürfen eigenkapitalersetzende Gesellschafterdarlehen gem. § 74 Abs. 1 öGmbHG analog nicht an den Gesellschafter zurückgezahlt werden. § 74 Abs. 1 öGmbHG verbietet die Rückzahlung eingezahlter Nachschüsse, sofern dies eine Unterbilanz im Gesellschaftsvermögen bewirken würde[641]. Abs. 1 des § 74 öGmbHG entspricht der Regelung des § 30 Abs. 2 S. 1 GmbHG[642]. Es könnte auch erwogen werden, auf die Regelung in § 82 Abs. 1 öGmbHG zurückzugreifen, wonach die Gesellschafter ihre Stammeinlagen nicht zurückfordern können[643]. Sie haben nur Anspruch auf den Bilanzgewinn. § 82 öGmbHG verbietet jedoch jede Auszahlung aus dem Gesellschaftsvermögen mit Ausnahme des Bilanzgewinns. Die Auszahlungssperre des § 82 öGmbHG geht also über die des § 30 GmbHG hinaus, die immerhin auf die Höhe des Stammkapitals begrenzt ist. Würde § 82 öGmbHG als Analogiegrundlage herangezogen, könnten eigenkapitalersetzende Darlehen selbst bei fehlender Sanierungsbedürftigkeit der Gesellschaft nicht zurückgezahlt werden, was als unangemessen hart empfunden wird[644]. Demgegenüber verbietet § 74 Abs. 1 öGmbHG analog die Rückzahlung eigenkapitalersetzender Gesellschafterdarlehen nur insoweit, als dies zum Rückzahlungszeitpunkt eine Unterbilanz im Vermögen der Gesellschaft bewirken bzw. vertiefen würde[645]. Unter welchen Voraussetzungen von einer Unterbilanz i. S. d. § 74 Abs. 1 öGmbHG auszugehen ist, bestimmt sich nach denselben Maßstäben wie bei § 30 Abs. 1 GmbHG[646].

---

640 OGH ecolex 1991, 697; OGH ecolex 1994, 818; OGH ecolex 1996, 459; s. a. OGH WBl 1998, 316.

641 *Koppensteiner* § 74 öGmbHG Rn. 1.

642 *Koppensteiner* § 74 öGmbHG Rn. 1.

643 vgl. *Koppensteiner*, § 74 öGmbHG Rn. 11.

644 *Schummer*, Eigenkapitalersatzrecht, S. 60; *Koppensteiner* § 74 öGmbHG Rn. 11 i.V.m. Vorauflage Rn. 10 f.

645 *Schummer*, ecolex 1993, 312, 315.

646 *Koppensteiner* § 73 öGmbHG Rn. 1; ausführlich *Schummer*, ecolex 1993, 312, 314 f.

## ( 2 ) im Konkursverfahren

Wird über das Vermögen der Gesellschaft das Insolvenzverfahren eröffnet, treten die Ansprüche der Gesellschafter aus eigenkapitalersetzenden Gesellschafterdarlehen hinter denen der übrigen Gläubiger zurück. Entscheidend ist, ob für die Befriedigung ihrer Forderungen noch Vermögen vorhanden ist[647].

## ( 3 ) Frage der Analogiefähigkeit

Die Gegner des Eigenkapitalersatzrechts wenden sich insbesondere auch gegen eine Analogiefähigkeit des § 74 öGmbHG. *Koppensteiner* meint, es fehle bereits an einer Regelungslücke. Denn der historische Gesetzgeber habe eigenkapitalersetzende Gesellschafterdarlehen offensichtlich nicht regeln wollen. Vielmehr habe der Gesetzgeber Gesellschafterdarlehen ohne Rücksicht auf die Lage der Gesellschaft für unbegrenzt rückzahlbar gehalten[648]. *Schummer* und *Berger* verneinen eine Rechtsähnlichkeit zwischen Nachschüssen und eigenkapitalersetzenden Gesellschafterdarlehen. Denn Nachschüsse dienten ihrer Funktion nach nicht dazu, im Gläubigerinteresse das Haftkapital zu vergrößern, sondern dazu, das Betriebskapital im Interesse der Gesellschaft zu vermehren[649]. Der OGH geht davon aus, daß für die Gesellschaftsgläubiger bei der Rückzahlung von Gesellschafterdarlehen die gleichen Gefahren wie bei der Rückzahlung von Nachschüssen entstünden, wenn die Darlehen anstelle von Nachschüssen geleistet wurden. Im Fall der Nachschüsse habe der Gesetzgeber mit der Regelung in § 74 Abs. 1 öGmbHG vorgesorgt. Für die Rückzahlung eigenkapitalersetzender Gesellschafterleistungen aber bestünde eine Regelungslücke, die im Gläubigerschutzinteresse durch Analogie zu schließen sei[650]. *Ostheim* ist der Ansicht, der Gesetzgeber von 1906 habe keine entsprechende Regelung für eigenkapitalersetzende Gesellschafterdarlehen getroffen, weil ihm die Problematik des Eigenkapitalersatzrechts gar nicht bewußt gewesen sei. Es könne ihm allerdings nicht unterstellt werden, daß er das Problem auch dann nicht gesetzlich erfaßt hätte, wenn er es gekannt hätte[651]. Darüber hinaus argumentiert der OGH,

---

647 OGH ecolex 1991, 697, 698; OGH ecolex 1994, 818; Szep, EU-Handbuch Gesellschaftsrecht, Österreich, S. 86 Rn. 378.

648 *Koppensteiner* § 74 öGmbHG Rn. 21

649 *Berger*, Eigenkapitalersatzrecht, S. 120 f.; in dieselbe Richtung geht die Argumentation *Schummer*, Eigenkapitalersatzrecht, S. 316.

650 OGH ecolex 1991, 597, 698.

651 *Ostheim*, WBl 1995, 217, 220; in dieselbe Richtung geht die Argumentation *Karollus'* in *Achatz / Jabornegg / Karollus*, S. 7

aus den erläuternden Bemerkungen des Gesetzgebers ergebe sich, daß Nachschüsse ihrer Funktion nach zum Eigenkapital gehörten[652]. Andererseits aber seien Nachschüsse nicht derart streng gebunden wie das Stammkapital und die Stammeinlagen (vgl. § 82 öGmbHG); vielmehr seien sie grundsätzlich rückzahlbar. Dies sei auch der Fall bei Gesellschafterdarlehen[653]. Daß Gesellschafterdarlehen im Gegensatz zu Nachschüssen nicht von Anfang an, sondern nur dann wie Eigenkapital behandelt werden, wenn sie Eigenkapitalersatzfunktion haben, ändere daran nichts[654].

**( 4 ) Entstrickung**

Im österreichischen Schrifttum wird heftig darüber diskutiert, unter welchen Voraussetzungen eigenkapitalersetzende Gesellschafterleistungen wieder auszahlbar sind. *Koppensteiner* ist der Ansicht, die Darlehen könnten wieder ausgezahlt werden, sobald die Gesellschaft ihre Kreditwürdigkeit wiedererlangt habe. Ab diesem Zeitpunkt entfalle schließlich der Tatbestand, der dazu geführt habe, das Darlehen als eigenkapitalersetzend zu qualifizieren[655]. *Berger* hält ein Abstellen auf die wiedererlangte Kreditwürdigkeit darüber hinaus insofern für vorzugswürdig, als dies rechtsformübergreifend auch bei solchen Gesellschaftsformen geschehen könne, die bloß ein wirtschaftlich gewidmetes Betriebskapital aufweisen[656].
Der OGH hat hierzu nur insofern Stellung genommen, als die eigenkapitalersetzende Leistung solange verstrickt sei, wie die Gesellschaft noch nicht wieder nachhaltig saniert ist[657]. *Schummer* hält eine nachhaltige Sanierung der Gesellschaft erst dann für gegeben, wenn die Rückzahlung der eigenkapitalersetzenden Gesellschafterleistung keine Unterbilanz bewirke. Darüber hinaus könne Kreditwürdigkeit nur im Rahmen einer Gesamtwürdigung aller Indizien festgestellt werden und berge daher eine gewisse Unsicherheit[658]. *Ostheim* argumentiert weiter, wenn die Gesellschaft gerade wieder kreditwürdig sei, brauche sie alle verfügbaren Mittel. Für die Rückzahlung der Gesellschafterdarlehen würde sie gegebenenfalls die erhaltenen Kredite verwenden, was sie im Ergebnis wieder in die Kreditunwürdigkeit führen würde[659]. Darüber hinaus stelle auch das

---

652 OGH ecolex 1991, 697, 698; *Ostheim*, WBl 1995, 217, 220.

653 OGH ecolex 1991, 697, 698.

654 *Ostheim*, WBl 1995, 217, 220.

655 *Koppensteiner* § 74 öGmbHG Rn. 14 m.w.N.

656 *Berger*, Eigenkapitalersatzrecht, S. 124 f.

657 OGH ecolex 1991, 697, 698; wieder OGH ÖJZ 1997, 627, 627.

658 *Schummer*, ecolex 1993, 312, 313 f.

659 *Ostheim*, WBl 1995, 217, 221.

Gesetz in § 74 Abs. 1 öGmbHG darauf ab, ob die Auszahlung eine Unterbilanz bedeuten würde[660].

**( 5 ) Erstattungspflicht**

Entgegen dem Verbot des § 74 Abs. 1 öGmbHG ausgezahlte Leistungen sind nach § 83 Abs. 1 öGmbHG zurückzuerstatten[661]. Umstritten ist, ob die Mitgesellschafter gem. §§ 74 Abs. 4, 83 Abs. 2 und 3 öGmbHG subsidiär für die verbotene Rückzahlung des eigenkapitalersetzenden Gesellschafterdarlehens haften. *Koppensteiner* lehnt die Mithaftung der übrigen Gesellschafter ab. Es könne ihnen nicht die individuelle eigenkapitalersatzrechtlich relevante Finanzierungsentscheidung eines ihrer Mitgesellschafter zugerechnet werden[662]. Dagegen argumentiert *Ostheim,* die Mithaftung der Gesellschafter bestünde unabhängig von einer Finanzierungsentscheidung eines Einzelnen. Vielmehr sei mit den Gesetzesmaterialien von einer kollektiven, subsidiären Garantiepflicht aller Gesellschafter für einander auszugehen[663].

**bb.) Gesellschaftersicherheiten für Drittdarlehen**

Hat der Gesellschafter kein Darlehen, sondern eine Sicherheit für ein Drittdarlehen gewährt (mittelbare Gesellschafterdarlehen), unterliegt sein Regreßanspruch gegen die Gesellschaft wegen Inanspruchnahme durch den Gläubiger den Eigenkapitalersatzregeln. Soweit die Erstattung des vom Gesellschafter geleisteten Betrags im Gesellschaftsvermögen eine Unterbilanz herbeiführen würde, ist sie nach § 74 Abs. 1 öGmbHG gesperrt. Dennoch erstattete Beträge sind an die Gesellschaft zurückzugewähren, § 83 öGmbHG[664]. Wird die Gesellschaft von dem Kreditgeber in Anspruch genommen, steht ihr kein Leistungsverweigerungsrecht zu[665]. Die Gesellschaft kann jedoch von dem sichernden Gesellschafter verlangen, sie bei dem Darlehensgeber freizustellen[666]. Außerhalb eines Insolvenzverfahrens stimmt die österreichische Rechtslage demnach mit der deutschen überein. Unterschiede zeigen sich erst ab Eröffnung des Insolvenzverfahrens. In Deutschland ändert sich die rechtliche Beurteilung aufgrund des ab Verfahrenseröffnung anwendbaren § 32 a Abs. 2 GmbHG ganz entscheidend. In

---

660 *Schummer*, ecolex 1993, 312, 314; *Ostheim*, WBl 1995, 217, 221.

661 *Koppensteiner* § 74 öGmbHG Rn. 13.

662 *Koppensteiner* § 74 öGmbHG Rn. 13.

663 *Ostheim*, WBl 1995, 217, 222.

664 *Koppensteiner* § 74 öGmbHG Rn. 17; *Berger*, Eigenkapitalersatzrecht, S. 39 f., 67.

665 OGH WBl 1998, 316; *Koppensteiner* § 74 öGmbHG Rn. 17.

666 *Krejci*, ecolex 1993, 308, 311.

Österreich besteht in der Insolvenz der Gesellschaft weiterhin dieselbe Rechtslage wie vor Verfahrenseröffnung. Der Regreßanspruch des aus der Sicherheit in Anspruch genommenen Gesellschafters ist im Konkursverfahren nur als nachrangig zu behandeln[667]. Wurde die Gesellschaft vom darleihenden Nichtgesellschafter in Anspruch genommen, steht ihr gegen den Gesellschafter ein Erstattungsanspruch in der Höhe zu, in der er befreit wurde. Der OGH hat dazu ausgeführt, er brauche nicht etwa auf die deutsche Regelung in § 32 b GmbHG zurückzugreifen, da der dort erfaßte Erstattungsanspruch der Gesellschaft bloß die gesetzliche Fixierung einer Fortentwicklung des auch in Österreich geltenden Kapitalerhaltungsgrundsatzes sei[668].
Der OGH hatte in einer Entscheidung vom 12.03.1998[669] zum ersten Mal darüber zu entscheiden, ob auch der Dritte von den Eigenkapitalersatzregeln betroffen ist[670]. Er entschied, die österreichischen Eigenkapitalersatzregeln griffen nicht in die Rechte des darleihenden Dritten ein. Soweit er nach seiner Rechtsprechung den Gesellschafter aufgrund der ihn treffenden Finanzierungsverantwortung die Folgen in der Insolvenz tragen lasse, sei dies bereits aus allgemeinen gesellschaftsrechtlichen Grundsätzen gerechtfertigt. Hierfür brauche der OGH und nach seiner Auffassung auch der BGH nicht etwa die Regelungen in § 32 a Abs. 1 und 3 GmbHG heranzuziehen. Dies sei anders mit der deutschen Regelung in § 32 a Abs. 2 GmbHG, wonach der Dritte sich vorrangig an den sichernden Gesellschafter zu halten habe und im Insolvenzverfahren nur seinen Ausfall geltend machen könne. Dieser Eingriff in die Rechte des Kreditgebers könne nicht aus den allgemeinen, auch nicht den „überpositiven" Grundsätzen des österreichischen Rechts hergeleitet werden. Nach österreichischem Insolvenzrecht hinderten Sicherheiten Dritter den Gläubiger nicht daran, seine Forderung gegenüber dem Schuldner voll geltend zu machen (vgl. § 18 öKO). Auch könne hier nicht etwa auf die Regelung für Absonderungsgläubiger zurückgegriffen werden (vgl. §§ 103 Abs. 3, 132 öKO), die im Konkurs grundsätzlich auf den Ausfall beschränkt sind. Denn der Absonderungsgläubiger habe erstens Rechte am Gemeinschuldnervermögen und zweitens werde er durch die ungeschmälerte Befriedigung aus der „Sondermasse" gegenüber den übrigen Konkursgläubigern wiederum privilegiert (vgl. § 48 öKO). Wenn aber ein Eingriff in die Rechte des Drittkreditgebers nicht aus allgemeinen Rechtsgrundsätzen abgeleitet werden könne, bedürfe es für einen derartigen Eingriff einer ge-

667 OGH ecolex 1994, 818.

668 OGH WBl 1998, 316, 318.

669 OGH WBl 1998, 316.

670 Nach deutscher Rechtslage hat sich der Dritte nach Eröffnung des Insolvenzverfahrens über das Gesellschaftsvermögen wegen seiner Befriedigung vorrangig an den sichernden Gesellschafter zu halten und kann im Insolvenzverfahren lediglich den Ausfall geltend machen, § 32 a Abs. 2 GmbHG.

setzlichen Grundlage, über die das österreichische Recht zumindest noch nicht verfügt[671].

**cc.) Nutzungsüberlassung**

Nach der Entscheidung des OGH vom 18.01.1997[672] hat der Gesellschafter bis zur nachhaltigen Sanierung der Gesellschaft keinen Anspruch auf Mietzins. Daß die Gebrauchsüberlassung eigenkapitalersetzend ist, ändere nichts an den bestehenden Eigentumsverhältnissen. Der Gesellschafter bleibe weiterhin Eigentümer der überlassenen Sache. Die Dauer der „Zwangsüberlassung" richte sich in erster Linie nach der von den Parteien gewollten Befristung. die aber ernstlich gewollt gewesen sein müsse. Dies sei der Fall, wenn für die Befristung sachliche Gründe gegeben seien. Fehlt eine vertragliche Vereinbarung, sei der hypothetische Parteiwille zu ermitteln. Im Zweifel entscheide die voraussichtliche Nutzungsdauer. Abzustellen sei auch darauf, wie lange ein Dritter bei objektiver Würdigung die Sache der Gesellschaft überlassen hätte[673].

**dd.) Finanzplankredite**

Der OGH hat zur Behandlung von Finanzplankrediten nur insoweit Stellung genommen, daß der auf der Grundlage eines Finanzplans geleistete Kredit für die Dauer der Krise nicht zurückgezahlt werden könne[674].

**2. kein gesetzlich erfaßtes Eigenkapitalersatzrecht**

In Österreich wurde zweimal der Versuch unternommen, das Eigenkapitalersatzrecht auf eine gesetzliche Grundlage zu stellen. Dies geschah im Rahmen der Entwürfe zum Insolvenzrechtsänderungsgesetz (IRÄG) von 1993 und 1997.

**a.) der Entwurf zum IRÄG 1993**

Der Entwurf zum Insolvenzrechtsänderungsgesetz von 1993 sah vor, Eigenkapitalersatzregeln in §§ 74 a und 74 b öGmbHG einzufügen. Diese vorgeschlagenen Neuregelungen entsprachen fast wortgleich den deutschen Regelungen in §§ 32 a und 32 b GmbHG[675]. Auch die Erläuterungen zum Entwurf entsprechen

---

671 s. zu allem OGH WBl 1998, 316, 317; A. A.: *Krejci*, ecolex 1993, 308, 309, 312.

672 OGH ÖJZ 1997, 627, 629.

673 OGH ÖJZ 1997, 627, 629; *Schummer*, ÖJZ 1996, 241, 247.

674 OGH ecolex 1997, 362.

675 Bestimmungen im Wortlaut abgedruckt bei *Ostheim*, WBl 1993, 386, 386; *Frotz / Dellinger*, ecolex 1994, 164, 164.

fast wörtlich der Begründung zum Regierungsentwurf 1977 zur GmbH – Novelle 1980[676]. Die vorgesehenen Regelungen wurden vom österreichischen Schrifttum heftig kritisiert. Vordergründig wurde darauf hingewiesen, daß der in Deutschland unternommene Versuch, das Eigenkapitalersatzrecht gesetzlich zu regeln, als gescheitert angesehen werden müsse. Denn die deutschen §§ 32 a und 32 b GmbHG beschränkten sich auf einen rein insolvenzrechtlichen Ansatz. Sie kämen nur zur Anwendung, wenn das Insolvenzverfahren eröffnet worden ist. In der Mehrzahl der Fälle komme es aber mangels Masse gar nicht zur Verfahrenseröffnung. Weiter würden für die Zeit vor Verfahrenseröffnung die §§ 32 a und 32 b die Rückzahlung eigenkapitalersetzender Gesellschafterdarlehen gar nicht verhindern[677]. Andererseits könnte bereits nach den BGH-Regeln die Geltendmachung des Darlehensrückzahlungsanspruchs im Insolvenzverfahren ausgeschlossen werden[678]. Insbesondere würden die deutschen Novellenregeln und die in Österreich vorgesehenen §§ 74 a und 74 b öGmbHG hinter dem durch die richterlichen Eigenkapitalersatzregeln erreichten Stand an Gläubigerschutz zurückbleiben[679]. Daß der Gläubigerschutz in Deutschland funktioniere, sei darauf zurückzuführen, daß der BGH die Rechtsprechungsregeln neben den Novellenregeln weiterhin anwende. Vom „weniger rechtsfortbildungsfreudigen" OGH aber könne ein solches Vorgehen nicht erwartet werden. Die Einführung der §§ 74 a und 74 b in das öGmbHG würden daher für den Gläubigerschutz einen erheblichen Rückschritt bedeuten[680]. Weiter wurde kritisiert, daß der österreichische Entwurf keine den §§ 32 a KO, 3 b AnfG bzw. §§ 135 InsO, 6 AnfG vergleichbare Anfechtungsregeln aufwies, wobei diese ihrerseits wieder, insbesondere was die kurzen Fristen angeht, für gar nicht nachahmungswürdig gehalten wurden[681]. Die Kritik führte letztendlich dazu, daß der Gesetzgeber von gesetzlichen Regelungen zur Behandlung eigenkapitalersetzender Gesellschafterdarlehen absah[682].

### b.) der Entwurf zum IRÄG 1997

Die Wirtschaftskammer Österreich legte Ende 1996 einen Entwurf zur gesetzlichen Erfassung eigenkapitalersetzender Gesellschafterleistungen im IRÄG 1997

---

676 *Schummer* (Habil.), S. 69; *Ostheim*, WBl 1993, 386, 387.

677 *Frotz / Dellinger*, ecolex 1994, 164, 166.

678 *Ostheim*, WBl 1993, 386, 388 ff.

679 *Ostheim*, WBl 1993, 386, 389; *Frotz / Dellinger*, ecolex 1994, 164, 166.

680 *Ostheim*, WBl 1993, 386, 389.

681 *Ostheim*, WBl 1993, 386, 391 f.; *Frotz / Dellinger*, ecolex 1994, 164, 166.

682 *Koppensteiner* § 74 öGmbHG Rn. 11; *Schummer*, Eigenkapitalersatzrecht, S. 70.

vor[683]. Der Entwurf zum IRÄG 1997 stellt wie der Entwurf zum IRÄG 1993 eine insolvenzrechtliche Lösung für die Problematik eigenkapitalersetzender Gesellschafterdarlehen dar. Der Entwurf sah vor, Gesellschafter mit einer Beteiligung von unter 25 % grundsätzlich herauszunehmen, davon jedoch wieder mehrere Ausnahmen[684] zu machen (Abs. 3 des Entwurfs). Im Gegensatz zur abstrakt gehaltenen deutschen Regelung, die eine Generalklausel enthält (§ 32 a Abs. 3 GmbHG) wurde eine kasuistische Regelung vorgezogen. Dies ist wohl darauf zurückzuführen, daß die Entwurfsverfasser die Rechtsprechung des BGH für bedrohlich ausufernd hielten. Jedenfalls lehnte der Entwurf beispielsweise die Anwendbarkeit der Eigenkapitalersatzregeln auf Pfandrechte an Gesellschaftsbeteiligungen ausdrücklich ab (vgl. Abs. 3 letzter Unterabsatz)[685]. Im Bundesministerium für Justiz, welches den Entwurf zum IRÄG 1997 erörtern sollte, wurde offensichtlich keine Einigung über eine gesetzliche Regelung zum Eigenkapitalersatzrecht erzielt. Jedenfalls fehlten später im Ministerialentwurf wie auch in der Regierungsvorlage gesetzliche Vorschriften für diese Materie[686].
Es wird erneut der Versuch gestartet, das Eigenkapitalersatzrecht in Österreich gesetzlich zu regeln[687]. Im österreichischen Schrifttum wird mit den genannten Argumenten eine gesellschaftsrechtliche Lösung auf der Basis der Rechtsprechungsregeln des OGH gegenüber einer insolvenzrechtlichen bevorzugt[688].

**c.) § 21 des Unternehmensreorganisationsgesetzes**

§ 21 des österreichischen Unternehmensreorganisationsgesetz (URG) vom 10.07.1997 lautet:

> *„Reorganisationsmaßnahmen unterliegen nicht den Regeln des Eigenkapitalersatzrechts".*

---

683 Wortlaut bei *Schummer*, Eigenkapitalersatzrecht, S. 70 ff.

684 eine Ausnahme beispielsweise war der Gesellschafter, welchem aufgrund gesellschaftsrechtlicher Vereinbarungen das Recht zustand, einen beherrschenden Einfluß auf die Gesellschaft auszuüben, Abs. 3 b) des Entwurfs, *Schummer*, Eigenkapitalersatzrecht, S. 71.

685 *Schummer*, Eigenkapitalersatzrecht, S. 77 f.

686 *Schummer*, Eigenkapitalersatzrecht, S. 70 ff.

687 *Karollus* in: *Achatz / Jabornegg / Karollus*, S. 2; *Koppensteiner* § 74 öGmbHG Rn. 11; *Schummer*, Eigenkapitalersatzrecht, S. 77.

688 *Ostheim*, WBl 1993, 386, 389 f., 391; *Frotz / Dellinger*, ecolex 1994, 164, 168; wohl auch *Schummer*, Eigenkapitalersatzrecht, S. 78 ff.

Das URG trifft lediglich eine Aussage dazu, wann Eigenkapitalersatzregeln nicht anwendbar sind[689]. Auf die Einzelheiten des URG kann hier nicht eingegangen werden. Im wesentlichen bezweckt das URG die wirtschaftliche Krise von Unternehmen, die zwar in ihrem Bestand gefährdet, jedoch (noch) solvent sind, durch ein kontrolliertes Reorganisationsverfahren zu überwinden[690]. Reorganisationsmaßnahmen sind Rechtshandlungen, die in einem Reorganisationsplan detailliert beschrieben sind und während des Reorganisationsverfahrens getätigt werden. Die Kapitalhilfe eines Gesellschafters, die außerhalb eines Reorganisationsverfahrens eigenkapitalersetzenden Charakter hätte, wird wegen § 21 URG nicht als solche behandelt. Wichtig ist, daß die betreffende Gesellschafterleistung im Reorganisationsplan als Reorganisationsmaßnahme festgehalten sein muß[691]. Die in § 21 URG erfaßte Ausschlußregelung dient dazu, den Gesellschafter zu Finanzierungsentscheidungen zu bewegen und für ihn einen Ansporn zu schaffen, sich an der Reorganisation der Gesellschaft zu beteiligen[692]. § 21 URG wird damit insbesondere relevant, wenn neue Gesellschafterdarlehen gewährt oder neue Sicherheiten für Drittdarlehen vom Gesellschafter bestellt werden[693]. Die Ausschlußregelung hat aber auch Bedeutung beim Stehenlassen vormals gewährter Leistungen. Droht ein vormals neutrales Gesellschafterdarlehen nach Eintritt der Kreditunwürdigkeit mit eigenkapitalersetzenden Charakter verstrickt zu werden, kann dies verhindert werden, indem es im Reorganisationsplan als Reorganisationsmaßnahme, nämlich als „stehengelassenes Gesellschafterdarlehen" bezeichnet wird. Dies gilt nicht für Gesellschafterleistungen, die bereits vor Einleitung des Reorganisationsverfahrens eigenkapitalersetzend waren. Ein eigenkapitalersetzendes Gesellschafterdarlehen kann nicht dadurch zur Reorganisationsmaßnahme werden, daß es im Reorganisationsplan als „stehengelassenes Gesellschafterdarlehen" bezeichnet wird. Denn von einer Reorganisationsmaßnahme als Rechtshandlung müssen eigen-

---

689 Aufgrund der Regelung zum Eigenkapitalersatzrecht in § 21 URG stellt sich für die österreichische Rechtslage die Frage, ob damit von einer Absegnung des Eigenkapitalersatzrechts, das bisher nur kraft Richterrechts besteht, durch den Gesetzgeber ausgegangen werden kann. Das wird verneint, vgl. *Koppensteiner* § 74 öGmbHG Rn. 23 m. w. N.; *Karollus* in: *Achatz / Jabornegg / Karollus*, S. 3, so daß die Rechtsprechung nicht durch § 21 URG daran gehindert wäre, das Eigenkapitalersatzrecht wieder fallen zu lassen.

690 *Ostheim*, WBl 1998, 233, 239 f.; *Schummer*, Eigenkapitalersatzrecht, S. 73.

691 *Ostheim*, WBl 1998, 233, 240; *Schummer*, Eigenkapitalersatzrecht, S. 75.

692 *Schummer*, Eigenkapitalersatzrecht, S. 74; allerdings ist Voraussetzung, daß das Reorganisationsverfahren innerhalb der Überlegungsfrist des Gesellschafters, das Darlehen zu belassen oder abzuziehen, beantragt wird, *Ostheim*, WBl 1998, 233, S. 241.

693 *Ostheim*, WBl 1998, 233, S. 241.

ständige Rechtswirkungen ausgehen, was beim Belassen eines bereits eigenkapitalersetzenden Gesellschafterdarlehens nicht der Fall ist[694].
Der Gesellschafter kann seine Ansprüche gegen die Gesellschaft ungehindert geltend machen, was außerhalb eines Reorganisationsverfahren gegebenenfalls wegen der Eigenkapitalersatzregeln nicht möglich wäre. Gelingt die Sanierung nicht, kann der Gesellschafter anders als bei Anwendung der Eigenkapitalersatzregeln seine Ansprüche in einem etwa anschließenden Konkursverfahren geltend machen[695]. Wird die Gesellschaft trotz Scheiterns der Reorganisation ohne erneuten Reorganisationsversuch weitergeführt, schließt dies allerdings nicht aus, daß eine vorher durch § 21 URG geschützte Gesellschafterleistung bei Vorliegen der entsprechenden übrigen Voraussetzungen durch Stehenlassen in der Krise Eigenkapitalersatzfunktion erhält[696].

### 3. Vergleich des österreichischen mit dem deutschen Eigenkapitalersatzrecht

Die Untersuchung der österreichischen Eigenkapitalersatzregeln hat gezeigt, daß der OGH zwar die in Deutschland richterlich entwickelten Eigenkapitalersatzregeln für anwendbar erklärt, den deutschen BGH-Regeln aber dennoch nicht gänzlich folgt.
In den tatbestandlichen Voraussetzungen gilt dies zunächst für die subjektiven Anforderungen. So gilt in Deutschland beim erstmaligen Gewähren von Finanzierungshilfen ein rein objektiver Maßstab; erst beim Stehenlassen vormals gewährter Darlehen kommt es auf subjektive Elemente an. Demgegenüber wird in Österreich auch beim erstmaligen Gewähren einer Gesellschafterleistung vorausgesetzt, daß der Gesellschafter die Kreditunwürdigkeit der Gesellschaft kannte. Zwar genügt hier bereits die Möglichkeit, die wirtschaftliche Situation der Gesellschaft erkennen zu können. Aber dennoch macht der OGH das Entstehen der Eigenkapitalersatzfunktion zugunsten des Gesellschafters von einer weiteren Voraussetzung abhängig. Beim Stehenlassen vormals gewährter Darlehen dagegen stimmt die Rechtsprechung des OGH mit der des BGH überein. Es kommt darauf an, ist aber auch ausreichend, daß der Gesellschafter die Kreditunwürdigkeit erkennen konnte.

---

694 *Ostheim*, WBl 1998, 233, 241.

695 *Ostheim*, WBl 1998, 234, 239, 242; *Schummer*, Eigenkapitalersatzrecht, S. 73. Darüber hinaus sind die Möglichkeiten, deren Befriedigung bei Scheitern der Reorganisation nach dem öKO anzufechten, beschränkt (§ 20 URG), was wiederum darauf zurückzuführen ist, daß der Gesetzgeber mit dem URG Anreize schaffen wollte, sich an der Reorganisation vermögensschwacher Unternehmen zu beteiligen.

696 *Ostheim*, WBl 1998, 233, 243.

Der OGH hat wie der BGH den Grundtatbestand eigenkapitalersetzender Gesellschafterdarlehen auf der Darlehensgewährung entsprechende Rechtshandlungen ausgedehnt. Hier ergibt sich allerdings eine Besonderheit bei der eigenkapitalersetzenden Nutzungsüberlassung. Bei der Frage, ob die Gebrauchsüberlassung eigenkapitalersetzend ist, stellt der OGH darauf ab, ob die Anschaffung der überlassenen Sache eine Unterbilanz im Gesellschaftsvermögen bewirkt hätte. Nach der Rechtsprechung des BGH gelten auch bei der eigenkapitalersetzenden Gebrauchsüberlassung die sonst üblichen Kriterien für die Verstrickung mit Eigenkapitalersatzcharakter. Der Eigenart der Nutzungs- oder Gebrauchsüberlassung trägt der BGH dadurch Rechnung, daß er für das Kriterium der Kreditunwürdigkeit auf die sog. Überlassungsunwürdigkeit abstellt.
Die Eigenkapitalersatzregeln sind nach der Rechtsprechung des OGH ebenfalls nicht nur auf den Gesellschafter selbst, sondern auch auf Dritte anwendbar. Hier zeigen sich allerdings Unterschiede für die Einbeziehung „atypisch" stiller Gesellschafter. Nach der Rechtsprechung des BGH wird der Stille bereits dann von den Eigenkapitalersatzregeln erfaßt, wenn er aufgrund schuldrechtlicher Vereinbarungen in ungewöhnlichem Maß auf die Geschicke der Gesellschaft Einfluß nehmen kann. Ob er darüber hinaus am Gesellschaftsvermögen beteiligt ist, ist ohne Bedeutung. Nach der Rechtsprechung des OGH demgegenüber soll die Beteiligung am Gesellschaftsvermögen aber gerade entscheidend sein. In der Regel wird der atypisch Stille ohnehin am Gesellschaftsvermögen beteiligt sein. Ob auch der atypische Pfandgläubiger in den Anwendungsbereich der Eigenkapitalersatzregeln fällt, hat der OGH noch nicht entschieden. Das österreichische Schrifttum ist vehement gegen die Erstreckung der Eigenkapitalersatzregeln auf den atypischen Pfandgläubiger.
Bei einem Vergleich der Rechtsfolgen, muß zwischen den Rechtsfolgen vor und nach Konkurseröffnung unterschieden werden. Vor Konkurseröffnung ergeben sich keine Unterschiede im deutschen und österreichischen Eigenkapitalersatzrecht. Die eigenkapitalersetzende Gesellschafterleistung darf nicht ausgezahlt werden, soweit dies eine Unterbilanz im Gesellschaftsvermögen bewirken oder gar vertiefen würde, §§ 30 Abs. 1 GmbHG bzw. 74 Abs. 1 öGmbHG analog. Beide Vorschriften beschränken Auszahlungen aus dem Gesellschaftsvermögen auf die Höhe des Stammkapitals. Unzulässigerweise ausgezahlte Beträge sind zurückzuerstatten, §§ 31 Abs. 1 GmbHG bzw. § 83 Abs. 1 öGmbHG analog. Nach deutschem Recht kann jedoch der Fall eintreten, daß eigenkapitalersetzende Gesellschafterleistungen bei wiederaufgefülltem Stammkapital gem. § 30 Abs. 1 GmbHG analog ausgezahlt werden, dann aber später im Insolvenzverfahren der Gesellschaft wieder zurückzuerstatten sind, weil nach der Rechtsprechung des BGH die §§ 32 a, 32 b GmbHG, 135 InsO die unwiderlegliche Vermutung aufstellen, daß die Gesellschafterleistungen bei Rückzahlung Eigenkapitalersatzfunktion hatten[697].

---

[697] BGHZ 90, 370, 381.

Soweit es um die Behandlung von Gesellschafterleistungen im Insolvenzfall geht, bleiben die österreichischen Eigenkapitalersatzregeln in ihren Rechtsfolgen hinter den deutschen Eigenkapitalersatzregeln zurück. Zwar treten nach der Rechtsprechung des OGH die Ansprüche aus eigenkapitalersetzenden Gesellschafterleistungen ebenfalls hinter die Forderungen der übrigen Gesellschaftsgläubiger zurück. Im österreichischen Recht fehlen aber Regelungen wie in § 32 a Abs. 2 GmbHG für einen Eingriff in die Rechte eines außenstehenden Kreditgebers. Weiter fehlen auch Anfechtungstatbestände gleich §§ 32 b GmbHG, 135 InsO, wonach Sicherheitsleistungen und Tilgungen zugunsten des darleihenden Gesellschafters in voller Höhe angefochten werden können. Die Erstattungspflicht ist auf die Höhe des Stammkapitals beschränkt.
Versuche, das Eigenkapitalersatzrecht auch in Österreich auf eine gesetzliche Grundlage zu stellen, sind bisher gescheitert. Das österreichische Schrifttum wendet sich vehement gegen die Einführung eines insolvenzrechtlichen Ansatzes, der mit der GmbH-Novelle von 1980 in das deutsche Recht Eingang gefunden hat.

## II. Geschäftsführerhaftung

Auch in Österreich haben Rechtsprechung und Lehre für den Fall der fortgeführten Krisen-GmbH Möglichkeiten einer persönlichen Geschäftsführerhaftung entwickelt. Sie bauen einmal auf der unterlassenen Offenlegung der wirtschaftlichen Krise bei Vertragsanbahnung, zum anderen auf der verspäteten Stellung des Konkursantrags auf.

### 1. Geschäftsführerhaftung wegen Verletzung der Aufklärungspflicht

#### a.) Aufklärungspflicht[698]

Der OGH hat in einer Entscheidung vom 04.10.1989 ausgeführt, daß er sich zum Bestehen einer Aufklärungspflicht der in Deutschland hierzu vertretenen Auffassung anschließe. Die in Deutschland „herrschende Ansicht" allerdings hat er dabei wie folgt wiedergegeben[699],

> *„Zur Aufklärungspflicht ist es in der BRD hA, daß der Vertragspartner hierzu verpflichtet ist, wenn er bei Vertragsschluß damit rechnen muß,*

[698] zu den rechtsdogmatischen Grundlagen vorvertraglicher Aufklärungspflichten im österreichischen Recht, vgl. *Dellinger*, Geschäftsführerhaftung im Insolvenzfall, S. 117 ff.

[699] OGH JBL 1990, 322, 325.

*daß die schlechte wirtschaftliche Lage des Unternehmens zur Vereitelung des Vertragszwecks geeignet ist, besonders wenn für das Unternehmen trotz Konkursreife noch Waren- oder Geldkredit in Anspruch genommen wird, wegen der bestehenden Überschuldung aber zu erwarten ist, daß es im Zeitpunkt der Fälligkeit zahlungsunfähig sein wird.*"[700]

Eine GmbH ist auch nach österreichischem Recht konkursreif, wenn sie entweder zahlungsunfähig oder überschuldet ist, §§ 69 Abs. 2, 67 Abs. 1 öKO. Dennoch soll eine Aufklärungspflicht nicht bereits bei bloßer Überschuldung bestehen. Vielmehr stellt der OGH bei der Frage, ab welchem Zeitpunkt die Aufklärungspflicht besteht, auf die Zahlungsunfähigkeit ab. Zwar reicht es aus, wenn die Gesellschaft im Zeitpunkt des Vertragsschlusses bloß überschuldet ist; es muß jedoch damit gerechnet werden, daß die Gesellschaft bei Fälligkeit der Forderung nicht mehr nur überschuldet, sondern zahlungsunfähig sein wird[701]. Daß der Konkursgrund der Überschuldung für sich allein noch nicht dazu geeignet sein soll, den Vertragszweck zu vereiteln, sondern bei Vertragsschluß damit zu rechnen sein muß, daß die Gesellschaft spätestens bei Fälligkeit der Forderung zahlungsunfähig sein wird, hat der OGH wiederholt festgestellt[702]. Tatsächlich beruft sich der OGH hier auf die in Deutschland von *Ulmer* vertretene Mindermeinung[703]. Soweit die Gesellschaft erfolgsversprechende Sanierungsversuche eingeleitet hat, wird wohl auch in Österreich eine Aufklärungspflicht entfallen[704].

**b.) aus *culpa in contrahendo***

Die Frage, unter welchen Voraussetzungen der GmbH-Geschäftsführer selbst für die Folgen der unterlassenen Aufklärung haftet, hat der OGH ausgeführt:

„... *daß die Haftung des Vertreters nur dann bejaht werden darf, wenn er ein erhebliches und unmittelbares eigenwirtschaftliches Interesse am Zustandekommen eines Vertrages hat oder wenn er bei Vertragsverhandlungen im besonderen Maße persönliches Vertrauen in Anspruch genommen und die Vertragsverhandlungen dadurch beeinflußt hat. Dieser*

---

700 eigene Hervorhebung.

701 *Dellinger*, Geschäftsführerhaftung im Insolvenzfall, S. 117 ff. meint, wegen der konkursrechtlichen Anfechtbarkeit von Leistungen der Gesellschaft könne eine Aufklärungspflicht auch bei Überschuldung bestehen.

702 OGH WBl 1994, 378, 380.

703 *Ulmer*, NJW 1983, 1577, 1578 f.; *Hachenburg / Ulmer* § 64 GmbHG Rn. 68 und FN 107.

704 *Dellinger*, Geschäftsführerhaftung im Insolvenzfall, S. 126.

*Auffassung, die ebenfalls auf die in der BRD hM zurückgeht, ist das österreichische Schrifttum überwiegend gefolgt, und auch hier sieht der erkennende Senat keinen Anlaß, davon abzugehen.“*[705]

Eine Eigenhaftung des GmbH-Geschäftsführers für die Verletzung vorvertraglicher Pflichten kommt damit auch im österreichischen Recht nur nach den Grundsätzen einer Eigenhaftung des Vertreters in Betracht, nämlich dann, wenn der Geschäftsführer ein eigenes wirtschaftliches Interesse am Zustandekommen des Vertrags hat oder bei den Vertragsverhandlungen in besonderem Maße persönliches Vertrauen in Anspruch genommen hat[706]. Der OGH folgt zunächst den vom BGH aufgestellten Anforderungen. Damit steht jedoch nur der Rahmen fest, in dem sich auch in Österreich die Zurechnung von Verstößen gegen die Aufklärungspflicht an den Geschäftsführer bewegt. Wie die Voraussetzungen der beiden Fallgruppen wirtschaftliches Eigeninteresse und Inanspruchnahme besonderen Vertrauens im einzelnen gehandhabt werden, muß näher untersucht werden.

**aa.) wirtschaftliches Eigeninteresse**

Nach der Rechtsprechung des OGH kann ein Geschäftsführer aus Verschulden bei Vertragsanbahnung zwar grundsätzlich unter dem Gesichtspunkt eines wirtschaftlichen Eigeninteresses haften. Der OGH hat jedoch keine mit der Rechtsprechung des BGH vergleichbaren Unterfallgruppen aufgestellt, die vorgeben, unter welchen Umständen von einem derartigen Eigeninteresse des Geschäftsführers auszugehen ist. So hat der OGH es auch ausdrücklich offen gelassen, wie *„die in der BRD umstrittene Frage“*, ob ein Eigeninteresse aus der alleinigen oder maßgeblichen Beteiligung an der Gesellschaft allein begründet werden kann, für Österreich zu beurteilen ist. In dem zu entscheidenden Fall hatte der beklagte Geschäftsführer 50 bzw. 49 % an der Gesellschaft gehalten, so daß das Gericht die Frage offen lassen konnte[707]. Es fehlen aber auch sonst Entscheidungen des OGH, aus denen sich gesicherte Erkenntnisse zur Beurteilung eines wirtschaftlichen Eigeninteresses gewinnen lassen könnten. *Dellinger* geht davon aus, daß die Eigenhaftung des Geschäftsführers wegen wirtschaftlichen Eigeninteresses in Österreich eher zu begründen sei als in Deutschland. Der BGH habe diesen Weg der Haftungsbegründung für die Praxis wohl gänzlich aufgegeben, indem er selbst in der Absicherung von Gesellschaftsverbindlichkeiten

---

705 OGH JBL 1990, 322, 325.

706 OGH JBL 1990, 322, 325; OGH WBl 1994, 378, 380; OGH JBl 1986, 49, 51.

707 OGH JBL 1990, 322, 325.

durch persönliche Bürgschaften oder dingliche Sicherheiten keinen Anlaß mehr sehe, um von einem Eigeninteresse des Geschäftsführers auszugehen[708]. Festzuhalten ist, daß der OGH eine Eigenhaftung des Geschäftsführers aus *culpa in contrahendo* wegen Eigeninteresses grundsätzlich für möglich hält, ohne jedoch die Anforderungen an ein solches Eigeninteresse aufzustellen. Es bleibt abzuwarten, ob sich der OGH bei gegebenem Anlaß den einschränkenden Rechtsprechungsänderungen des BGH hierzu anschließen wird.

### bb.) Inanspruchnahme besonderen Vertrauens

Der Geschäftsführer haftet auch dann selbst für die Folgen der unterlassenen Aufklärung, wenn er bei Vertragsschluß ein besonderes Vertrauen in Anspruch genommen hat. Die Inanspruchnahme des üblichen Verhandlungsvertrauens reicht nicht aus. Die Eigenhaftung wegen Inanspruchnahme besonderen Vertrauens – so ausdrücklich der OGH[709] – soll „*die seltene Ausnahme bilden*". Eine Eigenhaftung des Geschäftsführers wird nur unter besonderen Umständen angenommen, die in der besonderen Sachkunde oder Zuverlässigkeit des Geschäftsführers oder einer Zahlungszusage liegen können[710]. In der Zusage, persönlich für die Zahlung der Schuld einzustehen[711] kann zwar auch eine Garantieerklärung liegen. Sollte diese formunwirksam sein[712], kommt dann immer noch die Schadensersatzhaftung des Geschäftsführers wegen Verschuldens bei Vertragsanbahnung aus dem Gesichtspunkt der Inanspruchnahme besonderen Vertrauens in Frage[713].

## c.) gem. § 874 ABGB

Hat der Geschäftsführer vorsätzlich gehandelt, kommt eine Haftung nach § 874 ABGB in Betracht, der folgenden Wortlaut hat:

---

708 *Dellinger*, WBl 1994, 44, 46; *ders.*, WBl 1996, 173, 176; *ders.*, Geschäftsführerhaftung im Insolvenzfall, S. 158 ff. begrüßt allerdings die Rechtsprechungswende in Deutschland, nicht mehr aus der Geschäftsbeteiligung allein auf ein Eigeninteresse Rückschlüsse ziehen zu können.

709 OGH JBL 1990, 322, 325.

710 OGH WBl 1994, 378, 380; OGH JBl 1990, 322, 325.

711 vgl. Sachverhalt in OGH WBl 1994, 378; der beklagte Geschäftsführer erklärte ausdrücklich, persönlich dafür einzustehen, daß der von ihm namens der GmbH ausgestellte Scheck gedeckt sei.

712 Anders als der Schuldbeitritt bedarf die Garantie wie eine Bürgschaftsverpflichtung der Schriftform, OGH WBl 1994, 378, 380.

713 OGH WBl 1994, 378, 380.

*„In jedem Fall muß derjenige, welcher einen Vertrag durch List oder ungerechte Furcht bewirkt hat, für die nachteiligen Folgen Genugtuung leisten.“*

§ 874 ABGB hat kein pendant im deutschen Recht und entspricht insbesondere nicht der in § 826 BGB geregelten vorsätzlichen sittenwidrigen Schädigung[714]. § 826 BGB entspricht im österreichischen Recht vielmehr der Regelung in § 1295 Abs. 2 ABGB[715]. Neben § 874 ABGB allerdings, der keinen Schädigungsvorsatz verlangt, ist die sittenwidrige Schädigung des § 1295 Abs. 2 ABGB aus Beweisgründen nicht relevant[716] und wird daher nicht vertieft. Allerdings ist keine Entscheidung des OGH bekannt, welche die Haftung eines GmbH-Geschäftsführers wegen vorsätzlicher Nichtaufklärung potentieller Geschäftspartner auf § 874 ABGB stützt[717]. Für eine Anwendung des § 874 ABGB bei der Haftung von Geschäftsführern gegenüber geschädigten Gesellschaftsgläubigern einer insolventen GmbH plädiert *Dellinger*. Um die Forderungen der geschädigten Gläubiger einfacher begründen zu können, spricht er sich weiter dafür aus, § 874 ABGB Beweiserleichterungen zugänglich zu machen. Da die Zahlungsunfähigkeit dem Geschäftsführer gar nicht verborgen bleiben könne, solle *prima facie* ein vorsätzliches Handeln bereits dann nachgewiesen sein, wenn erwiesen ist, daß die Gesellschaft bei Geschäftsabschluß bereits zahlungsunfähig war[718]. Diese Ambitionen *Dellingers* sind auf das von ihm entwickelte Gesamtkonzept zur persönlichen Haftung von Geschäftsführern, die durch die Fortführung konkursreifer GmbHs Gesellschaftsgläubiger geschädigt haben, zurückzuführen. Danach soll eine direkte Haftung von Geschäftsführern für Vertauensschäden nur bei der Verletzung von Aufklärungspflichten, nicht jedoch wegen verspäteter Stellung des Konkursantrags möglich sein. Geschäftsführer, die vorsätzlich gehandelt haben sollen gem. § 874 ABGB und, wenn sie fahrlässig gehandelt haben aus *culpa in contrahendo* haften[719].

714 *Dellinger*, WBl 1996, 173, 178.

715 *Dellinger*, Geschäftsführerhaftung im Insolvenzfall, S. 168. § 1295 ABGB lautet: *„Auch wer in einer gegen die guten Sitten verstoßenden Weise absichtlich Schaden zufügt, ist dafür verantwortlich, jedoch falls dies in Ausübung eines Rechtes geschah, nur dann, wenn die Ausübung des Rechtes offenbar den Zweck hatte, den anderen zu schädigen.“*

716 *Dellinger*, Geschäftsführerhaftung im Insolvenzfall, S. 168.

717 vgl. *Dellinger*, Geschäftsführerhaftung im Insolvenzfall, S. 168.

718 *Dellinger*, WBl 1994, 44, 47.

719 *Dellinger*, Geschäftsführerhaftung im Insolvenzfall, S. 260 ff. Näher zum Konzept von *Dellinger* vgl.: 3.Teil A II 2 c.) bb.).

Außer *Dellinger* sprechen auch *Koppensteiner*[720] und *Karollus*[721] die Möglichkeit einer Haftung nach § 874 ABGB an, ohne jedoch auf die Voraussetzungen näher einzugehen.

### d.) Vergleich zur deutschen Rechtslage

Vergleicht man die deutsche und die österreichische Rechtslage hinsichtlich der Haftung von GmbH-Geschäftsführern wegen unterlassener Aufklärung potentieller Geschäftspartner fallen zunächst Unterschiede im Bestehen einer Aufklärungspflicht selbst auf. In beiden Rechtsordnungen ist entscheidend, ob die angespannte wirtschaftliche Situation der Gesellschaft dazu geeignet ist den Vertragszweck des anderen zu vereiteln. Dies kann bei Geld- oder Warenkreditgeschäften der Fall sein. Nach ständiger Rechtsprechung des BGH und der h.M. in der deutschen Literatur ist eine kreditnehmende GmbH dem potentiellen Kreditgeber gegenüber dazu verpflichtet, ihrer eigene Vermögenslage zu offenbaren, sobald sie konkursreif, also zahlungsunfähig oder überschuldet (§§ 17, 19 InsO) ist. Der Konkursgrund der Überschuldung genügt also, um eine Aufklärungspflicht annehmen zu können. Auch nach österreichischem Recht ist die Überschuldung ein Konkursgrund der GmbH. Dennoch ist nach der höchstrichterlichen Rechtsprechung in Österreich eine GmbH erst dann zur Offenlegung ihrer wirtschaftlichen Krise verpflichtet, wenn sie zahlungsunfähig ist oder im Zeitpunkt des Geschäftsabschlusses damit rechnen muß, daß sie bei Fälligkeit der Forderung zahlungsunfähig sein wird. Der OGH stellt somit für die Begründung einer Aufklärungspflicht auf die Zahlungsunfähigkeit ab.

In beiden Rechtsordnungen kann der GmbH-Geschäftsführer selbst für die unterlassene Aufklärung verantwortlich sein. Da er meist fahrlässig gehandelt haben wird bzw. Vorsatz schwierig nachzuweisen ist, kommt insbesondere eine Haftung nach den Grundsätzen der Eigenhaftung des Vertreters aus *culpa in contrahendo* in Betracht. Erforderlich ist, daß der Geschäftsführer entweder ein wirtschaftliches Eigeninteresse an dem Geschäftsschluß hatte oder ein besonderes Vertrauen in Anspruch genommen hat. In Deutschland ist eine umfangreiche Rechtsprechung des BGH dazu vorhanden, unter welchen Voraussetzungen ein Eigeninteresse des Geschäftsführers angenommen werden kann. Der BGH hat jedoch die Möglichkeit, den Geschäftsführer wegen Eigeninteresses haften zu lassen, so weit reduziert, daß sie im Ergebnis praktisch kaum noch relevant sein wird. Aus der zur Eigenhaftung des Geschäftsführers vorhandenen Rechtsprechung des OGH kann nur so viel gewonnen werden, daß ein wirtschaftliches Eigeninteresse ausreichen soll, um die Haftung des Geschäftsführers begründen

---

720 *Koppensteiner*, § 25 öGmbHG Rn. 48.

721 *Karollus*, Anm. zu OGH WBl 1989, 117, 119.

zu können. Es können aber keine Aussagen dazu getroffen werden, welche Anforderungen der OGH tatsächlich an ein derartiges Eigeninteresse stellt. Insbesondere hat er bisher noch offen gelassen, ob es aus der Gesellschaftsbeteiligung allein begründet werden kann. Es bleibt abzuwarten, ob der OGH sich der haftungsbeschränkenden Rechtsprechung des BGH anschließen wird. Für die Fallgruppe der Inanspruchnahme besonderen Vertrauens dürfte der OGH sich auf derselben Linie wie der BGH bewegen.
Handelt der Geschäftsführer vorsätzlich, kommt in Deutschland insbesondere eine Haftung wegen vorsätzlicher sittenwidriger Schädigung nach § 826 BGB mit der dazu entwickelten gläubigerfreundlichen Rechtsprechung in Betracht. Der Haftungsgrundlage des § 826 BGB würde im österreichischen Recht die Regelung des § 1295 Abs. 2 ABGB entsprechen. Das österreichische Recht bietet bei vorsätzlichem Handeln aber mit der Regelung in § 874 ABGB noch eine weitere Anspruchsgrundlage an, die im Unterschied zu § 1295 Abs. 2 ABGB keinen Schädigungsvorsatz voraussetzen würde. Allerdings hat der OGH bisher aus keiner der beiden Vorschriften eine Haftung von Geschäftsführern speziell wegen vorsätzlichen Verstoßes gegen die Aufklärungspflicht entwickelt.
Insgesamt weist Österreich im Vergleich zu Deutschland eine dünne Rechtsprechung zur Eigenhaftung des Geschäftsführers wegen Verletzung der Aufklärungspflicht auf. Dies könnte auch darauf zurückzuführen sein, daß der OGH mit Ausnahme der Zeit von 1987 bis 1997 Vertrauensschäden der Neugläubiger nach den Grundsätzen der Konkursverschleppungshaftung wegen verspäteter Stellung des Konkursantrags für ersetzbar hielt, die im Anschluß untersucht wird.

### 2. wegen Konkursverschleppung

#### a.) Grundsätzliches

Nach § 69 Abs. 2 öKO ist der Konkurs spätestens 60 Tage nach Eintritt der Zahlungsunfähigkeit zu beantragen. § 67 Abs. 1 öKO stellt bei juristischen Personen den Fall der Zahlungsunfähigkeit der Überschuldung gleich. Gem. § 69 Abs. 3 KO trifft die Antragspflicht bei einer juristischen Person deren organschaftliche Vertreter, bei der GmbH somit ihren Geschäftsführer[722]. Der Lauf der Frist beginn nach *Koppensteiner* mit der positiven Kenntnis vom Eröffnungsgrund[723].

---

722 OGH WBl 1988, 58, 59.

723 *Koppensteiner*, § 25 öGmbHG Rn. 37.

**b.) Haftung gegenüber der Gesellschaft**

§ 25 Abs. 1 öGmbHG verpflichtet die Geschäftsführer dazu, bei ihrer Geschäftsführung nach der Sorgfalt eines ordentlichen Geschäftsmanns zu handeln. Kommen sie dem nicht nach, haften sie gem. § 25 Abs. 2 öGmbHG der Gesellschaft für den daraus entstandenen Schaden. § 25 öGmbHG ist an die Vorschrift des § 43 GmbHG angelehnt[724]. § 25 Abs. 3 öGmbHG bestimmt in welchen Fällen die Geschäftsführer insbesondere schadensersatzpflichtig werden. § 25 Abs. 3 Ziffer 2 öGmbHG[725] erfaßt „Zahlungen", die nach dem Zeitpunkt der rechtzeitigen Stellung des Konkursantrags geleistet wurden und entspricht somit der Regelung des § 64 Abs. 2 GmbHG[726]. Nach der Rechtsprechung des OGH besteht der vom Geschäftsführer zu ersetzende Schaden in dem gesamten Betriebsverlust, der zwischen dem Zeitpunkt, zu dem er den Konkursantrag hätte stellen müssen und dem Zeitpunkt, zu dem der Antrag gestellt wurde, entstanden ist. Jede Vermögensminderung, so der OGH, stelle einen nach § 25 Abs. 2 öGmbHG[727] zu ersetzenden Schaden dar. Dabei schließt der OGH ausdrücklich das Eingehen neuer Schulden mit ein[728]. Für die Geltendmachung dieses Schadens ist der Konkursverwalter aktiv legitimiert[729]. Die österreichische Lehre schließt sich dem an[730].

**c.) Haftung gegenüber den Gesellschaftsgläubigern**

Kommen die Geschäftsführer der Antragspflicht nicht nach, finden sich im österreichischen Recht zwei Haftungsgrundlagen, nach denen die GmbH-Geschäftsführer den aufgrund der verspäteten Stellung des Konkursantrags geschädigten Gesellschaftsgläubigern persönlich verantwortlich gemacht werden können[731]. Dies sind § 69 öKO und § 159 Abs. 1 Ziff. 1 Fall 2 öStGB[732], sog.

---

724 *Koppensteiner*, § 25 öGmbHG Rn. 2.

725 näher zur Rechtsnatur dieses Anspruchs vgl.: *Dellinger*, Geschäftsführerhaftung im Insolvenzfall, S. 235 f.

726 *Koppensteiner*, § 25 öGmbHG Rn. 2.

727 Der OGH stellt auf die allgemeine Regelung in § 25 Abs. 2 öGmbHG, nicht auf die „Zahlungen" in § 25 Abs. 3 Ziffer 2 öGmbHG ab, OGH WBl 1988, 29, 30.

728 OGH WBl 1988, 29, 30; OGH WBl 1990, 348, 351.

729 OGH WBl 1988, 29, 30; OGH WBl 1990, 348, 351.

730 *Dellinger*, Geschäftsführerhaftung im Insolvenzfall, S. 234 ff., der auch ausdrücklich das Eingehen neuer Verbindlichkeiten erwähnt; *Koppensteiner*, § 25 öGmbHG Rn. 9.

731 vgl. *Karollus*, ZGR 1993, 170, 173.

732 im sechsten Abschnitt des öStGB über die strafbaren Handlungen gegen fremdes Vermögen.

fahrlässige Krida, die beide Schutzgesetz zugunsten der Gesellschaftsgläubiger i.S.v. § 1311 Satz 2 Fall 2 ABGB sind.

**aa.) gem. § 1311 ABGB i.V.m. § 69 Abs. 2 öKO**

§ 69 Abs. 2 öKO schützt die Alt- sowie die Neugläubiger[733]. Alt- und Neugläubiger definiert der OGH in derselben Weise wie der BGH[734]. Der OGH hat jedoch die Frage nach der Schadenshöhe bei den Neugläubigern nicht immer gleich beantwortet. Die Altgläubiger erhalten nach ständiger Rechtsprechung des OGH ihren Quotenschaden[735] ersetzt[736]. Demgegenüber sollten Neugläubiger nach der früheren Rechtsprechung des OGH zunächst ihre Vertrauensschäden ersetzt erhalten. Der OGH stand auf dem Standpunkt, § 69 Abs. 2 öKO schütze potentielle Vertragspartner davor, mit der Gesellschaft überhaupt noch zu kontrahieren[737]. Dies war die Rechtslage bis zur ersten grundlegenden Rechtsprechungsänderung im Jahre 1987. Mit seinem Urteil vom 23.07.1987[738] entschied der OGH unter Hinweis auf die höchstrichterliche Rechtsprechung in Deutschland zu § 64 Abs. 1 GmbHG, der Schutzzweck des § 69 Abs. 2 öKO sei auf die Gleichbehandlung aller Gläubiger beschränkt[739]. Er bezwecke, die weitere Aushöhlung der Masse ab Konkursreife zu verhindern, um die Gesellschaftsgläubiger vor übermäßigen Konkurseinbußen zu bewahren. Dagegen sei das Vertrauen in die Kreditwürdigkeit der Gesellschaft nicht vom Schutzbereich des § 69 öKO umfaßt[740].

Eine Gegenposition wurde von *Karollus* vertreten. Er war der Auffassung, die Antragspflicht des § 69 Abs. 2 KO wolle auch potentielle Geschäftspartner davor schützen, im Stadium der Konkursreife noch mit der Gesellschaft zu kontrahieren. Dies ergebe sich aus der besonderen Schutzwürdigkeit von Neugläu-

---

733 OGH WBl 1988, 58, 59; OGH WBl 1989, 155, 156; OGH WBl 1989, 250, 250; OGH WBl 1990, 147, 147; OGH WBl 1990, 345, 346; OGH JBl 1990, 322, 325; OGH WBl 1997, 210, 210; OGH ecolex 1998, 327, 328.

734 etwa OGH WBl 1997, 210, 211.

735 dessen Definition sich ebenfalls mit der des BGH deckt, etwa OGH WBl 1989, 155, 156.

736 s. nur OGH WBl 1988, 58, 59; OGH WBl 1989, 155, 156; zuletzt OGH ecolex 1998, 327, 328.

737 *Koppensteiner* § 25 öGmbHG Rn. 38 m. N. aus der Rechtsprechung.

738 OGH WBl 1988, 58.

739 OGH WBl 1989, 58, 59, wiederholt in OGH WBl 1989, 155, 156; OGH WBl 1990, 147, 149.

740 OGH WBl 1988, 58, 59.

bigern, die für ihre Leistung eine uneinbringliche Forderung erwerben würden[741].

Der OGH blieb denn auch nicht bei dem Ergebnis der ersten Rechtsprechungsänderung stehen. Die Wende in der Rechtsprechung des BGH im Jahre 1994 zum objektiven Schutzbereich des § 64 Abs. 1 GmbHG hat sich letztendlich auch auf die Rechtsprechung in Österreich ausgewirkt. Nachdem der OGH noch mit einer Entscheidung aus dem Jahre 1997 sein früheres Verständnis vom Schutzzweck des § 69 Abs. 2 öKO dahingehend wiederholt hatte, daß das Vertrauensinteresse der Neugläubiger nicht geschützt werde[742], ist er mit seinem Urteil vom 22.10.1997[743] nochmals grundlegend umgeschwenkt[744]. Seitdem sollen die Neugläubiger wieder Ersatz ihres gesamten negativen Interesses verlangen können. Denn Sinn und Zweck der Konkursantragspflicht sei es, insolvente Gesellschaften aus dem Rechtsverkehr zu ziehen und damit, potentielle Geschäftspartner davor zu schützen, mit einer konkursreifen Gesellschaft überhaupt noch zu kontrahieren[745]. Für den OGH bedeutet dies eine Rückkehr zu seiner schon vor 1987 bereits ständigen Rechtsprechung.

**bb.) Kritik an der Rechtsprechungswende**

Bereits als der II. Zivilsenat des BGH mit seinem Beschluß vom 01.03.1993 bei anderen Zivilsenaten nachfragte, ob sie an der bisherigen Rechtsprechung des Quotenschadensersatzes auch bei den Neugläubigern festhielten, reagierte *Dellinger* mit heftigen Gegenargumenten gegen die sich anbahnende Rechtsprechungsänderung in Deutschland. Er befürchtete, der OGH würde einer Rechtsprechungsänderung des BGH folgen. *Dellinger* war der Auffassung, der BGH schlage einen falschen Weg ein, wenn er einerseits den Schutzzweck der Konkursantragspflicht ausdehne, aber gleichzeitig die Eigenhaftung der Geschäftsführer aus *culpa in contrahendo* wegen Eigeninteresses ganz wesentlich einschränke. Nach seiner Auffassung wäre genau der umgekehrte Weg vorzugswürdig. Die Konkursantragspflicht bezwecke im Interesse aller Gläubiger die Konkursmasse vor weiteren Schmälerungen zu schützen. Demgegenüber setze der Ersatz von Vertrauensschäden die Verletzung von Aufklärungspflichten voraus; die Konkursantragspflicht jedoch stelle keine institutionalisierte Auf-

---

741 aus OGH WBl 1989, 250, 250.

742 OGH WBl 1997, 210, 211.

743 OGH ecolex 1998, 327.

744 eine in Umfang und Tiefe mit der Grundentscheidung des BGH vom 06.06.1994, BGH NJW 1994, 2220, vergleichbare dogmatische Diskussion zum Umfang des objektiven Schutzbereichs der Konkursantragspflicht findet in der Entscheidung nicht statt.

745 OGH ecolex 1998, 327, 329.

klärungspflicht dar. *Dellinger* begründet die strikte Trennung zwischen Konkursantragspflicht und Aufklärungspflicht u. a. damit, daß Aufklärungspflichten anders als die Konkursantragspflicht nur den tatsächlich handelnden Vertreter treffen und rechtsgeschäftlichen Kontakt voraussetzen würden[746].
Insbesondere aber lehnt *Dellinger* eine Haftung für Vertrauensschäden von Geschäftsführern überhaupt ab, solange die Gesellschaft bloß überschuldet ist. Er wendet zwar nichts grundsätzlich dagegen ein, daß die Geschäftsführer bei Überschuldung bereits die Eröffnung des Konkurses beantragen müssen. Hat der Geschäftsführer den Konkursantrag jedoch verspätet gestellt, weil er die Überschuldung möglicherweise bloß leicht fahrlässig nicht erkannt hat, sollte er für Vertrauensschäden der Neugläubiger nicht ersatzpflichtig sein. Eine derartig verschärfte Haftung werde aber mit der Rechtsprechungswende in Deutschland erreicht. Im Unterschied zur Zahlungsunfähigkeit, die dem Geschäftsführer nicht verborgen bleiben könne, sei es äußerst schwierig eine Überschuldung zu erkennen[747]. Wenn Geschäftsführer einer überschuldeten GmbH dazu verpflichtet seien, den Neugläubigern auf Ersatz ihres vollen Schadens zu haften, bestünde die Gefahr, eine schneidige Haftung für fahrlässig verursachte Vermögensschäden zu begründen, die mit dem österreichischen Schadensersatzrecht unvereinbar sei[748]. *Dellinger* stellt auch auf ein gewisses Maß an Eigenverantwortlichkeit der Neugläubiger ab. Er hält es nicht für gerecht, daß sie den gesamten Vertrauensschaden ersetzt verlangen können sollen, nur weil der Geschäftsführer fahrlässig die Überschuldung nicht erkannt habe und die Neugläubiger sich nicht mit Kreditsicherheiten abgesichert hätten. Im Fall der Zahlungsunfähigkeit demgegenüber sollten die Geschäftsführer den Neugläubigern gegenüber auf Ersatz des Vertrauensschadens haften. Dies ergebe sich dann jedoch nicht aus der verspäteten Stellung des Konkursantrags, sondern daraus, daß der Geschäftsführer seine Aufklärungspflicht nicht wahrgenommen habe[749], die in Österreich, wie dargestellt, tatsächlich erst ab dem Zeitpunkt der (vorhersehbaren) Zahlungsunfähigkeit besteht. Die geänderte Rechtsprechung zur Schutzzweckbestimmung des § 69 öKO stellt daher eine erhebliche Haftungserweiterung dar. Nachdem der BGH in Deutschland die Rechtsprechungswende[750] vollzogen hatte, ging *Dellinger* auch auf die Argumente des BGH ein. So sieht *Dellinger* insbesondere auch nicht im Zusammenspiel von Kapitalaufbringungs- und –erhaltungsvorschriften mit der Konkursantragspflicht eine Recht-

---

746 *Dellinger*, WBl 1994, 44, 45 f.

747 *Dellinger*, WBl 1994, 44, 47; zu den Schwierigkeiten, die Überschuldung zu erkennen *Dellinger* ausführlicher in WBl 1996, 173, 178.

748 *Dellinger*, WBl 1994, 44, 46; *ders.*, WBl 1996, 173, 179.

749 *Dellinger*, WBl 1994, 44, 47.

750 BGH NJW 1994, 2220.

fertigung für die vom BGH vertretene Schutzzweckbestimmung. Gerade dieses Zusammenspiel rechtfertige nur, daß der Geschäftsführer als Konsequenz für die verspätete Antragstellung entweder das Gesellschaftsvermögen bzw. die Konkursmasse wieder aufzufüllen oder den Gläubigern deren Quotenschaden zu ersetzen habe. Jedenfalls ließen sich mit dem Hinweis auf die Vorschriften der Kapitalaufbringung und –erhaltung keine Individualansprüche begründen[751]. *Dellinger* hält auch das Argument des BGH für verfehlt, es bedürfe der Schutzzweckerweiterung, weil der bisherige Schutz die Gesellschaftsgläubiger nicht wirksam vor den Folgen der Konkursverschleppung schütze. Denn der Geschäftsführer habe schließlich der Gesellschaft gem. § 25 Abs. 2 öGmbHG den gesamten Betriebsverlust zu ersetzen, der ihr im Konkursverschleppungszeitraum entstanden ist. Die verspätete Antragstellung sei daher alles andere als sanktionslos. Wenn keine einzige Klage bekannt sei, mit der jemals der Quotenschaden ernstlich verfolgt worden wäre[752], dann läge dies vielleicht daran, daß mit Hilfe der Geschäftsführerhaftung gegenüber der Gesellschaft die Konkursmasse bereits soweit aufgefüllt sei, daß die Gläubiger die Quote erhielten, die sie auch bei rechtzeitiger Antragstellung bekommen hätten, ihnen also gar kein Quotenschaden entstanden sei[753]. Hier verkennt *Dellinger*, daß nach der deutschen Rechtsprechung nicht davon ausgegangen werden darf, daß der Geschäftsführer der Gesellschaft gem. §§ 64 Abs. 1, 43 Abs. 2 GmbHG den gesamten Vermögensverlust zu ersetzen hat. Es ist etwa nicht entschieden, ob auch das Eingehen neuer Schulden den Geschäftsführer dazu verpflichtet, die Gesellschaft von diesen Neuverbindlichkeiten zu befreien[754]. *Karsten Schmidt* geht sogar ausdrücklich davon aus, daß der BGH dies ablehnt[755].

#### cc.) gem. § 1311 Satz 2 Fall 2 ABGB i.V.m. §§ 159 Abs. 1 Ziffer 2, 161 öStGB

##### (1) Grundsätzliches zur Kridahaftung

§ 159 Abs. 1 Ziffer 2 StGB, der keine entsprechende Regelung im deutschen Recht findet[756], hat folgenden Wortlaut:

---

751 *Dellinger*, WBl 1996, 173, 179 f.

752 so der BGH in BGH NJW 1994, 2220, 2224.

753 *Dellinger*, WBl 1996, 173, 175 f.

754 BGH NJW 1994, 2220, 2224; BGH NJW 1998, 2667, 2668.

755 *K. Schmidt*, NZI 1998, 9, 11.

756 das wird auch betont in OGH WBl 1988, 58, 59.

*„Mit Freiheitsstrafe bis zu zwei Jahren ist zu bestrafen, wer als Schuldner mehrerer Gläubiger in Kenntnis oder fahrlässiger Unkenntnis seiner Zahlungsunfähigkeit fahrlässig die Befriedigung seiner Gläubiger oder wenigstens eines von ihnen vereitelt oder schmälert, insbesondere dadurch, daß er eine neue Schuld eingeht, eine Schuld zahlt, ein Pfand bestellt oder die Geschäftsaufsicht, das Ausgleichsverfahren oder die Eröffnung des Konkurses nicht rechtzeitig beantragt.*

Wenn der Schuldner eine juristische Person ist, ist gem. § 161 Abs. 1 öStGB Täter, wer die Tathandlung als leitender Angestellter der juristischen Person begeht. Der Geschäftsführer einer GmbH gilt gem. § 309 Abs. 2 öStGB als leitender Angestellter[757]. § 159 Abs. 1 Ziffer 2 öStGB regelt u. a. auch die strafgerichtliche Verantwortlichkeit für den Verstoß gegen die Konkursantragspflicht des § 69 Abs. 2 öKO[758]. Im Unterschied zu § 84 Abs. 1 Ziffer 2 GmbHG pönalisiert er jedoch die verspätete Stellung des Konkursantrags nur dann, wenn die Gesellschaft zahlungsunfähig war[759].

**(2) Schutzzweck des § 159 Abs. 1 Ziffer 2 öStGB und Geltendmachung**

Bei den Vorschriften über die fahrlässige Krida handelt es sich nach ständiger Rechtsprechung um Schutzgesetze i.S.d. § 1311 Satz 2 Fall 2 ABGB zugunsten aller durch die Konkursverzögerung einer zahlungsunfähigen Gesellschaft geschädigten Gesellschaftsgläubiger[760]. Allerdings werden die Schäden der Alt- und Neugläubiger unterschiedlich berechnet. Während die Altgläubiger wie bei § 1311 ABGB i.V.m. § 69 Abs. 2 öKO wieder auf den Ersatz ihres Quotenschadens verwiesen sind, soll sich aus § 159 Abs. 1 Ziffer 2 öStGB ein weitergehender Schutz der Neugläubiger ergeben[761]. Sie erhalten den gesamten Schaden ersetzt, den sie im Vertrauen auf eine ordnungsgemäße Geschäftsführung erlitten haben[762]. Der OGH rechtfertigt dies mit unterschiedlichen Argumenten. Zunächst beruft er sich darauf, daß § 159 Abs. 1 Ziffer 2 öStGB weitere Tathandlungen als die der Konkursverzögerung umfasse[763]. So wird der Geschäftsführer

757 vgl. OGH WBl 1988, 58, 59.

758 OGH WBl 1987, 186, 187; *Koppensteiner* § 25 öGmbHG Rn. 40.

759 OGH WBl 1988, 58, 60; *Koppensteiner* § 25 öGmbHG Rn. 39.

760 OGH WBl 1988, 58, 59; OGH WBl 1989, 155, 156; OGH WBl 1989, 250, 250; OGH WBl 1990, 147, 147; OGH JBl 1990, 322, 325; OGH WBl 1997, 210, 210.

761 OGH WBl 1989, 155, 156; OGH WBl 1990, 147, 149; OGH JBL 1990, 322, 326; OGH 1997, 210; OGH WBl 1989, 250, 251; OGH WBl 1988, 58, 59.

762 OGH WBl 1990, 147, 149; OGH WBl 1997, 210, 210.

763 OGH WBl 1990, 147, 147.

wegen fahrlässiger Krida verurteilt, wenn er trotz der Zahlungsunfähigkeit eine neue Schuld eingeht. Damit sei gerade der Neugläubiger besonders vom Schutzzweck des § 159 Abs. 1 Ziffer 2 öStGB erfaßt[764]. Der bei den Neugläubigern eingetretene Schaden sei die Folge des mit der fahrlässigen Krida pönalisierten Verhaltens schlechthin[765]. Weiter würden nach Zahlungsunfähigkeit eingegangene neue Schulden nicht nur die Befriedigung von Altgläubigern, sondern auch von solchen Gläubigern, deren Forderungen erst entstehen, i. S. v. § 159 Abs. 1 Ziffer 2 öStGB schmälern oder vereiteln[766]. Wenn aber der Schuldner nach dem Gesetz objektiv sorgfaltswidrig handelt, weil er trotz Zahlungsunfähigkeit eine neue Schuld eingeht, müsse der geschädigte Neugläubiger auch seinen vollen Schaden ersetzt bekommen. Der Schaden des Neugläubigers liege darin, daß er für seine Leistung keine Gegenleistung erhält und sei damit höher als derjenige der Altgläubiger[767]. An anderer Stelle hält der OGH eine Besserstellung der Neugläubiger auch deshalb für gerechtfertigt, weil sie im Vergleich zu den Altgläubigern durch das Verhalten der Geschäftsführer noch mehr gefährdet seien[768].
Vor der Rechtsprechungswende im Jahre 1997 hatte der OGH, wie bereits ausgeführt, den Standpunkt vertreten, nach § 69 öKO sei lediglich der Quotenschaden der Neugläubiger zu ersetzen. Neugläubiger konnten daher ihren Vertrauensschaden nur ersetzt bekommen, wenn der Geschäftsführer über eine evt. verspätete Stellung des Konkursantrags hinaus, auch eine fahrlässige Krida zu verantworten hatte. Die nach Auffassung des OGH damals unterschiedliche Schutzrichtung von § 69 öKO und § 159 öStGB verdeutlicht anschaulich folgender Fall[769]. Die Klägerin begehrte von der beklagten GmbH Mietzinszahlungen für die Zeit von September 1994 bis März 1995 für seit dem 01.09.1993 angemietete Büroräume sowie Abstellplätze. Denselben Betrag machte sie gegenüber den Geschäftsführern der GmbH als Schadensersatz geltend mit der Begründung, sie hätten in Kenntnis der Zahlungsunfähigkeit den Mietvertrag abgeschlossen. Am 13.11.1995, nach Abschluß der mündlichen Verhandlung erster Instanz, wurde auf Gläubigerantrag über das Vermögen der GmbH der Konkurs eröffnet.
Der OGH führte aus, sowohl die Bestimmungen des § 69 öKO als auch des § 159 öStGB seien Schutzgesetze zugunsten der durch die verspätete Konkurseröffnung geschädigten Gesellschaftsgläubiger i.S.d. § 1311 ABGB. Die Frage,

764 OGH WBl 1988, 58, 59 f.

765 OGH WBl 1989, 250, 250.

766 OGH JBL 1990, 322, 326.

767 OGH WBl 1988, 58, 59 f.

768 OGH WBl 1989, 250, 250.

769 OGH WBl 1997, 210.

ob über § 69 öKO hinaus auch gegen § 159 öStGB verstoßen wurde, sei aber für die Schadensberechung von wesentlicher Bedeutung. Denn vom Schutzzweck des § 69 öKO sei das Vertrauensinteresse der Neugläubiger nicht umfaßt. Dagegen erfasse der Schutzzweck des § 159 Abs. 1 Ziffer 2 öStGB das Vertrauensinteresse der Neugläubiger, setze andererseits aber Zahlungsunfähigkeit der Gesellschaft voraus. War die Gesellschaft zahlungsunfähig und nicht nur überschuldet, habe der Geschäftsführer daher den Vertrauensschaden des geschädigten Neugläubigers zu ersetzen[770]. Die Sache mußte schließlich zurückverwiesen werden, da weder der Zeitpunkt, zu dem Überschuldung noch jener, zu dem Zahlungsunfähigkeit eingetreten war, feststand und damit nicht geklärt war, ob bzw. für welche Forderungen es sich bei der Klägerin um eine Alt- oder Neugläubigerin handelte. Für die Haftung der Geschäftsführer in der Schadenshöhe wäre dies aber von wesentlicher Bedeutung gewesen[771]. Tatsächlich wollte die Klägerin aber das Erfüllungsinteresse ersetzt erhalten. Das Erfüllungsinteresse sei aber vom Geschäftsführer bei Konkursverschleppung auch nach § 1311 ABGB i.V.m. § 159 Abs. 1 Ziffer 2 öStGB nicht zu ersetzen[772].
Nach der Rechtsprechungswende von 1998 zum Schutzzweck des § 69 Abs. 2 öKO würde der OGH heute anders entscheiden. Die Klägerin erhielte ihr Vertrauensinteresse nach § 69 Abs. 2 öKO auch dann ersetzt, wenn die Gesellschaft bloß überschuldet war. Für die Schadenshöhe kommt es heute nicht mehr darauf an, ob der Geschäftsführer über § 69 Abs. 2 öKO hinaus auch gegen § 159 Abs. 1 Ziffer 2 öStGB verstoßen hat. Die wesentliche Bedeutung der Rechtsprechungswende zu § 69 Abs. 2 öKO besteht mithin darin, daß nun die Neugläubiger auch einer nur überschuldeten GmbH ihren Vertrauensschaden ersetzt bekommen, und zwar unabhängig davon, ob der Geschäftsführer es pflichtwidrig versäumt hat, sie über die Konkursreife der Gesellschaft aufzuklären und unabhängig davon, ob sie auf die Kreditwürdigkeit der Gesellschaft vertraut haben.

### ( 3 ) Kritik an der Rechtsprechung zu § 159 öStGB

Im österreichischen Schrifttum sind Stimmen laut geworden, welche die Ansicht des OGH kritisieren, § 159 Abs. 1 Ziffer 2 öStGB schütze das Vertrauensinteresse der Neugläubiger. Vielmehr seien auch die Neugläubiger auf den Ersatz ihrer Quotenschäden beschränkt. Schon nach dem Wortlaut des § 159 Abs. 1 Ziffer 2 öStGB sei der Schutzzweck der Norm auf die Schmälerung von Befriedigungsrechten, nicht aber auf einen Vertrauensschutz gerichtet[773]. §159

770 OGH WBl 1997, 210, 211.

771 OGH WBl 1997, 210, 211.

772 OGH WBl 1997, 210, 211.

773 *Dellinger*, WBl 1994, 44, 46; ders., WBl 1996, 173, 177.

Abs. 1 Ziffer 2 öStGB nenne das Eingehen einer neuen Schuld nur als eine der Möglichkeiten, die eigentliche Tathandlung, namentlich die Schmälerung von Befriedigungsrechten, vornehmen zu können. Ein potentieller Geschäftspartner sei aber im Zeitpunkt des Geschäftsschlusses gerade nicht ein Gläubiger, dessen Befriedigungsrecht beeinträchtigt werden könne[774]. *Dellinger* ist der Auffassung, wertungsmäßig allerdings sei der Rechtsprechung des OGH zu folgen[775]. Denn eine Haftung wegen fahrlässiger Krida setze Zahlungsunfähigkeit voraus, die dem Geschäftsführer nicht verborgen bleiben könne. Und daß der Geschäftsführer bei Zahlungsunfähigkeit im Zeitpunkt des Geschäftsabschlusses den Neugläubigern gegenüber auf Ersatz des Vertrauensschadens hafte, ergebe sich ja im österreichischen Recht bereits aus § 874 ABGB[776]. Nach der Konzeption *Dellingers* allerdings sollen die Neugläubiger ihre Vertrauensschäden allein wegen Verletzung der Pflicht, über die Konkursreife aufklären zu müssen, verlangen können. Haftungsgrundlage seien die Grundsätze der *culpa in contrahendo* oder § 874 ABGB, nicht jedoch § 159 öStGB i.V.m. § 1311 ABGB[777]. *Karollus* möchte die Neugläubiger von einem Schutz des § 159 Abs. 1 Ziffer 2 öStGB überhaupt ausschließen, da er nur Altgläubiger erfasse[778].

### ( 4 ) Geltendmachung

Die Aktivlegitimation für die Geltendmachung der Vertrauensschäden liegt nach der Rechtsprechung des OGH bei den Neugläubigern selbst. Dies gilt auch während eines Konkursverfahrens[779]. Für die Geltendmachung der Quotenschäden sind die Altgläubiger aktivlegitimiert. Das gilt unabhängig davon, ob die Quotenschäden auf § 159 öStGB oder § 69 öKO gestützt werden. Dies begründet der OGH in bewußter Abkehr von der Rechtsprechung des BGH damit, entscheidend sei, daß es sich um deliktische Schadensersatzansprüche der Gläubi-

---

774 *Dellinger*, WBl 1996, 173, 177; *Koppensteiner* § 25 öGmbHG Rn. 42.

775 *Dellinger*, WBl 1994, 44, 46; ders., WBl 1996, 173, 183.

776 *Dellinger*, WBl 1996, 173, 177 f.

777 *Dellinger*, WBl 1994, 44, 47; ders., WBl 1996, 173, 183. Dabei spricht er sich wie bereits ausgeführt für eine großzügige Anwendung bzw. Beweiserleichterungen bei § 874 ABGB aus, *Dellinger*, WBl 1994, 44, 47; ders., WBl 1996, 173, 178.

778 vgl. OGH JBL 1990, 322, 325 sowie OGH WBl 1989, 250, 250.

779 OGH WBl 1990, 349, 350; OGH WBl 1993, 225, 227; s.a. OGH WBl 1987, 344, 344.

ger[780] sowie der Verletzung von Gläubigerschutzbestimmungen handelt[781] Der OGH führt weiter aus[782]:

> „*Es ist ohne gesetzliche Grundlage nicht möglich, Schadenersatzansprüche der Gläubiger – und sei es auch nur für den Konkurs – der Gesellschaft zuzuordnen.*“

*Dellinger* begrüßt, daß die Altgläubiger Ansprüche wegen Verletzung sie schützender Gesetze selbst geltend machen können. Indem allerdings nach § 25 Abs. 2 öGmbHG der Geschäftsführer den gesamten Betriebsverlust der Gesellschaft zu ersetzen hat[783], sei es möglich, daß Quotenschäden erst gar nicht entstehen. Dies wird auch vom OGH so gesehen[784]. Sobald jedoch feststünde, daß Quotenschäden tatsächlich eingetreten sind, sollten die Altgläubiger selbst aktivlegitimiert sein[785].

### ( 5 ) Reichweite des Schutzzwecks: Aussonderungsrechte, sekundäre Leistungspflichten

Nach der Rechtsprechung des OGH haben §§ 69 Abs. 2 öKO, 159 Abs. 1 Ziffer 2 öStGB einen weiteren Schutzbereich als § 64 GmbHG. In einem Fall[786] hatte eine GmbH mit dem Kläger einen Vertrag über die Errichtung eines Kachelofens geschlossen. Das Entgelt war sofort nach Einbau des Ofens bezahlt worden. Der Kläger forderte es aber von der Gesellschaft wieder zurück, da – was rechtskräftig festgestellt wurde - ein Gewährleistungsmangel vorlag, der den Kläger zur Wandelung des Vertrags berechtigte[787]. Nachdem zunächst die Vollstreckung des Titels erfolglos gewesen war, wurde der Konkurseröffnungsantrag mangels Masse abgewiesen. Der Geschäftsführer der GmbH wurde rechtskräftig wegen des Vergehens der fahrlässigen Krida gem. § 159 Abs. 1 Ziffer 2

---

[780] OGH WBl 1990, 147, 147; OGH WBl 1997, 210, 210; OGH WBl 1990, 349, 350.

[781] OGH ecolex 1998, 327, 328.

[782] OGH WBl 1990, 349, 350.

[783] OGH WBl 1988, 29, 30.

[784] OGH WBl 1990, 349, 350.

[785] *Dellinger*, Geschäftsführerhaftung im Insolvenzfall, S. 238 ff.; *ders.*, Anm. zu OGH WBl 1990, 349, 351 f.; ebenso *Koppensteiner*, § 25 öGmbHG Rn. 35.

[786] OGH WBl 1987, 186.

[787] Der Kläger war darüber hinaus auch zur Anfechtung des Vertrags wegen Irrtums berechtigt gewesen, was aber neben der Wandelung keine weitere Bedeutung für die Beurteilung des Sachverhalts hatte und daher hier zur Verkürzung ausgeblendet wird.

öStGB verurteilt, weil er in fahrlässiger Unkenntnis der Zahlungsunfähigkeit die Befriedigung der Gläubiger dadurch vereitelt hatte, daß er neue Verbindlichkeiten eingegangen war, Schulden bezahlt und die Eröffnung des Konkursverfahrens nicht rechtzeitig beantragt hatte. Der Kläger begehrte nun vom Geschäftsführer Ersatz des Entgelts, das er von der GmbH nicht zurückerstattet bekommen hatte.

Nach den Ausführungen des OGH stand in diesem Fall schon nach dem Strafurteil fest[788], daß der Geschäftsführer gegen die Vorschrift des § 159 Abs. 1 Ziffer 2 öStGB verstoßen und daher dem Kläger den entstandenen Schaden zu ersetzen hatte. Problematisch jedoch war, daß der Kläger den Geschäftsführer der insolventen GmbH nicht wegen Nichterfüllung der primären Leistungspflicht, Errichtung des Kachelofens, in Anspruch nahm, sondern wegen Nichterfüllung der sekundären Leistungspflicht, d. h. der Rückzahlung des Kaufpreises infolge der Vertragswandelung. Der OGH entschied, auch aus der Nichterfüllung sekundärer Leistungspflichten entstandene Schäden der Gläubiger könnten vom Schutzbereich des § 159 Abs. 1 Ziffer 2 öStGB erfaßt sein. Dies setze allerdings voraus, daß bereits bei Geschäftsschluß der Eintritt sekundärer Leistungspflichten derart wahrscheinlich gewesen ist, daß bei vernünftiger kaufmännischer Beurteilung unter Beachtung der gebotenen kaufmännischen Sorgfalt nach dem gewöhnlichen Lauf der Dinge damit gerechnet werden mußte[789]. Der Einbau des Ofens war in dem betreffenden Fall nicht von einem gewerberechtlich befugten Meister kontrolliert worden, so daß mit dem Eintritt eines Gewährleistungsfalls mit erheblicher Wahrscheinlichkeit hatte gerechnet werden müssen. Der Geschäftsführer haftete für die Rückzahlung des Kaufpreises samt der entstandenen Prozeß- und Zwangvollstreckungskosten nach § 159 Abs. 1 Ziffer 2 öStGB i.V.m. § 1311 ABGB[790].

In einem weiteren Fall[791] hatte der OGH darüber zu entscheiden, ob der Geschäftsführer einer in Konkurs gegangenen GmbH auch für den Verlust eines Aussonderungsrechts haftet. Der Kläger hatte der Gesellschaft technische Geräte unter Eigentumsvorbehalt geliefert und eine Verfügungsermächtigung erteilt. Als über das Vermögen der Gesellschaft der Konkurs eröffnet wurde, waren die gelieferten Waren nicht mehr vorhanden und nur zum Teil bezahlt worden. Der Kläger führte aus, bei rechtzeitiger Konkurseröffnung wären sie noch greifbar gewesen und hätten von ihm ausgesondert werden können. Der OGH entschied aufbauend auf dem Schutzcharakter der §§ 69 öKO sowie 159 Abs. 1 Ziffer 2 öStGB, daß einzelnen Gruppen von Konkursgläubigern unterschiedliche Er-

---

788 krit. *Karollus*, WBl 1989, 118, da das Zivilgericht gerade nicht an die rechtliche Beurteilung der Tat gebunden sei.

789 OGH WBl 1987, 186, 187.

790 eine Besprechung des Urteils findet sich von *Strigl* in WBl 1987, 203 f.

791 OGH WBl 1990, 345.

satzansprüche zustehen könnten. Nach konkursrechtlichen Grundsätzen seien Gläubiger mit besicherten Geldforderungen anders zu behandeln als ungesicherte Gläubiger. Der OGH hielt daher den Verlust des Aussonderungsrechts für einen vom Schutzzweck der §§ 69 öKO, 159 öStGB erfaßten adäquaten Schaden. Im Ergebnis erhalte der Gläubiger ja gar nicht mehr als bei rechtzeitiger Konkurseröffnung. Der Schaden sei nach dem Verkehrswert der auszusondernden Ware im Zeitpunkt der hypothetisch rechtzeitigen Konkurseröffnung abzüglich etwaiger Teilzahlungen zu berechnen[792].
Das Bemerkenswerte an der Entscheidung ist, daß der OGH den durch den Verlust des Aussonderungsrechts entstandenen Schaden nicht nur wegen fahrlässiger Krida nach § 159 Abs. 1 Ziffer 2 öStGB für ersatzfähig hält, sondern auch nach § 69 öKO. Immerhin fällt die Entscheidung in den Zeitraum, als der OGH einen Vertrauensschutz und damit die Ersatzfähigkeit von Individualschäden der Neugläubiger bei Konkursverschleppung i.R.d. § 69 öKO verneinte. Dies wurde von *Dellinger* kritisiert. Seiner Ansicht nach müßten Neugläubiger, die ihr Aus- oder Absonderungsrecht verloren hätten, nach § 69 Abs. 2 öKO konsequenterweise dennoch nur einen Anspruch auf Ersatz ihres Quotenschadens haben[793]. Soweit der OGH seine Entscheidung auch auf § 159 Abs. 1 Ziffer 2 öStGB stütze, der zwar (schon zum Zeitpunkt der Entscheidung) auch Vertrauensschäden erfassen soll, hält *Dellinger* sie ebensowenig für zutreffend. Denn der OGH begründet den Schutz des Vertrauensinteresses der Neugläubiger damit, daß § 159 Abs. 1 Ziffer 2 öStGB gerade den Fall des Eingehens einer neuen Schuld ausdrücklich erwähne. Diese Konstellation sei aber nicht gegeben, wenn der Neugläubiger die Vorbehaltsware dadurch verliert, daß die Geschäftsführer der insolventen Gesellschaft ihre Verfügungsermächtigung ausüben[794].

### d.) Zusammenfassung

Nach § 69 Abs. 2 i.V.m. § 67 KO sind die Geschäftsführer dazu verpflichtet, Konkurseröffnung zu beantragen, wenn die GmbH zahlungsunfähig oder überschuldet ist. Kommen die Geschäftsführer ihrer Antragspflicht nicht nach, haften sie der geschädigten Gesellschaft sowie den Gläubigern auf Schadensersatz. Der Gesellschaft haben sie gem. § 25 Abs. 2 öGmbHG nach der Rechtsprechung des OGH, der die Lehre folgt, den gesamten Betriebsverlust zu ersetzen,

---

792 OGH WBl 1990, 345, 346.

793 *Dellinger*, WBl 1990, 346, 347.

794 *Dellinger*, WBl 1990, 346, 347. *Dellinger*, aaO, würde den Fall, daß eine Verfügungsermächtigung nicht erteilt wurde, anders beurteilen. Wird die Ware in diesem Fall weiterveräußert, kommt ein deliktischer Schadensersatzanspruch in Betracht. Diese könne auch den Geschäftsführer treffen. Er hat bestimmte Verhaltenspflichten aufgrund des absolut geschützten Eigentums des Vorbehaltsverkäufers.

der zwischen dem rechtzeitigen und verspäteten Zeitpunkt der Antragstellung entstanden ist.
Bei § 69 öKO handelt es sich um ein Schutzgesetz zugunsten aller Gesellschaftsgläubiger. Stellen die Geschäftsführer nicht rechtzeitig Konkursantrag, haben sie den Altgläubigern gem. § 69 öKO i.V.m. § 1311 ABGB deren Quotenschaden zu ersetzen. Was den Ersatz von Schäden der Neugläubiger anbetrifft, vertritt der OGH inzwischen wieder die Auffassung, §69 öKO schütze das Vertrauen der Neugläubiger in die Solvenz der Gesellschaft. Zu ersetzen ist mithin der volle Kontrahierungsschaden der Neugläubiger. Neugläubiger können auch wegen fahrlässiger Krida (§ 159 Abs. 1 Ziffer 2 öStGB) gegebenenfalls ihren vollen Schaden ersetzt erhalten. Auch diese Norm umfaßt nach ständiger Rechtsprechung des OGH nach ihrem objektiven Schutzbereich das Vertrauensinteresse der Neugläubiger. Allerdings greift die Haftung des Geschäftsführers wegen fahrlässiger Krida nicht bereits bei Überschuldung ein, sondern setzt voraus, daß die GmbH zahlungsunfähig ist[795]. Altgläubiger erhalten bei fahrlässiger Krida wiederum Ersatz ihrer Quotenschäden.

**e.) Gesellschafterhaftung**

Im österreichischen Recht können auch die Gesellschafter wegen verspäteter Stellung des Konkursantrags persönlich verantwortlich sein. Nach einer Entscheidung des OGH vom 10.12.1992[796] hat ein Gesellschafter den Vertrauensschaden eines Neugläubigers wegen Konkursverschleppung bereits dann zu ersetzen, wenn er in der Gesellschafterversammlung bloß fahrlässig gegen die Stellung des Konkursantrags stimmt. Der OGH führte aus, der beklagte Gesellschafter hätte erkennen müssen, daß die Darstellungen des Geschäftsführers zu den Sanierungsaussichten der Gesellschaft unrealistisch optimistisch waren. Daß der Gesellschafter dann nur fahrlässig gegen die Antragstellung gestimmt habe, genüge zur Haftungsbegründung[797]. Dabei kommt es nicht darauf an, ob es sich bei dem Gesellschafter um einen Allein- oder Mehrheitsgesellschafter handelt. Der OGH begründet dies damit, die als Schutzgesetz zugunsten der Gläubiger aufzufassende Konkursantragspflicht nach § 69 öKO treffe grundsätzlich alle Gesellschaftsorgane, mithin auch die Gesellschafterversammlung[798]. Die ablehnende Stimme eines jeden Mitglieds, das bei Bestehen der An-

---

795 OGH WBl 1990, 147, 147.

796 OGH ZIP 1993, 1871.

797 OGH ZIP 1993, 1871, 1874.

798 Demgegenüber soll die strafgerichtliche Verantwortlichkeit wegen Unterlassens der Konkursantragspflicht nach § 159 Abs. 1 Ziff. 2 öStGB allein die Geschäftsführer betreffen, OGH ZIP 1993, 1871, 1873.

tragspflicht gegen eine Antragstellung stimmt, sei rechtswidrig und kausal für den unterlassenen Antrag[799].

*Dellinger* kritisiert an dieser Entscheidung, daß sie an keiner Stelle aus dem Gesetz heraus erkläre, weshalb auch die Gesellschafter zur Stellung des Konkursantrags verpflichtet seien und diese Pflicht darüber hinaus auch noch gegenüber den Gesellschaftsgläubigern bestehen soll[800]. *Dellinger* ist der Ansicht, die Gesellschafter könnten nicht Täter der Konkursverschleppung sein. Wenn sie aber gegen die Konkursantragsstellung stimmten, würden sie immerhin den Geschäftsführer darin bestärken, eine Pflichtwidrigkeit zu begehen und könnten daher als „Beitragstäter", d. h. Teilnehmer haften. Eine entsprechende Weisung oder vergleichbare Einflußnahme sei aber nur dann rechtswidrig, wenn der Gesellschafter objektiv zumindest habe erkennen können, daß die Gesellschaft konkursreif ist. Um dies beurteilen zu können, soll aber auf die Beteiligungsverhältnisse der Gesellschafter abgestellt werden[801].

Die zivilrechtliche Teilnehmerhaftung im österreichischen Recht nach §§ 1301 f. ABGB[802] setzt übrigens nicht die vorsätzliche Unterstützung der Haupttat voraus. Es genügt, daß der Teilnehmer die Schädigung nur fahrlässig herbeigeführt hat[803]. Erforderlich ist zwar ein vorsätzliches Zusammenwirken; der Gesellschafter braucht jedoch den rechtswidrigen Erfolg nicht zu kennen und dessen Verwirklichung nicht zu wollen[804].

### f.) Vergleich zur deutschen Rechtslage

#### aa.) Schadensersatzpflicht gegenüber den Gesellschaftsgläubigern

In beiden Rechtsordnungen sind die Geschäftsführer dazu verpflichtet, die Eröffnung des Konkurs- bzw. Insolvenzverfahrens zu beantragen, wenn die GmbH überschuldet oder zahlungsunfähig ist (§§ 69 Abs. 2, 67 Abs. 1 öKO; § 64 Abs. 1 GmbHG). Schäden, die den Gesellschaftsgläubigern aus der verspäte-

---

799 OGH ZIP 1993, 1871, 1873.

800 *Dellinger*, WBl 1993, 201, 203.

801 *Dellinger*, WBl 1993, 201, 204 f.

802 § 1301 ABGB lautet: „*Für einen widerrechtlich zugefügten Schaden können mehrere Personen verantwortlich werden, indem sie gemeinschaftlich, unmittelbarer oder mittelbarer Weise, durch Verleiten, Drohen, Befehlen, Helfen, Verhehlen und dergleichen.; oder, auch nur durch Unterlassung der besonderen Verbindlichkeit das Übel zu verhindern, dazu beigetragen zu haben.*"

803 so auch *Schwimann / Harrer* § 1301 ABGB Rn. 8.

804 *Koppensteiner*, WBl 1988, 2, 7 FN 36.

ten Antragstellung entstehen, haben sie persönlich zu ersetzen. Beide Rechtsordnungen sehen in der Konkursantragspflicht ein Schutzgesetz (§1311 Satz 2 Fall 2 ABGB; § 823 Abs. 2 BGB) zugunsten der Gesellschaftsgläubiger; Alt- wie Neugläubiger. Hinsichtlich des Schadensumfangs ist für beide Rechtsordnungen zwischen Alt- und Neugläubigern zu unterscheiden. Altgläubiger erhalten nach der höchstrichterlichen Rechtsprechung in Österreich und in Deutschland ihren Quotenschaden ersetzt. Für Neugläubiger, die auf die Solvenz der Gesellschaft vertraut haben und bei Kenntnis der wahren Vermögenslage mit der Gesellschaft wohl nicht mehr kontrahiert hätten, stellt sich die Frage, ob sie verlangen können, so gestellt zu werden als wären sie mit der GmbH gar nicht mehr in Rechtsbeziehung getreten.

Für die deutsche Rechtslage gilt seit dem Urteil des BGH vom 06.06.1994[805], daß der Schutzzweck des § 64 Abs. 1 GmbHG nicht auf die Vermeidung von weiteren Masseschmälerungen beschränkt ist, sondern darüber hinaus Neugläubiger davor schützen soll, mit insolventen GmbHs überhaupt noch zu kontrahieren. Neugläubiger können daher gem. §64 Abs. 1 GmbHG i.V.m. § 823 Abs. 2 BGB ihren Kontrahierungsschaden ersetzt verlangen.

Für Österreich gilt nunmehr seit der Rechtsprechungswende des OGH mit Urteil vom 22.10.1997[806] ebenfalls, daß § 69 öKO einen Schutz der Neugläubiger vor Vertrauensschäden bezweckt, die bei Vorliegen der Voraussetzungen vom Geschäftsführer voll zu ersetzen sind. Im österreichischen Recht gibt es darüber hinaus die Regelung der fahrlässigen Krida in § 159 Abs. 1 Ziffer 2 öStGB, die keine Entsprechung im deutschen Recht findet. Sie stellt ebenfalls ein Schutzgesetz zugunsten aller Gesellschaftsgläubiger dar. Gem. § 1311 ABGB i.V.m. § 159 Abs. 1 Ziffer 2 öStGB erhalten die Altgläubiger wiederum ihre Quotenschäden ersetzt. Demgegenüber steht den Neugläubigern nach ständiger Rechtsprechung des OGH der Ersatz ihrer Vertrauensschäden zu. Die Haftung nach § 159 öStGB setzt aber voraus, daß es sich bei der Gesellschaft um eine zahlungsunfähige, nicht nur überschuldete GmbH handelt.

Der Verlust von Aus- oder Absonderungsrechten wird in Deutschland und Österreich unterschiedlich behandelt. Nach der Rechtsprechung des BGH[807] ist der Schaden, den der Vorbehaltseigentümer aus dem Verlust von Aussonderungsrechten bei verspäteter Stellung des Konkursantrags erleidet, kein nach § 823 Abs. 2 BGB i.V.m. § 64 Abs. 1 GmbHG ersatzfähiger Schaden[808]. Der Verlust

---

805 BGH NJW 1994, 2220.

806 OGH ecolex 1998, 327.

807 BGHZ 100, 19, 23 ff. mit dem Argument, die auszusondernden Gegenstände gehörten nicht der Schuldnerin und fielen damit nicht in das Gesellschaftsvermögen. Der Geschäftsführer hafte aber eben nur für die Verkürzung der Masse.

808 Nach dem Baustoff-Urteil, BGHZ 109, 297 = BGH DNotZ 1991, 809 m. Anm. *H. P. Westermann* können den Geschäftsführer aber die aus dem verlängerten Eigentums-

von Aus- oder Absonderungsrechten stellt einen Individualschaden dar, der über den Quotenschaden hinausgeht. Nach der Rechtsprechung des OGH fällt er in den Schutzbereich der §§ 69 KO bzw. 159 Abs. 1 Ziffer 2 StGB. Allerdings könnte sich auf der Basis der grundlegenden Rechtsprechungsänderung zum Individualschutz der §§ 823 Abs. 2 BGB, 64 Abs. 1 GmbHG auch in der deutschen Rechtsprechung ein Wandel abzeichnen[809]. Weiter sind nach der Rechtsprechung des OGH die Neugläubiger auch vor der Nichterfüllung sekundärer Leistungspflichten geschützt. Sie können vom Geschäftsführer dafür Schadensersatz verlangen, daß die zahlungsunfähige Gesellschaft Gewährleistungspflichten nicht erfüllen kann. Dies ist bisher allerdings nur für den Fall entschieden worden, daß der Geschäftsführer wegen fahrlässiger Krida nach § 159 Abs. 1 Ziffer 2 StGB haftet, so daß es sich immerhin um eine zahlungsunfähige Gesellschaft handelte. Der BGH hat noch nicht entschieden, ob Folgeschäden aus einer Schlechterfüllung der insolvenzreifen GmbH nach den Grundsätzen der Haftung wegen Insolvenzverschleppung ersetzbar sind. *Altmeppen* ist der Auffassung, Folgeschäden aus positiver Vertragsverletzung stünden nicht im inneren Zusammenhang mit dem etwa gewährten Vertrauen, daß eine insolvenzreife GmbH rechtzeitig aus dem Rechtsverkehr gezogen wird[810].
Was die Geltendmachung der Quotenschäden der Altgläubiger anbelangt, sollen nach der Rechtsprechung des OGH die Altgläubiger selbst die Aktivlegitimation haben. Nach der Rechtsprechung des BGH dagegen haben die Altgläubiger gemeinschaftlich einen Quotenschaden erlitten, der als Gesamtschaden vom Insolvenzverwalter gem. § 92 InsO geltend zu machen ist.

Im österreichischen wie im deutschen Schrifttum wird die Wende hin zu einem Vertrauensschadensersatz für die Neugläubiger wegen nicht rechtzeitiger Stellung des Konkursantrags überwiegend abgelehnt[811]. Zusammenfassend läßt sich festhalten, daß die Kritiker einen Schutz des enttäuschten Vertrauens der Neugläubiger allein über die schuldhafte Verletzung der Aufklärungspflicht und nicht eine Schutzbereichserweiterung der Konkursantragspflicht erreichen wollen. Am weitesten geht dabei *Dellinger* aus Österreich, der eine persönliche

---

vorbehalt zu beachtenden Pflichten persönlich treffen und deren Verletzung seine deliktische Haftung auslösen, vgl. hierzu näher *Sandberger*, S. 130 ff.

809 vgl. *Scholz / K. Schmidt* § 64 Rn. 37. *Ders.*, § 64 GmbHG Rn. 38 spricht sich dafür aus, den Verlust eines Aussonderungsrechts, der ein Individualschaden sei, aus *culpa in contrahendo* zu ersetzen, nicht aber in den Schutzbereich des § 64 GmbHG einzubeziehen. In diesem Sinn inzwischen auch *Hachenburg / Ulmer*, § 64 GmbHG Rn. 50; *ders.* noch anders in NJW 1983, 1577, 1581 und *Hachenburg / Ulmer* Voraufl. § 64 GmbHG Rn. 52 ff.

810 *Altmeppen*, ZIP 1997, 1173, 1179.

811 für Deutschland vgl.: 2. Teil B II 3 b.) a.E.; für Österreich vgl.: 3. Teil A II 2 c.) bb.).

Haftung des Geschäftsführers auf Ersatz von Vertrauensschäden nur bei Zahlungsunfähigkeit der Gesellschaft annehmen möchte. Tatsächlich besteht die Pflicht, die eigene Vermögenslage offenlegen zu müssen, in Österreich anders als in Deutschland nicht bereits ab Überschuldung, sondern erst ab (vorhersehbarer) Zahlungsunfähigkeit. Daher bedeutet die Rechtsprechungswende zum Ersatz des Vertrauensschadens der Neugläubiger wegen verspäteter Stellung des Konkursantrags für das österreichische Recht in der Tat eine erhebliche Haftungserweiterung. Demgegenüber hatte der deutsche GmbH-Geschäftsführer einer bloß überschuldeten GmbH Vertrauensschäden aus *culpa in contrahendo* schon vor der Rechtsprechungswende des BGH zur Schutzzweckbestimmung des § 64 Abs. 1 GmbHG zu ersetzen.
Das Problematische bei der Überschuldung sind die Schwierigkeiten und die Ungewißheiten, die damit verbunden sind, sie festzustellen[812]. Der Geschäftsführer haftet bereits dann wegen Konkursverschleppung nach §§ 1311 ABGB i.V.m. 69 öKO bzw. §§ 823 Abs. 2 BGB i.V.m. 64 Abs. 1 GmbHG, wenn er die Überschuldung auch nur leicht fahrlässig nicht erkannt hat. Das österreichische Schrifttum möchte den Geschäftsführer davor schützen, bereits für die Folgen der fahrlässig nicht erkannten Überschuldung unbeschränkt haften zu müssen. Tatsächlich wird dieser Gesichtspunkt im deutschen Schrifttum nicht in derselben Weise gewürdigt. Immerhin plädiert *Flume*[813] dafür, hohe Anforderungen an den Schuldvorwurf der Fahrlässigkeit zu stellen. *Müller* spricht von einem „amorphen und rechtstechnisch kaum faßbaren Begriff der Überschuldung". Daher sei es nicht gerechtfertigt, den in einem Rechtsirrtum handelnden Geschäftsführer so zu behandeln, als habe er den Neugläubiger vorsätzlich hereingelegt[814].

## bb.) Verantwortlichkeit gegenüber der Gesellschaft

Über die Schadensersatzpflicht gegenüber den Gesellschaftsgläubigern hinaus, können die Geschäftsführer gegebenenfalls auch von der Gesellschaft in Anspruch genommen werden[815]. Dies ergibt sich für beide Rechtsordnungen aus den fast wortgleichen Regelungen in § 25 Abs. 3 Ziffer 2 öGmbHG bzw. § 64 Abs. 2 GmbHG, wonach die Geschäftsführer „Zahlungen" ersetzen müssen, die

---

812 näher hierzu vgl.: *Müller*, ZIP 1993, 1531, 1538.

813 *Flume*, ZIP 1994, 337, 340: „[...] *die Komplexität der Bewertungsproblematik unter Beachtung der Fortführungsprognose [zwinge] zu größter Sorgfalt hinsichtlich des Schuldvorwurfs der Fahrlässigkeit*."

814 *Müller*, ZIP 1993, 1531, 1538.

815 zur Frage, ob es sich dabei um einen Schadensersatzanspruch handelt, vgl.: *Lutter / Hommelhoff* § 64 Rn. 30.

nach Eintritt der Konkursreife geleistet wurden. Problematisch ist der Begriff der „Zahlungen". In Deutschland hat der BGH sich noch nicht festgelegt, ob hierunter auch die Belastung des Gesellschaftsvermögens mit Neugläubigerforderungen zu verstehen ist. Er ist allerdings der Auffassung, wer dies bejahe, müsse konsequenterweise auch dazu kommen, daß der Insolvenzverwalter die Neugläubigerforderungen in voller Höhe geltend machen kann. Diesen Weg möchten in Deutschland *Wilhelm* und *Altmeppen* gehen[816]. In Österreich hat demgegenüber der OGH[817] nach §§ 25 Abs. 3 Ziffer 2, 25 Abs. 2 öGmbHG den gesamten Betriebsverlust für ersatzfähig gehalten, einschließlich der neu eingegangenen Verbindlichkeiten.

816 Nach ihrem Konzept hätten die Gesellschaftsgläubiger gegenüber dem Geschäftsführer individuelle Ansprüche nur bei Verletzung der Aufklärungspflicht. Bei verspäteter Stellung des Konkursantrags würden die Geschäftsführer allein gegenüber der Gesellschaft haften. Zu ersetzen hätten sie den gesamten wegen der Insolvenzverschleppung entstandenen Vermögensverlust. Aus der so wiederhergestellten Masse wären dann die Gesellschaftsgläubiger quotal zu befriedigen, *Wilhelm / Altmeppen*, NJW 1999, S. 673 ff.

*Wilhelm* bereits ZIP 1993, S. 1833 ff.; *Altmeppen*, ZIP 1997, 1173, 1178 sprach 1997 noch davon, daß die Kritik des Schrifttums gegen die Rechtsprechungswende unbegründet sei, da das Urteil vom 06.06.1994 „dogmatisch jedenfalls vertretbar und im Ergebnis dringend geboten" sei. In NJW 1999, S. 673 ff. erschien dann die gemeinsame Abhandlung von *Wilhelm* und *Altmeppen*

817 OGH WBl 1988, 29, 30

## B. Exkurs: „Eigenkapitalersatzrecht" in Griechenland

Der deutschen GmbH entspricht in Griechenland die Etairia periorismenis evthinis (kurz: EPE)[818]. Die griechische GmbH weist im Vergleich zur deutschen GmbH eine stärkere personalistische Prägung auf. Sie wurde durch das Gesetz Nr. 3190[819] von 1955 (im folgenden: grGmbHG) in das griechische Recht als eigenständige Gesellschaftsform eingeführt

### I. Tatbestand des Sonderrechts für Gesellschafterdarlehen

Art. 32 des grGmbHG stellt für Gesellschafterdarlehen ein Sonderrecht auf. Er lautet:

> „*Die Gewährung von Anleihen durch die Gesellschafter an die Gesellschaft gegen dingliche Sicherheit durch gesellschaftseigene Vermögensgegenstände ist verboten. Die trotz dieses Verbots getätigte Sicherheitsleistung ist ungültig.*
> *Die Tilgung der von den Gesellschaftern gewährten Anleihen durch die Gesellschaft wird als nicht erfolgt betrachtet, falls durch diese Tilgung die teilweise oder vollkommene Begleichung von zu gleicher Zeit bestehenden Forderungen Dritter unmöglich gemacht wird.*
> *Im Fall der Auflösung der Gesellschaft aus irgendeinem Grunde mit Ausnahme des Falles der Konkurserklärung werden die aus Darlehen herrührenden Forderungen der Gesellschafter erst nach Tilgung der übrigen Schulden der Gesellschaft befriedigt.*"

Nach Art. 32 Abs. 2 grGmbHG gelten Gesellschafterdarlehen als nicht durch die Gesellschaft getilgt, wenn aufgrund der Tilgung die zum selben Zeitpunkt bestehenden Ansprüche übriger Gesellschaftsgläubiger nicht befriedigt werden können. Art. 32 Abs. 3 grGmbHG ordnet die nachrangige Befriedigung der Dar-

---

818 allg. zur griechischen GmbH vgl.: *Soufleros*, GmbHR 1992, S. 276 ff; *Hohloch / Bailas, Dimitrios* und *Elena*, EU – Hdb. Gesellschaftsrecht, Griechenland, S. 79 ff.; die Grundlagen im Überblick bei: *Rokas, Konstantinos*, ZGR 1975, S. 332 ff.; *Behrens / Digenopoulos*, GmbH im internationalen und europäischen Recht S. 1498 ff.

819 Gesetzestext bei *Behrens*, GmbH im internationalen und europäischen Recht, S. 1522 ff.

lehensforderungen der Gesellschafter im Verhältnis zu den übrigen Gesellschaftsschulden an, sofern die Gesellschaft aus einem anderen Grund als der Konkurseröffnung aufgelöst wird.

### 1. Art der Finanzierungshilfe

Art. 32 Abs. 2 und Abs. 3 grGmbHG erfassen als Finanzierungshilfe einzig Darlehen, welche Gesellschafter an die Gesellschaft gewährt haben. Andere Arten von Kapitalhilfen, etwa die Gewährung einer Sicherheit für Darlehen gesellschaftsfremder Dritter oder die Überlassung von Gegenständen an die Gesellschaft zur Nutzung unterfallen nicht den Regelungen des Art. 32 grGmbHG[820]. Zur Unterbindung von Umgehungsversuchen allerdings wird eine entsprechende Ausdehnung des Anwendungsbereichs vorgeschlagen[821].

### 2. Gesellschaftereigenschaft

Art. 32 grGmbHG findet ausschließlich Anwendung auf Darlehen, welche Gesellschafter der Gesellschaft gewährt haben. Gesellschafter ist, wer einen Gesellschaftsanteil allein oder zusammen mit anderen Personen besitzt (Art. 4 Abs. 2 i. V. m. Art. 27 Abs. 1 bzw. Abs. 3 und 4 grGmbHG)[822]. Maßgeblicher Zeitpunkt für die Bestimmung der Gesellschaftereigenschaft ist der Zeitpunkt, zu dem das Darlehen getilgt werden soll[823]. Damit ist ohne Bedeutung, ob der Darlehensgläubiger bereits zum Zeitpunkt der Darlehensgewährung Gesellschafter war oder nicht. Entscheidend ist allein, daß derjenige, welcher die Rückzahlung eines Darlehens von der Gesellschaft verlangt, zum Tilgungszeitpunkt Gesellschafter ist. Eine Erstreckung auf Darlehen, die von gesellschaftsfremden Dritten gewährt wurden, die aber im Ergebnis Darlehen der Gesellschafter wirtschaftlich entsprechen, gibt es nicht im griechischen Recht[824]. Allerdings sind in Griechenland Stimmen laut geworden, die für eine Ausdehnung des Art. 32 grGmbHG auf Nichtgesellschafter in bestimmten Fällen plädieren[825]. Dies gilt vornehmlich für Darlehen von Familienangehörigen, Strohmännern und verbundenen Unternehmen. Diese Darlehen hätten dieselbe Funktion und densel-

---

820 *Tellis* in: *De Kluiver / van Gerven* (Hrsg.), S. 153 f.; *Xenides* in: *Papagiannis* (Hrsg.), Griechisches Wirtschafts – und Unternehmensrecht, S. 241.

821 *Tellis* in: *De Kluiver / van Gerven* (Hrsg.), S. 153.

822 *Xenides* in: *Papagiannis* (Hrsg.), S. 241.

823 *Tellis* in: *De Kluiver / van Gerven* (Hrsg.), S. 153.

824 *Tellis* in: *De Kluiver / van Gerven* (Hrsg.), S. 153 f.

825 *Xenides* in: *Papagiannis* (Hrsg.), S. 237, 242-244; *Tellis* in: *De Kluiver / van Gerven* (Hrsg.), S. 153.

ben Zweck wie ein Gesellschafterdarlehen. Um das Ziel des Art. 32 grGmbHG nicht zu vereiteln und Umgehungsversuche zu unterbinden, müsse er in diesen Fällen entsprechende Anwendung finden[826].

### 3. besondere Voraussetzungen

Art. 32 Abs. 2 grGmbHG setzt weiter voraus, daß die Gesellschafterdarlehen zu einem Zeitpunkt getilgt wurden, zu dem die Gesellschaft nicht zusätzlich auch noch alle ihre übrigen Gläubiger hätte befriedigen können. Ob die Gesellschaft sich bei Darlehenshingabe in einer wirtschaftlichen Krise befunden hat oder nicht, ist irrelevant. Entscheidend ist allein die wirtschaftliche Situation der Gesellschaft im Zeitpunkt der Darlehensrückzahlung. Ist die Gesellschaft überschuldet, kann sie dennoch imstande sein, die Gesellschaftsschulden bei Fälligkeit des Darlehensrückzahlungsanspruchs ihres Gesellschafters zu befriedigen. Umgekehrt kann es sein, daß die Gesellschaft nicht überschuldet ist, aber dennoch nicht die Gläubiger befriedigen kann[827]. Art. 32 Abs. 2 grGmbHG greift auch bei einem bloß vorübergehenden Liquiditätsengpaß ein[828].
Die Forderungen der übrigen Gesellschaftsgläubiger, deren Schutz Art. 32 Abs. 2 grGmbHG dient, brauchen bei Geltendmachung des Darlehensrückzahlungsanspruchs nicht fällig zu sein[829]. Drittgläubiger fälliger Forderungen sind ohnehin schon durch die allgemeinen prozessualen und vollstreckungsrechtlichen Behelfe geschützt[830]. Andernfalls bräuchte die Gesellschaft in Absprache mit dem Gesellschafter-Gläubiger das Darlehen einfach immer nur vor Fälligkeit der übrigen Forderungen zurückzuzahlen, um so die Anwendbarkeit des Art. 32 grGmbHG auszuschließen[831]. Die Forderungen der anderen Gesellschaftsgläubiger müssen allerdings bei Tilgung der Darlehensschuld entstanden sein. Dabei sind auch bedingte Forderungen zu berücksichtigen[832].

### 4. subjektives Element

Ob der Gesellschafter bei Darlehenstilgung weiß, daß die Gesellschaft nicht ausreichend Vermögen hat, um alle ihre Gläubiger zu befriedigen, ist irrelevant. Maßgeblich ist allein, ob das Gesellschaftsvermögen zum Zeitpunkt der Darle-

---

826 *Xenides* in: *Papagiannis* (Hrsg.), S. 237, 242-244.

827 *Rokas*, ZHR 1966, 297, 304 f.

828 *Rokas*, ZHR 1966, 297, 304.

829 *Rokas*, ZHR 1966, 297, 304; *Xenides* in: *Papagiannis* (Hrsg.), S. 248.

830 *Xenides* in: *Papagiannis* (Hrsg.), S. 248.

831 *Rokas*, ZHR 1966, 297, 306.

832 *Rokas*, ZHR 1966, 297, 306; *Xenides* in: *Papagiannis* (Hrsg.), S. 248 f.

henstilgung objektiv nicht ausreicht. Ohne Bedeutung ist damit aber insbesondere auch, ob der Gesellschafter bei Darlehenshingabe damit rechnete, daß sein Darlehen bei Fälligkeit gegebenenfalls nicht getilgt werden darf[833].

## II. Rechtsfolgen

Art. 32 grGmbHG stellt unterschiedliche Rechtsfolgen auf. Es ist danach zu unterscheiden, ob die Gesellschaft fortbestehen soll, sich im Konkursverfahren befindet oder aus einem anderen Grund aufgelöst wird.

### 1. bei Fortbestehen der Gesellschaft

#### a.) Rückzahlungsverbot

Nach Art. 32 Abs. 2 grGmbHG gilt die Tilgung der Darlehensforderung als nicht erfolgt, wenn das Gesellschaftsvermögen zum Zeitpunkt der Tilgung nicht zur Befriedigung aller Gläubiger ausreichte. Fordert der Gesellschafter die Rückzahlung seines Darlehens, kommt es darauf an, ob die Gesellschaft zu diesem Zeitpunkt dazu in der Lage ist, die Forderungen auch ihrer übrigen Gläubiger zu befriedigen. Ist dies nicht der Fall, darf sie das Darlehen trotz Fälligkeit gem. Art. 32 Abs. 2 grGmbHG nicht an den Gesellschafter zurückzahlen[834]. Wird das Darlehen dennoch ausgezahlt, droht den Geschäftsführern eine Schadensersatzpflicht gegenüber den Gesellschaftsgläubigern (Art. 26 Abs. 1 grGmbHG)[835]. Das Rückzahlungsverbot erstreckt sich auch auf Zinsen und sonstige Nebenforderungen aus dem Darlehen. Weiter sind auch Erfüllungssurrogate wie die Aufrechnung mit einer Gegenforderung der Gesellschaft nach Art. 32 Abs. 2 grGmbHG ausgeschlossen[836]. Die Gesellschaft kann die Auszahlung allerdings nur in dem Umfang verweigern, als die Befriedigung der übrigen Gläubiger gefährdet ist. Soweit es nicht zur Befriedigung der anderen Gesellschaftsgläubiger erforderlich ist, kann das Darlehen immerhin teilweise rückerstattet werden[837].

---

833 vgl. *Xenides* in: *Papagiannis* (Hrsg.), S. 247

834 *Rokas*, ZHR 1966, 297, 298, 301 f.

835 *Xenides* in: *Papagiannis* (Hrsg.), S. 250; *Hohloch / Bailas, Dimitrios und Elena*, EU-Hdb. Gesellschaftsrecht, Griechenland, S. 90 Rn. 395; *Soufleros*, GmbHR 1992, 276, 281.

836 *Xenides* in: *Papagiannis* (Hrsg.), S 251 f.

837 *Rokas*, ZHR 1966, 297, 303; *Xenides* in: *Papagiannis* (Hrsg.), S. 249.

Die Auszahlungssperre des Art. 32 Abs. 2 grGmbHG bedeutet nicht, daß der Gesellschafter seine Darlehensforderung nicht einklagen könnte. Vielmehr kann er die Gesellschaft auf Rückzahlung des Darlehens verklagen und einen vollstreckbaren Titel gegen sie erwirken. Die Gesellschaft kann die Auszahlungssperre des Art. 32 Abs. 2 grGmbHG nicht einwenden. Schließlich macht das Gesetz sie nicht vom Zeitpunkt der Klageerhebung oder der letzten mündlichen Verhandlung abhängig, sondern stellt allein auf den Zeitpunkt der Tilgung ab. Der Gesellschafter soll trotz bestehender Auszahlungssperre zur Zeit der Prozeßführung einen vollstreckbaren Titel über seine fällige Forderung erwirken können. Auf diese Weise wird darauf Rücksicht genommen, daß das Gesellschaftsvermögen jederzeit und schon in der Zwangsvollstreckung wieder vergrößert sein kann. Sollte dies nicht der Fall sein, kann die Gesellschaft in der Zwangsvollstreckung sich auf ihr Leistungsverweigerungsrecht aus Art. 32 Abs. 2 grGmbHG berufen[838].

**b.) Erstattungspflicht**

Hat die Gesellschaft nicht von ihrem Leistungsverweigerungsrecht Gebrauch gemacht, sondern das Darlehen zu einem Zeitpunkt getilgt, als das Gesellschaftsvermögen nicht zur Befriedigung der übrigen Gläubiger ausreichte, ordnet Art. 32 Abs. 2 grGmbHG die Wirkungslosigkeit der Tilgung an. Art. 32 Abs. 2 grGmbHG stellt nicht etwa eine gesetzliche Fiktion dar[839]. Vielmehr beschreibt Art. 32 Abs. 2 grGmbHG die Rechtsfolge eines relativen Verfügungsverbots. Die Verfügung ist unwirksam nur im Verhältnis zu den Fremdgläubigern[840]. Dem Berechtigten steht damit ein Rückforderungsanspruch zu. Berechtigter kann aber nicht die Gesellschaft sein, weil im Verhältnis zwischen Gesellschafter und Gesellschaft die Tilgung ja wirksam ist [841]. Berechtigte können auch nicht die Fremdgläubiger sein, da keinerlei Rechtsverhältnis zwischen ihnen und den Gesellschaftern besteht. Weiter ist nicht ihr Vermögen, sondern das der Gesellschaft vermindert worden[842]. Nach der h. M. gilt die entgegen dem relativen Verfügungsverbot getilgte Darlehensforderung im Verhältnis zu den geschützten Gesellschaftsgläubigern als fortbestehend. Zur Durchsetzung dieses Schutzes kann dann die verbotswidrig verfügende Gesellschaft vom Gesellschafter das Darlehen zurückfordern. Strittig ist die Rechtsnatur dieses Rückerstattungsanspruchs, worauf noch eingegangen wird. Die Gesellschaftsgläubiger

---

838 *Rokas*, ZHR 1966, 297, 305 f.

839 *Xenides* in: *Papagiannis* (Hrsg.), S. 253; *Rokas*, ZHR 1966, 297, 309.

840 *Xenides* in: *Papagiannis* (Hrsg.), S. 247; *Rokas*, S. 309.

841 *Rokas*, ZHR 1966, 297, 309.

842 *Rokas*, ZHR 1966, 297, 309 f.; *Xenides* in: *Papagiannis* (Hrsg.), S. 254.

können von der Gesellschaft die Abtretung des Rückforderungsanspruchs an sich verlangen bzw. eine Drittschuldnerklage erheben[843].
Seiner Rechtsnatur nach soll der Rückerstattungsanspruch der Gesellschaft nach einer Ansicht ein Herausgabeanspruch sein. Die Gesellschaft habe aufgrund des Verfügungsverbots in Art. 32 Abs. 2 grGmbHG ihr Eigentum an dem zurückgewährten Darlehen nicht verloren. Handelt es sich wie meist um ein Gelddarlehen, bereitet aber die Sonderstellung des Geldes im Sachenrecht Schwierigkeiten[844]. Z. T. wird versucht, dies dadurch zu lösen, daß die Sach – durch die Wertvindikation ersetzt wird, mithin immer der Geldwert herauszugeben sei[845]. Dem mangelnden Schutz vor einer Weiterverwendung des Geldes soll durch Anwendung des Surrogationsgrundsatzes begegnet werden[846].
Hält man dagegen an den traditionell geltenden sachenrechtlichen Grundsätzen fest, kann der Rückerstattungsanspruch der Gesellschaft aus ungerechtfertigter Bereicherung begründet werden. Dabei sind die Vorschriften des Bereicherungsrechts allerdings analog heranzuziehen, da die Gesellschaft nicht sine causa gehandelt hat, indem es sich bei dem der Verfügung zugrundeliegenden Darlehensvertrag um ein wirksames schuldrechtliches Geschäft handelt. Der Gefahr einer Entreicherung seitens des Gesellschafters sei dadurch zu begegnen, daß der grundsätzlich mögliche Entreicherungseinwand ausnahmsweise ausgeschlossen werde (Art. 911 grBGB)[847].

Sofern die Voraussetzungen vorliegen, kommt auch eine Haftung wegen unerlaubter Handlung, dann allerdings unmittelbar gegenüber den Gesellschaftsgläubigern in Betracht. Dies ist der Fall, wenn der Gesellschafter entgegen dem Auszahlungsverbot des Art. 32 Abs. 2 grGmbHG den Darlehensbetrag annimmt und weiß oder wissen muß, daß er dem Art. 32 Abs. 2 grGmbHG zuwider handelt[848].
Die Regelung des Art. 32 Abs. 2 grGmbHG wird in Griechenland auch kritisiert. Die Gesellschafterdarlehen würden alle gleich behandelt ohne Rücksicht darauf, zu welchen Bedingungen sie gewährleistet wurden und zu welchem Zweck. Ein Gesellschafter könne seine Gesellschaft praktisch nicht mit Darle-

---

843 *Rokas*, ZHR 1966, 297, 308 ff.

844 *Xenides* in: *Papagiannis* (Hrsg.), S. 254; *Rokas*, ZHR 1966, 297, 311.

845 *Rokas*, ZHR 1966, 297, 312; zur deutschen Rechtslage vgl.: *H. P. Westermann / Gursky / Pinger*, Sachenrecht § 30 V 3 a, S. 194; ablehnend hiergegen vgl.: *Palandt / Bassenge* § 985 BGB Rn. 10, keine Besserstellung des Geld – als des Sacheigentümers.

846 *Rokas*, ZHR 1966, 297, 312; s. a. *Simitis*, AcP 159 (1960), 406, 461.

847 *Rokas*, ZHR 1966, 297, 311 f.

848 *Rokas*, ZHR 1966, 297, 312 f.

hen unterstützen, ohne Gefahr zu laufen, daß es wie Eigenkapital der Gesellschaft behandelt wird. Da maßgeblicher Zeitpunkt die Tilgung des Darlehens ist, läuft der Gesellschafter immer Gefahr, das Darlehen nicht mehr zurückzuerhalten, weil sich die wirtschaftliche Situation bis zum Zeitpunkt der Darlehenstilgung verschlechtert hat[849].

### 2. bei Auflösung der Gesellschaft aus irgendeinem Grunde außer der Konkurseröffnung

Wird die Gesellschaft aus irgendeinem anderen Grund außer der Konkurseröffnung aufgelöst, ordnet Art. 32 Abs. 3 grGmbHG an, daß die Gesellschafter-Darlehensgläubiger nachrangig nach den übrigen Gesellschaftsgläubigern befriedigt werden[850]. Im Unterschied zur Regelung des Art. 32 Abs. 2 grGmbHG, wonach die Forderungen der Gesellschaftsgläubiger nur privilegiert sind, wenn das Gesellschaftsvermögen nicht zur Befriedigung aller Gesellschaftsgläubiger ausreicht, privilegiert Art. 32 Abs. 3 grGmbHG die Fremdgläubiger in jedem Fall[851].

### 3. bei Auflösung der Gesellschaft wegen Konkurseröffnung

Wird die Gesellschaft im Konkursverfahren aufgelöst, werden die Darlehensrückzahlungsansprüche im Verhältnis zu den Forderungen der übrigen Gesellschaftsgläubiger nicht schlechter gestellt. Art. 32 Abs. 3 grGmbHG sieht die nachrangige Befriedigung von Gesellschafterdarlehen nur bei anderen Auflösungsgründen vor.

Hiergegen wird vorgebracht, die Fremdgläubiger würden nicht ausreichend geschützt, wenn ihre Forderungen mit den Darlehensforderungen der Gesellschafter gleichbehandelt würden. Dies wird insbesondere dann als ungerecht empfunden, wenn die Gesellschafter eine kreditunwürdige Gesellschaft durch Darlehen unterstützt und so ihre Insolvenz hinausgezögert haben[852].

Die gesetzliche Regelung wird damit verteidigt, daß der Gesetzgeber in einer Schlechterstellung der Gesellschafter im Konkurs offensichtlich eine unbillige Härte gesehen hat. Schließlich könne davon ausgegangen werden, daß im Konkursfall der Gesellschaft für die Darlehensansprüche der Gesellschafter praktisch nie etwas übrig bleibe, wenn sie bloß nachrangig befriedigt würden. Dabei hätten sie der Gesellschaft aber Kredite gegeben und seien ebenso ihre Gläubi-

---

849 *Tellis* in: *De Kluiver / van Gerven* (Hrsg.), S. 153.

850 *Hohloch / Bailas, Dimitrios* und *Elena*, EU – Hdb. Gesellschaftsrecht, Griechenland, S. 90 Rn. 395.

851 *Rokas*, ZHR 1966, 297, 314.

852 *Tellis*, in: *De Kluiver / van Gerven* (Hrsg.), S. 153.

ger wie außenstehende Dritte auch. Darüber hinaus habe der Gesetzgeber befürchtet, daß die Gesellschafter nicht mehr zu Darlehensgewährungen bereit sein würden, wenn sie im Konkurs der Gesellschaft nur nachrangig befriedigt würden.[853]. Schließlich wird noch darauf abgestellt, daß die Gesellschafter die Auflösung der Gesellschaft außer im Konkurs selbst herbeigeführt haben. Dies rechtfertige es, sie hinsichtlich ihrer Darlehensforderungen im Unterschied zur Konkursauflösung, auf die sie keinen Einfluß haben, hintanzustellen[854].
Z. T. wird dafür plädiert, die Vorschrift des Art. 32 Abs. 3 grGmbHG für bestimmte Fälle teleologisch zu reduzieren. Dies sei etwa angesagt, wenn die Gesellschafter-Darlehensgläubiger zum Nachteil der übrigen Gläubiger gehandelt haben, um diese zu schädigen. Hier gingen die Gesellschafter von vornherein bewußt eigene Risiken ein. Die Darlehensrückzahlungsforderungen der Gesellschafter seien dann nach denen der anderen Gesellschaftsgläubiger zu befriedigen[855]. Die Regelung des Art. 32 Abs. 3 grGmbHG sollte allein dem redlichen Gesellschafter zugute kommen[856].Von der Rechtsprechung wird die Weiterentwicklung des Art. 32 grGmbHG wegen seines klaren Wortlauts jedoch nicht für möglich gehalten[857].

## III. Vergleich des griechischen Sonderrechts für Gesellschafterdarlehen zum deutschen Eigenkapitalersatzrecht

Völlig unterschiedlich behandeln die deutsche und griechische Rechtsordnung Gesellschafterdarlehen, wenn über das Vermögen der Gesellschaft das Konkursverfahren eröffnet worden ist. Nach deutschem Recht kann der Gesellschafter sein Darlehen nur als nachrangiger Insolvenzgläubiger geltend machen. Nach griechischem Recht werden die Darlehensrückzahlungsansprüche der Gesellschafter mit den Forderungen der übrigen Gesellschaftsgläubiger gleich behandelt. Für den Gesellschafter einer griechischen GmbH ist damit insbesondere auch das Risiko, ein Sanierungsdarlehen zu verlieren, geringer als für den Gesellschafter einer deutschen GmbH. Er kann versuchen, die konkursreife Gesellschaft durch Darlehen vor dem Konkurs zu bewahren. Fällt sie in Konkurs, steht er im Verhältnis zu den übrigen Gesellschaftsgläubigern dennoch nicht schlechter.

---

853 *Rokas*, ZHR 1966, 297, 313 ff.; s. a. *Xenides*, in: *Papagiannis* (Hrsg.), S. 256 f.

854 *Xenides*, in: *Papagiannis* (Hrsg.), S. 257.

855 *Rokas*, ZHR 1966, 297, 315; s. a. *Xenides*, in: *Papagiannis* (Hrsg.), S. 257 f.

856 *Xenides* in: *Papagiannis* (Hrsg.), S. 258, 265; *Rokas*, ZHR 1966, 297, 315.

857 Nachweise bei *Xenides* in: *Papagiannis* (Hrsg.), S. 265 FN 119.

Ein weiterer wichtiger Unterschied zeigt sich auch im folgenden: Zwar erhält das Darlehen nach deutschem Recht Eigenkapitalersatzfunktion unabhängig davon, ob der Gesellschafter die Kreditunwürdigkeit der Gesellschaft tatsächlich kannte oder nicht bzw. wird beim Stehenlassen von seiner regelmäßigen Kenntnismöglichkeit ausgegangen. Der Gesellschafter hat aber immerhin die Möglichkeit, auf das Schicksal seines Darlehens Einfluß zu nehmen. Er kann das Darlehen bei Verschlechterung der Vermögensverhältnisse fristgerecht abziehen. Nach griechischem Recht aber entscheiden allein die Vermögensverhältnisse der Gesellschaft im Tilgungszeitpunkt über das Schicksal des Darlehens. Zum Zeitpunkt der Darlehensgewährung können die Vermögensverhältnisse der Gesellschaft noch stabil sein. Sobald eine Vermögensverschlechterung eintritt und die Gesellschaft nicht mehr in der Lage ist, alle Gläubiger zu befriedigen, kann der Gesellschafter nichts mehr unternehmen. Er kann nicht innerhalb einer Bedenkfrist wählen, ob er das Darlehen der Gesellschaft weiterhin beläßt oder abzieht.

Im übrigen weist das griechische Sonderrecht für Gesellschafterdarlehen einen weitaus kleineren Anwendungsbereich auf, indem es als Finanzierungshilfe allein Darlehen und als Kreditgeber allein die Gesellschafter erfaßt.

## C. Rechtslage in England[858]

### I. Finanzierung der unterkapitalisierten Gesellschaft durch die Gesellschafter

#### *1. doctrine of equitable subordination* und *subordination agreements*

Es gibt in England anders als in den USA keine *doctrine of equitable subordination*[859]. Danach kann der Richter unter bestimmten Voraussetzungen im Konkurs der Gesellschaft Forderungen abweichend von der üblichen Rangfolge auf einen schlechteren Rang verweisen. Einen der praktischen Hauptanwendungsfälle bieten in der Tat Gesellschafterdarlehen. Das Gesetz[860] selbst nennt nicht die Voraussetzungen für die Nachordnung von Gesellschafterdarlehen. Der Richter wird nach ständiger Rechtsprechung einen Nachrang anordnen, wenn dem darleihenden Gesellschafter ein unfaires Verhalten (*inequitable conduct*) gegenüber den Gesellschaftsgläubigern vorgeworfen werden kann. Zwar ist Anknüpfungspunkt bei der Frage nach einer *equitable subordination* damit ein unfaires Verhalten, nicht die Finanzierung einer unterkapitalisierten Gesellschaft mit Gesellschafterdarlehen als solches. Ein *inequitable conduct* kann jedoch gerade darin bestehen, die unterkapitalisierte Gesellschaft mit Gesellschafterdarlehen zu versorgen und dabei das Finanzierungsrisiko einseitig auf die Gläubiger abzuwälzen[861]. Insoweit lassen sich hier Parallelen zum Eigenkapitalersatzrecht ziehen.

---

858 allgemein zur englischen Rechtsordnung vgl.: *Blumenwitz*, Einführung in das anglo – amerikanische Recht, 6. Aufl., 1998; *Graf v. Bernstorff*, Einführung in das englische Recht, 2000; *James*, Introduction to English Law, 12. Aufl., 1989; *Walker / Ward*, English Legal System, 7.Aufl., 1994.

859 Ausführlich zur *doctrine of equitable subordination*, vgl.: *Björn Gehde*, Eigenkapitalersetzende Gesellschafterleistungen in Deutschland und in den USA. Erwähnt auch bei *Fleischer*, ZIP 1998, 313, 318 f.; *Schulte*, The Company Lawyer 1997, 2, 4 ff.

860 § 510 (c) des *Bankruptcy Code* lautet: „*Notwithstanding subsections (a) and (b) of this section, after notice and a hearing, the court may – (1) under principles of equitable subordination, subordinate for the purposes of distribution all or part of an allowed claim to all or part of another allowed claim or all or part of an allowed interest to all or part of another allowed interest; or (2) order that any lien securing such a subordinated claim be transferred to the estate.*"

861 *Gehde*, Eigenkapitalersatz in Deutschland und USA, S. 249, S. 254; *Schulte*, The Company Lawyer 1997, 2, 4, 13.

Weiter wird in England auch weniger als in den USA von der Möglichkeit Gebrauch gemacht, aufgrund sog. *subordination agreements* die Rangfolge vertraglich zu bestimmen[862]. Bei einer solchen Vereinbarung erklärt sich der Kreditgeber entgegen der vom Gesetz vorgesehen Rangfolge damit einverstanden, im Rang nach anderen Gläubigern, den sog. *senior creditors* befriedigt zu werden[863]. Anders als beim Eigenkapitalersatzrecht also bestimmt der Kreditgeber selbst, ob er sich auf einem schlechteren Rang befinden wird oder nicht. *Farrar* sieht in *subordinated debts* eine neue Form von *loan capital*[864] wie das von der Gesellschaft aufgenommene Fremdkapital genannt wird[865]. *Subordinated debts* seien eine Art der Unternehmensfinanzierung, die gegenüber einer Versorgung mit Eigenkapital vorgezogen werde[866]. *Farrar* lehnt *subordinated loans* jedoch mit dem Argument ab, daß sie im Insolvenzverfahren, wenn sie ihre eigentliche Bedeutung erlangen, gegen den Grundsatz der gesetzlich vorgesehenen Gleichbehandlung aller Gläubiger (*pari passu principle*) verstoßen würden[867].

### 2. Keine Entwicklung hin zur Sonderbehandlung von Gesellschafterdarlehen

Es gibt in der Rechtsprechung keine Auseinandersetzung mit der Frage, ob Gesellschafterdarlehen an eine unterkapitalisierte Gesellschaft abweichend von den sonst üblichen Darlehensregeln behandelt werden sollten. In der Literatur spricht sich *Schulte* dafür aus, nach amerikanischem Vorbild auch in England Regeln über eine *equitable subordination* von Forderungen in der Insolvenz einzuführen[868]. Ihm ist jedoch insbesondere daran gelegen, diese Regeln im Verhältnis von Mutter- zu Tochtergesellschaften anzuwenden, wenn die Tochter insolvent ist und die Mutter ihre Forderungen gegen die Tochter geltend

---

862 *Farrar*, Company law, S. 261.

863 zu *subordination agreements* vgl. *Pennington*, Company law, S. 602 ff. S.a. *Mayson u. a.*, Company law, S. 740.

864 *Farrar*, Company law, S. 259.

865 Der Darlehensgeber sichert sich üblicherweise durch sog. *debt securities*, etwa Hypotheken, *mortgages*, oder Schuldverschreibungen, *debentures*, ab. Ausführlich hierzu vgl.: *Pennington*, Company law, S. 555; *Farrar*, Company law, S. 256 ff. Zu *debentures* vgl.: C I 3.

Kreditinstitute vereinbaren üblicherweise sog. *financial covenants*, vgl. hierzu: 2. Teil A II 2 c.).

866 *Farrar*, Company law, S. 261.

867 *Farrar*, Company law, S. 261.

868 *Schulte*, The Company Lawyer 1997, S. 2 ff.

macht[869]. *Schulte* scheint mit seinen Anregungen jedoch alleine zu stehen. Jedenfalls findet sein Vorschlag sowie im besonderen die Frage, ob Gesellschafterdarlehen an eine unterkapitalisierte Gesellschaft wie Eigenkapital behandelt werden können, in der englischen Literatur im übrigen keine Beachtung[870].
Das *Cork Committee*[871] hat sich mit der Frage, ob Forderungen in der Gesellschaftsinsolvenz auf einen schlechteren Rang verwiesen werden können, nur insoweit beschäftigt, als es um Verbindlichkeiten geht, welche die insolvente Gesellschaft den mit ihr verbundenen Unternehmen schuldet. Es lehnte einen automatischen Nachrang (*automatic subordination*) solcher Forderungen ab[872]. Das Komitee unterbreitete aber den Vorschlag, Verbindlichkeiten, die ganz oder teilweise das langzeitige Kapital der insolvent gewordenen Gesellschaft darstellen, erst nach Befriedigung der übrigen Gläubiger zu begleichen[873]. Dieser Vorschlag hat jedoch keinen Anklang gefunden.

### 3. Präzedenzfall[874]: Salomon v. Salomon & Co. Ltd.

Der wohl prominenteste Fall im *company law* ist der vom House of Lords 1897 entschiedene Fall *Salomon v. Salomon & Co. Ltd.*[875]. Seine eigentliche Bedeutung liegt darin, in der *company* eine von ihren Mitgliedern getrennte eigene

---

869 *Schulte*, The Company Lawyer 1997, 2, 2 f., 13.

870 vgl. etwa die umfassende Abhandlung von *Pennington* zu dem Thema Darlehensgewährung an eine Gesellschaft, *Pennington* in *Pettet* (Hrsg.), Company law in change, S. 91 ff.; s.a. die Abhandlung von *Vanessa Finch*, Security, Insolvency and Risk: Who pays the price ?, MLR 1999, S. 633 ff.

871 Das *Cork Committee* unter dem Vorsitz von Mr Cork war 1977 vom damaligen *Secretary of State for Trade*, Mr Edmund Dell eingesetzt worden, um eine grundlegende Beurteilung der Insolvenzrechte von England und Wales vorzunehmen.

872 *Insolvency Law and Practice, Report of the Review Committee*, Cmnd 8558, 1982, S. 440 ff.

873 *Insolvency Law and Practice, Report of the Review Committee*, Cmnd 8558, 1982, S. 441, wobei sich das Komitee auf einen Grundsatz im *equity law* berief, wonach jemand, der einen Teil des Geschäftskapitals bereitstellt, dessen Erstattung solange nicht zurückverlangen kann bis die übrigen Gläubiger befriedigt sind. Dieses Prinzip ist z.B. angewandt worden bei *partnerships* oder wenn ein Vater seinem Sohn die Aufnahme eines Geschäftsbetriebs ermöglicht hatte.

874 Im englischen Recht sind die Untergerichte an die Entscheidungen der Obergerichte gebunden (*doctrine of binding precedent* oder *stare decisis*), *Walker & Ward*, English Legal System, S. 58 ff. Dabei wird die Bindungswirkung englischer Gerichtsentscheidungen mit derjenigen von Entscheidungen des Bundesverfassungsgerichts, § 31 Abs. 3 BverfGG, verglichen, *Triebel*, englisches Handels- und Wirtschaftsrecht, S. 36 Rn. 30.

875 *Salomon v. Salomon & Co.* Ltd. [1897] A. C. 22.

Rechtsperson zu sehen. Er kann jedoch auch für die Frage herangezogen werden, ob das englische Recht in die Finanzierung unterkapitalisierter Gesellschaften durch ihre Gesellschafter eingreift.
Dem Fall lag folgender Sachverhalt zugrunde. Ein Lederwarenhändler, Aron Salomon, verkaufte sein Einzelunternehmen an eine *limited company*, die er zuvor selbst gegründet hatte und deren Gesellschafter er und sechs Familienmitglieder[876] waren. Die Gesellschaft verfügte über ein Nominalkapital i. H. v. 40000.- Pfund, aufgeteilt in 40000 Anteile. Jeder Gründer übernahm zunächst je einen Anteil. Salomon und zwei seiner Söhne wurden als Geschäftsführer eingesetzt. Für sein früheres kaufmännisches Geschäft sollte Salomon einen Kaufpreis i.H.v. 38782.- Pfund erhalten. I.H.v. 20000.- Pfund zeichnete er 20000 Geschäftsanteile. Für einen Betrag i.H.v. 10000 Pfund erhielt er sog. *debentures*. *Debentures* dienen der Fremdfinanzierung von *private companies*[877]. *Debentures* sind Schuldverschreibungen, die eine Forderung gegen die Gesellschaft urkundlich begründen oder anerkennen. In den meisten Fällen ist darüber hinaus eine Sicherheit für die Darlehensforderung vorgesehen. Salomon wurde eine Sicherheit am Vermögen der Gesellschaft eingeräumt[878]. Der noch verbleibende Restbetrag wurde Salomon in bar ausgezahlt. In der Folgezeit kam die *Salomon & Co. Ltd.* derart in finanzielle Schwierigkeiten, daß bereits nach einem Jahr der Konkurs eröffnet werden mußte. Aron Salomon verklagte die *company* auf Zahlung der *debentures*. Der Konkursverwalter bestritt die Forderung und berief sich unter anderem darauf, daß die *company* nur aus dem Grund gegründet worden wäre, damit die Haftung von Salomon, dessen Einzelhandel weiterhin bestanden habe, beschränkt werden konnte. Salomon sollte daher den Gesellschaftsgläubigern unbeschränkt haften. Seine Forderung aus der *debenture* sollte Salomon erst nach Befriedigung der übrigen Gläubiger gezahlt erhalten.

---

876 nach dem Companies Act 1862 konnte eine company nur mit mindestens sieben Gesellschaftern gegründet werden.

877 *Güthoff*, Gesellschaftsrecht in Großbritannien, S. 29, *Shearman*, GmbHR 1992, 149, 151; *Behrens / Behrens*, GmbH im internationalen und europäischen Gesellschaftrecht, Großbritannien, S. 880 Rn. GB/NI/EL 43.

878 Der *Companies Act* enthält in sec. 744 eine wenig hilfreiche Definition von *debentures*, wonach eine *debenture* „*includes debenture stock, bonds and other securities of a company whether constituting a charge on the assets of the company or not*". Daher wird auf eine Definition von Chitty J in *Levy v Abercorris Slate Co* [1987] 37 Ch D 260, 264 zurückgegriffen, der ausführte: „*a document which creates or acknowledges a debt is a debenture.*" Vgl. *Tennekoon,* S. 439. *Der* Inhaber der *debenture* hat Anspruch auf Verzinsung sowie auf Bezahlung der Forderung, *Shearman*, GmbHR 1992, 149, 151 f. Ausführlich zu *debentures* vgl.: *Pennington*, company law, S. 556 ff.

In den Vorinstanzen hatte noch der Konkursverwalter mit unterschiedlichen Begründungen Erfolg[879]. Demgegenüber vertrat das *House of Lords* die Ansicht, daß Salomon den Gesellschaftsgläubigern nicht unbeschränkt hafte. Insbesondere seien auch die *debentures*, die er als teilweise Gegenleistung für den Verkauf seines Geschäfts erhalten habe, wirksam hingegeben worden. Das höchste Gericht führte aus, daß Gesellschafter ebenso wie gesellschaftsfremde Dritte dazu berechtigt seien, eine *debenture* zu halten und ihre Forderung so gut wie möglich abzusichern. Ungesicherten Gläubigern könne nicht geholfen werden:

> „*Any member of a company, acting in good faith, is as much entitled to take and hold the company's debentures as any outside creditor. Every creditor is entitled to get and to hold the best security the law allows him to take.*"
> und:
> „*The unsecured creditors of A. Salomon and Company Ltd may be entitled to sympathy, but they have only themselves to blame for their misfortunes.*"[880]

Das *House of Lords* hat an keiner Stelle erwogen, Salomon im Verhältnis zu den übrigen Gesellschaftsgläubigern anders zu behandeln. Da seine restliche, gestundete Kaufpreisforderung besonders abgesichert war, wurde er sogar bevorzugt behandelt. Zwar hat der Gläubigerschutz bei einer insolventen *company* inzwischen in das englische Insolvenzrecht Eingang gefunden[881]. Wie bereits erwähnt, gibt es im englischen Recht anders als im amerikanischen Recht jedoch keine *equitable subordination*. Gesellschafter einer insolventen Gesellschaft werden hinsichtlich ihrer Darlehensforderungen mit den übrigen Gesellschaftsgläubigern gleich behandelt. *Salomon v. Salomon & Co Ltd* kann dabei als Präzedenzfall dafür angebracht werden, daß das englische Recht keine, und zwar auch nicht unter *equity*-, d.h. Billigkeits-Gesichtspunkten nachrangige Befriedigung von Gesellschafterdarlehen vorsieht. So meint auch *Schulte*, der sich für die Einführung einer *equity subordination* im englischen Recht ausspricht, daß die Entscheidung in *Salomon v. Salomon & Co Ltd* dazu beigetragen hat,

---

879 näher hierzu vgl.: *Pennington*, company law, S. 40 f.; *Farrar* u.a., company law, S. 67.

880 *Salomon v. Salomon & Co.* Ltd., [1897] A. C. 22, 53.

881 Dies betrifft die im *Insolvency Act 1986* geregelten Fälle der persönlichen Haftung von Geschäftsführern einer insolventen Gesellschaft.

daß es in England keine Möglichkeit gibt, Forderungen von Gesellschaftern gegen die Gesellschaft im Rang nachzuordnen[882].

### 4. Gesellschaftskapital und Gläubigerschutz im englischen *company law*

Die Tatsache, daß das englische Recht keine dem Eigenkapitalersatzrecht vergleichbare Regeln kennt, kann damit zusammenhängen, daß das englische Recht ohnehin weniger durch Kapitalschutz versucht, die Gesellschaftsgläubiger zu schützen.
Eine *private company* ist nicht an ein Mindestkapital gebunden[883]. In England ist es möglich, eine „GmbH" mit einem Kapital von nur 1 Pfund, ja sogar nur 1 pence zu gründen[884]. Auch aktuelle Stimmen im englischen Schrifttum möchten hieran festhalten, da mit dem Erfordernis eines Mindestkapitals kein effektiver Gläubigerschutz verbunden sei[885]. Darüber hinaus bestehen im englischen Gesellschaftsrecht keine strengen Kapitalaufbringungsregeln[886]. Die Kapitalaufbringung (*raising of capital*) kann weitgehend in der Satzung autonom geregelt werden. Die *private company* erhält Rechtsfähigkeit verliehen, ohne daß sie alle Anteile ausgegeben haben müßte oder ausgegebene Anteile eingezahlt sein müßten[887]. Das Nominalkapital stellt nichts weiter dar als eine Prognosezahl, und erst das „*issued capital*" ist Haftungsgrundlage der *private company*[888]. Der

882 *Schulte*, The Compnay Lawyer 1997, 2, 11, der dies allerdings auf sein besonderes Anliegen, namentlich die Sonderbehandlung von Forderungen in verbundenen Unternehmen bezieht.

883 In der Gründungsurkunde (*memorandum of* association) ist das „Nominalkapital" (*nominal capital* oder *authorised share capital*) sowie die Anzahl der Geschäftsanteile, die ausgegeben werden dürfen, festzulegen. Die von der *private company* tatsächlich ausgegebenen Anteile stellen das „*issued capital*", die eingezahlten Anteile das „*paid - up capital*" dar. Dabei wird kein Mindestbetrag, für keine der unterschiedlichen „Kapitalstadien" verlangt, *Behrens / Behrens*, GmbH im internationalen und europäischen Gesellschaftsrecht, Großbritannien, S. 857 f. Rn. GB / NI / El 16; *Shearman*, GmbHR 1992, 149, 150 f.

884 *Shearman*, GmbHR 1992, 149, 151.

885 *Armour*, MLR 2000, 365, 371 f.; *Davies*, AG 1998, 346, 353 f.; anders *Williams/Mc Gee*, Insolv. L. 1993, 2, 4

886 die Kapitalaufbringung steht bei der *private company* nicht im Zeichen des Gläubigerschutzes, *Davies*, AG 1998, 346, 346 f.

887 *Güthoff*, Gesellschaftsrecht in Großbritannien, S. 28; *Neuling*, GmbH und private company, S. 146.

888 *Güthoff*, Gesellschaftsrecht in Großbritannien S. 29; *Triebel*, Englisches Handels- und Wirtschaftsrecht, S. 238; *Bödecker*, Kapitalerhaltung im englischen Gesellschaftsrecht, S. 5. Nach s. 74 secs. 1 und 2 (d) Insolvency Act 1986 haften die Gesellschafter bis zum Nennwert der von ihnen gezeichneten Anteile.

Kapitalerhaltungsgrundsatz (*maintenance of capital*)[889] demgegenüber findet im heute geltenden *company law* an verschiedenen Stellen im *Companies Act* von 1985 (im folgenden: CA) Ausprägung[890]. Kapitalbindung war aber nicht von vornherein Wesensmerkmal einer *company*. Vorgänger der heutigen *company* waren die *joint stock companies*. Zum Teil besaßen sie eigene Rechtspersönlichkeit, die ihnen durch eine *Royal Charter* oder einen *Act of Parliament* verliehen wurde[891]. Gesellschaften, die nicht inkorporiert waren, *joint stock companies without corporation*, wurden über hundert Jahre mit dem sog. *Bubble Act* verboten[892]. Nach Aufhebung des Verbots im Jahre 1825 begannen die Gesellschafter damit, vertraglich ihre unbeschränkte Haftung auszuschließen[893]. Das Parlament erließ schließlich im Jahre 1855 den *Limited Liability Act*. Damit wurden die *joint stock companies* zu Körperschaften, deren Mitglieder beschränkt hafteten. Der *Limited Liability Act* stellte noch Mindestanforderungen an das Gesellschaftskapital. Diese paßten jedoch nicht zu der liberalen Wirtschaftspolitik des Parlaments und wurden schon ein Jahr später mit dem *Joint stock companies Act* von 1856 wieder beseitigt[894]. Von da an begann die Entwicklung der modernen Gesetzgebung im *company law*[895], angeführt durch den *Companies Act* von 1862, der „*Magna Carta of co-operative enterprise*"[896]. Die mit dem *Limited Liability Act* konsolidierte eigene Rechtspersönlichkeit und beschränkte Haftung waren keine Neuerfindungen, sondern aufgrund der *joint stock companies* bereits bekannt.

Demgegenüber führte der deutsche Gesetzgeber die Kapitalgesellschaft ohne historisches Vorbild ein. Dabei wurden eigene Rechtspersönlichkeit und beschränkte Haftung stets als Privilegien verstanden, welche die Gesellschafter als Ausgleich dafür erhalten, daß sie ein Mindestkapital als „Haftungsmasse" oder

---

889 eine aktuelle Diskussion zum Grundsatz der Kapitalerhaltung im englischen *company law* unter dem Gesichtspunkt des Gläubigerschutzes findet sich bei *Armour*, MLR 2000, 365, 373 ff.

890 gemeint sind die Vorschriften zur Kapitalherabsetzung (secs. 135-141 CA), zum Kauf eigener Anteile (secs. 143, 159-170 CA), zur finanziellen Hilfe beim Kauf von Geschäftsanteilen durch Dritte (secs. 151-154 CA) und bei der Auszahlung von Gesellschaftsvermögen (secs. 263, 264 CA).

891 unterschieden werden *joint stock companies without corporation* und *incorporated joint stock companies*, *Farrar*, Company law, S. 17.

892 ausführlich hierzu vgl.: *Farrar*, Company law, S. 18 f.

893 *Farrar*, Company law, S. 20.

894 *Farrar*, Company law, S. 21.

895 ausführlich zu den Entwicklungen in der Gesetzgebung vgl.: *Mayson* u.a., company law, S. 17 ff.

896 *Farrar*, company law, S. 21. Diese Beschreibung geht zurück auf Sir Francis Palmer.

„Garantiekapital“ für die Gesellschaftsgläubiger zusammentragen und erhalten[897]. Für die deutsche GmbH ist der Grundsatz der Kapitalerhaltung seit ihrer Schaffung im Jahre 1892 wesentlicher Bestandteil des GmbH – Rechts. In Deutschland wird er als „Grundpfeiler“ des GmbH – Rechts bezeichnet. Er diene dazu, dem Stammkapital der GmbH im Gläubigerschutzinteresse eine Garantiefunktion zu verleihen und die beschränkte Haftung der GmbH – Gesellschafter zu rechtfertigen[898].
Die Gesellschafter einer *company* dagegen erhalten ihre Haftung beschränkt, ohne hierzu wirklich einen bestimmten Beitrag leisten zu müssen[899]. Im heutigen *company law* fehlen daher nach wie vor Anforderungen an ein Mindestkapital. Kapitalerhaltungsregeln wurden erst allmählich durch richterliche Entscheidungen entwickelt, um die Gläubiger nicht völlig schutzlos stehen zu lassen und haben durch den Gesetzgeber schließlich Eingang in das geschriebene *company law* gefunden.

## II. Geschäftsleiterhaftung

Nach englischem Insolvenzrecht können Geschäftsleiter, die den Geschäftsbetrieb zum Nachteil der Gesellschaftsgläubiger fortgeführt haben, nach Eröffnung des Insolvenzverfahrens zu einer Ausgleichszahlung in das Gesellschaftsvermögen verurteilt werden. Den Geschäftsleitern kann vorgeworfen werden, die Gesellschaft in der Absicht, die Gesellschaftsgläubiger zu schädigen, fortgeführt zu haben, sog. *fraudulent trading* oder den Geschäftsbetrieb aufrecht erhalten zu haben, obwohl sie wußten oder hätten erkennen müssen, daß die Gesellschaft das Insolvenzverfahren nicht würde vermeiden können, sog. *wrongful trading*. Das Insolvenzgesetz von 1986, *Insolvency Act* 1986 (im folgenden: IA), hat den völlig neuen Tatbestand des sog. *wrongful trading* in sec. 214 IA eingeführt. Er wurde insbesondere geschaffen, um die Defizite des schon länger bestehenden *fraudulent trading* auszugleichen, der in section 213 IA weiterbesteht. Wegen der Schwierigkeiten, eine Schädigungsabsicht i.S.d. *fraudulent trading* nachzuweisen, plädierte die Reformkommission dafür, in das neue Insolvenzgesetz einen Tatbestand einzufügen, der ein geringeres Maß an Vorwerfbarkeit voraussetzt[900]. Die persönliche Inanspruchnahme des Geschäftslei-

---

897 *Hachenburg / Ulmer*, § 5 GmbHG Rn. 6; *Scholz / Winter*, § 5 GmbHG Rn. 13.

898 *Scholz / H. P. Westermann* § 30 Rn. 1; RGZ 168, 292, 297 f.; BGHZ 28, 77, 78.

899 so auch *Bödecker*, Kapitalerhaltung im englischen Gesellschaftsrecht, S. 18, 26; *Neuling*, GmbH und private company, S. 155.

900 ausführlich zu den Vorschlägen des *Cork Comitee* vgl.: *Williams*, The Company Lawyer 1991, 222, 223; s. a. *Gower*, Principles of modern company law, S. 151; *Sealy*,

ters setzt in beiden Fällen jedoch zunächst voraus, daß die Gesellschaft aufgelöst wird.

### 1. Auflösungsgründe bei der *private company*

#### a.) Fälle der gerichtlichen Auflösung

Bei der Auflösung einer *company* werden die freiwillige und gerichtliche Auflösung unterschieden, sog. *voluntary winding up* und *compulsory winding up by the court*[901]. Sowohl bei der freiwilligen als auch bei der gerichtlichen Auflösung geht die Verwaltung des Geschäftsbetriebs und des Gesellschaftsvermögens in die Hände eines sog. *liquidators* über, im Fall der gerichtlichen Liquidation auch *official receiver* genannt[902].
Sec. 122 subs. 1 IA zählt die Gründe auf, aus denen die Eröffnung eines gerichtlichen Liquidationsverfahrens beantragt werden kann[903]. Dies ist nicht etwa auf den Fall beschränkt, daß die Gesellschaft insolvent ist, obgleich dies der weitaus häufigste Fall für eine gerichtliche Auflösung ist. Das Gericht kann nach sec. 122 IA eine Liquidation der Gesellschaft auch in Fällen anordnen, in denen sie sogar völlig solvent ist, wobei es verwundert, daß diese Fälle auch im Insolvenzrecht geregelt sind[904]. So kann eine Gesellschaft nach sec. 122 IA durch gerichtliche Entscheidung etwa aufgelöst werden, wenn die Gesellschaft nicht innerhalb eines Jahres nach Inkorporation ihre Geschäfte aufgenommen bzw. sie für ein Jahr eingestellt hat, sec. 122 subsec. 1 (d) IA. Das Gericht kann eine Gesellschaft auch dann auflösen, wenn es der Ansicht ist, eine Auflösung sei aus anderen Gründen recht und billig, sec. 122 subsec. 1 (g) IA[905].
Eine gerichtliche Auflösung kommt aber insbesondere in Betracht, wenn die Gesellschaft nicht dazu fähig ist, ihre Schulden zu bezahlen, sec. 122 subsec. 1 (f) IA[906]. Was unter der *inability to pay its debts* zu verstehen ist, definiert sec.

---

Disqualification and personal liability of directors, S. 601; *Bourne*, Estates Gazette 1995, 123, 123.

901 zu dieser Unterscheidung ausführlich vgl.: *Bugg* und *Stockwell* in: A Practitioner´s Guide to corporate insolvency, S. 51ff., S. 69 ff.; *Gower*, Principles of modern company law, S. 834 ff.; *Farrar* u.a., company law, S. 708 ff.

902 *Gower*, Principles of modern company law, S. 836.

903 Die Widergabe beschränkt sich hier auf die Auflösungsgründe bei der *private company*.

904 *Gower*, Principles of modern company law, S. 833 f.

905 die verbleibenden Fälle in sec. 123 gelten nicht in England.

906 Sec. 122 subsec. 1 (f) lautet: *A company may be wound up by the court if the company is unable to pay its debts.*

123 IA für unterschiedliche Fälle. Sie können in zwei konzeptionell unterschiedliche Gruppen unterteilt werden. Man spricht einmal von der sog. *commercial* oder *cash-flow insolvency* (sec. 123 subsec. 1 IA), welche die aus deutscher Sicht „echte" Zahlungsunfähigkeit meint. Die zweite Gruppe ist die sog. *balance-sheet insolvency* (sec. 123 subsec. 2 IA)[907]. Beim *balance-sheet test* werden wie zur Feststellung einer Überschuldung in Deutschland die Werte der Eigenmittel und der Schulden miteinander verglichen[908]. Nach sec. 123 subsec. 2 IA wird vermutet, eine Gesellschaft könne ihre Schulden nicht bezahlen, wenn das Gericht zu der Überzeugung gelangt ist, daß die Schulden der Gesellschaft, einschließlich ihrer möglichen und zukünftigen Verbindlichkeiten größer sind als ihr Gesellschaftsvermögen.

Subsec. 1 von sec. 123 IA enthält Fälle der *cash-flow insolvency.* Nach Sec. 123 subsec. 1 (a) IA wird vermutet, eine Gesellschaft sei nicht fähig, ihre Schulden zu begleichen, wenn sie der Zahlungsaufforderung eines Gläubigers, dem sie eine Summe von mehr als 750 Pfund schuldet, nicht innerhalb von drei Wochen nachgekommen ist. Nach sec. 123 subsec. 1 (b) IA ist eine Gesellschaft darüber hinaus nicht fähig, ihre Schulden zu bezahlen, wenn die Zwangsvollstreckung nicht zur völligen Befriedigung eines Gläubigers geführt hat. Nach sec. 123 subsec. 1 (e) IA ist es ausreichend, daß das Gericht aus anderen Gründen davon überzeugt ist, daß die Gesellschaft ihre Verbindlichkeiten nicht bezahlen kann. Wenn Gesellschaftsgläubiger die Liquidation einer Gesellschaft wegen Zahlungsunfähigkeit beantragen, werden sie wegen dem für sie fehlenden Zugriff auf die Buchführung der Gesellschaft eher auf den *cash-flow test* zurückgreifen[909].

In Part I und Part II des IA 1986 wurde die Möglichkeit eingeführt, Gesellschaften, die ihre Verbindlichkeiten nicht begleichen können, zunächst noch unter Weiterführung des Geschäftsbetriebs zu retten bzw. zu rehabilitieren. Es handelt sich um sog. *voluntary arrangements* und *administration orders*, auf die hier nicht weiter eingegangen wird, da eine persönliche Haftung der Geschäftsleiter nur bei der Liquidation der Gesellschaft in Betracht kommt[910].

---

907 Sec. 123 subsec. 2 IA lautet: *A company is also deemed unable to pay its debts if it is proved to the satisfaction of the court that the value of the company's assets is less than the amount of ist liabilities, taking into account its contingent and prospevtive liabilities.*

908 *Cooke* in: A Practitioner's Guide to corporate insolvency, S. 21.

909 *Sealy*, Disqualification and personal liability of directors, S. 21 f.

910 zum englischen Sanierungsverfahren bei zahlungsunfähigen Gesellschaften ausführlich *Susanne Perker*, Das Reorganisationsverfahren im englischen Insolvenzrecht (Diss.), 1994; *Triebel* u.a., Englisches Handels- und Wirtschaftsrecht, S. 311 ff.; *Gregory* in: A Practitioner's Guide to corporate insolvency, S. 89 ff.; *Farrar u.a.*, Company Law, S. 685 ff.; *Mayson* u. a.., Company Law, S. 702 ff.; *Gower*, Principles of modern company law, S. 817 ff.;

Sec. 124 IA bestimmt, wer einen Auflösungsantrag auf gerichtliche Liquidation stellen kann. Dies sind die Gesellschaft selbst, ihre Geschäftsleiter, jeder Gesellschaftsgläubiger sowie ein Nachschußpflichtiger.

**b.) Fälle der freiwilligen Auflösung**

Eine freiwillige Liquidation (*voluntary winding up*), geregelt in sec. 84 IA, setzt einen entsprechenden, in der Regel besonderen oder außerordentlichen Gesellschafterbeschluß voraus (*special* oder *extraordinary resolution*), für den Besonderheiten gelten[911]. Die Geschäftsleiter haben in einer anschließenden Versammlung über eine sog. *declaration of solvency* zu entscheiden, sec. 89 IA. Sie enthält die Aussage, daß die Geschäftsleiter zu der Auffassung gelangt sind, die Gesellschaft könne ihre Schulden bezahlen. Geben die *directors* eine *declaration of solvency* ab, wird von einem *members' voluntary winding up* gesprochen. Können die Geschäftsleiter eine entsprechende Erklärung nicht abgeben, kommt es zu einem *creditors' voluntary winding up,* sec. 90 IA. Die Gesellschaftsgläubiger haben innerhalb von 14 Tagen nach der Gesellschafterversammlung eine eigene Versammlung abzuhalten, in der die Geschäftsleiter ihnen eine Liste der Gläubiger und Verbindlichkeiten vorzulegen haben, secs. 98, 99 IA.

**c.) Insolvenzantragspflicht?**

Die Geschäftsführer einer englischen *company* trifft keine mit der in § 64 Abs. 1 GmbHG geregelten vergleichbare Konkursantragspflicht. Eine solche kann allenfalls indirekt daraus hergeleitet werden, daß den *directors* bei gläubigerschädigender Aufrechterhaltung des Geschäftsbetriebs Haftungsfolgen wegen *wrongful trading* drohen. Im Ergebnis führen die neuen Bestimmungen dazu, daß die Geschäftsleiter dazu verpflichtet sind, eine insolvente Gesellschaft in ein freiwilliges Liquidationsverfahren zu führen oder eine *administration* zu beantragen, um persönliche Haftungsfolgen zu vermeiden[912]. Insofern kann auch von einer indirekten Insolvenzantragspflicht gesprochen werden.

---

911 vgl. secs. 378 ff. des Companies Act. In beiden Fällen gelten bestimmte Mehrheitsverhältnisse. Die Gesellschafterversammlung für einen besonderen Gesellschafterbeschluß kann innerhalb 21, für einen außerordentlichen Gesellschafterbeschluß innerhalb 15 Tagen einberufen werden

912 *Sealy*, Disqualification and personal liability of directors, S. 47.

## 2. *Fraudulent trading*, sec. 213 Insolvency Act

Sec. 213 IA[913] lautet:

> „*(1) If in the course of the winding up of a company it appears that any business of the company has been carried on with intent to defraud creditors of the company or creditors of any other person, or for any fraudulent purpose, the following has effect.*
> *(2) The court, on the application of the liquidator may declare that any person who were knowingly parties to the carrying on of the business in the manner above-mentioned are to be liable to make such contributions (if any) to the company's assets as the court thinks proper.*"

### a.) Voraussetzungen

Eine Verurteilung wegen *fraudulent trading* setzt zunächst voraus, daß die Gesellschaft aufgelöst wird. Dabei ist gleichgültig, aus welchem Grund dies geschieht. Die Regelungen zur betrügerischen Geschäftsführung können auch dann zur Anwendung kommen, wenn die Gesellschaft aufgrund eines Gesellschafterbeschlusses aufgelöst wird (*voluntary winding up*)[914]. Wird die Gesellschaft durch gerichtliche Entscheidung aufgelöst, setzt sec. 213 IA keinen bestimmten aus den besprochenen Auflösungsgründen von sec. 122 IA voraus. Weiter wird vorausgesetzt, daß die Gesellschaft in der Absicht, Gesellschaftsgläubiger oder andere Gläubiger zu schädigen oder mit anderer betrügerischer Absicht fortgeführt wurde. Als Haftungsschuldner kommen damit zunächst die *directors* in Betracht. Die Haftung kann jedoch jede Partei eines Rechtsgeschäfts treffen, die von der Schädigungsabsicht Kenntnis hatte. Dies hat bereits Banken und Muttergesellschaften davon abgehalten, an Gesellschaften, die sich in einer wirtschaftlichen Krise befinden, finanzielle Hilfen zu gewähren. Allerdings darf nicht übersehen werden, daß sec. 213 IA nach allgemeiner Meinung voraussetzt, daß der Beklagte aktiv an der Fortführung des Unternehmens als solcher mitgewirkt hat, was durch eine finanzielle Zuwendung allein nicht bereits begründet zu sein braucht[915]. Ein Gesellschafter kann nur haftbar gemacht

---

913 Die entsprechenden Regelungen waren zuvor in sec. 332 des Companies Act 1948 enthalten. In den Gesetzesreformen von 1985 und 1986 wurde die strafrechtliche Sanktion in sec. 458 des Companies Act 1985 geregelt. Die zivilrechtlichen Folgen wurden in sec. 213 IA 1986 gestellt, *Gower*, Principles of modern company law, S. 151.

914 *Pennington*, Directors' personal liability, S. 191.

915 *Gower*, Principles of modern company law, S. 152; *Pennington*, Directors' personal liability, S. 191 f.; *Re Maidstone Building Privisions Ltd.* [1971] 3 All ER 363, wo der *secretary* (ein dem kontinentaleuropäischen Gesellschaftsrecht unbekannter „Urkundsbeamter", *Behrens/ Behrens*, GmbH im internationalen und europäischen Gesell-

werden, wenn er sich an Geschäftsführungsakten aktiv beteiligt hat, die Gesellschaftsgläubiger schädigen sollten[916].

Eine Schädigungsabsicht kann begründet sein, wenn die *directors* einer zahlungsunfähigen Gesellschaft die Gesellschaft fortführen und weiterhin Waren in der Kenntnis, daß die Gesellschaft die Forderungen bei Fälligkeit nicht wird begleichen können, auf Kredit kaufen.[917]. In der hierzu ergangenen Grundsatzentscheidung *R. v. Grantham*[918] hatte die Gesellschaft nur für sehr kurze Zeit, vom 29. Mai bis 25. Juni 1980 ihre Geschäfte betrieben. In dieser Zeit hatte sie 39 Ladungen Kartoffeln von einem französischen Lieferanten gekauft. Für die Lieferungen der gekauften Waren schuldete sie dem Lieferanten insgesamt mehr als 88000 Pfund[919]. Ein, zwei Tage nachdem die Gesellschaft ihre Geschäfte aufgenommen hatte brach der Kartoffelmarkt ein. Der beklagte Geschäftsleiter führte dennoch die Geschäfte wie gehabt fort und bestellte weiterhin neue Lieferungen. Dabei hatte die Gesellschaft von Anfang an über kein ausreichendes Kapital verfügt[920]. Das Gericht entschied, ein Geschäftsleiter, der keinen vernünftigen Grund zu der Annahme hatte, daß die Gesellschaft die Forderung des Geschäftspartners bei Fälligkeit oder kurz danach würde begleichen können, hafte wegen *fraudulent trading*[921]. Indem das Gesetz eine Schädigungsabsicht voraussetzt, müssen die Geschäftsleiter positiv erkannt haben, daß die Gläubiger keine Gegenleistung erhalten würden[922].

### b.) Rechtsfolgen

Bei der Ausgleichszahlung wegen *fraudulent trading* geht es nicht darum, die individuellen Schäden der durch die Fortführung des Unternehmens geschädig-

---

schaftsrecht, Großbritannien und Irland, S. 870 Rn. GB/NI/El 30), der zugleich auch finanzieller Berater der Gesellschaft war, es versäumt hatte, den Geschäftsleitern der zahlungsunfähigen Gesellschaft die Auflösung derselben vorzuschlagen. Dies reichte für eine Verurteilung nicht aus.

916 *Pennington*, Company law, S. 52.

917 *Whitehouse* in: A Practitioner's guide to corporate insolvency, S. 131 f.; *Mayson*, Company Law, S. 728 f.; *Gower*, Principles of modern company law, S. 152; *Pennington*, Dierctors' personal liability, S. 191

918 *R. v. Grantham*, [1984] 3 All ER 166.

919 *R. v. Grantham*, [1984] 3 All ER 166, 167.

920 *R. v. Grantham*, [1984] 3 All ER 166, 168.

921 *R. v. Grantham*, [1984] 3 All ER 166. In diesem Sinn bereits *Re William Leitch, Ltd.* [1932] All ER 892.

922 vgl. *Gower*, Principles of modern company law, S. 152 f.; *Pennington*, Directors' personal liability, S. 191.

ten Gesellschaftsgläubiger zu ersetzen[923]. Die verurteilten Geschäftsleiter haben die zu leistenden Beträge in das Gesellschaftsvermögen bzw. die Insolvenzmasse zu zahlen. Eine Verurteilung wegen *fraudulent trading* kann allein der *liquidator* geltend machen, sec. 214 subsec. 1 IA. Die geschädigten Gesellschaftsgläubiger sind von der Geltendmachung ausgeschlossen. Der Insolvenzverwalter wird die von den Geschäftsleitern persönlich zu leistenden Beträge gemeinsam mit anderen Gesellschaftsforderungen einholen und anschließend alle Gesellschaftsgläubiger einheitlich aus der Masse bedienen. Die durch die Fortführung der Gesellschaft geschädigten Gläubiger haben nicht etwa einen gesonderten Anspruch auf die von den *directors* wegen der Fortführung zu zahlenden Summen[924]. *Pennington* meint[925], immerhin eröffne sec. 215 IA, der Verfahrensfragen bei Klagen nach secs. 213, 214 IA behandelt, in subsec. 4 für das Gericht die Möglichkeit, eine Anordnung zu treffen, wonach eine Forderung, welche die Gesellschaft dem verurteilten Geschäftsleiter schuldet, nicht vor Begleichung aller übrigen Gesellschaftsschulden bezahlt werden darf.
Die Höhe des in das Gesellschaftsvermögen bzw. die Insolvenzmasse zu leistenden Betrags ist in das Ermessen des Gerichts gestellt. Nach der früheren Regelung zur betrügerischen Geschäftsführung im *Companies Act* 1985 konnte das Gericht die Leistung einer Summe *„in Höhe aller oder irgendwelcher Gesellschaftsschulden“* verlangen. Dabei wurde angenommen, daß das Gericht nicht über den Betrag der Schulden hinausgehen würde, um den sich die Verpflichtungen der Gesellschaft in der Zeit des *fraudulent trading* vergrößert haben[926]. Nach der neuen Gesetzeslage ist das Gericht völlig frei in seinem Ermessen und kann jeden Betrag festlegen, den es für angemessen hält[927]. *Gower* meint, dadurch diene die Ausgleichszahlung in sec. 213 IA dazu, das Verhalten des Geschäftsleiters gewissermaßen zu sanktionieren[928].
Da der Nachweis einer Schädigungsabsicht nur selten gelingt, wird der *liquidator* eher eine Klage wegen *wrongful trading* anstrengen.

---

923 *Pennington*, Directors' personal liability, S. 189 f.; *Gower*, Principles of modern company law, S. 155

924 *Pennington*, Company law, S. 51. Vgl. bereits *Re William C. Leitch Bros., Ltd.* [1932] All ER 897, 898.

925 *Pennington*, Directors' personal liability, S. 194.

926 *Pennington*, Directors' personal liability, S. 195, getragen durch die Entscheidung *Re William Leitch, Ltd.* [1932] All ER 892.

927 *Pennington*, Directors' personal liability, S. 195; *Whitehouse* in: A Practitioner's guide to corporate insolvency, S. 132.

928 *Gower*, Principles of modern company law, S. 155.

### 3. *Wrongful trading*, sec. 214 Insolvency Act

Section 214 IA lautet:

> „*(1) Subject to subsection (3) below, if in the course of the winding up of a company it appears that subsection (2) of this section applies in relation to a person who is or has been a director of the company, the court, on the application of the liquidator, may declare that that person is to be liable to make such contribution (if any) to the company's assets as the court thinks proper.*
> *(2) This subsection applies in relation to a person if –*
> *(a) the company has gone into insolvent liquidation,*
> *(b) at some time before the commencement of the winding up of the company, that*
> *person knew or ought to have concluded that there was no reasonable prospect that*
> *the company would avoid going into insolvent liquidation, and*
> *(c) that person was a director of the company at that time;*
> ...
> *(3) The court shall not make a declaration under this section with respect to any person if it is satisfied that after the condition specified in subsection (2) (b) was first satisfied in relation to him that person took every step with a view to minimising the potential loss to the company's creditors as (assuming him to have known that there was no reasonable prospect that the company would avoid going into insolvent liquidation) he ought to have taken.*
> *(4) For the purposes of subsections (2) and (3); the facts which a director of a company ought to know or ascertain the conclusions which he ought to reach and the steps which he ought to take are those which would be known or ascertained, or reached or taken, by a reasonably diligent person having both-*
> *(a) the general knowledge, skill and experience that may reasonably be expected of a person carrying out the same functions as are carried out by that director in relation to the company, and*
> *(b) the general knowledge, skill and experience that that director has.*
> *(5) The reference in subsection (4) to the functions carried out in relation to a company by a director of the company includes any functions which he does not carry out but which have been entrusted to him.*
> *(6) For the purposes of this section a company goes into insolvent liquidation if it goes into liquidation at a time when its assets are insufficient for the payment of its debts and other liabilities and the expenses of the winding up.*

*(7) In this section „director" includes a shadow director.*
*(8) This section is without prejudice to section 213.*

### a.) Voraussetzungen

Bei einer Verurteilung wegen *wrongful trading* ist Voraussetzung, daß die Gesellschaft wegen Insolvenz aufgelöst wird. Ohne Belang ist, ob die Gesellschaft aufgrund eines Gesellschafterbeschlusses (*voluntary winding up*) oder einer gerichtlichen Entscheidung (*compulsory winding up*) aufgelöst wird[929]. Nach sec. 214 subsec. 6 IA befindet sich die Gesellschaft in *insolvent liquidation*, wenn sie zu einem Zeitpunkt aufgelöst wird, zu dem ihr Vermögen nicht ausreicht, um ihre Schulden und die Kosten der Auflösung zu begleichen. Das Gesetz bestimmt nicht, ob sich die Insolvenz der Gesellschaft nach dem *cash flow* oder *balance sheet test* ergeben muß, wobei der Wortlaut eher auf letzteren hinweist. Die Reformkommission zum Insolvenzgesetz hielt jedoch beide Fälle für ausreichend[930]. Weiter sagt das Gesetz nicht, ob zur Bewertung der Aktiva auf die Fortführungswerte oder aber die Zerschlagungswerte abzustellen ist. Es wird jedoch angenommen, daß es auf die Fortführungswerte ankommt, indem sec. 214 subsec. 2 (b) IA von dem Geschäftsleiter die Beurteilung der laufenden Geschäfte verlangt[931].
Anders als beim *fraudulent trading* kann wegen fehlerhafter Geschäftsführung zwar zunächst nur verurteilt werden, wer Geschäftsleiter der Gesellschaft ist, sec. 214 subsec. 2 (c) IA. Nach sec. 214 subsec. 7 IA sind jedoch sog. *shadow directors* mit eingeschlossen. Dies sind nach der Definition in sec. 251 IA[932] nicht etwa faktische Geschäftsführer, sondern Personen, welche den *directors* Weisungen erteilen. In Betracht kommen insbesondere die Hausbanken und Muttergesellschaften[933]. Subsec. 1 von sec. 214 erfaßt ausdrücklich auch solche Geschäftsleiter, die inzwischen ausgeschieden sind.

Wegen fehlerhafter Geschäftsführung kann nur ein *director* verurteilt werden, der vor Eröffnung des Auflösungsverfahrens wußte oder hätte wissen müssen, daß es keine vernünftige Aussicht für die Gesellschaft gab, die Auflösung we-

---

929 *Sealy*, Disqualification and personal liability of directors, S. 44; *Pennington*, Directors' personal liability, S. 192.

930 *Sealy*, Disqualification and personal liability of directors, S. 44.

931 *Sealy*, Disqualification and personal liability of directors, S. 44.

932 Sec. 251 IA lautet: *Shadow director, in relation to a company, means a person in accordance with whose directions or instructions the directors of the company are accustomed to act but so that a person is not deemed a shadow director by reason only that the directors act on advice given by him in a professional capacity.*

933 *Gower*, Principles of modern company law, S. 154.

gen Zahlungsunfähigkeit zu umgehen, sec. 214 subsec. 2(b) IA. Diese Voraussetzung muß als das eigentliche Wesensmerkmal der fehlerhaften Geschäftsführung angesehen werden. Positive Kenntnis von der fehlenden Rettungsmöglichkeit ist nicht erforderlich. Es genügt, daß der Geschäftsleiter die fehlende Rehabilitierungschance hätte erkennen müssen. Im Unterschied zum *fraudulent trading* reicht Fahrlässigkeit hier also aus[934]. Das Gesetz legt nur den Zeitpunkt fest, zu dem die Geschäftsleiter spätestens hätten erkennen müssen, daß ein Insolvenzverfahren unausweichlich ist, nämlich bei Beginn des Auflösungsverfahrens. Nicht festgelegt ist, wann der Haftungszeitraum beginnt. In *Re Produce Marketing Consortium Ltd*[935] wurde eine Gesellschaft, deren Verluste auf 317694 Pfund geschätzt wurden, nach 16 Jahren Geschäftsbetrieb 1987 im Wege eines *creditors' voluntary winding up* aufgelöst. Das Gericht war der Auffassung, die beklagten *directors* hätten im Juli 1986 erkennen müssen, daß die Gesellschaft das Insolvenzverfahren nicht würde vermeiden können. Denn die Verluste aus dem Vorjahr und der laufende Geschäftsbetrieb, der keine Besserung versprach hätte die Geschäftsleiter aufrütteln müssen[936]. Die Geschäftsleiter wurden zur Zahlung von 75000 Pfund verurteilt. Warnsignale, welche die Geschäftsleiter aufmerken lassen müssen, wurden etwa auch angenommen, wenn Lieferanten weitere Lieferungen verweigert hatten oder Gesellschaftsgläubiger damit begonnen hatten, auf die Bezahlung offener Verbindlichkeiten zu drängen[937].

### b.) Exkulpationsmöglichkeit

Für den Geschäftsleiter enthält subsec. 3 von sec. 214 IA eine Exkulpationsmöglichkeit. Kann der Geschäftsleiter beweisen, daß er jede Möglichkeit ergriffen hat, um mögliche Schäden der Gesellschaftsgläubiger so gering wie möglich zu halten, trifft ihn keine Haftung. Die Anforderungen, die hier an den Geschäftsleiter gestellt werden, sind jedoch sehr hoch. Es wird verlangt, daß der *director* wirklich jede Möglichkeit ausgeschöpft hat, um Schäden der Gläubiger so gering wie möglich zu halten. Er kann beispielsweise mit den Gläubigern in Verhandlungen getreten sein, eine Kapitalerhöhung versucht haben, um neues Fremdkapital geworben oder die Betriebskosten der Gesellschaft gesenkt haben[938]. Indem die Haftung wegen *wrongful trading* bereits begründet ist, wenn der Geschäftsleiter fahrlässig nicht erkannt hat, daß die Gesellschaft die Eröff-

---

934 *Gower*, Principles of modern company law, S. 643 f.

935 *Re Produce Marketing Consortium Ltd* [1989] BCLC 520.

936 *Re Produce Marketing Consortium Ltd* [1989] BCLC 520, 551.

937 *Re DKG Contractors Ltd* [1990] BCLC 903.

938 *Pennington*, Directors' personal liability, S. 193.

nung des Insolvenzverfahrens nicht würde umgehen können und der Geschäftsleiter die Beweislast dafür trägt, daß ihn dennoch kein Verschulden trifft, ist er hier einer Haftung sehr viel eher ausgesetzt als bei der betrügerischen Geschäftsführung.

### c.) Beurteilungsmaßstab

Für die Beurteilung der Frage, was von dem Geschäftsleiter hätte erwartet werden können, stellt sec. 214 subsec. 4 IA einen gemischt objektiv-subjektiven Maßstab auf[939]. Dieser Maßstab ist einmal bei der Frage anzulegen, ob der Geschäftsleiter hätte erkennen müssen, daß die Gesellschaft dem Insolvenzverfahren nicht mehr entgehen konnte als auch bei der Frage, ob er dann alles unternommen hat, um mögliche Gläubigerschäden so gering wie möglich zu halten und er sich exkulpieren kann[940]. Es ist darauf abzustellen, was eine sorgfältige Person gewußt, angenommen oder unternommen hätte, die sowohl die Kenntnis, Fähigkeiten und Erfahrung mitbringt, die von jemandem, der die Funktion des betreffenden Geschäftsleiters erfüllt, überhaupt erwartet werden kann als auch die Kenntnis, Fähigkeiten und Erfahrung des betreffenden Geschäftsleiters selbst besitzt. Was von einem sorgfältigen Geschäftsleiter erwartet werden kann, ist mindestens zu erfüllen. Der *director* kann sich nicht etwa darauf berufen, für ihn persönlich seien diese Anforderungen zu hoch. Wenn er jedoch umgekehrt noch höhere Anforderungen als ein sorgfältiger Geschäftsmann erfüllen könnte, sind seine eigenen Fähigkeiten entscheidend[941]. Meist wird es auf die Umstände des Einzelfalls ankommen. Entscheidend kann etwa sein, welche Größe das Unternehmen besitzt oder mit welchen Aufgaben der betreffende Geschäftsleiter betraut war[942].

### d.) Rechtsfolgen

In den Rechtsfolgen unterscheidet sich eine Haftung wegen *wrongful trading* prinzipiell nicht von denjenigen wegen *fraudulent trading*. Der Geschäftsleiter hat wiederum eine Summe in das Gesellschaftsvermögen zu zahlen, deren Höhe

---

939 Zu der Frage, ob das Verhalten von *directors* bei der Beurteilung von Verstößen gegen die *common law duties of care and skill* nach einem objektiven oder subjektiven Maßstab beurteilt werden sollte vgl.: *Hicks*, LQR 1994, S. 390 ff.; *Riley*, MLR 1999, S. 697 ff.

940 *Pennington*, Company law, S. 54 f.

941 *Hyde*, Solicitors journal 1997, 307, 308; *Mayson u. a.*, Company law, S. 735; *Pennington*, Directors' personal liability, S. 193.

942 *Re Produce Marketing Consortium Ltd.* [1989] BCLC 520, 550; *Gower*, Principles of modern company law, S. 153.

in das Ermessen des Gerichts gestellt ist. Allerdings wird der Ausgleichszahlung bei *wrongful trading* weniger ein bestrafendes Element als vielmehr allein ein ausgleichendes Element zugeschrieben. Der Geschäftsleiter soll nicht über den Betrag haften, um den sich die Schulden während des Zeitraums des *wrongful trading* vergrößert haben[943]. Individuelle Schäden von Gesellschaftsgläubigern werden nicht ersetzt. Geschädigte Gesellschaftsgläubiger können auch nicht selbst gegen einen *director* wegen fehlerhafter Geschäftsführung vorgehen. Dies ist wiederum nur dem *liquidator* vorbehalten[944].

### e.) Bedeutung für das company law

*Sealy* weist darauf hin, daß die Regeln zum *wrongful trading* revolutionäre Bedeutung für das englische Gesellschaftsrecht haben. Denn traditionell hatten die Geschäftsleiter allein gegenüber der Gesellschaft Pflichten. Die neuen Regelungen statuieren aber eine Pflicht der Geschäftsleiter, in Zeiten wirtschaftlicher Krise die Verluste der Gesellschaftsgläubiger so gering wie möglich zu halten[945]. In der Rechtsprechung kommt die geänderte Sichtweise, daß die Geschäftsleiter nunmehr auch Interessen der Gesellschaftsgläubiger zu wahren haben, ebenfalls zum Ausdruck[946]:

> *„A duty is owed by the directors to the company and to the creditors of the company to ensure that the affairs of the company are properly administered and that its property is not dissipated or exploited for the benefit of the directors themselves to the prejudice of the creditors.*

## 4. Berufsverbot

Der Gesetzgeber hat 1986 den sog. *Company Directors Disqualification Act* (CDDA) erlassen. Er regelt die Voraussetzungen, unter denen gegen Geschäftsleiter ein Berufsverbot verhängt werden kann. Im einzelnen sieht sec. 1 CDDA folgendes vor:

---

943 *Bourne*, Estates Gazette 1995, 123, 124; *Williams*, The Company Lawyer 1991, 222, 224; *Sealy*, Disqualification and personal liability of directors, S. 45; *Gower*, Principles of modern company law, S. 155.

944 *Pennington*, Company law, S. 54. Kritisch hierzu *Williams/Mc Gee*, Insolv. L. 1993, 2, 4.

945 *Sealy*, Disqualification and personal liability of directors, S. 47.

946 *Winkworth v. Edward Baron Development co Ltd and others* All ER 1987, S. 114, 118. Weitere Rechtsprechungsnachweise bei *Farrar*, company law, S. 382 ff.

*„In the circumstances specified below in this Act a court may [...] make against a person a disqualification order, that is to say an order that he shall not, without leave of the court –*

*(a) be a director of a company, or*

*(b) ...*

*for a specified period beginning with the date of the order.*

*(2) In each section of this Act which gives to a court power or, as the case may be, imposes on it the duty to make a disqualification order there is specified the maximum ... period of disqualification which may or (as the case may be) must be imposed by means of the order.*

...

Nach sec. 10 CDAA kann das Gericht in den Fällen, in denen es eine Verurteilung wegen *fraudulent* oder *wrongful trading* ausspricht, auch ein Berufsverbot gegen den beklagten Geschäftsleiter verhängen. Die Entscheidung hierüber liegt im Ermessen des Gerichts. Das Berufsverbot darf für maximal 15 Jahre angeordnet werden. Im Vergleich zu den Anforderungen für eine Haftung wegen fehlerhafter Geschäftsführung sind die Voraussetzungen für die Verhängung eines Berufsverbots jedoch höher. Das Gericht wird ein Berufsverbot in diesem Fall nur aussprechen, wenn der Geschäftsleiter grob fahrlässig gehandelt hat[947].

947 *Davies*, AG 1998, 346, 351; *Gower*, Principles of modern company law, S. 685.

## D. Rechtslage in Frankreich[948]

### I. Vorbemerkung

Die französische GmbH, die *société à responsabilité limiteé (S.A.R.L.)*[949], wurde durch Gesetz vom 07.03.1925 eingeführt. Dabei stand für die rechtliche Ausgestaltung die deutsche GmbH Modell. In dem vom Deutschen Reich annektierten Elsaß – Lothringen hatte das deutsche GmbHG gegolten. Dort galt es nach dem Ende des Ersten Weltkriegs weiter, was den Anstoß dazu gab, auch im übrigen Frankreich eine entsprechende Gesellschaftsform einzuführen[950].
Im Zuge der großen Reform des französischen Gesellschaftsrechts im Jahre 1966 ergaben sich auch für die S.A.R.L. Neuerungen. Sie ist heute hauptsächlich[951] geregelt in den Artt. 34 – 69 des Gesetzes vom 24.07.1966 über die Handelsgesellschaften[952] und in den Artt. 20 – 53 des dazu ergangen Durchführungserlasses vom 23.03.1967[953]. Für die folgende Untersuchung sind darüber

---

948 allgemein zur französischen Rechtsordnung vgl.: *Hübner / Constantinesco*, Einführung in das französische Recht, 3. Aufl., München 1994; *Guimezanes*, Introdruction au droit francais, 1. Aufl., Baden – Baden 1995.

949 allgemein zur französischen S.A.R.L. vgl.: *Behrens / Behrens*, GmbH im internationalen und europäischen Recht, Frankreich, S. 254 ff.; *Hohloch / Tillmanns*, EU-Hdb. Gesellschaftsrecht, Frankreich, S. 68 ff.; *Maier-Bridou* in: Centrale für GmbH Dr. Otto Schmidt, Frankreich, S. 77 ff; *Maier*, Die GmbH im französischen Recht, GmbHR 1990, 379 ff.

950 *Behrens / Behrens*, Die GmbH im internationalen und europäischen Recht, Frankreich, S. 256 Rn. F 4; *Maier – Bridou* in: Centrale für GmbH Dr. Otto Schmidt, Frankreich, S. 78.

951 die S.A.R.L unterliegt auch den für alle Gesellschaften geltenden allgemeinen Vorschriften in den Artt. 1832 bis 1844-17 des französischen Zivilgesetzbuchs (*Code civil)* sowie dem allgemeinen Teil für alle Handelsgesellschaften in den Artt. 1 – 8 und 340 – 418 des Gesezes Nr. 66 – 537 vom 24. Juli 1966 über die Handelsgesellschaften. Weiter finden sich Bestimmungen im Dekret Nr. 84 – 406 vom 30. 5. 1984 über das Handels – und Gesellschaftsregister.

952 Loi no. 66-537 du 24 juillet 1966 sur les sociétés commerciales. Abgedruckt mit deutscher Übersetzung in: *Behrens / Behrens*, Die GmbH im internationalen und europäischen Recht, Frankreich, S. 282 ff.

953 décret no. 67- 236 du 23.03.1967.

hinaus Bestimmungen des Gesetzes vom 25. Januar 1985 über die Sanierung und die gerichtliche Auflösung von Unternehmen[954] relevant.

## II. Finanzierung der unterkapitalisierten Gesellschaft durch die Gesellschafter

### 1. Prêts participatifs

Mit dem Gesetz vom 13. Juli 1978[955] wurden sog. *prêts participatifs* geschaffen[956]. Es handelt sich dabei um Darlehen an Industrieunternehmen und Handelsgesellschaften[957]. Die Besonderheit der *prêts participatifs* besteht darin, daß sie wie Eigenmittel (*fonds propres*) der empfangenden Gesellschaft behandelt werden[958] und sie im Konkursverfahren (*liquidation judiciaire*) erst nach völliger Befriedigung der anderen Gläubiger zurückgewährt werden dürfen, Art. 26 des Gesetzes vom 13. Juli 1978. Der Kreditgeber ist letztrangiger Konkursgläubiger[959]. Kreditgeber können u.a. der Staat, Kreditinstitute sowie Handelsgesellschaften sein, Art. 24 des Gesetzes vom 13. Juli 1978[960]. Darlehen der Gesellschafter jedoch unterfallen nicht den Regelungen des Gesetzes über die *prêts participatifs*. Geben Gesellschafter für die Hingabe eines *prêts participatif* eine Bürgschaft, wirkt sich der besondere Charakter des Darlehens nicht etwa auf die Gesellschafterbürgschaft aus. Die französische Rechtsprechung sieht ihre Aufgabe hier vielmehr darin, den Bürgen eines *prêt participatif* besonders zu schüt-

---

954 Loi no. 85-98 du 25 janvier 1985 relative au redressement et à la liquidation judiciaire des entreprises.

955 Loi no. 78 – 741 du 13 juillet 1978.

956 zum Einfluß aus dem englischen Recht (*subordination*), vgl.: *Faugérolas*, La semaine juridique 1991, S. 84 ff.

957 Es ist erforderlich, daß der Kreditgeber *prêts participatifs* für lange Zeit überläßt, Art. 26 des Gesetzes vom 13. Juli 1978. Dabei hat der Gesetzgeber zwar keine Mindestfrist vorgesehen, *Cozian* geht jedoch davon aus, daß sie für mindestens sieben Jahre gewährt werden müssen, *Cozian / Viandier*, Droit des sociétés, S. 125.

958 Die gilt jedoch nicht ausnahmslos. Beispielsweise dürfen sie nicht als Eigenmittel behandelt werden, wenn es um die Frage geht, ob das Eigenkapital i.S.v. Art. 68 des Gesetzes über die Handelsgesellschaften unter die Hälfte des Stammkapitals gesunken ist. *Cozian / Viandier*, Droit des sociétés, S. 119; *Saintourens*, L'entreprise en société à responsabilité limitée, S. 35.

959 *Bachelot*, Éditions téchniques, Droit des sociétés 1995, Nr. 6, S. 3.

960 Die Kapitalhilfe in der besonderen Form eines *prêt participatif* bringt den Vorteil einer Gewinnbeteiligung für den Kreditgeber mit sich. Er hat jedoch keine Mitwirkungsrechte gleich einem Gesellschafter, *Cozian / Viandier*, Droit des sociétés, S. 125.

zen. Daher wird vorausgesetzt, daß die Bürgschaft auch tatsächlich zur Absicherung gerade eines *prêt participatif* gegeben wurde[961]. Erforderlich ist insbesondere, daß der Gesellschafter wußte, daß es sich bei dem Darlehen um ein *prêt participatif* handelte[962].

## 2. Gesellschafterdarlehen

### a.) Vorbemerkung

Auch in Frankreich stellen Gesellschafterdarlehen eine beliebte und weit verbreitete Finanzierungsform dar[963]. Gesellschafterdarlehen werden in Frankreich „*comptes courants d'associés*" oder „*avance*[964] *en comptes courants d'associés*" genannt, was zunächst verwundert, da ein *compte courant* an sich ein Kontokorrent ist. Gewähren gesellschaftsfremde Dritte ein Darlehen, wird es ein *prêt* oder *crédit* genannt. Die Bezeichnung als „*comptes courants d'associés*" kann damit erklärt werden, daß Gesellschaft und Gesellschafter als Geschäftspartner angesehen werden, die sich wie bei einem Kontokorrent gegenseitig Leistungen schulden. Der Gesellschafter kann Gesellschafterdarlehen zwar in der Weise gewähren, daß er fällige Gehaltszahlungen oder Dividenden, welche die Gesellschaft ihm schuldet, der Gesellschaft überläßt. Dennoch ist die Bezeichnung als „*comptes courants d'associés*" juristisch nicht exakt, da es sich rechtlich um „echte" Darlehen handelt[965]. Dazu kommt, daß ein „Kontokorrent" zwischen Gesellschafter und Gesellschaft nur solange rechtlich zulässig ist, als dem Gesellschafter der Saldo des Kontokorrents gebührt. Steht der Saldo der Gesellschaft zu, gewährt sie ihrem Gesellschafter ein Darlehen, was zumindest bei der S.A.R.L. gesetzlich verboten ist[966].

---

961 Dalloz 1999, Code des Sociétés, L. 13. Juill. 1978, S. 670 Anm. 2; Cass. com. vom 27. 10. 1998, Arrêt n° 1587, unveröffentlicht, abgerufen über CD Rom Lamy Cour de cassation.

962 vgl. Cass. com. vom 25. November 1997, Arrêt n° 2358, unveröffentlicht, abgerufen über CD Rom Lamy Cour de cassation.

963 Dies wird auch in Frankreich damit begründet, daß Gesellschafterdarlehen im Gegensatz zum komplizierten Kapitalerhöhungs- und Kapitalherabsetzungsverfahren ohne Beachtung von Formalitäten gewährt und zurückgezahlt werden können, *Cozian / Viandier*, Droit des sociétés, S. 120; Lamy Sociétés Commerciales 1999, S. 943 Nr. 2147; *Couret*, Banque 1981, 1422, S. 1423; *Danet*, RTD com. 1993, 54, 68.

964 *avance* bedeutet normalerweise Vorschußleistung, soll hier aber wohl allein eine Bewegung auf dem „Kontokorrent" zum Ausdruck bringen.

965 Lamy Sociétés Commerciales 1999, S. 943 Nr. 2147; *Cozian / Viandier*, Droit des sociétés, S. 120; *Calvo*, P. A. 1998, 4, 4.

966 *Cozian / Viandier*, Droit des sociétés, S. 121.

Es gibt in Frankreich keine Gesetze, die für die Behandlung von Gesellschafterdarlehen von den üblichen Darlehensregeln abweichende Regelungen vorsehen[967]. Weit verbreitet ist jedoch eine Bankenpraxis, wonach die Gesellschafter sich vertraglich dazu verpflichten, die Rückgewähr ihrer Gesellschafterdarlehen erst zu verlangen, nachdem der Bank ihr Darlehen zurückgezahlt worden ist. Die Banken fordern darüber hinaus häufig eine Vertragsklausel, wonach der darleihende Gesellschafter im Konkurs der Gesellschaft als letztrangiger Gläubiger befriedigt wird[968]. Hierbei handelt es sich aber um privatautonom getroffene Absprachen, die vereinbart werden, um der Gesellschaft Bankdarlehen zu ermöglichen.

### b.) Rechtsprechung zur Behandlung von Gesellschafterdarlehen

Eine umfangreiche Rechtsprechung zur Behandlung von Gesellschafterdarlehen wie sie aus Deutschland bekannt ist, gibt es in Frankreich nicht. Dennoch lassen sich ein paar Entscheidungen aus den 80er und 90er Jahren finden, die sich mit der Frage auseinandersetzen, ob Gesellschafterdarlehen abweichend von den sonst geltenden Darlehensregeln behandelt werden sollen.

#### aa.) Die Entscheidung des cour d´appel d´Aix – en – Provence vom 6. Oktober 1981

In einer Entscheidung des cour d'appel d'Aix – en - Provence vom 06.10.1981[969] wurde die Klage eines Gesellschafters auf Rückzahlung seines Darlehens zurückgewiesen. Dies wurde damit begründet, daß die Rückgewähr des Gesellschafterdarlehens für die Gesellschaft den wirtschaftlichen Ruin bedeuten würde. Sie hatte zwar ausdrücklich noch keine Konkursreife erreicht. Die Gesellschaft hatte aber seit drei Jahren hohe Verluste verzeichnet. Die Rückzahlung des gewährten Gesellschafterdarlehens, entschied das Gericht, würde das „Gleichgewicht zwischen den Gesellschafterdarlehen" stören und die Gesellschaft ruinieren[970]. Das Gericht meinte, in diesem Fall könne der Gesell-

---

[967] *Saintourens*, Anm. zu Cass. com. vom 24.06.1997, Bull. Joly 1997, 871, 873.

[968] *Couret, Banque* 1981, 1422, 1428; *Geninet*, Rev. soc. 1987, 28, 30; *Calvo*, Les petites affiches 1998, 4 ff., 5.

[969] cour d'appel d'Aix–en-Provence vom 6. Oktober 1981, Rev. soc. 1982, 308 ff. mit Anm. *Sortais*.

[970] cour d'appel d'Aix-en-Provence vom 6. Oktober 1981, Rev. soc. 1982, 308, 310. Das Gericht stützte seine Entscheidung weiter darauf, daß das Darlehen unbefristet gewährt worden war. Darüber hinaus war maßgeblich, daß der darleihende Gesellschafter ohne Vorwarnung plötzlich dessen sofortige und vollständige Rückzahlung verlangte. Schließlich würde das Rückzahlungsverlangen auch gegen die *affectio societatis* verstoßen.

schafter, der 45 % der Geschäftsanteile hielt, nicht wie ein außenstehender Gläubiger behandelt werden[971].

*Sortais*[972] kritisiert in seiner Urteilsbesprechung[973] diese Entscheidung. Habe der Gesellschafter seiner Gesellschaft ein Darlehen gewährt, mache ihn dies zu einem Gläubiger gegenüber der Gesellschaft. Dabei müsse er wie jeder andere Gesellschaftsgläubiger behandelt werden, insbesondere habe er das Recht, bei der Rückzahlung mit den übrigen Gesellschaftsgläubigern gleichbehandelt zu werden[974]. Demgegenüber habe das Gericht in den Gesellschafterdarlehen Eigenkapital der Gesellschaft gesehen. Gesellschafterdarlehen könnten aber bei zutreffender rechtlicher Beurteilung nicht mit Eigenkapital der Gesellschaft gleichgesetzt werden. Denn de lege lata dürften die Gesellschafter den Verlusten der Gesellschaft nur mit ihrem Geschäftsanteil ausgesetzt sein. Eine darüber hinausgehende Haftung mit den von ihnen gewährten Darlehen müsse gesondert vereinbart werden[975]. Nach geltendem Recht unterlägen Gesellschafterdarlehen den üblichen Regeln des Schuldrechts. Dies würde auch durch die Regelungen im Gesetz vom 13. Juli 1978 über die *prêts participatifs* belegt: Wie es dort einer besonderen gesetzlichen Regelung bedurfte, um Darlehen mit Eigenkapital der Gesellschaft gleichzustellen und die Darlehensgeber auf einen schlechteren Rang zu verweisen, wäre dies auch für Gesellschafterdarlehen erforderlich[976].

Obwohl der Gesellschafter, wie sich noch zeigen wird, gute Aussichten auf eine erfolgreiche Revision vor dem Cour de cassation gehabt hätte, ist nicht ersichtlich, daß er eine solche überhaupt versucht hat.

---

971 cour d'appel d'Aix-en-Provence vom 6. Oktober 1981, Rev. soc. 1982, 308, 311.

972 *Sortais*, Anm. zu Cour d'Appel d'Aix-en-Provence vom 06.10.1981, Rev. soc. 1982, 308, 311 ff.

973 Beim Arbeiten mit französischen Gerichtsentscheidungen muß beachtet werden, daß sie häufig erst bei ihrer Publikation in Anmerkungen dogmatisch begründet werden, während die Urteile selbst ganz knapp und thesenartig das Ergebnis mitteilen, ohne dabei unterschiedliche Lehrmeinungen zu diskutieren, vgl. *Hübner / Constantinesco*, Einführung in das französische Recht, S. 11 f.

974 *Sortais*, Anm. zu cour d'appel d'Aix-en-Provence vom 06.10.1981, Rev. soc. 1982, 308, 315.

975 *Sortais*, Anm. zu cour d'appel d'Aix-en-Provence vom 06.10.1981, Rev. soc. 1982, 308, 316.

976 *Sortais*, Anm. zu cour d'appel d'Aix-en-Provence vom 06.10.1981, Rev. soc. 1982, 308, 316.

**bb.) Rechtsprechung des Cour de cassation zu Gesellschafterdarlehen**

Der Cour de cassation hat mit Urteil vom 15.07.1982[977] eine Entscheidung des cour d'appel d'Aix – en – Provence vom 14. November 1980 aufgehoben, in welchem das Gericht ein anderes Mal die Klage eines Gesellschafters auf Rückzahlung seines Darlehens abgelehnt hatte. Hier handelte es sich um die Klage des Gesellschafters einer Aktiengesellschaft (*société anonyme*). Der Revisionskläger trug vor, das Gericht habe entschieden, die Gesellschaft dürfe ausnahmsweise[978] die Rückgewähr des Darlehens verweigern, obwohl der Darlehensrückzahlungsanspruch fällig sei. Der Cour de cassation entschied in aller Kürze, daß das Untergericht sich nicht an das Gesetz gehalten habe. Der Gesellschafter könne jederzeit die Rückzahlung seines Darlehens verlangen.
In einer Entscheidung vom 05.03.1991 hat der Cour de cassation[979], entschieden, daß jeder Gesellschafter die Rückzahlung seines Darlehens auch dann verlangen könne, wenn die Gesellschaft liquidiert werde. In diesem Urteil handelte es sich um den Gesellschafter einer S.A.R.L., die ihre Auflösung beschlossen hatte. Der cour d'appel de Bastia hatte die Gesellschaft zur Rückzahlung des geltend gemachten Darlehens an den Gesellschafter verurteilt. Die Gesellschaft ging in die Revision und berief sich darauf, daß ein gerichtlicher Vergleich, der Konkurs oder die Zahlungsunfähigkeit die Rückgewähr eines Gesellschafterdarlehens hindern könne. Der Cour de cassation entschied jedoch, die Gesellschaft könne dem Zahlungsverlangen des Gesellschafters nichts einwenden. Insbesondere sei es auch ohne Bedeutung, aus welchem Grund die Gesellschaft aufgelöst werde[980]:

> *„Mais attendu qu'une société est en liquidation dès l'instant de sa dissolution, pour quelque cause que ce soit, et que dans le quadre de cette liquidation tout créancier d'un compte courant d'associé est en droit d'en poursuivre le remboursement; c'est à bon droit que la cour d'appel...a statué comme elle a fait .“*[981]

977 Cass. com. vom 15. 07. 1982, Arrêt N° 695; Urteilstext abgerufen über Lamy en ligne, Cour de cassation.

978 die Begründung einer Ausnahme wurde nicht näher dargelegt.

979 Cass. com., Bull. Joly Mai 1991, S. 499 f. Nr. 170.

980 Cass. com., Bull. Joly Mai 1991, S. 499 f. Nr. 170.

981 eigene Hervorhebung.

In einer Entscheidung des Cour de cassation vom 18.11.1986[982] hatten die Gesellschafter einer wirtschaftlich angeschlagenen Gesellschaft, über die bereits das Vergleichsverfahren[983] eröffnet worden war, dem Kläger sämtliche Geschäftsanteile für 1 FF „übertragen". Dies geschah u. a. unter der Bedingung, daß der Kläger der Gesellschaft 4 Millionen FF in Form von Gesellschafterdarlehen gewähren mußte. Nach Scheitern des vorgesehenen Sanierungsplans, wurde das Konkursverfahren eröffnet und der Kläger verlangte nunmehr vom Konkursverwalter die Rückzahlung der beigebrachten Beträge. Der cour d'appel de Lyon hatte geurteilt, die als Gesellschafterdarlehen geleistete Summe stelle einen „Kauf" der Gesellschaft dar und der Kläger könne nicht geltend machen, er habe der Gesellschaft schlicht Darlehen gewährt, die jetzt zurückgewährt werden müßten[984]. Der Cour de cassation demgegenüber entschied, die ehemaligen Gesellschafter hätten mit dem Kläger vereinbart, daß die streitigen Beträge in Form von Gesellschafterdarlehen gewährt würden. Die Rückzahlung fälliger Gesellschafterdarlehen aber könne nicht verweigert werden. Die Tatsache, daß die gewährten Darlehensbeträge offensichtlich zur Abwendung eines Insolvenzverfahrens gewährt worden waren, hatte keinen Einfluß auf die Entscheidung.

Die dogmatische Aufarbeitung des Urteils erfolgt in einer Anmerkung von *Urbain - Parleani*[985]. Sie ist der Auffassung, das Untergericht habe die rechtliche Natur von Gesellschafterdarlehen verkannt. Es handle sich bei Gesellschafterdarlehen um einen eigenständigen Darlehensvertrag zwischen der Gesellschaft und dem Gesellschafter. Gewähre ein Gesellschafter der Gesellschaft ein Darlehen, komme zu seiner Gesellschafterstellung die des Darlehensgläubigers hinzu; diese beiden Eigenschaften seien aber streng auseinanderzuhalten. Soweit er Gesellschafter sei, würden sich seine Rechte und Pflichten aus dem Gesellschaftsvertrag ergeben; soweit er ein Gesellschafterdarlehen gewährt habe, werde seine Stellung gegenüber der Gesellschaft von den üblichen Regeln des Schuldrechts bestimmt[986]. Stattdessen habe der cour d'appel de Lyon die streitigen Beträge als Eigenkapital qualifiziert[987]. Gesellschafterdarlehen könnten je-

---

982 Cass. com., Rev. soc. 1987, S. 581 f.

983 nach Art. 13 des Gesetzes vom 13. Juli 1967, dem alten Insolvenzgesetz; inzwischen gilt das Gesetz Nr. 85 – 98 vom 25. Januar 1985, welches ein einheitliches Sanierungsverfahren (*redressement judiciaire* ) ab Zahlungseinstellung vorsieht.

984 wegen der Kürze der Sachverhaltswidergabe in den Urteilen des Cour de cassation vgl. zu dieser Entscheidung: Lamy Sociétés Commerciales 1999, S. 944 Nr. 2147; *Couret*, Bull. Joly 1992, 7, 8.

985 *Urbain-Parleani*, Anm. zu Cass. com. vom 18.11.1986, Rev. soc. 1987, 582 ff.

986 *Urbain* – Parleani, Anm. zu Cass. com. vom 18.11.1986, Rev. soc. 1987, 582, 583.

987 so auch Lamy Sociétés Commerciales 1999, S. 944 Nr. 2147.

doch bis auf zwei Ausnahmen nicht mit Eigenkapital gleichgesetzt werden. In Gesellschaften, in denen die Gesellschafter persönlich für Gesellschafterschulden haften, würden Gesellschafterdarlehen für die Gesellschaftsgläubiger eine Garantiesumme darstellen[988]. Bei Kapitalgesellschaften jedoch sei die Qualifikation als Eigenkapital nur denkbar, wenn die Stellung des darleihenden Gesellschafters eine besondere vertragliche Regelung erfahren habe. Die Gesellschafter könnten sich mit einer Auszahlungssperre der Gesellschafterdarlehen einverstanden erklärt haben. Weiter könnten sie darin eingewilligt haben, letztrangig befriedigt zu werden, was ja häufig von Banken verlangt werde[989].

Eine jüngere Entscheidung des Cour de cassation vom 24.06.1997[990] belegt, daß an dem Prinzip festgehalten wird, wonach Gesellschafterdarlehen jederzeit, insbesondere also ohne Rücksicht auf die finanzielle Situation der Gesellschaft zurückgezahlt werden können. Etwas anderes soll nur gelten, wenn abweichende vertragliche Vereinbarungen getroffen wurden oder der Gesellschaftsvertrag etwas anderes vorsieht:

> „*Mais attendu que ... les comptes courants d'associés ont pour caractéristique essentielle, en l'absence de convention particulière ou statutaire les régissant, d'être remboursables à tout moment ...*“[991].

**cc.) Analyse der Rechtsprechung**

Der Cour de cassation unterstellt die rechtliche Behandlung von Gesellschafterdarlehen den üblichen Regeln des Schuldrechts. Er sieht in der Doppelstellung als Gesellschafter einerseits und Gläubiger gegenüber der Gesellschaft andererseits keinen Anlaß, Gesellschafterdarlehen anders zu behandeln als Darlehen gesellschaftsfremder Dritter. Ist die Darlehensrückzahlungsforderung des Gesellschafters fällig, kann die Gesellschaft dem Rückzahlungsverlangen des Gesellschafters nicht eigene wirtschaftliche Schwierigkeiten entgegenhalten. Dies gilt selbst dann, wenn die Darlehensbeträge zur Überwindung der Krise gewährt wurden. Sollen Gesellschafterdarlehen abweichend hiervon behandelt werden, muß dies ausdrücklich vertraglich vereinbart oder im Gesellschaftsvertrag festgehalten werden. *Danet* bezeichnet diese Rechtsprechung des Cour de cassation, die auf eine strenge Trennung zwischen Gesellschafter-Gläubiger einerseits und Gesellschafter andererseits zurückgeht, als „dualistische Lösung“[992].

---

988 *Urbain* – Parleani, Anm. zu Cass. com. vom 18.11.1986, Rev. soc. 1987, 582, 584.

989 *Urbain* – Parleani, Anm. zu Cass. com. vom 18.11.1986, Rev. soc. 1987, 582, 584 f.

990 Cass. com. Bull. Joly 1997, 871 ff. mit Anm. von *Saintourens*.

991 Cass. com. Bull. Joly 1997, 871, 872.

992 *Danet*, RTD com. 1993, 54, 69 ff.

Die französische Rechtsprechung zur Behandlung von Gesellschafterdarlehen ist jedoch nicht einstimmig. Manche Instanzgerichte[993] haben die Klage des Gesellschafters auf Rückzahlung der Darlehensvaluta zurückgewiesen. Für sie stand jedoch nicht der Schutz der Gesellschaftsgläubiger im Vordergrund, die durch die Aufrechterhaltung des Geschäftsbetriebs möglicherweise geschädigt werden könnten. In der Entscheidung des cour d´appel d´Aix-en-Provence etwa ging es darum, die Existenz der Gesellschaft zu retten.

**c). Schrifttum zur Behandlung von Gesellschafterdarlehen**

Die Frage, ob Gesellschafterdarlehen abweichend von Darlehen Dritter behandelt werden sollen, wird in der französischen Lehre (*doctrine*) bei weitem nicht in demselben Umfang diskutiert wie im deutschen Schrifttum. Wie bereits in den Entscheidungsbesprechungen von *Sortais*[994] und *Urbain – Parleani*[995] gesehen wurde, stützt die *doctrine* die Rechtsprechung des Cour de cassation. Das französische Schrifttum sieht in den *comptes courants d´associés* nach geltendem französischen Recht „echte" Darlehen. Der Gesellschafter sei wie ein außenstehender Darlehensgeber Gläubiger der Gesellschaft. Die *comptes courants d´associés* unterfielen mithin den üblichen Regeln des Schuldrechts und dem in den Art. 1905 ff. Code civil geregelten Darlehensrecht[996]. Nach *Couret* und *Danet* führen Gesellschafterdarlehen dazu, daß ein – und derselben Person zwei Eigenschaften innewohnen, die an sich in Widerstreit zueinander stehen[997]. Wenn die Gesellschaft sich in wirtschaftlichen Schwierigkeiten befinde, möchte der Darlehensgeber in seiner Eigenschaft als Gläubiger einerseits seine Forderungen geltend machen. Andererseits verschlechtere er aber dadurch das Schicksal der Gesellschaft und damit sein Schicksal als Gesellschafter[998]. Daß aber der Gesellschafter nach der höchstrichterlichen Rechtsprechung jederzeit und ohne Rücksicht auf die wirtschaftliche Situation der Gesellschaft die Rückzahlung seines Darlehens fordern kann, hält *Couret* trotzdem für richtig. Eine Finanzierung in der Gestalt von Gesellschafterdarlehen werde von den Parteien

993 s.a. cour d´appel de Versailles, Bull. Joly 1992, 415. Auf derselben Linie wie der Cour de cassation bewegt sich der cour d´appel de Paris, Bull. Joly 1992, 90.

994 *Sortais,* Anm. zu Cour d´Appel d´Aix-en-Provence vom 06.10.1981, Rev. soc. 1982, 308 ff.

995 *Urbain-Parleani,* Anm. zu Cass. com. vom 18.11.1986, Rev. soc. 1987, 581 ff.

996 Lamy Sociétés Commerciales 1999, S. 943 Nr. 2147; *Cozian / Viandier*, Droit des sociétés, S. 120; *Calvo*, Les petites affiches 1998, 4, 5.

997 *Couret*, Banque 1981, 1422, 1424; *Couret*, Bull. Joly 1992, 7, 9; *Danet*, RTD com. 1993, 54, 69.

998 *Couret*, Bull. Joly 1992, 7, 9.

gerade gewählt, damit die gewährten Beträge vereinfacht wieder ausgezahlt werden könnten. Würde man Gesellschafterdarlehen wie Eigenkapital der Gesellschaft behandeln, würde dies zu einer Vereitelung der getroffenen Parteivereinbarungen führen[999]. Darüber hinaus würde riskiert, daß eine wichtige Finanzierungsart für insbesondere kleine und mittelgroße Gesellschaften versiege[1000]. Die Freiheit des Gesellschafters als Darlehensgeber finde nach *Couret* jedoch ihre Grenzen in den allgemeinen Vorschriften. So stehe es dem Richter frei, gestützt auf die Vorschrift des Art. 1244 Code civil, die Darlehensforderung zu stunden oder eine Ratenzahlung anzuordnen, wenn die sofortige und vollständige Darlehensrückzahlung die Existenz der Gesellschaft gefährde[1001]. Nach Art. 1244 – 1 CC kann der Richter unter Berücksichtung der Situation des Schuldners und unter Beachtung der Bedürfnisse des Gläubigers die Zahlung der geschuldeten Beträge für zwei Jahre stunden oder eine Ratenzahlung anordnen.
*Cozian* meint, indem es den Gesellschaftern nach geltendem Recht jederzeit und ohne Rücksicht auf die finanzielle Situation der Gesellschaft erlaubt sei, die Rückzahlung der Darlehen zu fordern, könnten sie die Gesellschaft in den Konkurs treiben[1002]. Nach Auffassung von *Cozian* sollte die Möglichkeit bestehen, ausnahmsweise die Rückzahlung wegen Rechtsmißbrauchs versagen zu können[1003]. Dies wird auch von *Saintourens* nicht ausgeschlossen, der aber betont, daß eine höchstrichterliche Entscheidung dazu noch aussteht[1004]. Weiter fordern *Cozian* und *Saintourens*, daß hinsichtlich der Darlehensrückzahlung in jedem Fall Vereinbarungen wie eine bestimmte Kündigungsfrist getroffen werden sollten. Hierdurch würde die Gesellschaft vor überraschenden Rückzahlungsverlangen geschützt und die wirtschaftliche Situation der Gesellschaft tatsächlich verbessert und stabilisiert[1005]. Dabei darf nicht übersehen werden, daß es sich um vertragliche Abmachungen handeln würde, die den Parteien überlassen

---

999 *Couret*, Bull. Joly 1992, 7, 9 f. Diese Gefahr sieht auch *Danet*, RTD com. 1993, 54, 77.

1000 *Couret*, Bull. Joly 1992, 7, 9 f. Diese Gefahr sieht auch *Danet*, RTD com. 1993, 54, 77.

1001 *Couret*, Bull. Joly 1992, 7, 10; in diesem Sinne auch Lamy Sociétés Commerciales 1999, S. 946 Nr. 2151 und *Sortais*, Anm. zu Cour d'Appel d'Aix-en-Provence vom 06.10.1981, Rev. soc. 1982, 308, 314.

1002 *Cozian / Viandier*, Droit des sociétés, S. 121; in diesem Sinne auch *Sortais*, Anm. zu Cour d'Appel d'Aix-en-Provence vom 06.10.1981, Rev. soc. 1982, 308 ff.

1003 *Cozian / Viandier*, Droit des sociétés, S. 121; in diesem Sinne auch *Sortais*, Anm. zu Cour d'Appel d'Aix-en-Provence vom 06.10.1981, Rev. soc. 1982, 308 ff.

1004 *Saintourens*, Anm. zu Cass. com. vom 24.06.1997, Bull. Joly 1997, 871, S. 874.

1005 *Cozian / Viandier*, Droit des sociétés, S. 121 f.; *Saintourens*, L'entreprise en société à responsabilité limitée, S. 33.

bleiben sollen. *Cozian* fragt ausdrücklich, ob es Aufgabe des Gesetzgebers sei, das wirtschaftliche Handeln von Gesellschaftern gegenüber der Gesellschaft zu regeln[1006]. *Cozian, Geninet* und *Calvo* weisen in diesem Zusammenhang auch auf die bereits mehrfach erwähnte und weit verbreitete Bankenpraxis hin, wonach die Kreditinstitute als Sicherheit für die Hingabe von Darlehen Klauseln verlangen, wodurch Gesellschafterdarlehen eine Sonderbehandlung erfahren[1007]. Sofern die genannten Autoren überhaupt eine Sonderbehandlung von Gesellschafterdarlehen befürworten, geht es ihnen dabei eher um einen Schutz der Gesellschaft, nicht der Gesellschaftsgläubiger.

### 3. Gesellschafterbürgschaften

Geben Gesellschafter eine Bürgschaft kann sich nach französischem Recht eine Besonderheit ergeben. Hat der Gesellschafter einer S.A.R.L.[1008] eine Bürgschaft gegeben, die zunächst kein Handelsgeschäft darstellt, kann sie vom Gericht als Handelsgeschäft qualifiziert werden[1009]. Das hat zur Folge, daß der Gesellschafter dann als Handelsbürge in Anspruch genommen wird. Die Besonderheit besteht darin, daß im französischen Recht der Handelsbürge neben dem Hauptschuldner als Gesamtschuldner haftet[1010]. Damit kann die Gesellschafterbürgschaft eine strenge Haftung für den Gesellschafter bedeuten. Für die Qualifikation als Handelsbürgschaft kommt es nicht darauf an, ob die Hauptforderung aus einem Handelsgeschäft entstanden ist oder ob der Hauptschuldner oder Gläubiger Kaufleute sind. Genausowenig kommt es darauf an, ob der Bürge selbst Kaufmann ist[1011]. Die Gesellschafterbürgschaft wird als Handelsbürgschaft qualifiziert, wenn der Bürge ein Eigeninteresse daran hat, daß die Gesellschaft die betreffenden Kredite erhält, um weiterbestehen zu können. Von einem solchen Eigeninteresse wird insbesondere ausgegangen, wenn der Bürge

---

1006 *Cozian / Viandier*, Droit des sociétés, S. 119.

1007 *Cozian / Viandier*, Droit des sociétés, S. 122; *Geninet*, Les quasi-apports, Rev. soc. 1987, 28, 30; *Calvo*, Les petites affiches 1998, 4, 5.

1008 dieselbe Rechtslage besteht bei der Aktiengesellschaft, *Saintourens*, L'entreprise en société à responsabilité limitée S. 37 FN 1.

1009 *Saintourens*, L'entreprise en société à responsabilité limitée, S. 36 f.

1010 Lamy Sociétés Commerciales 1999, S. 960 f. Nr. 2175.

1011 Lamy Sociétés Commerciales 1999, S. 964 Nr. 2182.

Geschäftsführer ist[1012]. Aber auch bei einem Minderheitengesellschafter hält der Cour de cassation ein Eigeninteresse für möglich[1013].

## 4. Deliktische Haftung von Kreditgebern

*Reiner* hat die Regeln des Eigenkapitalersatzrechts einmal als einen ungeeigneten Versuch bezeichnet, „*genuin deliktisches Verhalten des Gesellschafters gegenüber einzelnen Gesellschaftsgläubigern*" zu sanktionieren. *Reiner* meint, Gesellschafterdarlehen, die nach Konkursreife gewährt würden, sollten die Gesellschafter zu Schadensersatz wegen Beteiligung an der Konkursverschleppung verpflichten[1014]. Dies hätte abgesehen von den nach seiner Ansicht bestehenden Ungereimtheiten des Eigenkapitalersatzrechts[1015], den Vorteil, daß es auch beim erstmaligen Gewähren von Gesellschafterleistungen auf eine subjektive Komponente ankäme[1016]. Diese Auffassung würde dadurch bestätigt, daß nach französischem Recht vergleichbare Fälle mit Hilfe des Deliktsrechts gelöst würden[1017]. Gesellschafter einer französischen Gesellschaft würden nach der deliktischen Generalklausel haften, wenn sie die nicht überlebensfähige Gesellschaft durch Kapitalhilfen künstlich weiter am Leben erhielten. Er spricht damit die in Frankreich auf der Grundlage der deliktischen Generalklausel in Art. 1382 Code civil etablierte deliktische Haftung von Kreditgebern wegen mißbräuchlicher Darlehensgewährung (*soutien abusif*) an. Wenn einer Bank[1018] nachgewiesen werden kann, daß sie einem nicht lebensfähigen Unternehmen durch weitere Kreditgewährung die Fortführung des Geschäftsbetriebs ermöglicht hat, kann sie den Gesellschaftsgläubigern für die entstandenen Schäden haften. Ihr wird vorgeworfen, bei den Gesellschaftsgläubigern eine fälschliche Vorstellung über die Zahlungsfähigkeit der Gesellschaft hervorgerufen zu haben[1019]. Die Kredit-

---

1012 Cass. com. vom 21. April 1964, Bull. Civ 1964, 4 ème partie N° 200; *Saintourens*, L'entreprise en société à responsabilité limitée, S. 37.

1013 Cass. com. vom 28. Februar 1989, Arrêt n° 319, unveröffentlicht, abgerufen über CD Rom Lamy Cour de cassation.

1014 *Reiner*, FS Boujong, S. 415, 450 ff.

1015 auf die nach seiner Ansicht bestehenden Ungereimtheiten im Eigenkapitalersatzrecht geht *Reiner* ausführlich ein, *Reiner*, FS Boujong, S. 415, 420 ff.

1016 *Reiner*, FS Boujong, S. 415, 454.

1017 *Reiner*, FS Boujong, S. 415, 443.

1018 zur deutschen Rechtslage in dieser Hinsicht vgl.: *K. Schmidt*, ZIP 1988, 1497, 1501 f.; *Braun / Uhlenbruck*, Unternehmensinsolvenz, S. 57 f. m. w. N.

1019 Cass. com. vom 3. 5. 1983, Bull Civ, Quatrième Partie, S. 112 N° 129, S. 113; *Piot / Allain* in Ebenroth / Rouger (Hrsg.), S. 122 Rn. 189; *Likillimba*, Le soutien abusif d'une entreprise en difficulté, S. 7; Cass. com. vom 3. 5. 1983, Bull Civ, Quatrième Partie, S. 112 N° 129, S. 113.

gewährung ist mißbräuchlich, wenn sich die empfangende Gesellschaft zum Zeitpunkt der Darlehenshingabe in einer „unheilbar kompromittierenden Situation“ befunden hat (*situation irrémédiablement compromise*). Dies ist nicht schon der Fall, wenn die Gesellschaft infolge Zahlungseinstellung die Eröffnung des Sanierungsverfahrens beantragen muß, sondern erst, wenn sie dem Konkursverfahren geweiht zu sein scheint. Die Darlehenshingabe an eine Gesellschaft, die sanierungsfähig scheint[1020], kann dem Kreditgeber nicht vorgeworfen werden[1021]. Es ist gleichgültig, ob die Bank ganz neue Darlehen gewährt oder alte nach Eintritt der wirtschaftlichen Krise nicht abgezogen hat[1022]. Anders als bei der Bankenhaftung nach deutschem Recht, die bisher nur auf der Grundlage einer vorsätzlichen sittenwidrigen Schädigung i.S.v. § 826 BGB begründet wird, reicht beim *soutien abusif* bloß fahrlässiges Verhalten aus[1023].

Die Haftung wegen eines *soutien abusif* wird bisher ganz überwiegend mit Kreditinstituten in Zusammenhang gebracht. Der Cour de cassation hat allerdings auch schon die Lieferanten einer zahlungsunfähigen Gesellschaft wegen mißbräuchlicher Kreditgewährung haften lassen[1024]. *Likillimba* geht davon aus, daß jede natürliche oder juristische Person des Privat – oder des öffentlichen Rechts wegen mißbräuchlicher Kreditgewährung haftbar gemacht werden könne. Indem eine gesetzliche Regelung fehlt, sei der Weg für eine extensive Auslegung frei[1025]. Es gibt jedoch bisher keine Rechtsprechung dazu, daß Gesellschafter den Gesellschaftsgläubigern nach Art. 1382 Code civil auf Schadenser-

1020 Die Bank trifft bei Darlehenshingabe die Pflicht, die wahre wirtschaftliche Situation der Gesellschaft zu untersuchen. Es wird verlangt, daß sie die Gewinn – und Verlustrechnungen der vergangenen zwei, drei Jahre kritisch überprüft. Allerdings wird hier kein zu hoher Maßstab angesetzt. Es genügt, daß die Bank auf offensichtliche Unregelmäßigkeiten achtet; es bedarf keiner Untersuchungen im einzelnen, solange die Bank keinen Verdacht schöpft, *Piot / Allain* in Ebenroth / Rouger (Hrsg.),S. 123 Rn. 193 f. In einer Entscheidung vom 26.01.1993 ließ der Cour de cassation dahingestellt, ob die Kreditgeber positiv wußten, daß die Gesellschaft tatsächlich nicht mehr sanierungsfähig ist. Denn sie hatten jedenfalls davon Kenntnis, daß die Gesellschaft bereits dauerhaft Verluste zu verzeichnen hatte, Cour de cassation vom 26. 1. 1993, Arrêt n° 111, unveröffentlicht, abgerufen über CD – Rom Lamy Cour de cassation. Daher wird angenommen, daß es ausreicht, wenn die Kreditgeber die wirtschaftliche Krise hätten kennen müssen, *Piot / Allain*, in Ebenroth / Rouger (Hrsg.), S. 125 Rn. 199.

1021 *Likillimba*, Le soutien abusif d'une entreprise en difficulté, S. 85; *Piot / Allain*, in Ebenroth / Rouger (Hrsg.), S. 125 Rn. 199.

1022 Cass. com. vom 26. 1. 1993, Arrêt n° 111, unveröffentlicht, abgerufen über CD – Rom Lamy Cour de cassation; *Piot / Allain*, in Ebenroth / Rouger (Hrsg.), S.125 Rn. 200.

1023 zur deutschen Rechtslage vgl.: *K. Schmidt*, ZIP 1988, 1501 f. m.w.N., *K. Schmidt / Uhlenbruck / K. Schmidt*, GmbH in Krise, Sanierung und Insolvenz, S. 478 ff.

1024 Cass. com. vom 3. 5. 1983, Bull Civ, Quatrième Partie, S. 112 N° 129, S. 112 f.

1025 *Likillimba*, Le soutien abusif d'une entreprise en difficulté, S. 7 Nr. 2.

satz haften, wenn sie der nicht mehr lebensfähigen Gesellschaft Darlehen gewährt haben. Die Ansicht *Reiners*, die Regeln über den *soutien abusif* seien auch auf den darleihenden Gesellschafter anwendbar, kann daher allenfalls theoretisch zutreffen.

## III. Geschäftsführerhaftung

### 1. *Action en comblement du passif*

Es gehört zu den Besonderheiten des französischen Insolvenzrechts, daß Geschäftsführer im Insolvenzverfahren der Gesellschaft dazu verpflichtet werden können, persönlich für die Schulden der Gesellschaft aufzukommen. Art. 180 des Gesetzes betreffend die Sanierung und gerichtliche Auflösung von Unternehmen (im folgenden: Insolvenzgesetz)[1026] lautet[1027]:

> *„Lorsque le redressement judiciaire ou la liquidation judiciare d'une personne morale fait apparaître une insuffisance d'actif, le tribunal peut, en cas de faute de gestion ayant contribué à cette insuffisance d'actif, décider que les dettes de la personne morale seront supportés, en tout ou en partie, avec ou sans solidarité, par tous les dirigeants de droit ou de fait, rénumérés ou non, ou par certains d'entre eux."*

Das Gericht kann, wenn sich herausstellt, daß das Gesellschaftsvermögen nicht zur Schuldentilgung ausreicht (*insuffisance d'actif*), weil ein Fehlverhalten der Geschäftsführung (*faute de gestion*) hierzu beigetragen hat, alle oder einzelne Geschäftsführer für die Schulden der Gesellschaft vollständig oder zum Teil aufkommen lassen. Diese Geschäftsführerhaftung wird *action en comblement du passif* (wörtlich: Klage auf Auffüllung der Passiva), in der deutschen Literatur kurz Ausfallhaftung genannt. Sie war auch im alten Insolvenzgesetz von 1967 in Art. 99 enthalten[1028]. Für die Geschäftsführer einer S.A.R.L. verweist

---

[1026] Loi no. 85-98 du 25 janvier 1985 relative au redressement et à la liquidation judiciaire des entreprises.

[1027] in deutscher Übersetzung bei *Behrens / Behrens*, GmbH im internationalen und europäischen Recht, Frankreich, S. 311.

[1028] Loi no. 67-563 du 13 juillet 1967 sur le règlement judiciare, la liquidation des biens, la faillite personnelle et les banqueroutes. Die Ausfallhaftung besteht für die französische AG, die *société anonyme* bereits seit dem Gesetz vom 16.11.1940. Durch Dekret vom 09.08.1953 wurde sie auf die S.A.R.L.-Geschäftsführer ausgedehnt,. Mit dem Gesetz von 1967 wurde sie auf den faktischen Geschäftsführer erweitert, *Daigre,* Rev. soc. 1988, 199, 200.

Art. 54 des Gesetzes über die Handelsgesellschaften ausdrücklich auf diese insolvenzrechtliche Haftung.
Die Geschäftsführer haften an sich bereits nach Art 52 des Gesetzes über die Handelsgesellschaften geschädigten Gesellschaftsgläubigern für fehlerhafte Geschäftsführungsakte. Diese allgemeine gesellschaftsrechtliche Haftung der Geschäftsführung bleibt von der Eröffnung des Sanierungsverfahrens unberührt. Ihre Bedeutung ist jedoch neben der Ausfallhaftung gering[1029]. Beide Haftungsgrundlagen sind dogmatisch streng auseinanderzuhalten. Nach Art. 52 des Gesetzes über die Handelsgesellschaften hat der Geschäftsführer den Schaden zu ersetzen. Die Ausfallhaftung dagegen verpflichtet ihn zur Begleichung der Gesellschaftsschulden. Zwar können Schaden und Schulden identisch sein, notwendig ist dies aber nicht[1030].
Die *action en comblement du passif* stammt aus einer Zeit des Wachstumsoptimismus. Der Konkurs wurde als Betriebsunfall aufgefaßt, der auf eine unfähige Geschäftsführung zurückging. In Art. 99 des Insolvenzgesetzes von 1967[1031] war daher eine Verschuldensvermutung enthalten. Wurde der Fehlbestand an Aktiva nachgewiesen, begründete dies bereits die Haftung der Geschäftsführer, es sei denn sie konnten sich erfolgreich exkulpieren. Dieses Konzept wurde durch die erste Ölkrise und die Erkenntnis, daß die Wirtschaft unvorhergesehenen Strukturveränderungen ausgesetzt ist, ins Wanken gebracht[1032]. Dennoch hielt der Gesetzgeber die *action en comblement du passif* für das geeignetste Mittel, skrupellose Geschäftsführer für ihr Verhalten verantwortlich zu machen. Daher wurde die Ausfallhaftung beibehalten, jedoch die frühere Verschuldensvermutung gestrichen[1033].

---

1029 vgl. 1. Teil B II 2 b.). Davon zu unterscheiden ist die umstrittene Frage, ob die allgemeinen Regeln des Zivilrechts, insbesondere des Deliktsrechts, wegen der speziellen Regelung der Ausfallhaftung im Insolvenzverfahren ausgeschlossen sind, näher hierzu vgl.: *Gibirila*, Le dirigeant de société, S. 470 f.; *Daigre*, Rev soc. 1988, 199 ff.

1030 *Junker*, RIW 1986, 337, 339.

1031 Art. 99 des Insolvenzgesetzes von 1967 lautete: Lorsque le règlement judiciaire ou la liquidation des biens d'une personne morale fait apparaître une insuffisance d'actif, le tribunal peut décider, à la requête du syndic, ou même d'office, que les dettes sociales seront supportées, en tout ou en partie, avec ou sans solidarité, par tous les dirigeants sociaux, de droit ou de fait, apparents ou occultes, rémunérés ou non, ou par certains d'entre eux.

1032 *Junker*, RIW 1986, 337, 338.

1033 zum früheren Rechtszustand vgl.: *Daigre*, Rev. soc. 1988, 199, 210; *Junker*, RIW 1986, 337, 341.

## a.) Insolvenz der S.A.R.L.[1034]

Im Gegensatz zum früheren Konkursgesetz steht im französischen Insolvenzrecht nun nicht mehr primär die Befriedigung der Gläubiger im Vordergrund, sondern die Aufrechterhaltung des Unternehmens. Daher faßte das neue Insolvenzgesetz vom 25.01.1985 Sanierungs-, Vergleichs– und Konkursverfahren zu einem einheitlichen Sanierungsverfahren zusammen (*redressement*)[1035]. Diesem Verfahren unterfallen alle juristischen Personen, insbesondere auch die S.A.R.L.[1036]. Grund für die Verfahrenseröffnung ist die Zahlungseinstellung (*cessation des paiements*)[1037]. Nach Art. 3 des Insolvenzgesetzes sind die Geschäftsführer dazu verpflichtet, innerhalb von 15 Tagen nach Zahlungseinstellung das Sanierungsverfahren zu beantragen. Zahlungseinstellung definiert Art. 3 des Insolvenzgesetzes als Unmöglichkeit, die fälligen Verbindlichkeiten mit vorhandenen Aktiva zu bezahlen. Die Verfahrenseröffnung kann auch vom Gericht, der Staatsanwaltschaft und insbesondere auch von den Gesellschaftsgläubigern beantragt werden. Das Gericht überprüft auf den Antrag hin die Zahlungseinstellung und eröffnet gegebenenfalls mit dem *jugement d'ouverture* das Verfahren. Hieran schließt sich in der Regel eine sechsmonatige Beobachtungsphase (*phase d'obsérvation*) an, in welcher der sog. *administrateur judiciaire* den Schuldner berät. Er rät am Ende der Beobachtungsphase von einer Sanierung ab oder legt dem Gericht einen Sanierungsplan (*plan de redressement*) vor, der entweder die Fortführung oder die Veräußerung des Unternehmens vorsieht, Art. 61 ff. des Insolvenzgesetzes. Daraufhin entscheidet das Gericht, ob der vorgeschlagene Sanierungsplan durchgeführt (*continuation de l'entreprise*) oder aber mangels Sanierungsfähigkeit das Unternehmen entweder veräußert (*cession de l'entreprise*) oder in einem Konkursverfahren (*liquidation judiciaire*) aufgelöst wird[1038]. Die Ausfallhaftung nach Art. 180 des Insolvenzgesetzes

---

1034 zum französischem Insolvenzrecht vgl.: *Hübner / Constantinesco*, Einführung in das französische Recht, S. 236 ff.; *Dammann*, das neue französische Insolvenzrecht, ZIP 1996, 300 ff.; *Schmidt / Niggemann*, Die Stellung der Gläubiger im französischen Unternehmenssanierungsgesetzes, RIW 1986, 246 ff.; *Niggemann*, Frankreich, Insolvenzrecht, 1995; *Weber / Hoffmann*, Das französische Insolvenzrecht, 3. Aufl. 1996; *Kremer*, Unternehmenssanierung in Frankreich, 1994.

1035 *Dammann*, ZIP 1996, 300, 301; *Hübner / Constantinesco*, Einführung in das französische Recht, S. 237.

1036 *Hübner / Constantinesco*, Einführung in das französische Recht, S. 237.

1037 *Cozian / Petitjean / Jacquemont*, Droit des procédures collectives, S. 51 ff.

1038 *Hübner / Constantinesco*, Einführung in das französische Recht, 237 ff; *Junker*, RIW 1986, 337, 338; *Behrens / Behrens*, GmbH im internationalen und europäischen Recht, Frankreich, S. 275 f. Rn. F 45.

kann nach Eröffnung des Sanierungsverfahrens zu jeder Zeit und bei jeder der zum Ausgang des Verfahrens genannten Möglichkeiten zum Zuge kommen[1039]. Das französische Insolvenzrecht wurde 1994 nochmals reformiert[1040]. Gesetzgeberisches Ziel war u. a.[1041] eine Verfahrensvereinfachung. Im Zuge dieser Reform wurde daher auch die Möglichkeit eingeführt, von der Durchführung einer Beobachtungsphase ganz abzusehen und bei offensichtlichem Scheitern eines zukünftigen Sanierungsversuchs sofort das Konkursverfahren zu eröffnen[1042].

### b.) Voraussetzungen der *action en comblement du passif*

Die *action en comblement du passif* erfaßt ausschließlich Geschäftsführer. Ohne Bedeutung ist, ob der beklagte Geschäftsführer für seine Tätigkeit vergütet wurde oder nicht, „*...rénuméré ou non...*". Es sind zwei Gruppen von Geschäftsführern zu unterscheiden: Die rechtlichen, *dirigeants de droit*, und die faktischen Geschäftsführer, *dirigeants de fait. Dirigeants de droit* sind die nach Gesetz und Satzung zur Geschäftsführung berufenen Personen[1043]. Es haften jedoch nicht nur die Geschäftsführer, die bei Eröffnung des Sanierungsverfahrens noch im Amt sind, sondern auch ehemalige Geschäftsführer, zu deren Amtszeit sich die Unterdeckung des Gesellschaftsvermögens abzeichnete[1044]. Faktischer Geschäftsführer ist, wer Einfluß auf die Leitung der Gesellschaft ausgeübt hat, ohne dazu ermächtigt worden zu sein. Er muß völlig eigenmächtig Führungsmaßnahmen ergriffen haben, wobei sein Verhalten dazu geeignet gewesen sein muß, die Gesellschaft wirtschaftlich zu verpflichten[1045]. Gesellschafter kann die persönliche Geschäftsleiterhaftung im Insolvenzfall treffen, wenn sie faktisch Leitungsmacht ausgeübt haben[1046]. Die französische *gérance de fait* geht weit über die deutsche faktische Geschäftsführung hinaus[1047]. Insbesondere wendet die deutsche Rechtsprechung im Gegensatz zur französischen Rechtsprechung

---

1039 *Junker*, RIW 1986, 337, 338.

1040 hierzu ausführlich vgl.: *Dammann*, ZIP 1996, S. 300 ff.

1041 Übersicht bei: Lamy droit commercial, S. 1023 f. Nr. 2293.

1042 Lamy droit commercial, S. 1024 Nr. 2293; *Dammann*, ZIP 1996, 300, 302.

1043 Die *dirigeants de droit* werden von den Gesellschaftern bestellt, Art. 49 des Gesetzes vom 24. Juli 1966 über die Handelsgesellschaften.

1044 *Zahn*, Geschäftsleiterhaftung und Gläubigerschutz in Frankreich, S. 92; *Junker*, RIW 1986, 337, 340.

1045 *Champaud / Danet*, RTD com. 1998, 614, 614; *Cozian / Viandier*, Droit des sociétés, S. 144.

1046 *Zahn*, Geschäftsleiterhaftung und Gläubigerschutz in Frankreich, S. 274.

1047 gegen eine Haftung der Gesellschafter (für Mißmanagement) im deutschen Recht nach französischem Vorbild vgl.: *Priester*, ZGR 1993, 512, 524.

diese Rechtsfigur nur auf eine begrenzte Anzahl von Fällen an[1048]. *Dirigeant de fait* kann auch ein gesellschaftsfremder Dritter und v. a. auch ein Ausländer sein[1049]. Die Kombination aus faktischer Geschäftsführung und der Ausfallhaftung birgt für deutsche oder ausländische Unternehmen, die versucht haben, auf eine französische (Tochter-) Gesellschaft Einfluß zu nehmen, ein großes Risiko in sich[1050].

Die Haftung nach Art. 180 des neuen Insolvenzgesetzes setzt weiter voraus, daß das Gesellschaftsvermögen nicht ausreicht, um die Schulden der Gesellschaft zu begleichen (*insuffisance d'actif*). Für die Klageerhebung ist nicht erforderlich, daß das Unvermögen genau beziffert wird. Die Gewißheit, daß das Gesellschaftsvermögen nicht zur Schuldentilgung ausreicht, genügt[1051].

Schließlich muß Kausalität zwischen einem Geschäftsführungsfehler und dem Fehlbestand im Gesellschaftsvermögen nachgewiesen werden. Allerdings braucht der Fehler des beklagten Geschäftsführers lediglich zum Unvermögen beigetragen zu haben: „*...ayant contribué...*" statt „*...ayant causé...*", Art. 180 des Insolvenzgesetzes.

### c.) im besonderen: Geschäftsführungsfehler

Die *action en comblement du passif* setzt ein Fehlverhalten der Geschäftsführung (*faute de gestion*) voraus, ohne ein solches jedoch näher zu spezifizieren. Damit kommt zunächst jeder erdenkliche Geschäftsführungsfehler in Frage. Erforderlich ist jedoch, daß dem Geschäftsführer ein Fehlverhalten tatsächlich nachgewiesen werden kann. Anders als in Art. 99 des Insolvenzgesetzes von 1967 wird in Art. 180 des Insolvenzgesetzes ein Geschäftsführungsfehler nicht mehr vermutet. Nach alter Gesetzeslage konnte allein wegen der Unterdeckung des Gesellschaftsvermögens darauf geschlossen werden, daß der Geschäftsführer einen Fehler gemacht haben muß. Nach neuem Recht muß dem Geschäfts-

---

1048 näher zu den Unterschieden der *gérance de fait* und der faktischen Geschäftsführung vgl.: *Junker*, RIW 1986, 337, 341.

1049 *Junker*, RIW 1986, 337, 342 m. N. aus der Rechtsprechung; *Cozian / Viandier*, Droit des sociétés, S. 144..

1050 dies wird anschaulich aufgezeigt und behandelt von *Junker*, RIW 1986, 337 ff. Zu der Problematik, ob die *action en comblement du passif* im internationalen Privatrecht konkurs- oder gesellschaftsrechtlich zu qualifizieren ist, vgl.: *Zahn*, Geschäftsleiterhaftung und Gläubigerschutz in Frankreich, S. 218 FN 189 (konkursrechtlich), *Ebenroth / Kieser*, KTS 1988, 18 ff. (gesellschaftsrechtlich).

1051 *Miellet / Richard*, Dirigeant de société, S. 161; Dalloz 1999 Code des sociétés L. 25 janv. 1985 Art. 180, S. 757 Anm. 33.

führer ein schuldhaftes Fehlverhalten nachgewiesen werden[1052]. Der Cour de cassation sorgt für die strenge Einhaltung der Gesetzesänderung[1053]. Er hat wiederholt entschieden, daß der Fehlbestand an Aktiva allein nicht auf ein pflichtwidriges Verhalten der Geschäftsführung schließen lasse:

> *„...la cour d'appel qui ne pouvait non plus déduire de la seule importance du passif*
> *constaté la réalité des fautes de gestion..*"[1054].

Beim *dirigeant de droit* kann das Fehlverhalten gestützt werden auf positives Tun sowie auf Unterlassen. Beim faktischen Geschäftsführer kann bloßes Unterlassen jedoch keine Ausfallhaftung begründen. Der *dirigeant de droit* haftet oft gerade, weil er erforderliche Maßnahmen nicht ergriffen hat. Dies ist bei der faktischen Geschäftsführung nicht möglich[1055].
Die Gerichte haben häufig darüber zu entscheiden, ob die Fortsetzung eines defizitären Unternehmens ein Fehlverhalten der Geschäftsführung i.S.v. Art. 180 Insolvenzgesetz darstellen kann. Sicher ist ein Fehlverhalten des Geschäftsführers gegeben, wenn er nicht innerhalb der von Art. 3 des Insolvenzgesetzes vorgeschriebenen Frist die Eröffnung des Sanierungsverfahrens beantragt[1056]. Diese Antragspflicht besteht aber erst ab Zahlungseinstellung. Die Fortführung eines verlustbringenden Unternehmens kann jedoch schon vor Zahlungseinstellung ein Verschulden der Geschäftsführung i. S. v. Art. 180 des Gesetzes vom 25. 1. 1985 bedeuten[1057]. In der Fortführung eines defizitären Unternehmens allein allerdings einen Geschäftsführungsfehler zu sehen, würde einer Wiedereinführung der mit dem jetzt geltenden Insolvenzgesetz vom 25.01.1985 abgeschafften Verschuldensvermutung gleichkommen. Denn es gibt kaum Gesellschaften, die mit Gewinn gewirtschaftet haben, wenn über deren Vermögen das Sanierungsverfahren eröffnet worden ist. Entscheidend ist, ob der endgültige Zusammenbruch der Gesellschaft auf gesellschaftsexternen Gründen beruht und

---

1052 *Obadia / Sexer*, Bull. Joly 1994, 617, 618; *Hübner / Constantinesco*, Einführung in das französische Recht, S. 240; *Sonnenberger*, Französisches Handels- und Wirtschaftsrecht, S 391 Rn. VII 37.

1053 *Chaput*, Rev. soc. 1993, 445, 448; *Obadia / Sexer*, Bull. Joly 1994, 617, 618 f.

1054 Cass. com. vom 17. 11. 1992, Rev. soc. 1993, 866 f., 867; s. a. Cass. com. vom 17. 11. 1992, Rev. soc. 1993, 445 ff., 446.

1055 *Junker*, RIW 1986, 337, 342.

1056 Cass. com. vom 9. 6. 1998, Arrêt n° 1250, unveröffentlicht, abgerufen über CD – Rom Lamy Cour de cassation; *Obadia / Sexer*, Bull. Joly 1994, 617, 620.

1057 *Miellet / Richard*, Dirigeant de société, S. 160; Dalloz 1999 Code des sociétés 1999, Art. 180, S. 754 Anm. 19.

die Geschäftsführer alles getan haben, um den Zustand der Gesellschaft zu verbessern[1058]. Können dem Geschäftsführer verbotene Handlungen nachgewiesen werden, begründet dies ohne weiteres seine persönliche Haftung nach Art. 180 des Insolvenzgesetzes. Dies sind etwa nicht ordnungsgemäße Buchführung sowie Verletzungen des Gesellschaftsvertrags oder des Gesetzes[1059]. Schwieriger ist die Beurteilung dann, wenn es sich um Akte der Geschäftsführung als solche handelt. Die Gerichte werfen hier mitunter sogar wirtschaftliche Fehlentscheidungen vor; die Geschäftsführer hätten „schlechte Geschäfte" getätigt oder Fehlinvestitionen vorgenommen[1060].

**d.) Rechtsfolgen und Geltendmachung**

Gelingt der Nachweis der Haftungsvoraussetzungen, kann das Gericht alle oder einzelne Geschäftsführer dazu verurteilen, für die Schulden der Gesellschaft zu haften. Die Geschäftsführer haften entweder jeder für sich oder als Gesamtschuldner (*avec ou sans solidarité*). Die Entscheidung steht im vollen Ermessen des Gerichts, „... *le tribunal peut* ...". Das gilt insbesondere auch für die Frage, bis zu welcher Höhe gehaftet wird. Die Geschäftsführer können jedoch nicht über den Betrag des Fehlbestands hinaus haftbar gemacht werden[1061]. Das Gericht hat seine Entscheidung über die Höhe der Verurteilung nach der Schwere des Fehlers und danach zu richten, in welchem Maße der betreffende Geschäftsführungsfehler zum Unvermögen der Gesellschaft beigetragen hat[1062]. Hierin zeigt sich ein gewisser Sanktionscharakter der *action en comblement du passif*[1063].
Der verurteilte Geschäftsführer haftet nicht direkt gegenüber den Gesellschaftsgläubigern. Art. 180 Abs. 3 des Insolvenzgesetzes bestimmt:

> *„Les sommes versées par les dirigeants en application de l'alinéa 1er entrent dans le patrimoine du débiteur et sont affectées en cas de continuation de l'entreprise selon les modalités prévues par le plan*

1058 *Obadia / Sexer*, Bull. Joly 1994, 617, 620.

1059 *Obadia / Sexer*, Bull. Joly 1994, 617, 619.

1060 *Zahn*, Geschäftsleiterhaftung und Gläubigerschutz in Frankreich, S. 120 f.

1061 *Miellet / Richard*, Dirigeant de société, S. 153, 161; Dalloz 1999, Code des sociétés, L. 25 janv. 1985 Art. 180, S. 758 Anm. 36 bis.

1062 Dalloz 1999, Code des sociétés, L. 25 janv. 1985 Art. 180, S. 758 Anm. 36; *Obadia / Sexer*, Bull. Joly 1994, 617, 623; *Miellet / Richard*, Dirigeant de société, S. 152.

1063 *Obadia / Sexer*, Bull. Joly 1994, 617, 622 f.; *Miellet / Richard*, Dirigeant de société, S. 152. Gegen die Annahme eines Sanktionscharakters vgl.: *Daigre*, Rev. soc 1988, 199, 204.

*d'apurement du passif. En cas de cession ou de liquidation, ces sommes sont réparties entre tous les créanciers au marc le franc.*"

Die zu zahlenden Beträge fließen zunächst in das Gesellschaftsvermögen. Ziel ist es, zu Gunsten der Gesellschaftsgläubiger das Gesellschaftskapital weitest möglich wiederherzustellen[1064]. Wird die Gesellschaft weitergeführt, werden die gezahlten Summen entsprechend dem Sanierungsplan verteilt. Im Fall der Veräußerung oder Auflösung der Gesellschaft in einem etwa anschließenden Konkursverfahren werden die Beträge an die Gesellschaftsgläubiger anteilsmäßig entsprechend der Höhe ihrer Forderungen verteilt[1065].

Art. 183 des Insolvenzgesetzes regelt, wer dazu berechtigt ist, eine Haftung aus *action en comblement du passif* gerichtlich geltend zu machen[1066]. Die einzelnen Gesellschaftsgläubiger können nicht selbst einen oder mehrere Geschäftsführer auf Zahlung der Gesellschaftsschulden verklagen[1067]. Klageberechtigt ist insbesondere der Konkursverwalter (*liquidateur*), aber etwa auch der Staatsanwalt. Weiter kann das Gericht auch von Amts wegen tätig werden. Nicht möglich ist, daß einzelne der Geschäftsführer gegen andere Geschäftsführer vorgehen[1068].

## 2. Insolvenzerstreckung auf den Geschäftsführer

Unter bestimmten Voraussetzungen ist es nach französischem Insolvenzrecht möglich, das Sanierungs- oder Konkursverfahren der Gesellschaft auf den Geschäftsführer zu erstrecken. Dies kann wieder den *dirigeant de droit* sowie den *dirigeant de fait* gleichermaßen treffen. In der deutschen Literatur wird dieser Vorgang auch als Konkurserstreckung[1069] oder Insolvenzausdehnung[1070] bezeichnet. Diese Begriffe sind an sich ungenau, da über das Privatvermögen des Geschäftsleiters meist ein eigenständiges Verfahren eröffnet wird.

---

1064 *Miellet / Richard*, Dirigeant de société, S. 162

1065 *Junker*, RIW 1986, 337, 342.

1066 Art. 183 des Insolvenzgesetzes lautet: *Dans les cas prévus aux articles 180-182, le tribunal se saisit d'office ou est saisie par l'adiministrateur, le représentant des créanciers, le commissaire à l'exécution du plan, le liquidateur ou le procureur de la République.*

1067 *Obadia / Sexer*, Bull. Joly 1994, 617, 623.

1068 Dalloz 1999 Code des sociétés, Art. 183, S. 763 Anm. 2.

1069 *Behrens / Behrens*, GmbH im internationalen und europäischen Recht, Frankreich, S. 276 Rn. F 45.

1070 *Zahn*, Geschäftsleiterhaftung und Gläubigerschutz in Frankreich, s. etwa S. 261.

### a.) Voraussetzungen

#### aa.) Nichterfüllung der *action en comblement du passif*

Kommt der Geschäftsführer seiner Zahlungsverpflichtung aus der *action en comblement du passif* nicht nach, kann das Gericht über sein Vermögen das Sanierungs- oder Konkursverfahren eröffnen. Art. 181 des Insolvenzgesetzes lautet:

> *„Le tribunal peut ouvrir une procédure de redressement judiciaire ou de liquidation judiciaire à l'égard des dirigeants à la charge desquels a été mis tout ou partie du passif d'une personne morale et qui ne s'acquittent pas de cette dette.“*

#### bb.) Insolvenzerstreckung in den gesetzlich geregelten Fällen, insbesondere die Fortführung einer defizitären Gesellschaft

Über das Vermögen des Geschäftsführers kann weiter auch dann das Sanierungs- oder Konkursverfahren eröffnet werden, wenn ihm eine der im Art. 182 des Insolvenzgesetzes abschließend aufgezählten Handlungen nachgewiesen werden kann. Im einzelnen geht es um folgende sieben Tatbestände[1071]. Der Geschäftsführer hat über das Vermögen der Gesellschaft wie über sein eigenes verfügt (Nr. 1). Der Geschäftsführer hat unter dem Deckmantel der juristischen Person im eigenen Interesse Handelsgeschäfte getätigt (Nr. 2). Der Geschäftsführer hat das Gesellschaftsvermögen oder den Kredit der Gesellschaft zu eigenen Zwecken oder zur Begünstigung einer anderen Gesellschaft, an der er unmittelbar oder mittelbar beteiligt ist, verwendet (Nr. 3). Der Geschäftsführer hat eigennützig einen defizitären Geschäftsbetrieb fortgeführt, für den die Zahlungseinstellung unvermeidlich war (Nr. 4). Der Geschäftsführer hat eine fiktive Buchführung erstellt oder Buchführungsunterlagen unterschlagen (Nr. 5). Der Geschäftsführer hat die Aktiva der Gesellschaft ganz oder teilweise beiseite geschafft oder in betrügerischer Weise die Passiva der Gesellschaft vermehrt (Nr. 6). Der Geschäftsführer hat eine offensichtlich unvollständige oder unregelmäßige Buchführung erstellt (Nr. 7).
Die ersten beiden Tatbestandsalternativen, die bereits im Insolvenzgesetz von 1967 geregelt waren[1072] finden ihre Rechtfertigung im Mißbrauch der juristi-

[1071] abgedruckt bei *Zahn*, Geschäftsleiterhaftung und Gläubigerschutz in Frankreich, S. 290 f. Näher zu den einzelnen Tatbeständen vgl.: *Terboven*, Geschäftsleiterhaftung bei Kapitalgesellschaften in Frankreich, S. 86 ff.

[1072] in Art. 101 Fälle 1 und 2.

schen Person[1073]. Auf den Mißbrauchsgedanken gehen überhaupt die Anfänge der Rechtsprechung zur Insolvenzerstreckung zurück[1074]. Die dritte und sechste Tatbestandsalternative erfassen die mißbräuchliche Verwendung von Gesellschaftsmitteln[1075]. Während die Fortführung einer defizitären Gesellschaft bereits im Insolvenzgesetz von 1967 erfaßt war, sind die Fälle der fehlerhaften Buchführung erst mit der Insolvenzreform von 1985 und 1994 dazugekommen. Damit ist eine Tendenz erkennbar, wonach die Insolvenzerstreckung immer mehr über den Mißbrauch der juristischen Person hinaus auch Geschäftsführungsfehler erfassen soll[1076].
Von besonderem Interesse ist hier die Fortführung eines defizitären Geschäftsbetriebs. Art. 182 Nr. 4 des Insolvenzgesetzes lautet:

> „*Avoir poursuivi abusivement, dans un intérêt personnel, une exploitation déficitaire qui ne pouvait conduire qu'à la cessation des paiements de la personne morale.*"

Der Geschäftsführungsfehler besteht in der Fortführung einer defizitären Gesellschaft, für die keine Rettungshoffnung mehr bestand. Die Aufrechterhaltung des Unternehmens muß in die Zahlungseinstellung münden. Aus dem Gesetzeswortlaut ergibt sich, daß die Fortführung der Gesellschaft bereits vor Eintritt der Zahlungsunfähigkeit den Tatbestand des Art. 182 Nr. 4 erfüllen kann, „*...qui ne pouvait conduire qu'à...*". Die Zahlungseinstellung muß vielmehr nur das Ergebnis des fortgeführten Geschäftsbetriebs sein. Weitere Voraussetzung ist, daß die Gesellschaft aufgrund eines persönlichen Interesses weitergeführt wurde. Damit ist in erster Linie ein eigenes materielles Interesse gemeint. Es kann sogar auch ein soziales Interesse, etwa das Interesse, Arbeitsplätze zu erhalten, ausreichen[1077]. Wurde eine verlustbringende Gesellschaft zulasten der Gesellschaftsgläubiger fortgeführt, droht dem Geschäftsführer im Sanierungsverfahren der Gesellschaft damit nicht nur die Ausfallhaftung, sondern sogar die Erstreckung des Verfahrens auf sein Vermögen.

---

1073 *Zahn*, Geschäftsleiterhaftung und Gläubigerschutz in Frankreich, S. 154.

1074 *Zahn*, Geschäftsleiterhaftung und Gläubigerschutz in Frankreich, S. 154.

1075 *Zahn*, Geschäftsleiterhaftung und Gläubigerschutz in Frankreich, S. 260.

1076 vgl. bereits *Zahn*, Geschäftsleiterhaftung und Gläubigerschutz in Frankreich, S. 154, 261.

1077 *Zahn*, Geschäftsleiterhaftung und Gläubigerschutz in Frankreich, S. 155.

### cc.) Insolvenzerstreckung nach allgemeinen Regeln

Eine Insolvenzerstreckung kommt weiter nach allgemeinen, nicht gesetzlich fixierten Regeln in Betracht. Dies sind die Fälle der fiktiven bzw. nur zum Schein bestehenden Gesellschaft. Hierzu gehört auch die Vermögensvermischung, die als Unterfall der fiktiven Gesellschaft angesehen werden kann[1078]. Die Gesellschaft besteht nur zum Schein, wenn sie nicht alle notwendigen Bestandteile einer Gesellschaft aufweist, wozu insbesondere die *affectio societatis*[1079] gehört[1080].

## b.) Rechtsfolgen

In den Rechtsfolgen muß unterschieden werden zwischen der gesetzlich geregelten und der nach allgemeinen Regeln bestehenden Insolvenzerstreckung. Bei der Insolvenzerstreckung gem. Artt. 181, 182 des Insolvenzgesetzes liegt die Entscheidung wieder im Ermessen des Gerichts, „... *le tribunal peut ouvrir...*". Wird in den gesetzlich erfaßten Fällen die Insolvenzerstreckung angeordnet, können die Gesellschaftsgläubiger aus zwei verschiedenen Konkursmassen befriedigt werden. Der Begriff einer Insolvenzerstreckung ist daher ungenau. Denn in Wahrheit wird über das Privatvermögen des Geschäftsführers zur Begleichung der Gesellschaftsschulden ein eigenständiges Insolvenzverfahren eröffnet. Es wird weiterhin zwischen den Vermögen zweier Personen getrennt[1081]. In den Fällen der Insolvenzerstreckung haftet der Geschäftsführer für die Verbindlichkeiten der Gesellschaft mit seinem Privatvermögen in voller Höhe. Dies bringt den Geschäftsleiter meist in eine aussichtslose Lage, da sein Vermögen in der Regel nicht ausreicht, seine Privatschulden und die der unbefriedigten Gesellschaftsgläubiger zu erfüllen[1082]. Bei der Verurteilung aus der *action en comblement du passif* ist seine Ausfallhaftung immerhin auf den nach dem Ermessen des Gerichts festgesetzten Betrag beschränkt.

---

[1078] *Zahn*, Geschäftsleiterhaftung und Gläubigerschutz in Frankreich, S. 166 ff.; *Terboven*, Zivilrechtliche Geschäftsleiterhaftung bei Kapitalgesellschaften in Frankreich, S. 93.

[1079] Die *affectio societatis* ist notwendiger subjektiver Bestandteil einer Gesellschaft. Die Gesellschafter brauchen den Willen, den Gesellschaftszweck gleichberechtigt zu erreichen, *Cozian / Viandier*, Droit des sociétés, S. 75 f.

[1080] *Zahn*, Geschäftsleiterhaftung und Gläubigerschutz in Frankreich, S. 164; *Terboven*, Zivilrechtliche Geschäftsleiterhaftung bei Kapitalgesellschaften in Frankreich, S. 92.

[1081] *Miellet / Richard*, Dirigeant de société, S. 164 f.; *Terboven*, Zivilrechtliche Geschäftsleiterhaftung bei Kapitalgesellschaften in Frankreich, S. 89.

[1082] *Zahn*, Geschäftsleiterhaftung und Gläubigerschutz in Frankreich, S: 159 f.

Einen Antrag auf Eröffnung des Insolvenzverfahrens über das Vermögen des Geschäftsführers kann stellen, wer gem. Art. 183 des Insolvenzgesetzes zur Geltendmachung der *action en comblement du passif* berechtigt ist[1083]. Insbesondere kann das Gericht auch von Amts wegen tätig werden.
Wenn die zahlungsunfähige Gesellschaft, über deren Vermögen das Insolvenzverfahren eröffnet worden ist, wie im Fall der fiktiven Gesellschaft oder der Vermögensvermischung gar nicht real existent ist, wird das über das Gesellschaftsvermögen zunächst eröffnete Verfahren auf die Person erweitert, welche die Gesellschaft leitete oder deren Vermögen sich mit dem der Gesellschaft vermischt hat. Anders als bei der Insolvenzerstreckung nach Art. 182 des Insolvenzgesetzes bleibt es hier bei einem einheitlichen Verfahren[1084]. Besteht die insolvente Gesellschaft nur zum Schein, hat das Gericht das Verfahren auf den Geschäftsführer auszudehnen; hier besteht kein Ermessen[1085].
Zu der finanziellen Sanktion kommt auch eine gesellschaftliche dazu. Wird eine Insolvenzerstreckung angeordnet, verliert der Geschäftsführer für mindestens fünf Jahre sein passives Wahlrecht zu öffentlichen Ämtern, Art. 194 Satz 2, Art. 195 Abs. 1 Satz 1 des Insolvenzgesetzes.

### 3. *Faillite personnelle* und *interdiction de gérer*

Das französische Insolvenzrecht hält in den Art. 185 ff. des Insolvenzgesetzes noch eine weitere Möglichkeit bereit, das Verhalten von Geschäftsführern zu sanktionieren, sobald über das Gesellschaftsvermögen das Insolvenzverfahren eröffnet worden ist. Das Gericht kann die sog. *faillite personnelle* anordnen. Sie führt automatisch dazu, daß der Geschäftsführer keine Handelsgesellschaften mehr leiten, verwalten oder kontrollieren darf, Art. 186 Abs. 1 des Insolvenzgesetzes. Sie setzt voraus, daß dem Geschäftsführer ein besonders schwerwiegendes Fehlverhalten vorgeworfen werden kann. Die unterschiedlichen Fälle sind im Gesetz abschließend aufgezählt. Eine *faillite personnelle* kann einmal verhängt werden, wenn dem Geschäftsführer eine der Handlungen des bereits bei der Insolvenzerstreckung besprochenen Art. 182 des Insolvenzgesetzes nachgewiesen werden kann, Art. 188 des Insolvenzgesetzes. Möglich ist insbesondere auch, eine *faillite personnelle* anzuordnen, wenn der Geschäftsführer den Sanierungsantrag zu spät gestellt hat, Art. 189 Nr. 5 des Insolvenzgesetzes. Kommt der Geschäftsführer seiner Zahlungspflicht aus der *action en comble-*

1083 vgl. 3. Teil D III 1 d.) a.E.

1084 *Miellet / Richard*, Dirigeant de société, S. 164 f.; *Terboven*, Zivilrechtliche Geschäftsleiterhaftung bei Kapitalgesellschaften in Frankreich, S. 91.

1085 *Terboven*, Zivilrechtliche Geschäftsleiterhaftung bei Kapitalgesellschaften in Frankreich, S. 95.

*ment du passif* nicht nach, droht ihm ebenso die *faillite personelle*, Art. 191 des Insolvenzgesetzes.
Anstelle der *faillite personelle* kann das Gericht auch das Verbot aussprechen, eine Handelsgesellschaft direkt oder indirekt zu leiten, zu verwalten oder zu kontrollieren, Art. 192 des Insolvenzgesetzes[1086]. Die Unterschiede zwischen beiden Möglichkeiten liegen in den Rechtsfolgen. Das Geschäftsführungsverbot nach Art. 192 des Insolvenzgesetzes kann auf eine oder mehrere bestimmte Gesellschaften begrenzt ausgesprochen werden, „*...soit une ou plusieures...*“[1087]. Das Berufsverbot nach Art. 192 des Insolvenzgesetzes ist damit flexibler.
In beiden Fällen ist der verurteilte Geschäftsführer von der weiteren Ausübung seines Stimmrechts in der Gesellschaft ausgeschlossen, Art. 193 Abs. 1 des Insolvenzgesetzes. Darüber hinaus hat das Gericht in beiden Fällen die Möglichkeit, die Geschäftsführer zur Veräußerung ihrer Geschäftsanteile zu verpflichten, wobei der Erlös bei Geschäftsführern, die aus einer *action en comblement du passif* verurteilt worden sind, zur Begleichung der Gesellschaftsschulden verwendet wird, Art. 193 Abs. 2 des Insolvenzgesetzes. Weiter verliert der Geschäftsführer in beiden Fällen sein passives Wahlrecht für die Ausübung öffentlicher Ämter, Art. 194 Satz 1 des Insolvenzgesetzes. Über das Berufsverbot hinaus muß der Geschäftsführer also auch den Verlust von Ehrenrechten hinnehmen.
Das Gericht hat die Sanktionen für eine Dauer von mindestens fünf Jahren anzuordnen. Sie können aufgehoben werden, wenn der Verurteilte einen angemessene Betrag zur Begleichung der Gesellschaftsschulden geleistet hat, Art. 195 des Insolvenzgesetzes.

---

1086 Art. 192 des Insolvenzgesetzes lautet: „*Dans les cas prévus aux articles 187 à 190 le tribunal peut prononcer, à la place de la faillite personnelle, l'interdiction de diriger, gérer, administrer ou contrôler, directement ou indirectement, soit toute entreprise commerciale ou artisanale, toute exploitation agricole et toute personne morale, soit une ou plusieurs de celles-ci*".

1087 *Miellet / Richard*, Dirigeant de société, S. 168.

# E. Rechtslage in Schweden, Dänemark und Norwegen[1088]

## I. Finanzierung der unterkapitalisierten Gesellschaft durch die Gesellschafter

### 1. Sonderbehandlung von Gesellschafterdarlehen

Eine Sonderbehandlung von Darlehen, die Gesellschafter der Gesellschaft gewährt haben, ist allen drei hier untersuchten skandinavischen Rechtsordnungen fremd. Es gibt weder Gesetze noch Richterrecht, welche Darlehen oder sonstige Finanzierungshilfen, die von den Gesellschaftern selbst geleistet wurden, abweichend von Darlehen außenstehender Dritter behandeln. Anders als in Frankreich läßt sich in Schweden, Dänemark und Norwegen noch nicht einmal eine Auseinandersetzung mit dieser Frage in der Rechtsprechung oder Literatur finden[1089].

### 2. „Haftendes Darlehenskapital"[1090]

In allen drei Rechtsordnungen gibt es allerdings sog. „haftendes Darlehenskapital". In Schweden heißt es *förlagslån,* in Dänemark und Norwegen *ansvarlig lånekapital.* Bezeichnet wird hiermit die Darlehenshingabe an eine Aktiengesellschaft bzw. Anteilsgesellschaft, bei welcher der Rückgewähranspruch des Darlehensgebers hinter den Forderungen der übrigen Gesellschaftsgläubiger rangiert. In „haftendem Darlehenskapital" wird eine Zwischenform zwischen Eigenkapital und Fremdkapital gesehen[1091]. Verfügt eine Gesellschaft über „haf-

---

1088 allg. zum skandinavischen Rechtskreis vgl.: *Ring, Gerhard / Ring – Olsen, Line*, Einführung in das skandinavische Recht, München 1999.

1089 für die dänische Rechtslage vgl.: *Hohloch / Alstedt / Hansen*, EU – Hdb. Gesellschaftsrecht, Dänemark, S. 76 Rn. 240: *„Der Begriff Eigenkapital ersetzende Darlehen ist in Dänemark nicht Gegenstand wissenschaftlicher Diskussion"*

1090 eine grundlegende Arbeit zu dieser Art von Darlehen stammt von dem Norweger *Jakhelln*, TfR 1967, S. 422 ff., die obwohl seit ihrem Erscheinen viele Jahre vergangen sind, nicht an Aktualität einbüßt, vgl. *Andenæs*, aksjeselskaper og allmennaksjeselskaper, S. 431.

1091 *Jakhelln*, TfR 1967, 422, 422; *Andersen*, anpartsselskaber, S. 86. „Haftendes Darlehenskapital" ist jedoch zu passivieren; *Andenæs*, aksjeselskaper og allmennaksjeselskaper, S. 432.

tendes Darlehenskapital" soll dies nach einer Entscheidung des norwegischen obersten Gerichtshof (*Höyesterett*) bei der Frage nach einer angemessenen Eigenkapitalausstattung den Vorwurf einer Unterkapitalisierung ausschließen können[1092].

## a.) Voraussetzungen und Motivation[1093]

Die Voraussetzungen für „haftendes Darlehenskapital" beschränken sich im Vergleich zu den bei der Darlehensgewährung üblichen Voraussetzungen darauf, daß zwischen Kreditgeber und Gesellschaft eine Vereinbarung getroffen wird, wonach der Darlehensgläubiger in der Liquidation oder im Konkurs der Gesellschaft sein Darlehen erst zurückgezahlt erhält, wenn alle anderen Gesellschaftsgläubiger befriedigt sind. Es ist gleichgültig, ob es sich bei dem Kreditgeber um eine Bank oder aber um einen Gesellschafter handelt[1094]. Die Absprache, hinter den übrigen Gläubigern zurückzustehen, kann auch erst nach Darlehensgewährung getroffen werden, was insbesondere getan wird, um der Gesellschaft aus einer wirtschaftlichen Krise zu helfen[1095]. Kein „haftendes Darle-

1092 NRt 1996, 672, 680.

1093 Das eigentliche Problem bei „haftendem Darlehenskapital" besteht darin, welche Rechte den übrigen Gesellschaftsgläubigern für den Fall zustehen, daß die ursprüngliche Darlehensabsprache, wonach es sich um „haftendes Darlehenskapital" handelt, abgeändert wird. Die Gläubiger, denen gegenüber die Darlehen als „haftendes Darlehen" publik gemacht wurden, können verlangen, daß die ursprüngliche Vereinbarung aufrecht erhalten bleibt. Hat die Gesellschaft die Gläubiger nicht über die Gewährung von „haftendem Darlehenskapital" aufgeklärt, wozu sie nicht etwa verpflichtet ist, sind sie nicht berechtigt, gegen Änderungen in der Darlehensabsprache vorzugehen. Denn in diesem Fall kann die Hingabe von „haftendem Darlehenskapital" die Geschäftsverhältnisse zwischen der Gesellschaft und dem betreffenden Gläubiger nicht beeinflußt haben. Ist die Absprache über ein „haftendes Darlehenskapital" aber nicht rein intern geblieben, hat der besondere Charakter des „haftenden Darlehens" nicht allein eine Reflexwirkung im Verhältnis zu den übrigen Gesellschaftsgläubigern. Denn das Vorhandensein von „haftendem Darlehenskapital" wird ja gerade offenbart, um auf eine weitere Haftungsmasse neben dem Gesellschaftskapital zu verweisen. Dann bezieht es sich direkt auf das Verhältnis zu potentiellen Gesellschaftsgläubigern. Diese müssen dann aber auch die Aufrechterhaltung der Sicherheit geltend machen können, mit der sie gerechnet haben und rechnen konnten. Wurde auf das „haftende Darlehen" ausdrücklich hingewiesen, kann beispielweise gefordert werden, daß das „haftende Darlehen" nicht zurückbezahlt wird vor Ablauf des ursprünglich vorgesehenen Gewährungszeitraums zum Ganzen vgl.: *Jakhelln*, TfR 1967, 422, 443 ff.

1094 für Schweden: *Hohloch / Foerster,* EU – Hdb. Gesellschaftsrecht, Schweden Rn. 266; für Dänemark: *Andersen*, Anpartsselskaber, S. 86; für Norwegen: *Jakhelln*, S. 422, 425; *Andenæs*, Aksjeselskaper og allmennaksjeselskaper, S. 431; NRt 1996, 672, 680.

1095 *Jakhelln*, TfR 1967, 422, 438.

henskapital“ ist gegeben, wenn der Darlehensgeber einen Rangrücktritt gegenüber und zugunsten einzelner Gesellschaftsgläubiger erklärt. Dann handelt es sich lediglich um interne Absprachen zwischen den Gläubigern. Soll der Rangrücktritt im Verhältnis zu allen, den alten und neuen Gesellschaftsgläubigern gelten, handelt es sich um „haftendes Darlehenskapital“[1096].
„Haftende Darlehen“ können unabhängig von den Kapitalerhöhungs– und Kapitalherabsetzungsregeln gewährt und wieder abgezogen werden[1097]. Weiter hat die Gesellschaft bei Vertragsverhandlungen einen besseren Stand, wenn sie angeben kann, neben dem Gesellschaftskapital auch mit „haftendem Darlehenskapital“ aufwarten zu können[1098].

**b.) Rechtsfolgen**

Wie bereits erwähnt, ist das entscheidende Wesensmerkmal eines „haftenden Darlehens“, daß der Darlehensgeber erklärt hat, gegenüber allen anderen Gesellschaftsgläubigern in der Auflösung oder im Konkurs zurückzustehen. Die Zinsansprüche des Kreditgebers haben dieselbe Stellung wie sein Darlehen, stehen mithin auch auf dem letzten Rang[1099]. Der „haftende Darlehensgeber“ kann auch nicht etwa im Konkurs mit seiner Darlehensforderung gegen eine Forderung der Schuldnerin aufrechnen[1100].

## II. Geschäftsleiterhaftung

### 1. Geschäftsleiterhaftung wegen Verletzung der Aufklärungspflicht

#### a.) Rechtslage in Norwegen

#### aa.) Haftungsgrundlage: *culpa*-Regel

Die Geschäftsleiter haben nach den allgemeinen Regeln des norwegischen Schadensersatzrechts Schäden zu ersetzen, die sie Gesellschaftsgläubigern durch ihr Verhalten vorsätzlich oder fahrlässig zufügen. Haftungsgrundlage ist

---

1096 *Jakhelln*, TfR 1967, 422, 438.

1097 *Andenaes*, aksjeselskaper og allmennaksjeselskaper, S. 432; *Jakhelln*, TfR 1967, 422, 426.

1098 *Jakhelln*, TfR 1967, 422, 425.

1099 *Jakhelln*, TfR 1967, 422, 441; *Andenæs*, aksjeselskaper og allmennaksjeselskaper, S. 432; *Andersen*, anpartsselskaber, S. 86.

1100 *Jakhelln*, TfR 1967, 422, 446.

die deliktische Generalklausel des bürgerlichen Rechts, die sog. *culpa* – Regel. Im vorher geltenden Aktiengesetz von 1976 war dies noch ausdrücklich gesetzlich geregelt gewesen. Im neuen Aktiengesetz ist nur noch die persönliche Haftung der Geschäftsleiter gegenüber der Gesellschaft geregelt, § 17 des Aktiengesetzes. Die *culpa* – Haftung ist indessen derart fest im norwegischen Recht verankert, daß umgekehrt im Gesetz geregelt werden müßte, falls sie für Geschäftsleiter eingeschränkt werden sollte.
Nach höchstrichterlicher Rechtsprechung haften die Geschäftsleiter auf der Grundlage der *culpa*–Regel persönlich gegenüber den Gesellschaftsgläubigern, wenn sie weiterhin Verbindlichkeiten für die Gesellschaft eingegangen sind, ohne potentielle Geschäftspartner über die angespannte wirtschaftliche Situation der Gesellschaft aufzuklären. Zwar haftet auch die (insolvente) Gesellschaft für das Fehlverhalten ihres Geschäftsleiters[1101]. Für die Gesellschaftsgläubiger ist jedoch interessanter, ob gegen die Geschäftsleiter persönlich vorgegangen werden kann.
Die *culpa*-Haftung der Geschäftsleiter setzt voraus, daß ein schuldhaftes Verhalten (Tun oder Unterlassen) des Geschäftsleiters den eingetretenen Schaden verursacht hat[1102]. Die Voraussetzungen der *culpa*-Regel müssen für jeden einzelnen Geschäftsleiter nachgewiesen werden. Die Geschäftsleiter sind nicht als Gesamtschuldner verantwortlich[1103].

### bb.) Aufklärungspflicht

#### (1) Grundsätzliches

Bei der Frage, unter welchen Voraussetzungen die Geschäftsleiter dazu verpflichtet sind, gegenüber potentiellen Geschäftspartnern eine wirtschaftliche Krise zu offenbaren, lassen die norwegischen Gerichte[1104] keine klare Linie erkennen. *Normann Aarum* geht davon aus, daß eine Aufklärungspflicht jedenfalls nicht angenommen wird, solange die Gesellschaft noch zahlungsfähig ist. Denn dann könne sich nur das mit unternehmerischer Tätigkeit stets verbundene

---

1101 *Normann Aarum*, Styremedlemmers erstatningsansvar, S. 523, 525, wobei sich die Haftung der Gesellschaft nach Vertragsrecht richtet.

1102 *Marthinussen / Aarbakke / Aarbakke*, Aksjeloven, S. 530.

1103 *Normann Aarum*, S. 67 ff.; *Marthinussen / Aarbakke / Aarbakke*, Aksjeloven, S. 530.

1104 Höyesterett, NRt 1938, 129 und NRt 1975, 198; s.a. NRt 1996, 742, 761; *Gulating lagmannsrett*, Urt. v. 13.12.1990, ankesak nr. 256/1989; *Frostating lagmannsrett*, Urt. v. 31.12.1991, sak nr. 91-313 A; *Hålogaland lagmannsrett*, Urt. v. 09.03.1990, ankesak nr. 43 / 1988 A.; *Agder lagmannsrett*, Urt. v. 08.09.1992, sak nr. 92-00057 A.

Risiko wirtschaftlicher Einbußen verwirklichen[1105]. Nach norwegischem Recht ist Zahlungsunfähigkeit einziger Konkursgrund, § 60 des norwegischen Konkursgesetzes (*konkursloven*). Den Konkursgrund der Überschuldung kennt das norwegische Recht nicht. Nach § 61 *konkursloven* ist ein Schuldner zahlungsunfähig, wenn er außerstande ist, seine laufenden Zahlungsverpflichtungen zu erfüllen, es sei denn, daß es sich nur um einen vorübergehenden Zustand handelt.

**(2) Entstehungszeitpunkt der Aufklärungspflicht**

Fraglich ist, ob der Eintritt der Zahlungsunfähigkeit die Geschäftsleiter automatisch dazu verpflichtet, diese gegenüber potentiellen Vertragspartnern zu offenbaren oder ob weitere Umstände hinzukommen müssen. Nach den Untersuchungen im deutschen Recht kann trotz eingetretener Konkursreife eine Aufklärungspflicht entfallen, wenn die Geschäftsführer auf den Erfolg eingeleiteter Sanierungsmaßnahmen vertrauen durften[1106]. Für das deutsche Recht kann in diesem Zusammenhang insbesondere ein Anhaltspunkt in der drei-Wochen-Frist des § 64 Abs. 1 GmbHG gesehen werden. Sie stellt eine Bedenkfrist dar, innerhalb derer die Geschäftsführer prüfen dürfen, ob Sanierungsmöglichkeiten den Konkurs gegebenenfalls abwenden könnten[1107]. Im norwegischen Recht kann jedoch nicht auf eine vergleichbare Frist zurückgegriffen werden, da eine Konkursantragspflicht gar nicht gesetzlich vorgesehen ist.

In einer Entscheidung des höchsten norwegischen Gerichtshofs (*Höyesterett*) vom 26.02.1938[1108] hatte eine Rederei–AS aus Bergen ein Schiff bei einer holländischen Werft in Rotterdam in Reparatur gegeben. Noch vor Begleichung der Reparaturkosten wurde das Konkursverfahren eröffnet. Das Gericht sah es als erwiesen an, daß die Rederei bereits bei der Beauftragung mit der Reparatur zahlungsunfähig gewesen war. Da ihr Geschäftsleiter dennoch das Schiff bei dem holländischen Geschäftspartner in Reparatur gegeben hatte, ohne diesen über die wirtschaftliche Krise der Gesellschaft aufzuklären, verurteilte ihn das Gericht, für die Reparaturkosten persönlich aufzukommen[1109]. In dieser Entscheidung[1110], wurde keine Rücksicht darauf genommen, daß der Geschäftslei-

---

1105 *Normann Aarum*, Styremedlemmers erstatningsansvar, S. 537 m. N. aus der Rechtsprechung.

1106 vgl. 2. Teil B I 1 a.E.

1107 *Hachenburg / Ulmer* § 64 GmbHG Rn. 24.

1108 NRt 1938, 129.

1109 NRt 1938, 129, 130 f.

1110 die Richter waren sich jedoch nicht einig. Zwei der fünf Richter traten für eine Berücksichtigung dieser Umstände ein, NRt 1938, 129, 131 f.

ter bei Geschäftsschluß auf eine Besserung der finanziellen Situation vertraut hatte. Die Konjunktur auf dem Frachtmarkt zur See war längere Zeit schlecht gewesen; zuweilen aber kündigte sich eine Besserung an. Weiter hatte der Geschäftsleiter gemeint, sich auf eine Stundung verlassen zu können, nachdem die holländische Werft während der langjährigen Geschäftsbeziehungen bereits wiederholt eine Stundung der Forderungen bewilligt hatte[1111].
In einer anderen Entscheidung, die der oberste norwegische Gerichtshof am 01.03.1975[1112] zu treffen hatte, hat das Gericht Erwägungen dazu angestellt, ob die Leiter auf eine Rettungschance für die Gesellschaft vertrauen durften. Die Geschäftsleiter hatten am 23.01.1968 elektrische Kabel bei einer Produktionsgesellschaft bestellt und diese wenige Tage später auf Kredit erhalten. Am 02.02.1968 beantragte die Geschäftsleitung die Eröffnung des Konkursverfahrens. Das Gericht sah es als erwiesen an, daß die Gesellschaft am Tag der Bestellung bereits zahlungsunfähig gewesen war[1113]. Es prüfte jedoch ausdrücklich, ob die Geschäftsleiter zum selben Zeitpunkt eine begründete Hoffnung haben durften, daß die Gesellschaft noch würde gerettet werden können[1114]. Ihre Bank hatte zwar damit gedroht, die Kreditlinie fast um die Hälfte herunterzufahren, wenn die Gesellschaft keine Sicherheit geben könne. Die Geschäftsleiter beriefen sich aber darauf, noch bis zum 29.01.1968 gehofft zu haben, von dritter Seite eine Sicherheit zu erhalten[1115]. Das Gericht kam jedoch zu dem Ergebnis, daß die Geschäftsleiter vernünftigerweise nicht mit der Aufrechterhaltung des Bankkredits hätten rechnen dürfen[1116]. Es entschied, daß die Geschäftsleiter zum Zeitpunkt der Bestellung bereits alle Umstände kannten, die sie kurze Zeit später dazu veranlaßten, die Eröffnung des Konkursverfahrens zu beantragen. Sie hätten erkennen müssen, daß die Gesellschaft die Forderung bei Fälligkeit nicht würde bezahlen können. Da sie dennoch weiter auf Kredit im Namen der Gesellschaft Waren eingekauft hatten, mußten sie persönlich die eingetretenen Schäden der Verkäufer ersetzen[1117].
Nach dieser Entscheidung entsteht im norwegischen Recht eine Pflicht, über die prekäre Finanzsituation aufzuklären, nicht automatisch mit Eintritt der Zahlungsunfähigkeit, sondern erst, wenn darüber hinaus keine konkreten Anhaltspunkte vorliegen, wonach die Gesellschaft dennoch gerettet werden kann. Ent-

---

1111 NRt 1938, 129, 132.

1112 NRt 1975,198.

1113 NRt 1975,198, 199.

1114 NRt 1975,198, 202.

1115 NRt 1975,198, 202.

1116 NRt 1975,198, 203.

1117 NRt 1975,198, 203.

scheidend ist, ob die Geschäftsleiter hätten erkennen müssen, daß die Forderung bei Fälligkeit nicht würde bezahlt werden können. Hätte dem Gericht die Feststellung der Zahlungsunfähigkeit für sich allein ausgereicht, um zu einer Aufklärungspflicht zu kommen, wären Erwägungen dazu überflüssig gewesen, ob für die Gesellschaft eine Rettungshoffnung bestanden hatte. Das Gericht wäre dann bereits nach der Feststellung, daß die Geschäftsleiter die Zahlungsunfähigkeit der Gesellschaft verschwiegen hatten, zu einem anspruchsbegründendem Verhalten gelangt und hätte nur noch prüfen brauchen, ob die Geschäftsleiter die Zahlungsunfähigkeit kannten oder hätten kennen müssen[1118]. Dies wird durch spätere Entscheidungen von Instanzgerichten[1119] gestützt. In einer Entscheidung des *Gulating lagmannsrett* vom 13.12.1990[1120] hatten die Geschäftsleiter ebenfalls Schäden von Lieferanten zu ersetzen, die der Gesellschaft einen Warenkredit gewährt hatten. Das Gericht entschied ausgehend von der höchstrichterlichen Entscheidung vom 01.03.1975:

> „*Nach der Rechtsprechung, insbesondere Rt. 1975, 198, ist für die Beurteilung der Frage, ob ein anspruchsbegründendes Verhalten vorliegt, ... entscheidend, ob sie* [ = die Geschäftsleiter ] *hätten erkennen müssen, daß es keine begründete Hoffnung gab, die Zahlungseinstellung mit darauffolgendem Vergleich oder Konkurs zu umgehen. Präziser ist die Frage, ob jeder für sich hätte erkennen müssen, daß die Gesellschaft die Forderung bei Fälligkeit nicht würde bezahlen können. Wenn sie dies hätten erkennen müssen, aber dennoch im Namen der Gesellschaft Waren auf Kredit einkauften, ohne den Lieferanten über die wahre wirtschaftliche Stellung der Gesellschaft aufzuklären, liegen die Voraussetzungen der Schadensersatzhaftung gem. § 15-1 des Aktiengesetzes*[1121] *vor.*“

In einer Entscheidung des *Frostating lagmannsrett* vom 13.12.1991[1122] wurde die Schadensersatzklage eines Lieferanten gegen den Geschäftsleiter einer Gesellschaft, über deren Vermögen das Konkursverfahren eröffnet worden war,

---

1118 *Normann Aarum*, Styremedlemmers erstatningsansvar, S. 539 f.

1119 Gulating lagmannsrett, Urt. v. 13.12.1990, ankesak nr. 256/1989; Frostating lagmannsrett, Urt. v. 31.12.1991, sak nr. 91-313 A; Hålogaland lagmannsrett, Urt. v. 09.03.1990, ankesak nr. 43 / 1988 A.; Agder lagmannsrett, Urt. v. 08.09.1992, sak nr. 92-00057 A.

1120 Gulating lagmannsrett, Urt. v. 13.12.1990, ankesak nr. 256/1989; vgl. hierzu *Normann Aarum*, Styremedlemmers erstatningsansvar, S. 540 f.

1121 wie bereits erwähnt, war in dem früher geltenden Aktiengesetz in § 15-1 die persönliche Schadensersatzhaftung von Geschäftsleitern ausdrücklich geregelt.

1122 Frostating lagmannsrett, Urt. v. 31.12.1991, sak nr. 91-313 A, vgl. hierzu *Normann Aarum*, Styremedlemmers erstatningsansvar, S. 540 f.

abgewiesen. Das Gericht entschied, für die Schadensersatzhaftung des Geschäftsleiters sei nicht ausreichend, daß die Gesellschaft sich in einer prekären wirtschaftlichen Lage befinde und der Geschäftsleiter dies wisse. Das Gericht ging davon aus, daß der Geschäftsleiter zum Zeitpunkt der Warenbestellung auf die baldige Bezahlung einer beträchtlichen offenen Rechnung hatte vertrauen dürfen[1123]. Dann aber sei der Geschäftsleiter gar nicht erst dazu verpflichtet gewesen, potentielle Geschäftsleiter über die schwierige Finanzlage der Gesellschaft aufzuklären. Bemerkenswert an dieser Entscheidung ist v. a. die Begründung des Gerichts, warum der Geschäftsleiter eine Rettungshoffnung für die Gesellschaft haben durfte. Es genügte, daß er auf die Begleichung einer noch offenen Rechnung vertraute.
*Normann Aarum* spricht sich dafür aus, daß Zahlungsunfähigkeit für sich allein nicht ausreichen sollte, um eine Aufklärungspflicht begründen zu können. Sofern bei Geschäftsschluß trotz der Zahlungsunfähigkeit konkrete Anhaltspunkte bestehen, daß die Gesellschaft fortgeführt werden kann, soll keine Aufklärungspflicht gegeben sein[1124]. Es mag zwar zunächst stets unrechtmäßig erscheinen, bei Zahlungsunfähigkeit überhaupt noch neue Verbindlichkeiten einzugehen. Dennoch könnten die Geschäftsleiter, obwohl sie die Zahlungsunfähigkeit kannten, nach den konkreten Umständen rechtmäßig gehandelt haben. *Normann Aarum* begründet dies damit, daß den Geschäftsleitern ein begrenzter Zeitraum gegeben werden müsse, in dem sie versuchen dürften, die Gesellschaft zu retten. In diesem Zeitraum dürften die Geschäftsleiter auch neue Verträge schließen. Die Rettungschancen stünden für die Gesellschaft besser, wenn ihre Leiter die Zahlungsunfähigkeit dabei nicht offenbaren müßten[1125].

Zusammenfassend kann damit für die norwegische Rechtslage festgestellt werden, daß der Eintritt der Zahlungsunfähigkeit allein nicht automatisch eine Aufklärungspflicht begründen würde. Die Geschäftsleiter dürften darüber hinaus keine begründete Hoffnung auf eine Rettung der Gesellschaft gehabt haben. Haben sie aber zum Zeitpunkt des Geschäftsschluß bereits erkannt, daß die Gesellschaft die Forderung bei Fälligkeit nicht würde erfüllen können, wenn mithin gar keine konkreten Anhaltspunkte für eine Besserung der Finanzlage vorlagen, waren sie zur Offenlegung der Zahlungsunfähigkeit verpflichtet. Eine realistische Rettungschance muß sich aus konkreten Umständen ergeben, erforderlich ist jedoch nicht, daß die Gesellschaft erfolgsversprechende Sanierungs-

---

1123 daß der Geschäftsleiter letztendlich die Eröffnung des Konkursverfahrens beantragte, war nach Auffassung des Gerichts darauf zurückzuführen, daß ein wichtiger Kunde seinen Vertrag mit der Gesellschaft unerwartet aufgekündigt hatte.

1124 *Normann Aarum*, Styremedlemmers erstatningsansvar, S. 540.

1125 *Normann Aarum*, Styremedlemmers erstatningsansvar, S. 542.

projekte eingeleitet hat. Nach den norwegischen Entscheidungen reichte es aus, wenn die Geschäftsleiter die Aufrechterhaltung eines Bankkredits oder die Bezahlung einer offenen Rechnung annahmen, sofern diese Einschätzung nur realistisch war.

#### (3) Weitere Voraussetzungen

Eine Schadensersatzhaftung von Geschäftsleitern wegen unterlassener Aufklärung setzt nach den Grundsätzen der *culpa*-Haftung voraus, daß die Geschäftsleiter entweder vorsätzlich oder fahrlässig gehandelt haben[1126]. Die Geschäftsleiter zum Zeitpunkt des Geschäftsschlusses entweder positive Kenntnis von den wahren wirtschaftlichen Verhältnissen der Gesellschaft gehabt oder diese aufgrund sorgfaltswidrigen Handelns nicht gekannt haben. Aufgrund ihrer Nähe zum Gesellschaftskapital wird den Geschäftsleitern in der Regel mindestens Fahrlässigkeit nachgewiesen werden können[1127].
Die Geschäftsleiter haften den geschädigten Gesellschaftsgläubigern nur dann wegen verletzter Aufklärungspflicht, wenn über das Vermögen der Gesellschaft das Insolvenzverfahren eröffnet worden ist. Andernfalls könne der Gläubiger sich wegen der Befriedigung seiner Ansprüche an die solvente Gesellschaft halten[1128].

### cc.) Rechtsfolgen und Geltendmachung

Die Geschäftsleiter haben dem geschädigten Gesellschaftsgläubiger, der auf die Solvenz der Gesellschaft vertraut hat, alle Schäden zu ersetzen, die darauf zurückzuführen sind, daß sie die ordnungsgemäße Aufklärung unterlassen haben[1129]. Zu ersetzen ist damit auch nach norwegischem Recht der Vertrauensschaden oder das negative Interesse[1130].

---

1126 *Lödrup*, erstatningsrett, S. 113; *Marthinussen / Aarbakke / Aarbakke*, Aksjeloven, S. 529

1127 vgl. NRt 1975, 198, 201 f., wonach sich der Geschäftsleiter nicht auf Fehler in der Buchführung berufen durfte. Vielmehr hätte er sie erkennen müssen.

1128 NRt 1993, 20, 26.

1129 *Normann Aarum*, Styremedlemmers erstatningsansvar, S. 558 ff., die sämtliche Schadensposten durchspielt.

1130 NRt 1975, 198, 211. *Normann Aarum*, Styremedlemmers erstatningsansvar, S. 558 ff. möchte die Bezeichnung „negatives Interesse" wohl ganz dem Schadensersatz im Rahmen von Vertragsverhältnissen vorbehalten. Bei der Schadensersatzhaftung der Geschäftsleiter handelt es sich aber nach norwegischer Rechtsdogmatik um eine deliktische Haftung, *dies.*, aaO, S. 558.

Die Aktivlegitimation für die Geltendmachung der aus der Verletzung der Aufklärungspflicht entstandenen Schäden steht den geschädigten Gläubigern im Insolvenzverfahren selbst zu. Dies wird damit begründet, daß es sich insoweit um individuell und ausschließlich bei den betreffenden Gläubigern eingetretene Schäden handle[1131].

### dd.) Gesellschafterhaftung

Neben den Geschäftsleitern sind auch solche Gesellschafter zu Schadensersatz verpflichtet, die schuldhaft an der Pflichtwidrigkeit der Geschäftsleiter mitgewirkt haben[1132].

## b.) Rechtslage in Dänemark

Das dänische Recht kennt ebenso wie das norwegische Recht die Grundsätze der *culpa* – Haftung. Das frühere dänische Gesetz über die Anteilsgesellschaft (ApSL) von 1973 regelte noch ausdrücklich die Verschuldenshaftung der Leitungsorgane entsprechend den allgemeinen *culpa* – Grundsätzen[1133]. Das Gesetz von 1996 enthält keine Regelung mehr zur persönlichen Verschuldenshaftung der Geschäftsleitung gegenüber geschädigten Gesellschaftsgläubigern. Indessen bestehen keine Zweifel, daß die früheren Grundsätze auch in Dänemark weiterhin Geltung beanspruchen[1134].
Auch die Geschäftsleiter einer dänischen Gesellschaft können nach der *culpa*-Regel Schäden der Gesellschaftsgläubiger zu ersetzen haben, wenn sie es schuldhaft versäumt haben, Gläubiger bei Vertragsschluß über die angespannte

---

1131 ausdrücklich NRt 1933, 115, 116, in dem der höchste norwegische Gerichtshof das Urteil eines Instanzgerichts aufhob, das die Klage des Gesellschaftsgläubigers auf Schadensersatz wegen verletzter Aufklärungspflicht mit der Begründung abgewiesen hatte, es handle sich um einen Anspruch der Gesellschaft, dessen Geltendmachung der Gläubigergesamtheit zugute kommen müßte. S. a. NRt 1938, 129, 131; NRt 1975, 203.

1132 auch dies war im früheren Aktiengesetz noch ausdrücklich geregelt in § 15 ASL. Näher hierzu vgl.: *Marthinussen / Aarbakke / Aarbakke*, aksjeloven, S. 538.

1133 allerdings mit der Einschränkung, daß der Geschäftsleiter gegen Bestimmungen im ApSL oder der Satzung verstoßen haben mußte. Im hier behandelten Fall der *culpa*-Haftung wegen verletzter Aufklärungspflicht jedoch haften die Geschäftsleiter nach den allgemeinen Grundsätzen der *culpa*-Regel, *Dotevall*, Skadeståndsansvar för styrelseledamot, S. 517 FN 4.

1134 s. a. *Behrens / Carsten*, GmbH im internationalen und europäischen Gesellschaftsrecht, Dänemark, S. 769 DK 20, wobei allerdings das von ihm erwähnte Schadensersatzgesetz keine Regelungen zum Haftungsgrund, sondern nur zum Haftungsumfang enthält.

wirtschaftliche Situation aufzuklären. Grundsätzlich ergeben sich keine Unterschiede zur norwegischen Rechtslage.
Zentral ist wiederum, ob die Konkursreife für sich allein ausreicht, eine Aufklärungspflicht zu begründen oder ob die Geschäftsleiter weiterhin Verträge im Namen der Gesellschaft schließen dürfen, ohne die Finanzlage offenlegen zu müssen[1135]. Eine Anteilsgesellschaft ist konkursreif, wenn sie zahlungsunfähig ist, § 17 des dänischen Konkursgesetzes (*Konkursloven*). Auch das dänische Recht kennt den Konkursgrund der Überschuldung nicht. Gem. § 17 Abs. 2 des dänischen Konkursgesetzes ist ein Schuldner zahlungsunfähig, wenn er seine fälligen Verpflichtungen nicht bloß vorübergehend nicht mehr erfüllen kann.
Die Rechtsprechung des dänischen höchsten Gerichtshofs (*Höjesteret*) geht sehr weit darin, die Geschäftsführer vor einer Schadensersatzhaftung zu schützen[1136]. Dies verdeutlicht insbesondere die Entscheidung vom 16.02.1977[1137]. In diesem Fall wurde die Klage eines Lieferanten abgewiesen, der die Geschäftsleiter persönlich für die Bezahlung des Kaufpreises in Anspruch nahm, da die Gesellschaft noch am selben Tag, kurz bevor sie die Eröffnung des Konkursverfahrens beantragte, von dem Lieferanten Waren auf Kredit entgegengenommen hatte. Das Gericht legte zugrunde, daß eine Rettungschance für die Gesellschaft zu diesem Zeitpunkt zwar verschwindend gering gewesen sein mußte. Dennoch fand das Gericht entscheidend, daß die Geschäftsleiter noch am Vorabend und am Tag des Konkursantrags mit der Bank Verhandlungen über Rettungsmöglichkeiten der Gesellschaft geführt hatten. Unter diesen Umständen, meinte das Gericht, könne nicht davon ausgegangen werden, daß der Konkurs bereits als unausweichlich angesehen werden mußte[1138]. Fraglich ist, ob die Entscheidung anders ausgefallen wäre, wenn am Tag des Konkursantrags sogar die Waren überhaupt erst bestellt worden wären[1139].
Indessen lassen sich noch weitere dänische Urteile finden, die den Geschäftsleitern einen weiten Beurteilungsspielraum in der Frage zugestehen, ob sie bei Geschäftsschluß hätten erkennen müssen, daß das Unternehmen nicht mehr gerettet werden konnte[1140]. In einer Entscheidung des See- und Handelsgerichts vom

1135 Auch in Dänemark sind die Geschäftsleiter der Anteilsgesellschaft nicht etwa dazu verpflichtet, Konkurseröffnung zu beantragen. Nur wenn die Gesellschaft die Eröffnung des Konkursverfahrens wünscht, liegt die Zuständigkeit für den Antrag bei der Geschäftsleitung, § 64 Abs. 1 ApSL.

1136 vgl. *Dotevall*, Skadeståndsansvar för styrelseledamot, S. 519; *Normann Aarum*, Styremedlemmers erstatningsansvar, S. 543.

1137 UfR 1977, 274.

1138 UfR 1977, 274, 278.

1139 vgl. *Normann Aarum*, Styremedlemmers erstatningsansvar, S. 543.

1140 UfR 1985, 1029, 1034 ff.; Urteil des See- und Handelsgerichts, UfR 1984, 1115. s.a. UfR 1985, 209, 214 f.; UfR 1985, 377, 386 f., wonach das *Höjesterett* bei der Haftung

04.07.1984[1141] hatte der klagende Rechtsanwalt die Gesellschaft, über deren Vermögen am 24.06.1980 das Konkursverfahren eröffnet worden war, seit März 1979 in Rechtssachen beraten. Er war der Auffassung, mindestens für die Honorarforderungen, die entstanden waren, nachdem die Liquiditätsprobleme der Gesellschaft klar offenlagen, träfe die Geschäftsleiter eine persönliche Haftung nach der *culpa*-Regel[1142]. Das Gericht kam zu dem Ergebnis, daß die Geschäftsleiter trotz der aufgetretenen Schwierigkeiten durch ein Weiterbetreiben des Unternehmens auf eine Verbesserung der Finanzlage hätten vertrauen dürfen[1143]. Dabei hatten die Geschäftsleiter trotz hoher Verluste noch ein riskantes neues Geschäft abgeschlossen, welches für die Gesellschaft schließlich auch den Konkurs bedeutete[1144]. Das Gericht stellte aber wohl darauf ab, daß das riskante Geschäft ja auch ein gutes Ende hätte nehmen können. Sanierungsmaßnahmen irgendwelcher Art jedenfalls konnte die Gesellschaft nicht vorzeigen.

Zusammenfassend kann für die dänische Rechtslage festgestellt werden, daß der Eintritt der Zahlungsunfähigkeit für sich nicht ausreicht, eine Aufklärungspflicht zu begründen. Die Geschäftsleiter haften nur dann wegen unterlassener Aufklärung persönlich für die Schäden von Gesellschaftsgläubigern, wenn sie bei Kreditgewährung erkannten oder hätten erkennen müssen, daß die Gesellschaft die Forderung bei Fälligkeit nicht würde erfüllen können. Sahen die Geschäftsleiter dagegen eine Chance, daß sich die Lage der Gesellschaft verbessern würde, sind sie nicht dazu verpflichtet gewesen, die prekäre finanzielle Lage offenzulegen. An die Möglichkeit einer Rettungschance stellt die dänische Rechtsprechung allerdings zum Schutz der Geschäftsführer keine allzu hohe Anforderungen[1145].

---

gegenüber der öffentlichen Hand keinen anderen Maßstab anwendet. Verurteilung hingegen in UfR 1982, 595, 608 f., das Untergericht (Östre Landsret, Urt. v. 26.06.1981) hatte die Schadensersatzklage gegen die Geschäftsleiter mit der Begründung abgewiesen, die Geschäftsleiter hätten bei Kreditgewährung noch eine begründete Hoffnung auf eine Rettungschance der Gesellschaft gehabt, UfR 1982, 595, 608.

1141 Urteil des See- und Handelsgerichts in UfR 1984, 1115

1142 UfR 1984, 1115, 1118. In der Entscheidung handelte es sich um eine AG, so daß § 140 des Aktiengesetzes herangezogen wurde. Dem entsprach der frühere § 110 ApSL. Beide Bestimmungen regelten die Haftung der Geschäftsleiter nach der *culpa*-Regel.

1143 UfR 1984, 1115, 1121.

1144 UfR 1984, 1115, 1121.

1145 so auch *Gomard*, UfR 1993, Teil B, S. 145, S. 150; *Dotevall*, Skadeståndsansvar för styrelseledamot, S. 519 f.; *Hansen*, Anpartsselskaber, S. 139; *Normann Aarum*, Styremedlemmers erstatningsansvar, S. 542 f., die diese Deutung der dänischen Rechtsprechung auch als Argument dafür ins Feld zieht, daß auch im norwegischen Recht nicht der Eintritt der Zahlungsunfähigkeit für sich ausreiche, um die Geschäftsleiter zur Aufklärung zu verpflichten.

### c.) Rechtslage in Schweden

Nach § 1 in Kapitel 15 des schwedischen Aktiengesetzes sind die Geschäftsleiter dazu verpflichtet, Schäden, die sie den Gesellschaftsgläubigern durch Übertretung des Aktiengesetzes oder der Satzung zugefügt haben, persönlich zu ersetzen. *Dotevall*[1146] meint, es wäre auf dieser Grundlage auch nach schwedischem Recht möglich, eine Schadensersatzhaftung von Geschäftsleitern zu entwickeln, die es versäumt haben, potentielle Geschäftspartner bei Vertragsanbahnung über die prekäre Finanzlage der Gesellschaft aufzuklären. In Schweden hat sich aber keine entsprechende Rechtsprechung etabliert. Dies mag nicht zuletzt auch daran liegen, daß das schwedische Recht eine weitreichende persönliche Haftung der Geschäftsleiter vorsieht, wenn sie bei Verlust der Hälfte des Eigenkapitals nicht die gesetzlich vorgeschriebenen Maßnahmen ergreifen. Im Ergebnis dürften hierdurch die gleichen Bedürfnisse der Gesellschaftsgläubiger befriedigt werden[1147].

### d.) Vergleich zur Haftung der Geschäftsführer aus *culpa in contrahendo* in Deutschland

Im norwegischen, dänischen und deutschen Recht kann unter bestimmten Voraussetzungen der Geschäftsleiter selbst gegenüber den geschädigten Gesellschaftsgläubigern haftbar gemacht werden, wenn er bei den Vertragsverhandlungen die prekäre Vermögenslage der Gesellschaft nicht offengelegt hat. Im deutschen Recht trifft den Geschäftsführer eine vertragsähnliche Haftung nach den Grundsätzen der Eigenhaftung des Vertreters aus *culpa in contrahendo*. Im norwegischen und dänischen Recht dagegen haften die Geschäftsleiter nach der deliktischen Generalklausel, der sog. *culpa*-Regel. In der deutschen Rechtsprechung liegt der Schwerpunkt der Beurteilung auf der Frage nach den Zurechnungsvoraussetzungen. Der Geschäftsführer kann nur dann persönlich haftbar gemacht werden, wenn er in einem besonderen Verhältnis zu dem konkreten Geschäftsschluß gestanden hat. Er muß entweder ein wirtschaftliches Eigeninteresse gehabt oder besonderes Vertrauen in Anspruch genommen haben. In der dänischen und norwegischen Rechtsprechung hingegen steht die Frage im Vordergrund, ob der Geschäftsleiter im konkreten Fall zur Offenlegung der prekären Vermögenslage verpflichtet gewesen wäre. Die Urteile beschäftigen sich umfassend mit den gegebenen Umständen, die es nicht zuließen oder doch noch erlaubten, die wirtschaftliche Krise zu verschweigen. Entscheidend ist, ob der Geschäftsleiter bei Vertragsschluß nach den konkreten Gesamtumständen davon hätte ausgehen müssen, daß die Gesellschaft die neue Verbindlichkeit bei Fäl-

---

1146 *Dotevall*, Skadeståndsansvar för styrelseledamot, S. 527 f.

1147 *Noramnn Aarum*, Styremedlemmers erstatningsansvar, S. 545.

ligkeit nicht würde bezahlen können. Bei der Frage, ob die Geschäftsleiter vernünftigerweise auf eine Rettung der Gesellschaft vertrauen durften, lassen die Gerichte sämtliche Umstände, die von Bedeutung sein können, in die Entscheidung einfließen. Sei es, daß auf die Aufrechterhaltung eines Bankkredits vertraut wurde[1148], mit der erfolgreichen Einziehung der Außenstände gerechnet wurde[1149] oder bis zuletzt noch Verhandlungen mit den Banken geführt wurden[1150] etc. Auf diese Weise hat sich in Dänemark und Norwegen eine am Einzelfall orientierte Rechtsprechung entwickeln können. Die Prüfung besonderer haftungsbegründender Umstände entfällt völlig im norwegischen und dänischen Recht. Steht erst einmal fest, daß der Geschäftsleiter durch pflichtwidriges Verhalten Gesellschaftsgläubiger schuldhaft geschädigt hat, haftet er ohne weiteres. Dort kann dem Fehlverhalten des Geschäftsleiters daher eher begegnet werden als in Deutschland, wo zusätzlich zur Verletzung der Aufklärungspflicht noch die Zurechnungsmerkmale erfüllt sein müssen.

### 2. Geschäftsleiterhaftung wegen Nichtbeachtung der Handlungspflichten bei Kapitalverlust

In allen drei skandinavischen Ländern gibt es in Übereinstimmung mit Art. 17 der 2. europäischen Gesellschaftsrichtlinie (Kapitalrichtlinie)[1151] gewisse Handlungspflichten, wenn das Eigenkapital der Gesellschaft unter die Hälfte des registrierten Aktienkapitals gesunken ist.

#### a.) Rechtslage in Schweden

Das schwedische Aktiengesetz (*aktiebolagslag,* ABL) verbindet in § 2 des 13. Kapitels[1152] die genannten europarechtlichen Vorgaben mit Regelungen, die ei-

---

1148 NRt 1938, 129, 131.

1149 Frostating lagmannsrett, Urt. v. 31.12.1991, sak nr. 91-313 A, vgl. hierzu *Normann Aarum*, Styremedlemmers erstatningsansvar, S. 540 f.

1150 UfR 1977, 274, 278.

1151 77 / 91 EWG des Rates vom 13.12.1976, Text abgedruckt bei *Grünwald*, S. 73 ff. Art. 17 Abs. 1 der Richtlinie lautet: „*Bei schweren Verlusten des gezeichneten Kapitals muß die Hauptversammlung innerhalb einer durch die Rechtsvorschriften der Mitgliedstaaten zu bestimmenden Frist einberufen werden, um zu prüfen, ob die Gesellschaft aufzulösen ist oder andere Maßnahmen zu ergreifen sind.*" Art. 17 Abs. 2 der Richtlinie lautet: „*Die Rechtsvorschriften eines Mitgliedstaates können die Höhe des als schwer zu erachtenden Verlustes im Sinne des Absatzes 1 nicht auf mehr als die Hälfte des gezeichneten Kapitals festsetzen.*"

1152 Kapitel 13 des schwedischen Aktiengesetzes beschäftigt sich mit der Liquidation und Auflösung (*Likvidation og upplösning*) der Gesellschaft.

ne Pflicht zur Auflösung der Gesellschaft vorsehen. Vergleicht man die Bestimmungen des schwedischen Aktiengesetzes mit den Vorschriften des Art. 17 der europäischen Kapitalrichtlinie, ist nicht zu übersehen, daß die schwedische Regelung weit über das europarechtlich Geforderte hinausgeht[1153]. Die hier näher zu untersuchenden Abschnitte des § 2 im 13. Kapitel des schwedischen Aktiengesetzes haben übersetzt folgenden Wortlaut:

> *Zwangsliquidation*
> *Es ist Sache des Verwaltungsrates unverzüglich eine besondere Bilanz aufzustellen und von den Prüfern überprüfen zu lassen, sobald er Grund zu der Annahme hat, daß das Eigenkapital der Gesellschaft geringer ist als die Hälfte des eingetragenen Grundkapitals. ...[..Satz 2..]... Zeigt die Bilanz, daß das Eigenkapital geringer ist als die Hälfte des eingetragenen Grundkapitals, so hat der Verwaltungsrat der Hauptversammlung so bald wie möglich die Frage vorzulegen, ob die Gesellschaft abzuwickeln ist. Wird eine, die Lage zur Zeit vor der Hauptversammlung betreffende, von den Prüfern geprüfte Bilanz, aus der hervorgeht, daß das Eigenkapital dem eingetragenen Grundkapital entspricht, nicht innerhalb von acht Monaten nach der Vorlage auf einer Hauptversammlung gebilligt, so hat, falls die Hauptversammlung nicht beschließt, daß die Gesellschaft abgewickelt werden soll, der Verwaltungsrat bei Gericht zu beantragen, daß die Gesellschaft abgewickelt wird. Ein solcher Antrag kann auch von einem Mitglied des Verwaltungsrates, vom geschäftsführenden Direktor, von einem Prüfer oder von einem Aktionär gestellt werden.* (§ 2 Abs. 1 des 13. Kapitels ABL)
> *Unterlassen es die Mitglieder des Verwaltungsrates, die Pflichten gemäß Abs. 1 zu erfüllen, so haften sie und andere Personen, die in Kenntnis dessen im Namen der Gesellschaft handeln, solidarisch für die Verpflichtungen, die der Gesellschaft erwachsen. Ein Mitglied des Verwaltungsrates haftet dennoch nicht, wenn er nachweisen kann, daß die Unterlassung nicht auf seinem Verschulden beruht. Diese Haftung trifft auch die Aktionäre, die sich, falls eine Abwicklungsverpflichtung nach Abs. 1 Satz 4 vorliegt, in Kenntnis dessen an dem Beschluß, die Tätigkeit der Gesellschaft fortzusetzen, beteiligt haben. Die Haftung, um die es sich hier handelt, gilt jedoch nicht für Verbindlichkeiten, die entstehen, nachdem die Frage der Abwicklung dem Gericht zur Prüfung unterbreitet wurde oder nachdem eine Bilanz, aus der sich ergibt, daß das Eigenkapital dem eingetragenen Grundkapital entspricht, von den Prüfern geprüft und von der Hauptversammlung gebilligt worden ist.* (§ 2 Abs. 4 des 13. Kapitels ABL)

---

[1153] *Andersson*, Kapitalskyddet i aktiebolag, S. 116.

Bei den schwedischen Bestimmungen zur Zwangsauflösung handelt es sich um zwingende Gläubigerschutzregelungen und *die* Gläubigerschutzregelung im schwedischen Kapitalgesellschaftsrecht schlechthin[1154]. Die Besonderheit besteht darin, daß die Nichteinhaltung der vorgeschriebenen Handlungspflichten zu einer persönlichen und solidarischen Haftung der Leitungsorgane und auch der Gesellschafter gegenüber den Gesellschaftsgläubigern führen kann.
Bereits das schwedische Aktiengesetz von 1895 regelte eine persönliche Haftung der Geschäftsleiter für Verbindlichkeiten der Gesellschaft, wenn sie das Unternehmen fortgeführt hatten, nachdem die Gesellschaft 2/3 ihres Eigenkapitals eingebüßt hatte[1155].
Die Bestimmungen des § 2 im 13. Kapitel ABL sind für die Praxis von großer Bedeutung. Es wird angenommen, wenn es der Wirtschaft bekannte Bestimmungen im Aktiengesetz gibt, so sind es diese. Allerdings scheitert ihre Anwendung nicht selten an Beweisschwierigkeiten[1156].

**aa.) Handlungspflichten**

§ 2 Abs. 1 im 13. Kapitel des schwedischen Aktiengesetzes (ABL) bestimmt, daß die Leitungsorgane unverzüglich eine Kontrollbilanz erstellen und von den Prüfern (*revisorerna*) prüfen lassen müssen, sobald sie Grund zu der Annahme haben, daß das Eigenkapital unter die Hälfte des registrierten Aktienkapitals (Grundkapital) gesunken ist. Wird dies bestätigt, haben die Geschäftsleiter der Hauptversammlung (*bolagsstämma*) die Frage vorzulegen, ob die Gesellschaft aufgelöst werden soll. Entscheidet sie sich gegen die Auflösung, hat die Gesellschaft acht Monate Zeit, den Kapitalverlust auszugleichen (sog. Beratungszeit)[1157]. Wird nicht innerhalb der folgenden acht Monate von einer neuen Hauptversammlung festgestellt, daß das Eigenkapital dem Grundkapital entspricht, besteht Liquidationspflicht. Die Leiter müssen bei Gericht die Auflösung der Gesellschaft beantragen, sofern nicht die Hauptversammlung die Liquidation beschließt, § 2 Abs. 1 Satz 4 im 13. Kapitel ABL.
Die Bestimmungen zur Zwangliquidation werden nach drei Interessengruppen und Funktionen unterschieden[1158]. Zunächst haben die bereits vorhandenen Gesellschaftsgläubiger ein Interesse daran, daß die Gesellschaft nach einem bedeu-

1154 *Andersson*, Kapitalskyddet i aktiebolag, S. 115.

1155 *Normann Aarum*, Styremedlemmers erstatningsansvar, S. 508.

1156 *Andersson*, Kapitalskyddet i aktiebolag, S. 115.

1157 *Lindskog*, Aktiebolagslagen, S. 196 Rn. 7.1; *Andersson*, Kapitalskyddet i aktiebolag, S. 115.

1158 *Lindskog*, Aktiebolagslagen, S. 179 Rn. 3.1.3; *Andersson*, Kapitalskyddet i aktiebolag, S. 116.

tendem Kapitalverlust so schnell wie möglich aufgelöst wird, damit das noch vorhandene Kapital nicht weiter verringert wird (Abwicklungsfunktion). Weiter haben potentielle neue Gläubiger ein Interesse daran, wegen des Kapitalverlusts gewarnt zu werden (Warnungsfunktion). Schließlich haben die Aktionäre ein Interesse daran, über die passenden Vorgehensweisen zu beraten. Damit erhalten die Bestimmungen auch eine Beratungsfunktion.

**bb.) Haftung gegenüber den Gesellschaftsgläubigern**

**( 1 ) Grundsätzliches**

Versäumen die Leitungsorgane die genannten Handlungspflichten, haften sie für die Verbindlichkeiten der Gesellschaft, die nach der Pflichtverletzung entstandenen sind persönlich und solidarisch, § 2 Abs. 4 Satz 1 im 13. Kapitel ABL. Die Geschäftsleiter sind direkt gegenüber den Gesellschaftsgläubigern als Gesamtschuldner zur Erfüllung der neuen Gesellschaftsverbindlichkeiten verpflichtet. Nur wenn ein Leiter nachweisen kann, daß ihn kein Verschulden an dem Versäumnis trifft, haftet er nicht, § 2 Abs. 4 Satz 2 im 13. Kapitel ABL. Die Exkulpationsmöglichkeit macht deutlich, daß es sich bei dieser Haftung der Geschäftsleiter um eine Haftung für vermutetes Verschulden (*presumtionsansvar*) handelt. Nicht der Gesellschaftsgläubiger hat ein Verschulden des Geschäftsleiters, sondern vielmehr der Geschäftsleiter sein Nichtverschulden zu beweisen[1159]. Diese Beweislastumkehr wurde zum 01.01.1988 eingeführt. Damit wollte der Gesetzgeber wohl geschädigten Gesellschaftsgläubigern entgegenkommen, die nur schwerlich ein Verschulden des Geschäftsleiters an den Pflichtversäumnissen nachweisen können[1160]. Die Exkulpationsmöglichkeit besteht gleichermaßen in Bezug auf die Pflicht, eine Kontrollbilanz zu erstellen, die Auflösungsfrage der Gesellschafterversammlung zu unterbreiten sowie den Liquidationsantrag bei Gericht zu stellen[1161]. Die Haftung setzt allerdings voraus, daß das Eigenkapital zum Zeitpunkt des anspruchsbegründenden Verhaltens tatsächlich geringer gewesen ist als die Hälfte des Grundkapitals[1162]. Damit wird es in einem Prozeß entscheidend sein, was der Gesellschaftsgläubiger hinsichtlich der wahren wirtschaftlichen Lage im nachhinein beweisen kann. Gera-

---

1159 *Andersson,* Kapitalskyddet i aktiebolag, S. 118; *Dotevall,* Skadeståndsansvar för styrelseledamot, S. 527; *Normann Aarum,* Styremedlemmers erstatningsansvar, S. 509; mit Restzweifeln, *Lindskog,* Aktiebolagslagen, S. 183 Rn. 4.1.3, S. 203 FN 112.

1160 *Dotevall,* Skadeståndsansvar för styrelseledamot, S. 527.

1161 *Lindskog,* Aktiebolagslagen, S. 204 Rn. 9. 2.

1162 NJA 1988, 620; NJA 1993, 484; *Andersson,* Kapitalskyddet i aktiebolag, S. 119; *Normann Aarum,* Styremedlemmers erstatningsansvar, S. 508.

de hierin liegt die Schwierigkeit bei der persönlichen Geschäftsleiterhaftung nach § 2 des 13. Kapitels ABL[1163].

Die Haftung ist beschränkt auf Forderungen, die nach der Pflichtverletzung entstanden sind. Es kann sich um jegliche Art von neuen Verbindlichkeiten handeln. Zuweilen kann jedoch die Feststellung schwierig sein, ob es sich um eine neue Verbindlichkeit handelt. *Lindskog*[1164] verweist auf dieselbe Abgrenzungsfrage im Konkurs. Danach soll eine Forderung vor dem Konkurs entstanden sein, wenn der Gläubiger bereits vor dem Konkurs eine derart starke Position erlangt hat, daß er dadurch, daß sie erst nach Konkurseröffnung erfüllt wird, einen Rechtsverlust erleidet. Dieser Grundsatz sollte auch bei der direkten Haftung von Mitgliedern der Geschäftsleitung nach § 2 des 13. Kapitels ABL gelten. Eine Haftung ist ausgeschlossen für solche Verpflichtungen, die entstehen, nachdem bei Gericht die Liquidation beantragt worden ist oder nachdem die von den Rechnungsprüfern überprüfte und von der Gesellschafterversammlung gebilligte Bilanz aufzeigt, daß das Eigenkapital der Gesellschaft wieder die Höhe des registrierten Kapitals erreicht hat, § 2 Abs. 4 Satz 4 im 13. Kapitel ABL[1165].

### ( 2 ) Gesellschafterhaftung

Nach § 2 Abs. 4 Satz 3 des 13. Kapitels ABL haften auch „andere" gleich den Geschäftsleitern, die mit Wissen von der Pflichtversäumnis der Geschäftsleitung im Namen der Gesellschaft handeln, solidarisch für die neuen Verbindlichkeiten. Unter „anderen" werden insbesondere sämtliche Bevollmächtigte verstanden[1166]. Aber auch die Gesellschafter können in der gleichen Weise zur Verantwortung gezogen werden, wenn sie an Beschlüssen teilnehmen, welche die Fortsetzung des Unternehmens vorsehen, obwohl Liquidationspflicht eingetreten ist und sie dies wußten, § 2 Abs. 4 Satz 3 ABL. Die Liquidationspflicht entsteht, wie bereits ausgeführt, wenn seit Vorlage der Auflösungsfrage acht Monate vergangen sind, ohne daß das registrierte Aktienkapital wieder aufgefüllt worden ist[1167].

1163 *Dotevall*, Skadeståndsansvar för styrelseledamot, S. 528; *Normann Aarum*, Styremedlemmers erstatningsansvar, S. 508.

1164 *Lindskog*, Aktiebolagslagen, S. 208 Rn. 11.1.1.

1165 *Lindskog*, Aktiebolagslagen, S. 204, 207; *Andersson*, Kapitalskyddet i aktiebolag, S. 120.

1166 *Lindskog*, Aktiebolagslagen, S. 207 Rn. 10.2.

1167 *Lindskog*, Aktiebolagslagen, S. 196 Rn. 7.1.

### ( 3 ) Haftung gegenüber früheren Gläubigern

Gesellschaftsgläubiger, die schon vor Versäumen der entsprechenden Handlungspflichten Gläubiger waren, können sich nicht auf die Regelung in § 2 des 13. Kapitels ABL berufen. Ihnen gegenüber haften die Leitungsorgane allenfalls nach den allgemeinen Erstattungsregeln des 15. Kapitels ABL[1168]. Im Unterschied zur Haftung nach § 2 des 13. Kapitels ABL muß hier aber der Geschädigte ein Verschulden seitens des Leiters beweisen[1169]. Und zwar für jeden einzelnen Leiter, gegen den er vorgehen will, da die Erstattungshaftung nach dem 15. Kapitel ABL anders als nach § 2 des 13. Kapitels ABL keine solidarische ist[1170].

## b.) Nichteinführung einer entsprechenden Regelung in Norwegen

### aa.) Argumente gegen die schwedische Regelung

Die Vorarbeiten zu den neuen norwegischen Aktiengesetzen setzen sich mit der Frage auseinander, ob eine der schwedischen Haftungsregelung des § 2 Abs. 4 des 13. Kapitels ABL entsprechende Vorschrift in Norwegen eingeführt werden sollte. Die Vorarbeiten lehnen dies ab. Gegen eine Einführung wurde vorgebracht, in gewissen Fällen könne das Risiko durchaus berechtigt sein, eine Gesellschaft trotz evt. eintretender Verluste zunächst weiter zu betreiben. Dies kann beispielsweise zur Wahrung von Arbeitsplätzen gerechtfertigt sein[1171]. Weiter wurde an der schwedischen Regelung kritisiert, daß sie im Verhältnis von Eigenkapital zu Grundkapital den entscheidenden Anhaltspunkt für Handlungspflichten sieht. Einerseits kann die Regelung dann zwar an einem objektiv feststellbaren Merkmal anknüpfen. Andererseits sagt die Größe des vorhandenen Eigenkapitals aber wenig darüber aus, wie hoch das Eigenkapital der Gesellschaft im Verhältnis zu ihrem Geschäftsbetrieb tatsächlich sein sollte[1172]. Dieser Einwand ist vor dem Hintergrund zu sehen, daß der norwegische Gesetzgeber darum bemüht war, eine Vorschrift einzuführen, wonach die Gesellschaft über ein zum Umfang ihres Geschäftsbetriebs ausreichendes Kapitalvolumen zu verfügen hat, worauf noch eingegangen wird. Schließlich wird die

---

1168 Dotevall, Skadeståndsansvar för styrelseledamot, S. 528, auch FN 1.

1169 *Dotevall*, Skadeståndsansvar för styrelseledamot, S. 562

1170 *Dotevall*, Skadeståndsansvar för styrelseledamot, S. 561

1171 NOU 1992: 29, S. 39; so auch *Normann Aarum*, Styremedlemmers erstatningsansvar, S. 510.

1172 NOU 1992 : 29, S. 39; so auch *Andersen* in *Langsted* (Hrsg.), S. 21.

Möglichkeit einer persönlichen und solidarischen Haftung der Gesellschafter für zu streng gehalten. Der norwegische Gesetzgeber wollte die Gesellschafter nicht dazu verpflichten, für eine Auflösung der Gesellschaft zu stimmen, wenn sich eine Kapitalherabsetzung nicht durchführen läßt oder kein neues Kapital zugeführt wird[1173].
*Normann Aarum* hält die schwedische Regelung für unangemessen streng. Sie könne dazu führen, daß letztendlich doch überlebensfähige Gesellschaften zu früh aufgegeben würden. Darüber hinaus kann eine zu strenge persönliche Haftung von Geschäftsleitern zu großen Problemen bei der Rekrutierung neuer Geschäftsleiter führen, die sich dem großen Haftungsrisiko erst gar nicht aussetzen wollen[1174].

**bb.) die norwegische Lösung**

In § 3–5 ASL wurde schließlich eine Bestimmung eingeführt, die den Leitungsorganen bestimmte Handlungen auferlegt, wenn das Eigenkapital auf weniger als die Hälfte des registrierten Aktienkapitals gesunken ist. Sie haben die Generalversammlung einzuberufen, sie über die wirtschaftliche Situation aufzuklären und Maßnahmen zur Verbesserung der finanziellen Situation vorzuschlagen. Sollten sie der Auffassung sein, daß es keine Verbesserungsmöglichkeiten gibt, haben sie die Auflösung der Gesellschaft vorzuschlagen, § 3 – 5 Abs. 2 ASL[1175]. Fraglich sind evt. Haftungsfolgen für die Geschäftsleiter, wenn sie die vorgeschriebenen Handlungspflichten nicht ergreifen. Der Gesetzgeber hat keine ausdrückliche Regelung getroffen. Verstoßen die Geschäftsleiter gegen die genannten Handlungspflichten, kommt grundsätzlich eine Schadensersatzhaftung nach den Grundsätzen der *culpa*-Regel in Betracht[1176]. Kann ein Gesellschaftsgläubiger beweisen, daß die Pflichtverletzung kausal für den eingetretenen Schaden war und der Geschäftsleiter darüber hinaus schuldhaft gehandelt hat, müßte der Geschäftsleiter an sich direkt gegenüber dem Gläubiger schadensersatzpflichtig sein. Eine entsprechende Schadensersatzklage wird jedoch große Beweisschwierigkeiten mit sich bringen. Insbesondere aber fehlen noch Beispiele aus der Rechtsprechung, welche Haftungsfolgen die Geschäftsführer erwarten. Denkbar ist auch, daß sie nur der Gesellschaft gegenüber verantwortlich sind. Es bleibt abzuwarten, welche Bedeutung die neue Regelung in der Praxis für den Gläubigerschutz erlangen wird.

---

1173 NOU 1992 : 29, S. 39

1174 *Normann Aarum*, Styremedlemmers erstatningsansvar, S. 510.

1175 ausführlich: *Aarbakke*, S. 156 ff.;

1176 *Aarbakke / Skåre* u. a., Aksjeloven og allmennaksjeloven, § 3 – 5, S. 156 Anm. 0.3.

### c.) Rechtslage in Dänemark

Das dänische Gesetz über die Anteilsgesellschaften (*anpartsselskabsloven*, ApSL) enthält eine entsprechende Regelung in § 52. Sie wurde 1996 eingeführt und stellt im Vergleich zu der zuvor im ApSL von 1973 geltenden Regelung eine Verschärfung dar[1177]. § 52 ApSL trifft eine derart ausführliche Regelung, daß er hier wörtlich widergegeben werden soll:

> *Kapitalverlust*
> *Gemäß den Vorschriften in § 28*[1178] *hat das oberste Leitungsorgan*[1179] *spätestens sechs Monate, nachdem die Gesellschaft 40 % ihres Anteilskapitals verloren hat, den Anteilseignern die wirtschaftliche Lage der Gesellschaft darzulegen. Das Leitungsorgan hat ferner einen Vorschlag zu einem Beschluß zu machen, der zur vollen Deckung des Anteilskapitals führt, oder vorzuschlagen, die Auflösung der Gesellschaft zu beschließen.* (§ 52 Abs. 1 Sätze 1 und 2 ApSL)
> *Spätestens 7 Tage nachdem die Anteisleigner den Vorschlag des Leitungsorgans behandelt haben, muß eine Ausfertigung des Verhandlungsprotokolls dem Gewerbe- und Gesellschaftsamt zugegangen sein.* (§ 52 Abs. 1 Satz 4 ApSL)
> *Das Gewerbe- und Gesellschaftsamt kann der Gesellschaft eine Frist zur Wiederherstellung des Anteilskapitals durch eigene Einnahmen einräumen. Dies setzt voraus, daß die Gesellschaft einen Nachweis in Form von Konsolidierungsplänen u. a. einsendet zum Zweck der Beurteilung der Wiederherstellungsmöglichkeiten.*" (§ 52 Abs. 2 ApSL)
> *Wird kein Beschluß gemäß Abs. 1 oder 2 über die Berichtigung der Kapitalverhältnisse der Gesellschaft getroffen und geschieht dies nicht innerhalb der vom Gewerbe- und Gesellschaftsamt festgelegten Frist, kann das Amt veranlassen, daß die Gesellschaft aufgelöst wird, erforderlichenfalls*

---

1177 *Hansen / Krenchel*, selskabs- og foreningsrett, S. 72.

1178 § 28 ApSL regelt das Beschlußrecht der Anteilseigner.

1179 Das Gesetz spricht wörtlich vom obersten Leitungsorgan. Das ist darauf zurückzuführen, daß die dänische Anteilsgesellschaft entweder ein eingliedriges oder zweigliedriges Leitungsorgan hat. Denn gem. § 19 Abs. 1 Satz 1 ApSL wird die Anteilsgesellschaft entweder von einer Geschäftsführung oder von einer Verwaltung oder sowohl von einer Geschäftsführung als auch einer Verwaltung geleitet. Hat die Gesellschaft beide Leitungsorgane, so ist die Verwaltung das oberste Leitungsorgan. Sie trifft die Entscheidungen über Geschäfte ungewöhnlicher Art oder großer Bedeutung. Die Geschäftsführung ist dann zuständig für die Führung der täglichen Geschäfte, § 19 Abs. 1 Satz 3 ApSL. Gemäß § 42 ApSL vertreten die Mitglieder der Verwaltung und der Geschäftsführung die Gesellschaft nach außen.

*nach den Vorschriften in § 60 über die Zwangsauflösung.* (§ 52 Abs. 3 ApSL)

Nach § 52 Abs. 1 ApSL haben die Geschäftsleiter bereits bei 40 % eingebüßtem Eigenkapital den Anteilseignern binnen sechs Monaten die wirtschaftliche Situation der Gesellschaft darzulegen. Weiter haben sie Maßnahmen vorzuschlagen, womit das Anteilskapital wieder voll gedeckt werden kann. Andernfalls müssen sie die Auflösung der Gesellschaft empfehlen. Spätestens sieben Tage nach Behandlung des Vorschlags muß dem Gewerbe- und Gesellschaftsamt eine Ausfertigung des Verhandlungsprotokolls zugegangen sein. Es hat die Aussage zu enthalten, daß die Gesellschaft rehabilitiert werden kann. Das kann etwa durch die Bekräftigung des Prüfers geschehen, es sei ein Plan gefaßt worden, der zur vollen Auffüllung des Anteilskapitals führen wird[1180]. Nach § 52 Abs. 2 ApSL kann das Gewerbe- und Gesellschaftsamt ausnahmsweise zulassen, daß die Gesellschaft nicht sogleich nach Feststellung des bedeutenden Kapitalverlustes rehabilitiert werden muß. Es kann für die Gesellschaft eine Frist festsetzen, innerhalb derer sie aus eigenen Einnahmen ihr Anteilskapital wiederherstellen kann. Dies setzt voraus, daß die Gesellschaft Konsolidierungspläne einsendet, die aufzeigen, daß eine Wiederauffüllung des Anteilskapitals aus eigenen Einnahmen realistisch erscheint[1181]. Sofern die Anteilseigner eine Rehabilitierung gar nicht versuchen wollen bzw. eine solche nicht innerhalb der vom Gewerbe- und Gesellschaftsamt vorgeschriebenen Frist schaffen, haben sie die Gesellschaft aufzulösen. Wird dies nicht von der Gesellschaft selbst beschlossen, wird sie zwangsaufgelöst, § 52 Abs. 3 ApSL[1182].
Das Gesetz regelt nicht, welche Folgen die Zuwiderhandlung gegen die Bestimmungen des § 52 ApSL haben kann. Geschäftsleiter, die das Unternehmen fortgeführt haben, obwohl nach § 52 ApSL eine Pflicht zur Verbesserung der Kapitalsituation oder Auflösung bestand, können nach der *culpa* – Regel zu Schadensersatz verpflichtet sein, und zwar an sich unmittelbar gegenüber geschädigten Gläubigern[1183]. Es bleibt jedoch abzuwarten, welche Grundsätze die Praxis entwickeln wird.

---

1180 *Hansen*, Anpartsselskaber, S. 98 f.

1181 *Hansen*, Anpartsselskaber, S. 99

1182 *Hansen / Krenchel*, selskabs- og foreningsrett, S. 73; *Hansen*, Anpartsselskaber, S. 99 f.

1183 *Rosenberg*, Anpartsselskabsloven, S. 216 Anm. 2; *Hansen*, Anpartsselskaber, S. 97 Anm. 4.7.1, S. 138.

### d.) Vergleich zur deutschen Rechtslage

Anders als in Deutschland kommt in allen drei hier untersuchten skandinavischen Rechtsordnungen eine persönliche Haftung der Geschäftsleiter gegenüber geschädigten Gesellschaftsgläubigern in Betracht, wenn sie bei bedeutendem Kapitalverlust gesetzlich vorgeschriebene Handlungspflichten nicht erfüllen. Am weitesten geht Schweden, wo die Pflichtverletzung aus vermuteten Verschulden eine direkte Haftung der Geschäftsleiter für sämtliche nach der Zuwiderhandlung neu eingegangene Verpflichtungen der Gesellschaft auslöst, § 2 im 13. Kapitel des schwedischen Aktiengesetzes. Im dänischen und norwegischen Recht können noch keine sicheren Angaben dazu gemacht werden, ob die Geschäftsleiter nach den Grundsätzen der *culpa*-Regel geschädigten Gläubigern direkt haften. Es bleibt abzuwarten, wie sich die Praxis hierzu stellen wird.
Die deutsche Regelung in § 49 Abs. 3 GmbHG, wonach die Gesellschafterversammlung insbesondere einzuberufen ist, wenn sich der Verlust der Hälfte des Stammkapitals ergibt[1184], hat allein den Zweck, das Krisenwarnsignal an die Gesellschafter weiterzugeben, damit sie über die zu ergreifenden Maßnahmen beschließen können[1185]. Gesellschaftsgläubiger können gegen den Geschäftsführer nicht aus § 49 Abs. 3 GmbHG vorgehen. Der Geschäftsführer haftet allenfalls gem. § 43 Abs. 2 GmbHG gegenüber der Gesellschaft, wenn ihr aus der versäumten Einberufung ein Schaden entstanden ist[1186].

## III. Die Pflicht zu einer angemessenen Kapitalausstattung im norwegischen Aktienrecht

Nach § 3-1 ASL kann eine Aktiengesellschaft mit einem Mindestkapital von 100 000.- norwegische Kronen gegründet werden. Darüber hinaus bestimmt § 3-4 ASL, daß die Gesellschaft zu jeder Zeit über ein Eigenkapital verfügen muß, welches dem Risiko und Umfang des Unternehmens entspricht. § 3-4 des

---

1184 nach dem Gesetzeswortlaut müßte sich der Verlust aus der Jahresbilanz oder aus einer im Laufe des Geschäftsjahres aufgestellten Bilanz ergeben. Tatsächlich wird nach wohl richtiger Ansicht die Gesellschafterversammlung bei Verlust des hälftigen Stammkapitals jedoch immer einzuberufen sein, gleich wie der Geschäftsführer davon erfahren hat, Hachenburg / Ulmer, § 49 GmbHG Rn. 22.

1185 *Scholz / K. Schmidt*, § 49 GmbHG Rn. 31.

1186 *Hachenburg / Ulmer*, § 64 GmbHG Rn. 29; *Scholz / K. Schmidt*, § 49 GmbHG Rn. 31, 21; dies hat der BGH bisher nur für die AG entschieden, BGH NJW 1979, 1829, 1831.

norwegischen Aktiengesetzes lautet übersetzt:

*Angemessenes Eigenkapital*
*Die Gesellschaft hat zu jeder Zeit über ein Eigenkapital zu verfügen, das zum Risiko und Geschäftsumfang der Gesellschaft angemessen ist.*

## 1. Inhalt der Regelung

Was hier als generelles Gebot an die Größe des Eigenkapitals erscheint, entfaltet seine eigentliche Bedeutung im Zusammenhang mit der Vorschrift des § 3-5 ASL[1187]. § 3-5 ASL hat übersetzt folgenden Wortlaut:

*Handlungspflicht bei Verlust von Eigenkapital*
*Ist anzunehmen, daß das Eigenkapital geringer ist als zum Risiko und Umfang des Unternehmens in der Gesellschaft angemessen, hat die Geschäftsleitung schnell die Sache zu behandeln. Die Geschäftsleitung hat innerhalb angemessener Zeit eine Generalversammlung einzuberufen, ihr die wirtschaftliche Stellung der Gesellschaft darzulegen und Maßnahmen vorzuschlagen, damit die Gesellschaft ein angemessenes Eigenkapital erhält. Dasselbe gilt, wenn anzunehmen ist, daß das Eigenkapital der Gesellschaft unter die Hälfte des Aktienkapitals gesunken ist.* (§ 3-5 Abs. 1 ASL)
*Findet die Geschäftsleitung keine Grundlage, um Maßnahmen i.S.v. Abs.1 vorschlagen zu können, oder können solche Maßnahmen gar nicht durchgeführt werden, hat sie die Auflösung der Gesellschaft vorzuschlagen.* (§ 3-5 Abs. 2 ASL)

Verfügt die Gesellschaft nicht über ein angemessenes Eigenkapital, treffen die Geschäftsleiter gem. § 3–5 ASL bestimmte Handlungspflichten. Wie in dem bereits besprochenen Fall, daß das Eigenkapital geringer als die Hälfte des Grundkapitals geworden ist, haben sie die Generalversammlung einzuberufen, diese über die wirtschaftliche Situation aufzuklären und Maßnahmen zur Verbesserung der finanziellen Situation vorzuschlagen. Sollten sie der Ansicht sein, daß die wirtschaftliche Lage gar nicht verbessert werden kann, haben sie die Auflösung der Gesellschaft zu empfehlen, § 3–5 Abs. 2 ASL.
Da das Eigenkapital auch an dem Unternehmensrisiko zu messen ist, gelten für ein Unternehmen, das eher riskante Geschäfte tätigt, strengere Maßstäbe als für ein Unternehmen, das plötzlichen Marktveränderungen weniger ausgesetzt

---

1187 *Andenaes*, Aksjeselskaper og allmennaksjeselskaper, S. 39; *Aarbakke / Skåre* u.a., Aksjeloven og allmennaksjeloven, S. 153 Anm. 0.2; *Andersen* in: *Langsted* (Hrsg.), S. 16.

ist[1188]. Die Rücksichtnahme auf den Geschäftsumfang beinhaltet auch, daß bei einer Geschäftserweiterung danach gefragt werden muß, ob sie mit Fremdkapital finanziert werden kann oder ob das Eigenkapital vergrößert werden sollte[1189]. Daß das Eigenkapital „stets" angemessen zu sein hat, bedeutet, daß die Geschäftsleiter sich nicht mit einer Beurteilung im Rahmen des Jahresabschlusses begnügen dürfen. Vielmehr haben sie die wirtschaftliche Situation der Gesellschaft fortlaufend zu überprüfen[1190]. Wie umfangreich und gründlich die Prüfungen ausfallen müssen, richtet sich nach den Umständen des Einzelfalls. Es ist abzustellen auf den vergangenen Jahresabschluß und besondere Veränderungen, die im laufenden Geschäftsjahr etwa eingetreten sind[1191]. Stellen die Geschäftsleiter fest, daß das Eigenkapital im Hinblick auf das Geschäftsrisiko und den Geschäftsumfang nicht ausreicht, verpflichtet § 3-5 ASL sie dazu, unterschiedliche Alternativen zu überdenken. Sie haben u. a. die Umorientierung des Unternehmens oder auch die Zuführung von neuem Eigenkapital zu erwägen. Nachdem die Geschäftsleiter selbst die Situation der Gesellschaft geklärt und neu erwogen sowie auf dieser Grundlage eine Darlegung der Verhältnisse einschließlich Verbesserungsvorschläge ausgearbeitet haben, müssen sie dies den Gesellschaftern unterbreiten[1192]. Welche Maßnahmen in der Folge tatsächlich ergriffen werden, hat die Gesellschafterversammlung zu entscheiden[1193].

## 2. Hintergrund der neuen Regelung

In den Vorarbeiten zu den neuen norwegischen Aktiengesetzen wird darauf hingewiesen, daß man keine Vorschrift einführen wollte, welche die Gesellschafter dazu verpflichten sollte, der Gesellschaft über die Einlage hinaus weiteres Kapital zuzuführen. Dies würde dem grundlegenden Prinzip im Aktienrecht widersprechen, wonach die Gesellschafter die Höhe des Kapitals festlegen, das der Gesellschaft zugeführt werden soll[1194]. Ziel der Regelung sei vielmehr, im Interesse der Aktionäre und der Gesellschaftsgläubiger den Geschäftsleitern konkrete Pflichten aufzuerlegen. Sie sollen dafür sorgen, daß der Geschäftsbetrieb in seinem Umfang und Risiko stets der aktuellen Kapitalgrundla-

---

1188 NOU 1996 : 3, S. 102, 146; *Aarbakke / Skåre* u. a., Aksjeloven og allmennaksjeloven., § 3 – 4 ASL, S. 154 Anm. 1. 3.

1189 NOU 1996 : 3, S. 102, 146; *Aarbakke / Skåre* u. a., Aksjeloven og allmennaksjeloven, § 3 – 4 ASL, S. 154 Anm. 1. 4.

1190 *Aarbakke* u. a., § 3 – 4 ASL, S. 154 Rn. 1. 5.

1191 Ot prp nr 23 (1996-97), S. 55.

1192 NOU 1996 : 3, S. 44; *Bråthen*, 1990-Årenes Norske Aksjelovreform, S. 286.

1193 NOU 1996 : 3, S. 44.

1194 NOU 1996 : 3, S. 43.

ge entspricht[1195]. Die wichtigste Bedeutung[1196] des § 3–4 des norwegischen Aktiengesetzes wird darin gesehen, die Leitungsorgane daran zu erinnern und sie dazu anzuhalten, die wirtschaftliche Situation der Gesellschaft fortlaufend zu bewerten und die notwendigen Maßnahmen zu deren Verbesserung zu ergreifen[1197]. An sich sind sie bereits dazu verpflichtet, entsprechende Beurteilungen durchzuführen. Eine ausdrückliche gesetzliche Regelung jedoch sollte diese Pflicht verstärken[1198].
Der norwegische Gesetzgeber war darum bemüht, ein geeignetes objektives Kriterium zu finden, das als Anknüpfungspunkt für Handlungspflichten der Geschäftsleiter dienen könnte, wenn die Gesellschaft beträchtliche Verluste erlitten hat[1199]. Darüber hinaus sollten zur einfacheren Begründung von klare Handlungspflichten formuliert werden[1200].

### 3. Haftung der Geschäftsleiter

Wie bereits erwähnt, bestand ein erklärtes Ziel der neuen gesetzlichen Regelungen in §§ 3-4 und 3-5 ASL auch darin, die Begründung von Schadensersatzklagen gegen die Geschäftsleiter zu erleichtern[1201]. Versäumen die Leiter die ihnen nach § 3-5 ASL auferlegten Handlungspflichten schuldhaft, soll sie eine Schadensersatzpflicht nach den Grundsätzen der *culpa*—Regel treffen[1202]. Es fehlen noch Beispiele aus der Praxis, wie eine Schadensersatzhaftung der Geschäftsleiter tatsächlich beurteilt wird. Sollen sie den Gläubigern direkt haften, werden diese sich großen Beweisschwierigkeiten ausgesetzt sehen.
§ 3–5 ASL darf jedenfalls nicht dahingehend verstanden werden, daß die Geschäftsleiter für eine „Unterkapitalisierung" der Gesellschaft schlechthin einzustehen hätten; vorzuwerfen ist ihnen allein das schuldhafte Versäumen ganz be-

1195 NOU 1996 : 3, S. 43.

1196 Die Vorschrift wirkt sich weiter auch aus neben den üblichen Regeln zur Kapitalerhaltung bei der Ausbezahlung von Eigenkapital an die Gesellschafter, NOU 1996 : 3, S. 44; *Aarbakke / Skåre* u. a., Aksjeloven og allmennaksjeloven, S. 153 Rn. 0.2.

1197 NOU 1996 : 3, S. 42; *Aarbakke/ Skåre* u. a., Aksjeloven og allmennaksjeloven § 3 –4, S. 153 Anm. 0.2.

1198 NOU 1996 : 3, S. 42.

1199 NOU 1996 : 3, S. 43.

1200 NOU 1996 : 3, S. 43.

1201 NOU 1996 : 3, S. 42. S. a. *Andersen* in Langsted (Hrsg.), Selskabers kapital, S. 17.

1202 NOU 1996 : 3, S. 44; *Aarbakke / Skåre* u. a. Aksjeloven og allmennaksjeloven, § 3 – 4, S. 153 Anm. 0.3.

stimmter, nach § 3-5 ASL auferlegter Handlungspflichten[1203]. Sie setzen ein, wenn die Geschäftsleiter feststellen, daß das Eigenkapital nicht den Kapitalbedarf des Unternehmens deckt. Dabei ist auf die Umstände im Zeitpunkt der Bewertung abzustellen[1204].
Die neuen gesetzlichen Regelungen im norwegischen Aktienrecht sehen sich auch Kritik ausgesetzt. Die Feststellung, ob das Eigenkapital Risiko und Umfang des Geschäftsbetriebs deckt, könne nicht einfach festgestellt werden[1205]. *Bråthen* führt an, daß Entscheidungen der Geschäftsleitung häufig, wenn nicht geradezu typischerweise aufgrund von Schätzungen getroffen würden[1206].

## IV. Vergleich der skandinavischen Lösungen

Ein Gläubigerschutz bei der fortgeführten Krisengesellschaft ist in den untersuchten skandinavischen Rechtsordnungen unterschiedlich erreicht worden. Nach der höchstrichterlichen Rechtsprechung in Dänemark und Norwegen haften Geschäftsleiter, die potentielle Geschäftspartner bei Vertragsanbahnung nicht über die wirtschaftliche Krise der Gesellschaft aufklären gegenüber Gläubigern, die im Vertrauen auf die Solvenz der Gesellschaft Vorleistungen erbringen, nach der *culpa*-Regel bzw. deliktischen Generalklausel auf Schadensersatz. Im schwedischen Recht trifft die Geschäftsleiter gem. § 2 des 13. Kapitels ABL eine persönliche Haftung aus vermutetem Verschulden, wenn sie die nach Verlust der Hälfte des Eigenkapitals vorgeschriebenen Maßnahmen versäumen. Für Verpflichtungen aller Art, welche die Gesellschaft nach der Pflichtversäumnis noch eingegangen ist, haften sie als Gesamtschuldner direkt gegenüber den Gläubigern. Eine theoretisch nach § 1 Kapitel 15 schwedisches Aktiengesetz daneben in Betracht kommende Haftung wegen Verschweigens der Konkursreife der Gesellschaft hat keine praktische Bedeutung.
In Dänemark und Norwegen sind die Geschäftsführer bei wesentlichem Verlust des Stammkapitals ebenfalls zu entsprechenden Maßnahmen verpflichtet, § 52 ApSL bzw. § 3-5 ASL. Besondere Haftungsfolgen sind dort jedoch nicht geregelt. Die Haftung der Geschäftsführer richtet sich daher allenfalls nach den Grundsätzen der *culpa*-Haftung. Ob die Geschäftsleiter aber geschädigten Gläubigern direkt haften, muß erst noch in der Praxis entschieden werden. Sollte dies der Fall sein, muß der Gesellschaftsgläubiger aber Kausalität zwischen

---

1203 *Bråthen*, 1990-Årenes Norske Aksjelovreform, S. 286.

1204 *Aarbakke / Skåre* u. a., Aksjeloven og allmennaksjeloven, § 3 – 4 ASL, S. 154 f. Anm. 1.7.

1205 *Bråthen*, 1990-Årenes Norske Aksjelovreform, S. 286; *Andenaes*, Aksjeselskaper og allmennaksjeselskaper, S. 39.

1206 *Bråthen*, 1990-Årenes Norske Aksjelovreform, S. 286.

Pflichtverletzung und eingetretenem Schaden sowie ein Verschulden nachweisen. Dies gilt hinsichtlich jedem einzelnen verklagten Geschäftsleiter, da die Geschäftsführer bei der *culpa*-Haftung anders als in der schwedischen Regelung nicht als Gesamtschuldner haften.
Die in das neue, am 01.01.1999 in Kraft getretene norwegische Aktiengesetz eingeführte Bestimmung, wonach das Eigenkapital der Gesellschaft jederzeit dem Geschäftsumfang und Geschäftsrisiko der Gesellschaft entsprechen muß, § 3-4 ASL, dient dazu, die Geschäftsleiter dazu anzuhalten, die Vermögenslage der Gesellschaft beständig zu überprüfen. Stellen sie fest, daß das Eigenkapital nicht hinreichend ist, haben sie dieselben Maßnahmen wie beim Verlust der Hälfte des Eigenkapitals zu ergreifen. Kommen sie dem nicht nach, haften sie nach den Grundsätzen der *culpa*-Haftung, wobei noch keine Aussage dazu getroffen werden kann, ob sie gegenüber der Gesellschaft oder den Gesellschaftsgläubigern direkt haften.

## 4. Teil: Zusammenfassung und Gesamtvergleich

Die Aufrechterhaltung eines notleidenden Geschäftsbetriebs zu Lasten der Gesellschaftsgläubiger wird in keiner der untersuchten Rechtsordnungen folgenlos hingenommen. Über die gemeinsame Zielsetzung eines Gläubigerschutzes hinaus haben sie das Problem der fortgeführten Krisengesellschaft jedoch unterschiedlich gelöst.

### I. Vorbeugender und erst in der Insolvenz einsetzender Gläubigerschutz

Um sämtliche der gefundenen Gläubigerschutzinstrumente besser überschauen zu können, sollen sie unter gemeinsamen Vorzeichen betrachtet werden. Bestimmte Fragen stellen sich nämlich für alle Lösungen gleichermaßen. Dies gilt beispielsweise für die Frage, ab welchem Zeitpunkt die betreffende Lösung eingreift. Manche der gefundenen Lösungen setzen bereits zu einem Zeitpunkt an, zu dem es noch darum geht, eine schwere Krise und insbesondere einen Zusammenbruch der Gesellschaft zu verhindern. Man kann hier auch von einem vorbeugenden Gläubigerschutz sprechen. Auf der anderen Seite stehen die Instrumente, die erst eingreifen, wenn die Gesellschaft sich in einem Sanierungs- oder gar Auflösungsverfahren wegen eingetretener Insolvenz befindet. Dann läßt sich von einem nachträglichen oder insolvenzrechtlichen Gläubigerschutz sprechen.

#### 1. Vorbeugender Gläubigerschutz

##### a.) Angemessenes Eigenkapital

In Norwegen und Dänemark ist eine Tendenz erkennbar, im Kapitalgesellschaftsrecht ein flexibles, dem Unternehmenszweck und Geschäftsumfang angemessenes Eigenkapital zu verlangen. Das Mindestkapitalerfordernis wird unter dem Eindruck englischen[1207] (und amerikanischen) Rechts zunehmend kritisiert. Ein Mindestkapital biete keinen effektiven Gläubigerschutz und könne für kleine und mittlere Unternehmen entwicklungshemmend sein[1208]. In Dänemark wurde die Mindestkapitalgrenze im Rahmen der Reform zur Anteilsgesellschaft

[1207] zur geringen Rolle des Mindestkapitals für den Gläubigerschutz vgl. etwa *Davies,* AG 1998, 346, 353.

[1208] *Andersen* in: Langsted (Hrsg.), Selskabers kapital, S. 14; *Gomard* in: Langsted (Hrsg.): Selskabers kapital, S. 5 f.

1996 von 200 000.- auf 125 000.- dänische Kronen herabgesetzt[1209]. In Norwegen wurde in den neuen Aktiengesetzen 1997 eine Regelung[1210] eingeführt, wonach das Eigenkapital der öffentlichen sowie „einfachen" Aktiengesellschaft zu jeder Zeit zum Risiko und Umfang des Geschäftsbetriebs angemessen sein muß. Eine entsprechende Regelung findet sich im dänischen Aktienrecht[1211], jedoch nicht im GmbH-Recht (Anteilsgesellschaft), die den Gegenstand dieser Untersuchung bildet. Diese Regelungen dürfen in ihrer Bedeutung aber wohl nicht überschätzt werden. Insbesondere richten sie sich nicht etwa an die Gesellschafter mit der Forderung, der Gesellschaft über ihre Einlage hinaus Kapital zuzuführen. Vielmehr sind sie an die Geschäftsleiter adressiert, die dazu angehalten werden sollen, die wirtschaftliche Lage der Gesellschaft fortlaufend zu kontrollieren. Darüber hinaus soll die Formulierung klarer Handlungspflichten eine Beurteilungsgrundlage bieten, wenn fraglich ist, ob die Geschäftsleiter sich schadensersatzpflichtig gemacht haben[1212]. In Deutschland gibt es keine mit den skandinavischen vergleichbare Tendenzen. Vielmehr wird an dem Mindestkapitalerfordernis als *„Seriositätsschwelle für kapitalgesellschaftliche Rechtsformen"* festgehalten[1213]. Im Zusammenhang mit der Frage nach einer angemessenen Eigenkapitalausstattung wird in Deutschland üblicherweise angebracht, die Betriebswirtschaft könne keine sicheren Regeln dazu aufstellen, wie hoch das Eigenkapital im Verhältnis zu Unternehmenszweck und Geschäftsumfang sein müsse[1214].

### b.) Eigenkapitalersatzrecht (außerhalb eines Insolvenzverfahrens)

#### aa.) Eigenkapitalersatzrecht in Deutschland und Österreich

In Deutschland und Österreich gehen demgegenüber die Regeln zum Eigenkapitalersatz über die herkömmlicherweise in den untersuchten Rechtsordnungen vorzufindenden Kapitalschutzbestimmungen zu Mindestkapital, Kapitalaufbringung und –erhaltung hinaus[1215]. Die in Analogie zu §§ 30, 31 GmbHG richterrechtlich entwickelten Eigenkapitalersatzregeln setzen nicht die Eröffnung

1209 nachdem es 1991 von 80 000.- auf 200 000.- dänische Kronen angehoben worden war, *Andersen* in: Langsted (Hrsg.), Selskabers kapital, S. 14, 24.

1210 § 3-4 ASL und ASAL.

1211 § 54 Abs. 3 AL.

1212 ausführlich zur norwegischen Regelung vgl.: 3. Teil E III.

1213 so *K. Schmidt*, Gesellschaftsrecht, § 9 IV 4 a.

1214 *Hachenburg / Ulmer*, Anh. § 30 GmbHG Rn. 50; *K. Schmidt*, Gesellschaftsrecht, § 9 IV 4 a; *Stimpel*, FS Goerdeler, S. 601, 608.

1215 vgl. *Ulmer*, FS 100 Jahre GmbH-Gesetz, S. 363, 373.

eines Insolvenzverfahrens voraus[1216] und haben daher auch Bedeutung für einen vorbeugenden Gläubigerschutz. Das Eigenkapitalersatzrecht qualifiziert nach Eintritt der Kreditunwürdigkeit gewährte Gesellschaftermittel, die formal als Fremdkapital gegeben wurden, in Eigenkapital um. Die Gesellschaftermittel dienen der Befriedigung der Gläubiger. Die Gesellschafter können für die Dauer der wirtschaftlichen Krise ihre Mittel nicht zurückverlangen. Sie müssen mit der Rückzahlung warten bis sich die wirtschaftliche Lage der Gesellschaft wieder erholt hat[1217]. Unzulässigerweise ausgezahlte Beträge haben die Gesellschafter der Gesellschaft zu erstatten[1218]. Nur die deutsche und die österreichische Rechtsordnung greifen bei der Finanzierung einer unterkapitalisierten Gesellschaft durch die Gesellschafter ein[1219]. In allen übrigen Rechtsordnungen demgegenüber können die Gesellschafter ihre Mittel bei Fälligkeit wieder abziehen, unabhängig davon, ob die Gesellschaft sich in einer wirtschaftlichen Krise befindet oder nicht. Darüber hinaus findet sich überhaupt nur in der französischen Rechtsprechung und Lehre eine Auseinandersetzung mit der Frage, ob die Doppelrolle als Gesellschafter einerseits und als Kreditgeber der Gesellschaft andererseits Auswirkungen auf den Rückgewähranspruch des Gesellschafters haben soll. Dies wird aber abgelehnt[1220].

**bb.) Privatautonome Vereinbarungen**

Die Verstrickung der Gesellschaftermittel mit Eigenkapitalersatzcharakter erfolgt kraft zwingenden Rechts. Dadurch unterscheiden sich die deutschen und österreichischen Eigenkapitalersatzregeln grundlegend von der in anderen Ländern vorzufindenden Vertragspraxis, die im Ergebnis den Eigenkapitalersatzregeln sehr nahe kommen kann. Die Rede ist von der in Frankreich gefundenen Bankenpraxis und den *prêts participatifs*, dem skandinavischen *ansvarlig lånekapital* und den englischen *subordination agreements*. In diesen Fällen erklärt sich der Kreditgeber, der auch ein Gesellschafter sein kann, damit einverstanden, erst nach Befriedigung der übrigen Gläubiger befriedigt zu werden. Mit diesen Vereinbarungen wird zwar ebenso wie mit Hilfe des Eigenkapitalersatzrechts dem Bedürfnis der Gläubiger nach Haftungsmasse begegnet. Die nach-

---

1216 gleichwohl gelten sie im auch eröffneten Insolvenzverfahren, hierzu vgl.: 2. Teil A I.

1217 für Deutschland ergibt sich dies aus § 30 GmbHG analog; für Österreich aus § 74 öGmbHG analog.

1218 für Deutschland ergibt sich dies aus § 31 GmbHG analog; für Österreich aus § 83 öGmbHG analog.

1219 zum griechischen Sonderrecht für Gesellschafterdarlehen vgl.: 3. Teil B.

1220 ausführlich zur Auseinandersezung mit der Frage nach einem Sonderrecht für Gesellschafterdarlehen in Frankreich vgl.: 3. Teil D II 2.

rangige Befriedigung der Kreditgeber tritt jedoch aufgrund des gemeinsamen Willens der Parteien ein. Demgegenüber handelt es sich beim Eigenkapitalersatzrecht um zwingendes Recht. Für die Verstrickung mit Eigenkapitalersatzcharakter braucht der darleihende Gesellschafter nicht einmal gewußt zu haben, daß sich die Gesellschaft in einer wirtschaftlichen Krise befunden hat bzw. reicht es aus, daß er dies erkennen konnte.
Mit der ausländischen Vertragspraxis vergleichbare vertragliche Vereinbarungen gibt es unabhängig vom Eigenkapitalersatzrecht freilich auch in Deutschland[1221]. Durch Erklärung eines Rangrücktritts ist der Kreditgeber freiwillig mit der bloß nachrangigen Befriedigung seiner Forderung einverstanden. Das Eigenkapitalersatzrecht demgegenüber hat ein Sonderrecht für Gesellschafterdarlehen geschaffen. In den übrigen Rechtsordnungen wird die Finanzierungsfreiheit der Gesellschafter zu keinem Zeitpunkt eingeschränkt, sondern es bleibt den Parteien und damit insbesondere den darleihenden Gesellschaftern selbst überlassen, über das Schicksal ihrer Kapitalhilfen zu entscheiden[1222].

**cc.) Tendenz: Einschränkungen im Eigenkapitalersatzrecht**

Das Eigenkapitalersatzrecht sieht sich einer zunehmenden Kritik ausgesetzt. Darüber hinaus sind von dem Gesetzgeber bedeutende Einschränkungen[1223] vorgenommen worden. Nach dem österreichischen Unternehmensreorganisationsgesetz (URG) aus dem Jahre 1997 sind Finanzierungshilfen der Gesellschafter dann nicht eigenkapitalersetzend, wenn sie einer Gesellschaft gewährt werden, für die versucht wird, die Krise in einem Reorganisationsverfahren zu überwinden, § 21 URG.
In Deutschland hat der Gesetzgeber 1998 mit den in § 32 a Abs. 2 GmbHG neu eingeführten Sätzen 2 und 3 den Anwendungsbereich des Eigenkapitalersatzrechts verkleinert. Gem. § 32 a Abs. 2 S. 2 GmbHG sind Gesellschafter, die weder Geschäftsführer noch mit 10 % am Stammkapital der Gesellschaft beteiligt sind, ausgenommen. Nach § 32 a Abs. 2 S. 3 GmbHG werden darüber hinaus Gesellschafterleistungen eines erst in der Krise zu der Gesellschaft dazukom-

1221 vgl. auch § 10 Abs. 5 a KWG, wonach einem Kreditinstitut unter den dort genannten Voraussetzungen „ergänzendes Eigenkapital“ zugeführt werden kann, näher hierzu vgl. *Kümpel*, Bank- und Kapitalmarktrecht, S. 1035 Rn. 6.584.

1222 In Frankreich resultiert auch nicht etwa die gesamtschuldnerische Haftung des Gesellschafters aus einer Handelsbürgschaft aus der wirtschaftlichen Krise der Gesellschaft. Erforderlich und ausreichend ist ein Eigeninteresse an der Darlehenshingabe, vgl.: 3. Teil D II 3.

1223 zu den möglichen Einschränkungen des Eigenkapitalersatzrechts in den neuen Bundesländern und im Steuerrecht vgl.: *Claussen*, GmbHR 1994, 9, 10 ff.

menden Gesellschafters nicht erfaßt. Diese gesetzlichen Ausschlußregelungen haben alle zum Ziel, Gesellschafter dazu zu bewegen, die Gesellschaft in ihren Sanierungsbemühungen zu unterstützen. Damit scheint der Gesetzgeber dem Vorwurf zu begegnen, das Eigenkapitalersatzrecht sei sanierungsfeindlich, wobei davon ausgegangen wird, dieser Vorwurf werde durch die Regelung in § 21 URG gerade bestätigt[1224]. Darüber hinaus ist fraglich, wie die Einführung einer 10 % - Klausel (§ 32 a Abs. 2 S. 2 GmbHG) und eines „Sanierungsprivilegs" (§ 32 a Abs. 2 S. 3 GmbHG) mit den Grundüberlegungen des Eigenkapitalersatzrecchts vereinbar ist[1225].

### dd.) Kritik am Eigenkapitalersatzrecht

Die vom Schrifttum an den Eigenkapitalersatzregeln geübte Kritik weist eine breite Spannbreite auf. Die deutschen Kritiker führen immer wieder ins Feld, das Eigenkapitalersatzrecht schrecke potentielle Kreditgeber davon ab, der Gesellschaft bei einer Sanierung zu helfen[1226]. Weiter sei fraglich, ob die Eigenkapitalersatzregeln wirklich ihren Zweck erfüllten, die Gesellschaftsgläubiger zu schützen[1227] und, ob es nicht überhaupt überflüssig sei, auf den recht weit hergeholten § 30 GmbHG zurückzugreifen, da Gesellschafterdarlehen ohnehin

1224 *Ostheim*, WBl 1998, 233, 238 f.; *Schummer*, Eigenkapitalersatzrecht, S. 74. Für *Koppensteiner*, AG 1998, 308, 317 zeigen die Neuregelungen die eigenen Unsicherheiten des Gesetzgerbers zum Eigenkapitalersatzrecht.

1225 zur Kritik an den deutschen Neuregelungen vgl.: 2. Teil A. II. 2 a.), b.).

1226 *Claussen*, FS Forster, S. 140, 144; *ders.*, GmbHR 1996, 316, 320. Dies gelte insbesondere für Sanierungsversuche seitens der Banken, die kaum gleichzeitig als Kreditgeber und Finanzinvestor auftreten könnten, *Götz / Hegerl*, DB 1997, 2365, 2367 ff.; *Walter*, AG 1998, 370, 371. Zur Sanierungsfeindlichkeit des Eigenkapitalersatzrechts s. a. jüngst *T. Bezzenberger*, FS G. Bezzenberger, S. 23, 58, der meint, die richterlichen Eigenkapitalersatzregeln hätten neben dem gesetzlich geregelten Eigenkapitalersatzrecht keinen Raum mehr. Denn das Gesetz sehe in den Rückgewähransprüchen der Gesellschafter eindeutig Gesellschaftsverbindlichkeiten, § 39 Abs. 1 InsO. Aufgrund des Abschreckungseffekts für Sanierungsversuche sei aber auch die Verweisung der Gesellschafter auf den letzten Rang nicht haltbar (§ 32 a GmbHG). Berechtigt seien nur die gesetzlich zugelassenen Anfechtungsmöglichkeiten, wenn die Gesellschafter bei der Rückgewähr ihrer Mittel im Vergleich zu den übrigen Gesellschaftsgläubigern bessergestellt würden, §§ 135 InsO, 6 AnfG

1227 *Grunewald*, GmbHR 1997, 7, 8 fragt, ob es für die Gläubiger denn günstiger wäre, wenn die Gesellschafter nichts täten und Konkurs anmeldeten; *Claussen*, GmbHR 1996, 316, 320 beruft sich darauf, daß erfahrungsgemäß nicht bevorrechtigte Gläuibger kaum von gewonnen Kapitalersatzprozessen profitieren.

meist langfristig nicht kündbar seien[1228]. Darüber hinaus sei die dem § 32 a Abs. 1 GmbHG zugrundeliegende Vorstellung, daß die Gesellschafter als „ordentliche Kaufleute" der Gesellschaft nicht bloß Fremd-, sondern Eigenkapital zugeführt hätten, doch verwunderlich; Gesellschafter würden einer Gesellschaft, die keine Darlehen mehr von außen erhält, wohl kaum mehr Eigenkapital geben[1229]. Kritisiert wird auch die Annahme einer Finanzierungs(folgen)verantwortung der Gesellschafter, mit der der BGH seit BGHZ 90, 381 die Umqualifizierung von Gesellschaftermitteln in Eigenkapital rechtfertigt[1230]. *Grunewald*, die für eine Abschaffung der Eigenkapitalersatzregeln eintritt[1231], hält sie für eine Leerformel, da nicht begründet werden könne, weshalb eine Fremdfinanzierung der Krisen-Gesellschaft außerhalb von § 826 BGB unverantwortlich ist[1232].
Die österreichischen Kritiker versuchen eher durch das Eigenkapitalersatzrecht aufgeworfene dogmatische Fragen zu durchdringen. Sie halten insbesondere die Voraussetzungen für eine analoge Anwendung des § 30 GmbHG über die Erhaltung des Stammkapitals bzw. des § 74 öGmbHG über die Rückzahlung von Nachschüssen auf Gesellschafterdarlehen für nicht gegeben. Es fehle an der tatbestandlichen Rechtsähnlichkeit von Stammkapital bzw. Nachschüssen und Gesellschafterdarlehen[1233]. Allerdings werden aber ja auch nur in Eigenkapital umqualifizierte Gesellschafterleistungen wie Nachschüsse oder Stammkapital behandelt. Die bisherigen Begründungsansätze[1234], so die österreichischen Kritiker, rechtfertigten die Umqualifizierung von Gesellschaftermitteln in Eigenka-

1228 *H. P. Westermann*, FS Fleck, S. 423, 434 f.

1229 *H. P. Westermann*, ZIP 1982, 379, 386.

1230 zu den Begründungsansätzen des BGH vgl.: 1. Teil A I.

1231 weniger weitgehend, für mehr Deregulierung im Eigenkapitalersatzrecht, insbesondere eine 25 % - Klausel: *Claussen*, GmbHR 1996, 316; *Reiner*, FS Boujong, S. 415, 454 f. hält die Insolvenzverschleppungshaftung der Geschäftsführer mit der Möglichkeit, eine Haftung darleihender Gesellschafter wegen Teilnahme daran begründen zu können, für den dogmatisch richtigen Ansatzpunkt, um die gleichen Ergebnisse wie bei Anwendung der Eigenkapitalersatzregeln zu erzielen.

1232 *Grunewald*, GmbHR 1997, 7, 9.

1233 *Berger*, Eigenkapitalersatzrecht, S. 120 f.; *Schummer*, Eigenkapitalersatzrecht, S. 316; *Koppensteiner*, AG 1998, 308, 311 f.

1234 sämtliche Begründungsansätze werden dogmatisch hinterfragt von *Schummer*, Eigenkapitalersatzrecht, notwendiges Rechtsinstitut oder Irrweg ? S. a.: *Koppesteiner,* AG 1998, 308, 310 ff., der meint, die Übernahme der in Deutschland richterlich entwickelten Eigenkapitalersatzregeln in Österreich sei verfehlt und sollte aufgegeben werden. *Berger*, S. 87 ff., demgegenüber plädiert dafür, das Eigenkapitalersatzrecht als einen Anwendungsfall der Vertrauenshaftung zu verstehen und stützt die Umqualifizierung der Fremdmittel in Eigenkapital auf einen durch die Gewährung der Mittel geschaffenen Rechtsschein.

pital jedoch nicht. *Schummer* kommt zu dem Ergebnis, daß die Konkursverschleppungshaftung und die Möglichkeit, den Abzug von Gesellschaftermitteln vor Konkurseröffnung anfechten zu können, die Gläubiger hinreichend schütze[1235]. Daß ein ausreichender und adäquater Gläubigerschutz durch die insolvenzrechtlichen Anfechtungsregeln geboten sei, wird auch in Deutschland verstärkt vertreten[1236]. Hierauf wird im Rahmen des insolvenzrechtlichen Gläubigerschutzes nochmals eingegangen[1237].

### c.) Handlungspflichten bei wesentlichem Kapitalverlust

Schließlich gehört in den Bereich des vorbeugenden Gläubigerschutzes auch die Pflicht, bei wesentlichem Kapitalverlust die Gesellschafterversammlung einzuberufen. In den skandinavischen Ländern wird diesen Bestimmungen mehr Beachtung geschenkt als in Deutschland. Dabei sind sie nicht nur weitaus detaillierter geregelt. Sondern, wenn sich die Geschäftsleiter nicht an die dort vorgesehenen Handlungspflichten halten, kann dies gegebenenfalls eine persönliche Haftung der Geschäftsleiter direkt gegenüber den Gesellschaftsgläubigern begründen. Am weitesten geht die schwedische Regelung in § 2 des 13. Kapitels Aktiengesetz. Versäumen die Geschäftsleiter nach Verlust der Hälfte des Grundkapitals eine der aufgestellten Handlungspflichten, insbesondere eine Kontrollbilanz aufzustellen oder die Gesellschafterversammlung einzuberufen, haften sie gesamtschuldnerisch für die nach dem Zeitpunkt der Pflichtversäumnis entstandenen Gesellschaftsverbindlichkeiten. Dabei handelt es sich sogar um eine Haftung aus vermutetem Verschulden. Nur ein Geschäftsleiter, der nachweisen kann, daß ihn kein Verschulden an der Pflichtverletzung trifft, haftet nicht. Für dänische und norwegische Geschäftsleiter kommt allenfalls eine Haftung nach der verschuldensabhängigen *culpa*-Regel in Frage. Sind alle Voraussetzungen, insbesondere auch der Kausalität zwischen Pflichtversäumnis und eingetretenem Schaden erfüllt, können die Geschäftsleiter den Gesellschaftsgläubigern direkt haften. Möglich ist aber auch, daß die Geschäftsleiter nur der Gesellschaft zu Schadensersatz verpflichtet sind. Es bleibt abzuwarten, wie die Praxis sich für diesen Fall zu einer direkten Haftung gegenüber den Gesellschaftsgläubigern stellen wird.
In Schweden ändert sich nach Konkurseröffnung nichts an der persönlichen Haftung der Geschäftsleiter gegenüber den Gesellschaftsgläubigern nach § 2 in Kapitel 13 des Aktiengesetzes[1238]. Eine theoretisch auch mögliche Haftung we-

---

1235 *Schummer*, Eigenkapitalersatzrecht, S. 370 ff., 396 ff.

1236 *Grunewald*, GmbHR 1997, 7, 10; *T. Bezzenberger*, FS G. Bezzenberger, S. 23, 58.

1237 s. u. 4. Teil I 2 b.).

1238 *Lindskog*, Aktiebolagslagen, S. 213 Anm. 13.

gen unterlassener Offenlegung der Konkursreife gegenüber potentiellen Geschäftspartnern hat anders als in Dänemark und Norwegen daneben keine praktische Bedeutung.

### 2. Insolvenzrechtlicher Gläubigerschutz

#### a.) Eigenkapitalersatzrecht (im Insolvenzverfahren)

Im deutschen und österreichischen Recht kommt dem Eigenkapitalersatzrecht auch im Insolvenzfall eine besondere Bedeutung zu. Die Gesellschafter erhalten ihre eigenkapitalersetzenden Kapitalhilfen erst nach Befriedigung aller übrigen Gesellschaftsgläubiger zurück[1239]. Eigenkapitalersetzende Gesellschaftermittel, die unzulässigerweise ausgezahlt wurden, sind in die Insolvenzmasse zu erstatten[1240]. Das Eigenkapitalersatzrecht begründet jedoch nicht etwa eine Schadensersatzhaftung. Die Gesellschafter können allenfalls ihre Mittel verlieren[1241]. Die Gläubiger können nicht direkt gegen die Gesellschafter vorgehen.

#### b.) Anfechtungsrechte statt Eigenkapitalersatzrecht?

In den übrigen Rechtsordnungen werden die Gesellschafter hinsichtlich der Rückzahlung ihrer Darlehen im Insolvenzverfahren nicht schlechter gestellt, sondern nach den üblichen Verteilungsregeln beachtet. Davon zu unterscheiden ist die Frage, ob die Rückzahlung der Gesellschaftermittel unmittelbar vor der Insolvenz an die Gesellschafter in den anderen Rechtsordnungen uneingeschränkt geduldet wird. Hier werden die nationalen Insolvenzrechte meist Anfechtungsmöglichkeiten bieten, wenn der Gesellschafter aufgrund der Rückzahlung seines Darlehens im Verhältnis zu anderen Gesellschaftsgläubigern bessergestellt wird. Anders als bei § 135 InsO geht es dort zwar um die Rückgängigmachung masseschmälernder Transaktionen allgemein und nicht speziell von Gesellschaftermitteln. Die Anfechtungsregeln erfassen aber auch die Auszahlung von Gesellschaftermitteln. Nach englischem Insolvenzrecht etwa kann der Insolvenzverwalter die Rückgewähr des Gesellschafterdarlehens möglicherweise wegen unerlaubter *preference* anfechten[1242]. Das Gericht kann dann

1239 für Deutschland vgl. §§ 32 a Abs. 1 GmbHG, 39 Abs. 1 Nr. 5 InsO; für Österreich ergibt sich dies aus einer analogen Anwendung des § 74 Abs. 1 öGmbHG.

1240 für Deutschland vgl. § 135 InsO bzw. § 31 GmbHG analog; für Österreich ergibt sich dies aus § 83 Abs. 1 öGmbHG analog.

1241 *H. P. Westermann / Mutter*, DZWIR 1995, 184, 188.

1242 secs. 239, 240 IA 1986. In *Wills & Anor v Corfe Joinery Ltd*, [1997] BCC 511, besprochen von *Varley*, I.C.C.L.R. 1997, 8 (5), C-86; *Doyle*, Insolv. L & P. Mai 1997, 2 (3), S. 12 und in *Re Exchange Travel (Holdings) Ltd*, [1996] BCC 933, besprochen von

eine Anordnung treffen, wonach der frühere Zustand wiederherzustellen ist. Das französische Insolvenzrecht eröffnet vergleichbare Möglichkeiten in Art. 108 des Insolvenzgesetzes von 1985[1243]. In Deutschland vertreten *Grunewald* und *Bezzenberger* sowie in Österreich *Schummer* die Auffassung, die Gläubiger seien dadurch ausreichend geschützt, daß sie die Rückzahlung von Gesellschafterdarlehen vor Eröffnung des Insolvenzverfahrens anfechten können und bräuchten kein Eigenkapitalersatzrecht[1244].

### c.) Geschäftsführerhaftung

#### aa.) deutsche und österreichische Rechtslage im Überblick

In Deutschland haftet der Geschäftsführer für die Folgen aus der schuldhaft verspäteten Stellung des Konkursantrags gem. §§ 823 Abs. 2 BGB, 64 Abs. 1 GmbHG. Er hat den Altgläubigern die Quotenschäden zu ersetzen, wobei sie ihre Ansprüche nicht selbst geltend machen können. Hier ist allein der Insolvenzverwalter aktivlegitimiert. Die Neugläubiger erhalten inzwischen sogar ihren vollen Schaden ersetzt, der ihnen daraus entsteht, daß sie mit der Gesellschaft überhaupt noch in Rechtsbeziehung getreten sind. Für die Geltendmachung ihrer Vertrauensschäden steht ihnen die Aktivlegitimation selbst zu. Mit den Ansprüchen aus der Insolvenzverschleppungshaftung konkurrieren Ansprüche aus *culpa in contrahendo*, wenn der Geschäftsführer schuldhaft nicht über die Konkursreife der Gesellschaft bei Vertragsverhandlungen aufgeklärt hat und, sollte der Geschäftsführer vorsätzlich gehandelt haben, gegebenenfalls auch nach § 826 BGB oder § 823 Abs. 2 BGB i. V. m. § 263 StGB. In diesen Fällen können die geschädigten Gesellschaftsgläubiger direkt die Geschäftsleiter in Anspruch nehmen.

In Österreich sieht der insolvenzrechtliche Gläubigerschutz ähnlich aus. Die Geschäftsleiter haften den Gesellschaftsgläubigern auf Ersatz der aus der verspäteten Stellung des Konkursantrags erlittenen Schäden gem. §§ 1311 ABGB i.V.m. 69 öKO bzw. 159 Abs. 1 Ziff. 2 öStGB. Anders als in Deutschland steht den Altgläubigern aber selbst die Aktivlegitimation zur Geltendmachung ihrer Quotenschäden zu. Da der Geschäftsleiter nach § 25 Abs. 2 öGmbHG allerdings

---

*Parry*, Insolv.L. März 1997, S. 11 ff., hatten die Insolvenzverwalter die Rückgewähr von Darlehen an die *directors* bzw. *shareholders* nach sec. 239 IA 1986 angefochten.

1243 Vgl. zu einem Fall aus der Praxis betreffend die Auszahlung eines Gesellschafterdarlehens: Cass. com. vom 21.11.1995, Arrêt n° 1952, abgerufen über Lamy CD Rom Cour de cassation.

1244 *T. Bezzenberger*, FS G. Bezzenberger, S. 23, 58; *Grunewald*, GmbHR 1997, 7, 10; *Schummer*, Eigenkapitalersatzrecht, S. 370 ff., 396 ff.

gegenüber der Gesellschaft den gesamten Betriebsverlust zu ersetzen hat, geht der OGH davon aus, daß die Altgläubiger möglicherweise gar keine Quotenschäden erleiden. Für die Neugläubiger besteht kein Unterschied zum deutschen Recht. Mit den Ansprüchen aus Konkursverschleppung konkurrieren auch im österreichischen Recht Ansprüche wegen Verletzung der Pflicht, potentielle Gläubiger über die prekäre Vermögenslage der Gesellschaft aufzuklären. Solche kommen insbesondere[1245] nach den Grundsätzen der Eigenhaftung des Vertreters aus *culpa in contrahendo* in Betracht.
Der BGH hat die Eigenhaftung des Geschäftsführers wegen *culpa in contrahendo* zumindest unter dem dogmatisch höchst umstrittenen Gesichtspunkt eines wirtschaftlichen Eigeninteresses weit eingeschränkt[1246]. Die Rechtsprechung des OGH zur Eigenhaftung des Geschäftsführers wegen *culpa in contrahendo* ist vergleichsweise dünn. Erst nach Kriseneintritt neu dazugekommene Gläubiger haben jedoch mit der geänderten Rechtsprechung des BGH sowie des OGH zur Insolvenzverschleppungshaftung nun auch die Möglichkeit, ihre Schäden wegen verspäteter Stellung des Konkursantrags voll ersetzt zu bekommen. Die deutsche und die österreichische Lehre lehnen die Rechtsprechungswende hin zu einem Vertrauensschutz der Neugläubiger wegen verspäteter Stellung des Konkursantrags überwiegend ab[1247]. Die Kritiker wollen das enttäuschte Vertrauen der Neugläubiger allein wegen der schuldhaften Unterlassung, Gläubigern die wirtschaftliche Lage der Gesellschaft bei Vertragsverhandlungen offen zu legen, erreichen. Eine Schutzbereichserweiterung der Konkursantragspflicht sei der dogmatisch falsche Weg. Bei dieser Lösung bestünde auch die Gefahr, eine Haftung für fahrlässig verursachte Vermögensschäden im Widerspruch zum Schadensersatzrecht zu begründen[1248].

### bb.) im besonderen: Schadensersatzpflicht der Geschäftsleiter wegen unterlassener Aufklärung

In Deutschland und Österreich einerseits sowie in Dänemark und Norwegen andererseits haften Geschäftsführer persönlich für Schäden, die Gläubiger dadurch erleiden, daß sie von den Geschäftsführern bloß fahrlässig nicht über die aussichtslose Lage der Gesellschaft aufgeklärt wurden. In Dänemark und Norwegen liegt dieser Geschäftsführerhaftung die deliktische Generalklausel zugrunde (*culpa*-Regel). Nach der dänischen und norwegischen Lösung steht

---

1245 daneben kann auch § 874 ABGB eine Haftungsgrundlage bieten, der aber scheinbar keine praktische Bedeutung hat, vgl.: 3.Teil A II 1 c.).

1246 ausführlich hierzu vgl.: 2. Teil, B I 3 a.), aa.).

1247 für Deutschland vgl: 2. Teil B II 3 b.) a.E.; für Österreich vgl.: 3. Teil A II 2 c.) bb.).

1248 *Dellinger*, WBl 1994, 44, 46; *ders.*, WBl 1996, 173, 179.

das Herausarbeiten einer Aufklärungspflicht im Mittelpunkt, wobei auf die Besonderheiten des Einzelfalls Rücksicht genommen wird. Konkursreife allein begründet nicht automatisch eine Aufklärungspflicht. Entscheidend ist, ob der Geschäftsleiter bei Kreditaufnahme hätte erkennen müssen, daß die Gesellschaft bei Fälligkeit die Forderung nicht würde bezahlen können. Dabei wird den Geschäftsleitern insbesondere nach dänischem Recht ein weiter Beurteilungsspielraum zugestanden.

Während in Norwegen und Dänemark die Haftungsgrundlage bei verletzter Aufklärungspflicht die deliktische Generalklausel ist, kommt in Deutschland und Österreich meist eine vertragsähnliche Haftung des Geschäftsführers aus *culpa in contrahendo* in Betracht. Diese richtet sich nach den Grundsätzen der Eigenhaftung des Vertreters wegen Verschuldens bei Vertragsanbahnung. Entscheidend ist daher, ob der Geschäftsführer in einem besonderen Verhältnis zu dem Geschäftsschluß gestanden hat. Nach deutschem und österreichischen Recht haften die Geschäftsführer damit anders als bei den skandinavischen Lösungen nur, wenn die besonderen Zurechnungsvoraussetzungen eines wirtschaftlichen Eigeninteresses oder der Inanspruchnahme besonderen Vertrauens vorliegen[1249]. Diese Frage steht bei den deutschen und österreichischen Entscheidungen im Mittelpunkt. Steht fest, daß der Geschäftsführer seiner Aufklärungspflicht nicht genügt hat, haftet er nach norwegischem und dänischem Recht ohne weiteres. Nach deutschem und österreichischem Recht ist darüber hinaus erforderlich, daß die besonderen Zurechnungsvoraussetzungen erfüllt sind. Daher kann in den skandinavischen Staaten das Fehlverhalten des Geschäftsführers eher sanktioniert werden.

Nach englischem Recht kommt eine persönliche Haftung der Geschäftsführer wegen unterlassener Aufklärung der Gläubiger nur bei nachgewiesener Schädigungsabsicht nach den Grundsätzen des *fraudulent trading*, sec. 213 IA, in Betracht.

Die unterschiedlichen Lösungen zur unterlassenen Aufklärung über die prekäre Vermögenslage der Gesellschaft stimmen darin überein, daß der Zeitpunkt, ab dem eine Aufklärungspflicht besteht, nicht zu früh liegen darf. Liegt der Zeitpunkt zu früh, können potentielle Vertragspartner grundlos abgeschreckt werden. Dabei ist die Gesellschaft aber gerade in Zeiten finanzieller Flaute darauf angewiesen, neue Geschäftspartner zu finden. Andererseits, je später der Zeitpunkt liegt, umso mehr werden die Geschäftspartner der Gefahr ausgesetzt, für ihre Leistung keine Gegenleistung zu erhalten. Der Gesellschaft muß damit die Möglichkeit gegeben werden, Versuche zu unternehmen, um die Gesellschaft vor dem Zusammenbruch zu retten. Dabei sind Rettungsversuche eher erfolg-

---

1249 die Geschäftsführerhaftung wegen unterlassener Aufklärung im deutschen und österrecihischen Recht im Vergleich vgl.: 3. Teil A II 1 d.).

reich, wenn die Gesellschaft im Stillen arbeiten darf[1250]. Dazu kommt, daß ein Kreditgeschäft immer ein gewisses Risiko in sich birgt. So kann auch von den Geschäftspartnern erwartet werden, daß sie von sich aus Informationen einholen, um sich selbst zu schützen[1251].
Bei einem Vergleich der unterschiedlichen Lösungen besteht nur in Deutschland eine Aufklärungspflicht bereits ab Überschuldung; in den anderen Rechtsordnungen erst bei (vorhersehbarer Zahlungsunfähigkeit). Dies gilt nicht nur in Norwegen und Dänemark, wo es den Konkursgrund der Überschuldung gar nicht gibt, sondern auch in Österreich. In Norwegen und Dänemark besteht eine Aufklärungspflicht, wenn der Geschäftsleiter bei Vertragsschluß weiß oder erkennen mußte, daß die Gesellschaft die Verbindlichkeit bei Fälligkeit nicht wird bezahlen können. Nach der Rechtsprechung des OGH ist ebenfalls entscheidend, ob der Geschäftsführer bei Geschäftsschluß erkennen konnte, daß die Gesellschaft bei Fälligkeit der Verbindlichkeit zahlungsunfähig sein würde.
Das Problematische bei der Überschuldung ist, daß ihre Feststellung in der Praxis schwierig und häufig mit Unsicherheiten verbunden ist. Dazu kommt, daß die Eigenhaftung der Geschäftsführer nach den Grundsätzen der *culpa in contrahendo* bereits dann begründet ist, wenn sie die Überschuldung nur leicht fahrlässig nicht erkannt haben[1252]. Die Zahlungsunfähigkeit demgegenüber kann den Geschäftsleitern nur schwerlich verborgen bleiben. Wird Zahlungsunfähigkeit verschwiegen, haben die Geschäftsführer Umstände verschwiegen, die ihnen schlechthin aus ihrer Stellung heraus bekannt sein müssen[1253].

**cc.) die englische Lösung**

Im englischen Recht kommt den Regeln zum *fraudulent* und insbesondere *wrongful trading* die Aufgabe zu, Gläubiger in der Gesellschaftskrise zu schützen. Während die betrügerische Geschäftsführung bereits im Companies Act von 1948 enthalten war, hat der englische Gesetzgeber im Insolvency Act 1986 direkt nach den Regeln zum *fraudulent trading*, sec. 213 IA, auch die fehlerhafte Geschäftsführung eingeführt, sec. 214 IA. Die Reformkommission hatte den für die betrügerische Geschäftsführung erforderlichen Nachweis einer Schädigungsabsicht als zu schwierig kritisiert. Bei der Fortführung einer Krisengesellschaft können Geschäftsführer nach sec. 213 IA haftbar gemacht werden, die nach Eintritt der Krise weiterhin Geschäfte abschließen, ohne die Gläubiger ü-

---

1250 *Normann Aarum,* styremedlemmers erstatningsansvar, S. 542

1251 *Normann Aarum,* styremedlemmers erstatningsansvar, S. 542.

1252 zu kritischen Stimmen in Deutschland, den Geschäftsführer bereits aus der fahrlässig nicht erkannten Überschuldung haften zu lassen, vgl.: 3. Teil A II 2 e.), aa.).

1253 *Dotevall*, skadeståndsansvar för styrelseledamot, S. 512.

ber die wahre Finanzsituation der Gesellschaft aufzuklären. Allerdings hängt eine Haftung von der nur schwerlich nachweisbaren Voraussetzung ab, daß die *directors* in der Absicht, Gesellschaftsgläubiger zu schädigen, gehandelt haben. Effektiven Gläubigerschutz bieten da eher die Bestimmungen der sec. 214 IA. Der Tatbestand des *wrongful trading* verbietet Geschäftsführern, die wußten oder hätten erkennen müssen, daß die Gesellschaft dem Insolvenzverfahren nicht mehr würde entkommen können, den Geschäftsbetrieb fortzuführen. Damit enthält das englische Recht eine klare Regelung für den Fall der Fortführung einer Krisengesellschaft. Setzen die Geschäftsführer den Geschäftsbetrieb dennoch fort, können sie zu einer Ausgleichszahlung in die Insolvenzmasse verurteilt werden. Die Aktivlegitimation für die Geltendmachung der Ansprüche aus der persönlichen Geschäftsleiterhaftung steht allein dem Insolvenzverwalter zu. Die Höhe des zu leistenden Betrags ist in das Ermessen des Gerichts gestellt, wobei dieser sich an den während der Zeit des *wrongful trading* dazugekommenen Schulden orientieren wird. Mit der persönlichen Haftungspflicht kann ein Berufsverbot nach dem *Directors Disqualification Act* einhergehen.

**dd.) die französische Lösung**

Das französische Recht eröffnet für den Insolvenzverwalter ebenfalls die Möglichkeit, in der Gesellschaftsinsolvenz die Geschäftsleiter persönlich in Anspruch zu nehmen. Wird über das Vermögen der Gesellschaft das Sanierungs- und gegebenenfalls im Anschluß das Konkursverfahren eröffnet[1254], haben die Geschäftsleiter wegen Geschäftsführungsfehlern, die zur Unterdeckung des Gesellschaftsvermögens beigetragen haben, eine nach richterlichem Ermessen festgesetzte Summe in das Gesellschaftsvermögen zu leisten. Das Gesetz beschränkt die Haftung aus *action en comblement du passif* nicht auf bestimmte Geschäftsführungsfehler. Allerdings kann in der Fortführung einer Krisengesellschaft allein nicht bereits ein Geschäftsführungsfehler gesehen werden. Gegebenenfalls durfte der Geschäftsführer das Unternehmen aufgrund von Rettungschancen noch weiterführen[1255]. Bei schweren Geschäftsführungsfehlern, zu denen insbesondere auch die Fortführung eines notleidenden Unternehmens aus eigennützigen Gründen zählt, Art. 182 Nr. 4 des Insolvenzgesetzes von 1985, haften die Geschäftsleiter mit ihrem Privatvermögen sogar voll für die Verbindlichkeiten der Gesellschaft. Das Gericht erstreckt in diesem Fall das Konkursverfahren der Gesellschaft auf das Vermögen des Geschäftsleiters. Dasselbe geschieht, wenn der Geschäftsführer seiner Zahlungspflicht aus der

---

[1254] zum französischen Insolvenzrecht vgl: 3. Teil D III 1 a.).

[1255] zur *faute de gestion* vgl.: 3. Teil D III 1 c.).

*action en comblement du passif* nicht nachkommt. Die Möglichkeit, bei Insolvenz der Gesellschaft ein Insolvenzverfahren auch über das Vermögen des Geschäftsführers zu eröffnen, gibt es sonst in keiner der hier untersuchten Rechtsordnungen.
Anders als beim englischen *wrongful trading* kommt es für die Haftung des Geschäftsführers nicht darauf an, ob er wußte oder erkennen konnte, daß der Gesellschaft die Eröffnung des Insolvenzverfahrens bevorstand. Ausreichend ist, daß ein Geschäftsführungsfehler dazu beigetragen hat, daß die Gesellschaft ihre Verbindlichkeiten nicht voll bezahlen kann. Die geschädigten Gläubiger können nicht selbst gegen den Geschäftsleiter vorgehen. Die Aktivlegitimation für die Geltendmachung der *action en comblement du passif* liegt in erster Linie[1256] beim Insolvenzverwalter. Dasselbe gilt, wenn über das Vermögen des Geschäftsleiters ebenfalls ein Insolvenzverfahren eröffnet werden soll. Über die persönliche Haftung hinaus droht dem französischen wie dem englischen Geschäftsführer ein Berufverbot[1257].

### ee.) Einführung einer verschärften Geschäftsführerhaftung in Deutschland?

Anders als bei der *action en comblement du passif* wird die Haftung der GmbH–Geschäftsführer gem. §§ 823 Abs. 2 BGB, 64 Abs. 1 GmbHG wegen Insolvenzverschleppung erst durch Verletzung der Konkursantragspflicht ausgelöst. Während in Frankreich die *directeurs* fehlerhafte Geschäftsführungsakte in der Insolvenz allgemein zu verantworten haben, konzentriert sich in Deutschland eine persönliche Haftung der Geschäftsführer auf die Verletzung spezieller Pflichten, namentlich der Konkursantragspflicht oder der Aufklärungspflicht. Die Ausfallhaftung eines SARL – Geschäftsführers im Insolvenzverfahren der Gesellschaft kann durch ein Fehlverhalten begründet sein, das noch vor der die Konkursantragspflicht[1258] auslösenden Zahlungseinstellung liegt. Insbesondere reicht es aus, daß sie ganz andere Geschäftsführerpflichten, die sich aus dem Gesetz oder den Gesellschaftsstatuten ergeben, verletzt haben. Darüber hinaus sind die Gerichte aber auch schon so weit gegangen, den Geschäftsführern das Eingehen sinnloser Geschäfte oder Tätigen von Fehlinvestitionen vorzuwerfen[1259].

---

1256 Art. 183 des Insolvenzgesetzes von 1985.

1257 Art. 185 ff. des Insolvenzgesetzes von 1985.

1258 Art 3 des Insolvenzgesetzes von 1985.

1259 vgl.: 3. Teil D III 1 c.).

*Wiedemann* hat in direkter Anlehnung an die französische *action en comblement du passif* vorgeschlagen, auch im deutschen Recht eine Verhaltenshaftung für die in der Gesellschaft einflußreichen Personen im Konkursfall zu entwickeln. Der Übernahme (faktischer) Leitungsmacht müsse eine angemessene Verantwortlichkeit gegenüberstehen. Insbesondere, wenn mangels Masse die Eröffnung des Insolvenzverfahrens abgelehnt wird, seien Grundlagen zu schaffen, um zu einer Haftungserstreckung gelangen zu können[1260]. *Karsten Schmidt* plädiert für eine Konkursverursachungshaftung der Geschäftsführer[1261]. Das Schutzkonzept über § 64 GmbHG reiche in der Insolvenz nicht weit genug. Den Geschäftsführer sollte zusätzlich nach § 43 Abs. 2 GmbHG eine Schadensersatzpflicht gegenüber der Gesellschaft treffen, wenn er durch Mißmanagement den Konkurs der Gesellschaft schuldhaft verursacht hat[1262]. Das erinnert an die französische Geschäftsleiterhaftung im Insolvenzfall. Die Einführung einer verschärften Geschäftsführerhaftung, jedenfalls einer derart weitgehenden Haftung wie sie aus Frankreich bekannt ist, würde wohl mit dem in Deutschland geltenden Grundsatz kollidieren, wonach den Geschäftsführern bezüglich der Unternehmensleitung ein weites unternehmerisches Ermessen gewährleistet sein soll[1263]. Die Grenzen sind erst bei Zuwiderhandlungen gegen das Unternehmensziel und durch unverantwortliches Überschreiten des erlaubten Risikos erreicht[1264]. *Schneider* meint, dem Grundsatz des unternehmerischen Ermessens würde eine Zweckmäßigkeitskontrolle unternehmerischer Entscheidungen der Geschäftsführer durch die Gerichte widersprechen[1265].

---

1260 *Wiedemann*, Gesellschaftsrecht, S. 546.

1261 Er setzt sich ebenso für eine persönliche Haftung der Gesellschafter ein, da sie ihre Gesellschaft nicht mit absehbar unzureichendem Eigenkapital ausstatten dürften. Andernfalls seien sie bei Nachweis von Verschulden der Gesellschaft gegenüber zu Schadensersatz verpflichtet. Rechtdogmatisch ergebe sich dies aus dem pflichtenbegründenden Sonderrechtsverhältnis zwischen der Gesellschaft und den Gesellschaftern, *K. Schmidt / Uhlenbruck / K. Schmidt*, GmbH in Krise, Sanierung und Insolvenz, S. 695 Rn. 1293 f.

1262 *K. Schmidt*, ZIP 1988, 1497, 1504.

1263 *Scholz / Schneider* § 43 GmbHG Rn. 45a; *Martens*, FS 100 Jahre GmbH-Gesetz, S. 607, 609. S. a. *Baumbach / Hueck / Zöllner* § 43 GmbHG Rn. 16. Für die AG: BGHZ 135, 244, 253 f.; *Ulmer*, ZHR 1999, 290, 297 f., wobei dieselben Grundsätze auch für die GmbH gelten sollen, *Ulmer*, aaO FN 28 m.w.N.

1264 *Scholz / Schneider* § 43 GmbHG Rn. 59; *Baumbach / Hueck / Zöllner* § 43 GmbHG Rn. 21; vgl. BGHZ 135, 244, 253.

1265 *Scholz / Schneider* § 43 GmbHG Rn. 48; vgl. BGHZ 135, 244, 254.

## II. Gemeinsame Perspektiven; verstärkter Kapitalschutz oder Geschäftsleiterhaftung oder beides

Insgesamt läßt sich feststellen, daß die untersuchten Rechtsordnungen nur an zwei Punkten ansetzen, um durch die Fortführung von Krisengesellschaften geschädigte Gesellschaftsgläubiger zu schützen. Die gefundenen Lösungen haben entweder den Kapitalschutz verstärkt, um die Gläubiger besser vor einer unzureichenden Eigenkapitalausstattung schützen zu können. Oder sie haben Möglichkeiten entwickelt, um die Geschäftsleiter persönlich in Anspruch nehmen zu können.

### 1. Tendenziell Bevorzugung einer Geschäftsleiterhaftung

Als klassisches Beispiel dafür, daß die Lösung sich ganz auf eine Geschäftsleiterhaftung konzentrieren kann, dient die französische *action en comblement du passif.* Die französische Geschäftsleiterhaftung im Insolvenzfall geht zurück auf die früher fast allmächtige Stellung des Geschäftsleiters in den streng hierarchisch geführten Unternehmen[1266].

In Deutschland und Österreich können Geschäftsführer persönlich verantwortlich sein, die ihre Konkursantragspflicht verletzt oder die Gesellschaftsgläubiger schuldhaft nicht über die wirtschaftliche Situation der Gesellschaft aufgeklärt haben. Dabei ist in der deutschen Rechtsprechung aus den vergangenen Jahren eine Tendenz erkennbar, die Geschäftsführerhaftung aus *culpa in contrahendo* einzuschränken. Damit korrespondiert jedoch eine zeitgleiche Ausdehnung der Geschäftsführerhaftung wegen Insolvenzverschleppung nach §§ 823 Abs. 2 BGB, 64 Abs. 1 GmbHG[1267].

Bleibt in Deutschland und Österreich die Geschäftsführerhaftung hinter der französischen zurück, so wird dort allerdings über die persönliche Haftung von Geschäftsführern hinaus ein verstärkter Kapitalschutz zugunsten der Gesellschaftsgläubiger mit Hilfe der Eigenkapitalersatzregeln angestrebt. Hier hat also neben einer persönlichen Geschäftsführerhaftung auch das Problem der Unterkapitalisierung als Ansatz gedient, in die Fortführung von Krisengesellschaften einzugreifen. Gesellschafterleistungen, die in der wirtschaftlichen Krise gewährt werden, sind umfassend von den Eigenkapitalersatzregeln erfaßt. *Ballerstedt* hat einmal geäußert, gäbe es in Deutschland eine der französischen

[1266] *Zahn*, Geschäftsleiterhaftung und Gläubigerschutz in Frankreich, S. 223 f.

[1267] Teilweise wird nach dem Sinn der Einschränkung einer Eigenhaftung aus *culpa in contrahendo* gefragt, wenn gleichzeitig die deliktische Haftung wegen Insolvenzverschleppung ausgeweitet wird, *Geißler*, ZIP 1997, 2184, 2185 FN 13. *Karollus*, ZIP 1995, 269, 270 meint, die erweiterte Schutzzweckbestimmung des § 64 Abs. 1 GmbHG zugunsten der Neugläubiger könne nicht die Haftung aus *culpa in contrahendo* vollständig ersetzen.

Ausfallhaftung der Geschäftsleiter entsprechende Haftung der GmbH-Geschäftsführer, könnte auf das Eigenkapitalersatzrecht verzichtet werden[1268].
Daß sich die Lösung der fortgeführten Krisengesellschaft nicht aus dem Kapitalschutz zu ergeben braucht, zeigt auch die englische Lösung. Kapitalschutzbestimmungen haben bei der *private company*, wie gezeigt wurde, schon traditioneller Weise kaum Bedeutung für den Gläubigerschutz[1269]. *Davies* sieht aber in der Verschuldenshaftung der Geschäftsleiter in der Insolvenz der Gesellschaft den Ausgleich für das Fehlen eines kapitalrechtlichen Gläubigerschutzes[1270].
Auch die untersuchten skandinavischen Rechtsordnungen sehen in den Geschäftsleitern die hauptsächlich Verantwortlichen, wenn eine Gesellschaft zu Lasten der Gläubiger fortgeführt wurde. Zwar kommt hier den Bestimmungen, die bei wesentlichem Verlust des Stamm- bzw. Grundkapitals eingreifen, also Kapitalschutz anstreben, besondere Bedeutung zu. Diese richten sich aber wiederum an die Geschäftsleiter. Auch die norwegische Regelung, wonach die Gesellschaft zu jeder Zeit über ein hinreichendes Eigenkapital verfügen muß, ist an die Geschäftsführer adressiert.
Es ist damit klar eine Tendenz erkennbar, wonach die untersuchten Rechtsordnungen in erster Linie in den Geschäftsleitern die für die Fortführung von Krisengesellschaften Verantwortlichen sehen. Allerdings kommt im deutschen und österreichischen Recht den Eigenkapitalersatzregeln eine besondere Bedeutung zu. In allen Rechtsordnungen trifft die Gesellschafter neben den Geschäftsleitern eine persönliche Haftung nach den für die Geschäftsführer geltenden Grundsätzen, wenn sie das Fehlverhalten der Geschäftsleiter beeinflußt haben. In Frankreich ist eine Gesellschafterhaftung allerdings nur begründet, wenn die Gesellschafter faktisch Leitungsmacht ausgeübt haben[1271].

## 2. Kritik an der immer strenger werdenden Geschäftsleiterhaftung

Über die rechtsdogmatisch strittigen Gesichtspunkte hinaus wird häufig auch auf die mit einer persönlichen Haftung von Geschäftsleitern möglicherweise zusammenhängenden negativen Folgen für die Wirtschaft hingewiesen. Es wird befürchtet, daß die Geschäftsleiter, um die Gefahr einer persönlichen Haftung möglichst zu vermeiden, die Gesellschaft gegebenenfalls zu früh in die Auflösung führen könnten. Damit könnten Gesellschaften, die trotz der wirtschaftlichen Schwierigkeiten letztendlich dennoch überlebensfähig sind, aufgelöst werden. Dies widerspricht den Interessen der Gesellschafter, insbesondere aber

---

1268 *Ballerstedt*, ZHR 1971, 383, 391

1269 so auch *Davies*, AG 1998, 346, 351.

1270 *Davies*, AG 1998, 346, 352.

1271 *Zahn*, Geschäftsleiterhaftung und Gläubigerschutz in Frankreich, S. 274.

auch der Gesellschaftsgläubiger. Eine übereilte Auflösung widerspricht darüber hinaus allgemeinwirtschaftlichen Belangen und gefährdet Arbeitsplätze[1272]. Eine weitere vielfach geäußerte Befürchtung liegt darin, daß für die Unternehmensleitung kompetente Personen von der Übernahme einer geschäftsführenden Tätigkeit abgeschreckt werden oder aus einer entsprechenden Stellung abwandern, wenn sie sich zu hohen, womöglich nicht mehr kalkulierbaren Haftungsrisiken ausgesetzt sehen, die sie auch in ihrer Existenz bedrohen können[1273]. Darüber hinaus kann es für wirtschaftlich schwache und krisengefährdete Gesellschaften schwierig werden, Geschäftsführer zu finden, wobei aber gerade sie gegebenenfalls einen Wechsel in der Geschäftsführung bräuchten[1274]. Schließlich können diese Haftungsrisiken die Geschäftsleiter zu einer allzu vorsichtigen Geschäftsführung anhalten. Riskante Geschäfte könnten unterlassen werden, die für die Gesellschaft aber auch eine große Chance bedeuten können[1275].

## III. Unmittelbarer oder mittelbarer Gläubigerschutz

### 1. Grundsätzliches

Bei den unterschiedlichen Gläubigerschutzinstrumenten stellt sich gleichermaßen die Frage, ob die Gesellschaftsgläubiger direkt gegen den Haftenden vorgehen können (sog. Außenhaftung) oder ob Ansprüche nur der Gesellschaft zustehen (sog. Innenhaftung). Die gefundenen Lösungen gewähren teilweise den Gesellschaftsgläubigern einen unmittelbaren Anspruch gegenüber den Geschäftsführern, teilweise hat der zum Schadensersatz verurteilte Geschäftsführer die Haftungssumme in das Gesellschaftsvermögen zu zahlen. Auch wenn der Ersatzanspruch nicht dem Gläubiger, sondern der Gesellschaft zusteht, ist der Gläubigerschutz die mit der Haftungsgrundlage verfolgte Intention. Man spricht

1272 *Sealy*, Disqualification and personal liability of directors, S. 44; *Normann* Aarum, styremedlemmers erstatningsansvar, S. 510; *Davies*, AG 1998, 346, 351. S. a. BGHZ 75, 96, 108, wo die Bedeutung von Rettungsversuchen in der Frist der Konkursantragspflicht als weniger einschneidende Maßnahme als die Insolvenzeröffnung betont wird.

1273 *Canaris*, JZ 1993, 649, 652; *Geißler*, ZIP 1997, 2184, 2185; ; *Normann* Aarum, styremedlemmers erstatningsansvar, S. 510; *Medicus*, GmbHR 1993, 533, 540; *ders.*, DStR 1995, 1432, 1435. Bedenken in diese Richtung auch bei *Westermann / Mutter*, DZWIR 1995, 184, 190.

1274 *Normann Aarum*, S. 510, die auf derartige Schwierigkeiten in den USA infolge der strengen Schadensersatzhaftung von Geschäftsleitern bei einer Gesellschaftsübernahme in den 80er Jahren hinweist.

1275 *Cheffins*, Company Law, S. 541.

insoweit von einem mittelbaren Schutz der Gesellschaftsgläubiger[1276]. Haben die Verantwortlichen die Summe in das Gesellschaftsvermögen zu leisten, vergrößert dies die Haftungsmasse der Gesellschaft. Im Konkurs wachsen die Konkursquoten der Gläubiger einheitlich an. Der Ausgleich über das Gesellschaftsvermögen wirkt sich mithin zugunsten aller Gläubiger, der Gläubigergesamtheit aus[1277]. Auf diese Weise wird eine Gleichbehandlung der Gläubiger erreicht[1278]. Beim gesellschaftsinternen Ausgleich sind die Ansprüche der Gesellschaft vom Geschäftsleiter bzw. im Insolvenzverfahren vom Insolvenzverwalter geltend zu machen[1279]. Wenn demgegenüber die Gläubiger selbst gegen die Verantwortlichen vorgehen können, droht zum einen ein Wettlauf der Gläubiger[1280]. Des weiteren werden nur die Gläubiger entschädigt, die ihre Ansprüche tatsächlich verfolgen[1281]. Allerdings sind die Gesellschaftsgläubiger dann nicht auf ihre quotenmäßige Befriedigung aus der Insolvenzmasse beschränkt, sondern können ihren individuellen Schaden geltend machen[1282]. Sie sind nicht mehr nur mittelbar über den Umweg des Gesellschaftsvermögens geschützt. Andererseits kann die Abwicklung über das Gesellschaftsvermögen im Fall der Insolvenz einen wichtigen Beitrag zur Bekämpfung masseloser Insolvenzen leisten[1283].

---

1276 *Scholz / K. Schmidt* § 64 GmbHG Rn. 29; *Medicus*, GmbHR 1993, 533, 533. Dies ergibt sich für das deutsche Recht auch aus der Regelung in § 43 Abs. 3 Satz 3 GmbHG. Sollten die Ersatzansprüche der Gesellschaft zur Befriedigung der Gläubiger erforderlich sein, kann die Gesellschaft nicht gem. §§ 43 Abs. 3 Satz 2 i.V.m. 9 b Abs. 1 GmbHG auf diese Ansprüche verzichten oder sich über diese vergleichen.

1277 für das deutsche GmbH-Recht wird teilweise die Auffassung vertreten, systemgerecht sei nur der Ausgleich über das Gesellschaftsvermögen, *Wilhelm*, Rechtsform und Haftung bei der juristischen Person, S. 361; *Stimpel*, FS Goerdeler, S. 601, 613, der meint, das GmbH-Recht sei beherrscht vom „Prinzip des mittelbaren Gläubigerschutzes"; auch das im Rahmen der Insolvenzverschleppungshaftung deutscher Geschäftsleiter vorgestellte Konzept von *Altmeppen* und *Wilhelm*, s. o. 2. Teil, B II 3 d, baut auf der Vorstellung auf, daß § 64 Abs. 2 GmbHG einen „Gläubigerschutz kraft Gesellschaftsberechtigung" vorgebe.

1278 *Kübler*, FS Heinsius, S. 397, 420 meint, eine nach Gläubigern differenzierende Haftung müßte dort gerechtfertigt sein, wo eine sozialwidrige Risikoabwälzung nur vereinzelte Gläubiger betroffen habe.

1279 etwa *Kübler*, FS Heinsius, S. 397, 419.

1280 *Kübler*, FS Heinsius, S. 397, 418.

1281 *Grunewald*, Gesellschaftsrecht, 2 E Rn. 146.

1282 *Karollus*, ZIP 1995, 269, 273 meint, wer den Gläubigerschutz ernst nehme, müsse den Gesellschaftsgläubigern direkte Ansprüche zugestehen.

1283 vgl.: *Scholz / K. Schmidt* § 64 GmbHG Rn. 10; *H. P. Westermann / Mutter*, DZWIR 1995, 184, 184 f.; *Medicus*, GmbHR 1993, 533, 538.

## 2. Umsetzung in den konkreten Lösungen

Mit den Bestimmungen zum *fraudulent* und *wrongful trading* hat sich die englische Rechtsordnung für einen rein internen Ausgleich zwischen der Gesellschaft und den Geschäftsführern entschieden[1284]. Bei den skandinavischen Lösungen können geschädigte Gesellschaftsgläubiger ihre Ansprüche direkt gegen die Geschäftsleiter geltend machen. Dies gilt sowohl für die im dänischen und norwegischen Recht gefundene Haftung wegen unterlassener Aufklärung über die angespannte wirtschaftliche Situation als auch für die schwedische Regelung, wonach die Geschäftsleiter bei Versäumen der ihnen obliegenden Pflichten nach wesentlichem Verlust des Stammkapitals persönlich für die danach eingegangenen Verbindlichkeiten haften[1285].
Komplizierter liegen die Dinge im deutschen bzw. österreichischen und französischen Recht. Die französische *action en comblement du passif* verpflichtet den Geschäftsleiter zunächst noch zu einer vom Richter festgelegten Ausgleichszahlung in die Insolvenzmasse. Kommt er dieser Verpflichtung nicht nach oder kann ihm ein besonders schwerer Geschäftsführungsfehler zur Last gelegt werden, kann das Gericht das Insolvenzverfahren der Gesellschaft auf das Privatvermögen des Geschäftsleiters erstrecken[1286]. Im deutschem Recht spaltet sich die Konkursverschleppungshaftung der Geschäftsführer in eine Haftung gegenüber der Gesellschaft, soweit es um den Ersatz der Quotenschäden von Altgläubigern geht und eine direkte Haftung gegenüber den Gesellschaftsgläubigern, soweit es um die Vertrauensschäden der Neugläubiger geht[1287]. Nach österreichischem Recht dagegen haftet der Geschäftsführer in beiden Fällen den Gläubigern unmittelbar[1288]. Das Eigenkapitalersatzrecht als Besonderheit des deutschen und österreichischen Rechts gewährt den Gesellschaftsgläubigern keinen direkten Anspruch gegenüber den darleihenden Gesellschaftern[1289]. Haften Ge-

---

1284 Das bei der Insolvenzverschleppungshaftung deutscher Geschäftsführer (§§ 823 Abs. 2 BGB, 64 Abs. 1 GmbHG) vorgestellte Konzept von *Altmeppen* und *Wilhelm*, s. o. 2. Teil, B II 3 d, strebt bei der Verschleppung des Insolvenzverfahrens für alle Gläubiger (auch die Neugläubiger) einen Ausgleich über das Gesellschaftsvermögen an und dürfte daher der englischen Lösung nahe kommen. Der Gesellschaft ist der gesamte durch die Fortführung der Gesellschaft entstandene Verlust zu ersetzen.

1285 die skandinavischen Lösungen im Vergleich vgl.: 3. Teil E IV.

1286 vgl.: 3. Teil D III 2.

1287 Gegen diese Aufspaltung mit Alternativmodellen: *Karsten Schmidt* sowie *Wilhelm* und *Altmeppen*, vgl.: 2. Teil B II 3 d.).

1288 die Geschäftsführerhaftung wegen Konkursverschleppung in Deutschlamd und Österreich im Vergleich vgl.: 3. Teil A II 2 e.).

1289 das deutsche und österreichische Eigenkapitalersatzrecht im Vergleich vgl.: 3. Teil A I 3.

schäftsführer aus *culpa in contrahendo* können geschädigte Gesellschaftsgläubiger den Geschäftsführer direkt in Anspruch nehmen[1290].

1290 die Geschäftsführerhaftung wegen unterlassener Aufklärung im deutschen und österreichischen Recht im Vergleich vgl.: 3. Teil A II 1 d.).

## Schluß

Die untersuchten Rechtsordnungen bieten alle einen Gläubigerschutz bei der Fortführung einer Krisengesellschaft an. Sie haben dasselbe Problem jedoch unterschiedlich gelöst. Auch die Entwicklung hin zur Wahrung von Gläubigerinteressen in der Gesellschaftskrise ist sehr unterschiedlich verlaufen. Im französischen Recht genießt die Ausfallhaftung der Geschäftsleiter in der Insolvenz der Gesellschaft nach den Grundsätzen der *action en comblement du passif* eine langjährige Tradition. In England demgegenüber ist es revolutionär, daß die Geschäftsleiter, denen eine persönliche Haftung wegen *wrongful trading* droht, inzwischen auch Gläubigerinteressen zu beachten haben. Von einem gemeinsamen Konsens für eine einheitliche Lösung ist man noch weit entfernt. Dies wird meist auf die Traditionen der jeweiligen Rechtsordnungen nicht nur in den nationalen Gesellschaftsrechten, sondern auch Insolvenzrechten, aber auch im allgemeinen Bürgerlichen Recht zurückzuführen sein. Diese Traditionen, in denen die einzelnen Rechtsordnungen behaftet sind, werden es auch schwierig machen, übereinstimmende Lösungen zu entwickeln. Aus der Sicht der Gläubiger ist wesentlich, daß ihre Interessen überhaupt geschützt werden. Dem Gläubigerschutz sind jedoch aufgrund der Gefahr einer Verwässerung des Grundsatzes der beschränkten Haftung und der Hemmung von Unternehmensentwicklungen Grenzen gesetzt.

## Abkürzungen

| | |
|---|---|
| a.A. | anderer Ansicht |
| a.a.O. | am angegebenen Ort |
| ABGB | Allgemeines Bürgerliches Gesetzbuch |
| ABL | schwedisches Aktiengesetz (*Aktiebolagslag*) |
| Abs. | Absatz |
| A.C. | Law Reports, Appeal Cases |
| AcP | Archiv für die civilistische Praxis |
| a.F. | alte Fassung |
| AG | Aktiengesellschaft |
| AG | Die Aktiengesellschaft |
| AktG | Aktiengesetz |
| All ER | All England Law Reports |
| Anh. | Anhang |
| Anm. | Anmerkung |
| ApS | dänische Anteilsgesellschaft (*Anpartsselskab*) |
| ApSL | Gesetz betreffend die dänische Anteilsgesellschaft (*Anpartsselskab sloven*) |
| Art., Artt. | Artikel |
| ASAL | Gesetz betreffend die norwegische allgemeine Aktiengesellschaft (*Allmennaksjeselskabsloven*) |
| ASL | Gesetz betreffend die norwegische Aktiengesellschaft (*Aksjeselskabsloven*) bzw. betreffend die dänische Aktiengesellschaft (*aktieselskab*) |
| Aufl. | Auflage |
| BAG | Bundesarbeitsgericht |
| Banque | Révue Banque |
| BB | Betriebsberater |
| BCC | British Company Law Cases |
| BCLC | Butterworths Company Law Cases |
| Bd. | Band |
| BGB | Bürgerliches Gesetzbuch |
| BGBl. | Bundesgesetzblatt |
| BGH | Bundesgerichtshof |
| BGHZ | Entscheidungen des Bundesgerichtshofes in Zivilsachen |
| BSG | Bundessozialgericht |
| Bull. | Bulletin |
| Bull. Civil | Bulletin des arrêts de la Cour de cassation, chambres civiles |
| | bzw. beziehungsweise |
| CA | Companies Act |

Cass. civ. Entscheidung des Cour de cassation, chambre civile, section civile
Cass. com. Entscheidung des Cour de cassation, chambre civile, section commerciale
CDDA Company Directors Disqualification Act
DB Der Betrieb
ders. derselbe
dies. dieselbe
Diss. Dissertation
d.h. das heißt
DM Deutsche Mark
DNoTZ Deutsche Notarzeitschrift
DStR Deutsches Steuerrecht
DZWIR Deutsche Zeitschrift für Wirtschaftsrecht
GmbHR GmbH Rundschau
ecolex Fachzeitschrift für Wirtschaftsrecht
Einl. Einleitung
EU Europäische Union
EuGH Europäischer Gerichtshof
EWGV Vertrag zur Gründung der Europäischen Wirtschaftsgemeinschaft
EWS Europäisches Wirtschafts – und Steuerrecht
f folgender
ff fortfolgende
FF französische Franc
FN Fußnote
FS Festschrift
ggf. gegebenenfalls
GmbH Gesellschaft mit beschränkter Haftung
GmbHG Gesetz betreffend die Gesellshaft mit beschränkter Haftung
GmbHR GmbH-Rundschau
Hdb. Handbuch
h.M. herrschende Meinung
Hrsg. Herausgeber
IA Insolvency Act
I.C.C.L.R. International Company and Commercial Law Review
InsO Insolvenzordnung
Insolv.L. Insolvency Lawyer
i.S.d. im Sinne des
i.S.v. im Sinne von
i.V.m. in Verbindung mit
JBL Juristische Blätter
JUS Juristische Schulung
JW Juristische Wochenschrift

| | |
|---|---|
| JZ | Juristenzeitung |
| Kap. | Kapitel |
| KG | Kommanditgesellschaft |
| Ko | Konkursordnung |
| krit. | kritisch |
| KTS | Zeitschrift für Konkurs-, Treuhand- und Schiedsgerichtswesen |
| KWG | Kreditwesengesetz |
| LG | Landgericht |
| lit. | Buchstabe |
| L.Q.R. | Law Quaterly Review |
| M.L.R. | Modern Law Review |
| m. N. | mit Nachweisen |
| m.w.N. | mit weiteren Nachweisen |
| n.F. | neue Fassung |
| NJA | Nytt Juridiskt Arkiv (schwedische Zeitschrift) |
| NJW | Neue Juristische Wochenschrift |
| no. | numéro |
| NOU | Norges offentlige utredninger (norwegische Sammlung der Gesetzesvorarbeiten) |
| Nr. | Nummer |
| NRt | Norsk Retstidende (norwegische Zeitschrift) |
| NZI | Neue Zeitschrift für Insolvenzrecht |
| ÖJZ | Österreichische Juristen-Zeitung |
| öGmbHG | österrechisches Gesetz betreffend die Gesellshaft mit beschränkter Haftung |
| öStGB | österreichisches Strafgesetzbuch |
| OHG | Offene Handelsgesellschaft |
| OLG | Oberlandesgericht |
| P.A. | Les Petites Affiches |
| Rev. soc. | Revue des sociétés |
| Rn. | Randnummer |
| RG | Reichsgericht |
| RTD com. | Révue trimestrielle de droit commercial et de droit économique |
| S. | Seite |
| s. | siehe |
| s.a. | siehe auch |
| S.A.R.L. | société à responsabilité limitée |
| sec/secs | section |
| sog. | sogenannte |
| StGB | Strafgesetzbuch |
| TfR | Tidsskrift for rettsvitenskap (norwegische Zeitschrift) |
| u. a. | und andere, unter anderem |

| | |
|---|---|
| UfR | Ugeskrift for Retsvaesen (dänische Zeitschrift) |
| v. | vom |
| vgl. | vergleiche |
| vol. | volume |
| w. | weitere |
| WBl | Wirtschaftsrechtliche Blätter (österreichische Zeitschrift) |
| WiB | Wirtschaftsrechtliche Beratung |
| WM | Wertpapier-Mitteilung |
| WuB | Wirtschafts- und Bankrecht |
| ZGR | zeitschrift für Unternehmens- und Gesellschaftsrecht |
| ZHR | Zeitschrift für das gesamte Handelsrecht und Wirtschaftsrecht |
| ZIP | Zeitschrift für Wirtschaftsrecht |
| ZPO | Zivilprozeßordnung |
| zust. | zustimmend |

## Literatur

### I. Veröffentlichungen zur deutschen Rechtslage


| | |
|---|---|
| Altmeppen, Holger | Anm. zu BGH NJW 1999, 2809 |
| Altmeppen, Holger | Anm. zu BGH ZIP 1999, 1352 |
| Altmeppen, Holger / Wilhelm, Jan | Quotenschaden, Individualschaden und Klagebefugnis bei der Verschleppung des Insolvenzverfahrens über das Vermögen der GmbH, NJW 1999, S. 673 ff. |
| Altmeppen, Holger | Probleme der Konkursverschleppungshaftung, ZIP 1997, S. 1173 ff. |
| Altmeppen, Holger | „Dritte“ als Adressaten der Kapitalerhaltungs- und Kapitalersatzregeln in der GmbH, Festschrift für Bruno Kropff, Aktien – und Bilanzrecht, Düsseldorf 1997, S. 642 ff. |
| Altmeppen, Holger | Verschlimmbesserung im Kapitalersatzrecht, ZIP 1996, S. 1455 |
| Altmeppen, Holger | Zur „finanzplanmäßigen Nutzungsüberlassung“ als Kapitalersatz, ZIP 1996, S. 909 ff. |
| Altmeppen, Holger | Anmerkung zu BGH ZIP 1994, 1934 |

Ballerstedt, Kurt — Gesellschaftsrechtliche Probleme der Reform des GmbH-Rechts, ZHR 1971, S. 383 ff.

Baumbach / Hueck — GmbH – Gesetz, 17. Auflage, München 2000

Bezzenberger, Tilman — Kapitalersetzende Gesellschafterdarlehen im Recht der GmbH in: Festschrift für Gerold Bezzenberger, S. 23 ff., Berlin, New York 2000

Bork, Reinhard — Haftung des GmbH Geschäftsführers wegen verspäteten Konkursantrags, Besprechung der Entscheidung BGHZ 126, 181 – ZGR 1995, S. 505 ff.

Boujong, Karlheinz — Zur Auslegung und Fortbildung des GmbH – Rechts in der neueren Judikatur des Bundesgerichtshofs, GmbHR 1992, S. 207 ff.

Brandner, Hans Erich — Haftung des Gesellschafter/ Geschäftsfühers einer GmbH aus culpa in contrahendo ? in Festschrift für Winfried Werner, S. 53 ff., Berlin, New York 1984

Brauer, Ulrich — Anm. zu BGH GmbHR 1999, S. 911

Braun, Eberhardt/ Uhlenbruck, Wilhem — Unternehmensinsolvenz, Düsseldorf 1997

Canaris, Claus-Wilhelm — Die Haftung für fahrlässige Verletzungen der Konkursantragspflicht, JZ 1993, S. 649 ff.

Claussen, Carsten — Kapitalersetzende Darlehen und Sanierungen durch Kreditinstitute, ZHR 1983, S. 195 ff.

Claussen, Carsten — Die GmbH braucht eine Deregulierung des Kapitalersatzrechts, GmbHR 1996, S. 316 ff.

Claussen, Carsten — Zeitwende im Kapitalersatzrecht? GmbHR 1994, S. 9 ff.

Claussen, Carsten — Betriebswirtschaft und Kapitalersatzrecht in Festschrift für Karl-Heinz Forster, S. 140 ff., Düsseldorf 1992

Dauner – Lieb, Barbara — Anm. zu BGH, Urt. vom 28.06.1999, EWiR 1999, S. 843 f.

Dauner – Lieb, Barbara — Das Sanierungsprivileg des § 32 a Abs. 3 Satz 3 GmbHG - Ein Eingriff in den harten Kern des Kapitalersatzrechts ? - DStR 1998, S. 1517

Dauner – Lieb, Barbara — Die Freistellung geringfügig beteiligter Gesellschafter von der Kapitalersatzhaftung -Ein Eingriff in die Fortbildungskompetenz der Gerichte?-, DStR 1998, S. 609 ff.

Ebenroth, Carsten Thomas/ Wilken, Oliver — Kapitalersatz und Betriebsaufspaltung, Anmerkung zum BGH-Urteil vom 14.12.1992, BB 1993, S. 305 ff.

Emmerich, Volker — Anm. zu BGH, Urt. vom 01.07.1991, WuB 1985-1994 IV A (§§ 1-649 BGB)

| | |
|---|---|
| Emmerich, Volker | Anm. zu BGH NJW 1983, 1607, JUS 1983, S. 630 f. |
| Erman / Bearbeiter | Handkommentar zum Bürgerlichen Gesetzbuch, Band 1, §§ 1 – 853, 9. Aufl. Münster 1993 |
| Farrenkopf, Stefan / Cahn, Andreas | Die Rechtsprechung des BGH zu den so genannten kapitalersetzenden Gesellschafterdarlehen bei der GmbH und §§ 30 f. GmbHG, AG 1983, 151 ff |
| Fischer, Roland | Die Bedeutung eines Rangrücktritts für den Überschuldungsstatus einer GmbH, GmbHR 2000, S. 66 ff. |
| Fleck, Hans-Joachim | Das kapitalersetzende Bankdarlehen in der GmbH in Festschrift für Winfried Werner, S. 107 ff., Berlin, New York 1984 |
| Fleischer, Holger | Finanzplankredite und Eigenkapitalersatz im Gesellschaftsrecht, Köln, Berlin, Bonn, München 1995 (Diss.) |
| Flume, Werner | Die Haftung des GmbH-Geschäftsführers bei Geschäften nach Konkursreife der GmbH, ZIP 1994, S. 337 ff. |
| Früh, Andreas | Eigenkapitalersetzende Gesellschafterkredite, Eine kurze Bestandsaufnahme nach Inkrafttreten des KapAEG, des KonTraG und der InsO, GmbHR 1999, S. 842 ff. |
| Gaiser, Anja Sofia | Die Freistellung geringfügig beteiligter Gesellschafter von der Ausfallhaftung nach § 24 GmbHG im Rahmen einer Kapitalerhöhung, |

eine Untersuchung im Lichte des neuen § 32 a Abs. 3 Satz 2 GmbHG, GmbHR 1999, S. 210 ff.

Gehde, Björn | Eigenkapitalersetzende Gesellschafterleistungen in Deutschland und in den USA: Zugleich ein Beitrag zur marktkonformen Schutzkonzeption des Eigenkapitalersatzrechts, Berlin 1997

Geißler, Markus | Strittige Restanten bei der Haftung des GmbH-Geschäftsführers aus culpa in contrahendo, ZIP 1997, S. 2184 ff.

Gerkan, Hartwin von / Hommelhoff, Peter | Handbuch des Kapitalersatzrechts, Köln 2000

Gerkan, Hartwin von | Der Entwurf des „Kapitalaufnahmeerleichterungsgesetzes" und das Recht des Eigenkapitalersatzes, GmbHR 1997, S. 677 ff.

Gerkan, Hartwin von | Das Recht des Eigenkapitalersatzes in der Diskussion, ZGR 1997, S. 173 ff.

Gerkan, Hartwin von | Anm. zu BGH, Urt. v. 11.12.1995, EWiR 1996, S. 171 f.

Gerkan, Hartwin von | Schwerpunkte und Entwicklungen im Recht der kapitalersetzenden Gesellschafterleistungen, GmbHR 1986, S. 218 ff

Goertzen, Reiner | Die Rechtsprechungsgrundsätze zu eigenkapitalersetzenden Gesellschafterdarlehen, DB 1988, S. 2445 ff.

Goette, Wulf — Anm. zu BGH DStR 1999, 1198

Goette, Wulf — Einige Aspekte des Eigenkapitalersatzrechts aus richterlicher Sicht, ZHR 1998, S. 223 ff.

Goette, Wulf — Die höchstrichterliche Rechtsprechung zur Behandlung eigenkapitalersetzender Leistungen im GmbH-Recht, DStR 1997, S. 2027 ff.

Goette, Wulf — Anm. zu BGH, Urt. v. 28.4.1997, II ZR 20/96, DStR 1997, S. 1615

Goette, Wulf — Zur persönlichen Haftung des Geschäftsführers einer GmbH gegenüber Dritten aus Geschäften, die nach Eintritt der Konkursreife mit ihm geschlossen werden – Die Änderung der höchstrichterlichen Rechtsprechung durch das Urteil des II. Zivilsenats des BGH vom 6.6.1994, II ZR 292/91 -, DStR 1994, S. 1048 ff.

Götz, Alexander/ Hegerl, Hans-Jörg — Die Sanierungsfeindlichkeit des Eigenkapitalersatzrechts und die Sanierungsobjektgesellschaft als Ausweg, DB 1997, S. 2365 ff.

Großfeld, Bernhard — Bilanzrecht, 3. Aufl., Heidelberg 1997

Gross, Werner — Deliktische Außenhaftung des GmbH – Geschäftsführers, ZGR 1998, S. 551 ff.

Grunewald, Barbara — Sanierung durch Gesellschafterdarlehen – Die neue Regelung von § 32 a Abs. 3 S. 3 GmbHG, in Festschrift für Gerold Bezzenberger, S. 85 ff., Berlin, New York 2000

| | |
|---|---|
| Grunewald, Barbara | Gesellschaftsrecht, 3. Aufl., Tübingen 1999 |
| Grunewald, Barbara | Plädoyer für eine Abschaffung der Rechtsregeln für eigenkapitalersetzende Gesellschafterdarlehen, GmbHR 1997, 7 ff. |
| Grunewald, Barbara | Die unbeschränkte Haftung beschränkt haftender Gesellschafter für die Verletzung von Aufklärungspflichten im vorvertraglichen Bereich, ZGR 1986, 580 ff. |
| Grunewald, Barbara | Geschäftsführerhaftung wegen Konkursverschleppung und Neugläubigerschäden, Anm. zu dem Urteil des BGH vom 6.6.1994 – II ZR 292 / 91, GmbHR 1994, S. 665 f. |
| Haarmeyer, Hans / Wutzke, Wolfgang / Förster, Karsten | Handbuch zur Insolvenzordnung, InsO / EGInsO, 1. Aufl., München 1997 |
| Haas, Ulrich | Geschäftsführung und Gläubigerschutz: unternehmerische Verhaltenspflichten des GmbH – Geschäftsführers zum Schutz Dritter, München 1997 |
| Habersack, Mathias | Eigenkapitalersatz im Gesellschaftsrecht, Überlegungen zum Anwendungsbereich der Regeln über eigenkapitalersetzende Gesellschafterhilfen, ZHR 1998, S. 201 ff. |
| Habersack, Mathias | Der Finanzplankredit und das Recht der eigenkapitalersetzenden Gesellschafterhilfen, ZHR 1997, S. 457 ff. |

| | |
|---|---|
| Hachenburg / Bearbeiter | Großkommentar zum GmbH-Gesetz, Dritter Band, §§ 53-85, 8. Aufl., Berlin, New York 1997 |
| Hachenburg / Bearbeiter | Großkommentar zum GmbH-Gesetz, Erster Band, Allgemeine Einleitung; §§ 1-34, 8. Aufl., Berlin, New York 1992 |
| Henze, Hartwig / Timm, Wofram / Westermann, Harm Peter (Hrsg.) | Gesellschaftsrecht, RWS-Forum; 8, Köln 1995 |
| Henze, Hartwig | Höchstrichterliche Rechtsprechung zum Recht der GmbH, Köln 1993 |
| Hommelhoff, Peter | Das Gesellschafterdarlehen als Beispiel institutioneller Rechtsfortbildung – Referat -, ZGR 1988, S. 460 ff. |
| Hüffer, Uwe | Aktiengesetz – Kommentar, 4. Aufl., München 1999 |
| Impelmann, Norbert | Die Haftung des GmbH – Geschäftsführers gegenüber Dritten, WiB 1994, S. 801 ff. |
| Joost, Detlev | Eigenkapitalersetzende Kommanditistenleistungen - Zugleich ein Beitrag zur Außenhaftung des Kommanditisten – ZGR 1987, S. 370 ff. |
| Kallmeyer, Harald | Good will und Überschuldung nach neuem Insolvenzrecht, GmbHR 1999, S. 16 ff. |

Karollus, Martin — Zur geplanten Reform des Kapitalersatzrechts, ZIP 1996, S. 1893 ff.

Karollus, Martin — Weitere Präzisierungen zur Konkursverschleppungshaftung, Zugleich eine Besprechung des Urteils des Bundesgerichtshofs vom 7. November 1994, ZIP 1995, S. 269 ff.

Keil, Tilo — Anm. zu BGH DZWIR 2000, 200

Kiethe, Kurt — Die deliktische Eigenhaftung des Geschäftsführers der GmbH gegenüber Gesellschaftsgläubigern, DStR 1993, S. 1298 ff.

Kübler, Friedrich — Haftungstrennung und Gläubigerschutz im Recht der Kapitalgesellschaften – Zur Kritik der „Autokran“-Doktrin des Bundesgerichtshofes in Festschrift für Theodor Heinsius, S. 397 ff., Berlin, New York 1991

Kümpel, Siegfried — Bank- und Kapitalmarktrecht, 2. Aufl., Köln 2000

Lutter, Marcus/ Hommelhhoff, Peter — GmbH-Gesetz, Kommentar, 15. Aufl., Köln 2000

Martens, Klaus-Peter — Grundlagen und Entwicklungen des Minderheitenschutzes in der GmbH in Festschrift 100 Jahre GmbH-Gesetz, S. 607 ff., Köln 1992

Medicus, Dieter — Deliktische Außenhaftung der Vorstandsmitglieder und Geschäftsführer, ZGR 1998, S. 570 ff.

Medicus, Dieter — Haftung des GmbH – Geschäftsführers gegenüber Dritten aus Geschäften nach Konkursreife, DStR 1995, S. 1432 ff.

Medicus, Dieter — Die Außenhaftung des GmbH – Geschäftsführers, Zugleich Anmerkungen zum BGH – Beschluß vom 1.3.1993 – II ZR 292 / 91, GmbHR 1993, S. 533 ff.

Medicus, Dieter — Zur Eigenhaftung des GmbH – Geschäftsführers aus Verschulden bei Vertragsverhandlungen in Festschrift für Ernst Steindorff, S. 725 ff., Berlin, New York 1990

Meyke, Rolf — Die Haftung des GmbH – Geschäftsführers, Köln 1998

Möhlmann, Thomas — Die Überschuldungsprüfung nach der neuen Insolvenzordnung, DStR 1998, S. 1843 ff.

Müller, Gerd — Geschäftsführerhaftung für Neugläubigerschäden, eine kritische Nachbetrachtung zur Änderung der Rechtsprechung des BGH bezüglich der Haftung aus § 64 GmbHG, GmbHR 1996, S. 393 ff.

Müller, Gerd — Zur Haftung des Gesellschafter-Geschäftsführers aus culpa in contrahendo und aus § 64 Abs. 1 GmbHG, eine Besprechung der Beschlüsse des Bundesgerichtshofs vom 1. März 1993 und vom 20. September 1993, ZIP 1993, S. 1531 ff.

Müller, Klaus J. — Anm. zu BGH GmbHR 1999, 921

Münchener Kommentar zum Bürgerlichen Gesetzbuch/ Bearbeiter — Band 5, Schuldrecht, Besonderer Teil III (§§ 705 853), 3. Aufl., München 1997

Münchener Kommentar zum Bürgerlichen Gesetzbuch/ Bearbeiter — Band 6, Sachenrecht (§§ 854 – 1296), 3. Aufl., München 1997

Münchener Kommentar zum Bürgerlichen Gesetzbuch / Bearbeiter — Band 3, Schuldrecht, Besonderer Teil I (§§ 433-606), 3. Aufl., München 1995

Noack, Ulrich — Gesellschaftsrecht, Köln 1999

Palandt / Bearbeiter — Bürgerliches Gesetzbuch, 59. Aufl., München 2000

Pape, Gerhard / Voigt, Joachim M. E. — Einladung zur Umgehung der Eigenkapitalersatzregeln?, DB 1996, 2113 ff.

Pentz, Andeas — Die Änderungen und Ergänzungen der Kapitalersatzregeln im GmbH-Gesetz, GmbHR 1999, S. 437 ff.

Priester, Hans-Joachim — Die eigene GmbH als fremder Dritter, Eigensphäre der Gesellschaft und Verhaltenspflichten ihrer Gesellschafter, ZGR 1993, S. 512 ff.

Raiser, Thomas — Konzernhaftung und Unterkapitalisierungshaftung, Besprechung der Entscheidung BGH AG 1994, 179 (EDV-Peripherie), ZGR 1995, S. 156 ff

Raiser, Thomas — Recht der Kapitalgesellschaften, Ein Handbuch für Praxis und Wissenschaft; AG, GmbH, Kapitalgesellschaft & Co.; Umwandlung, Verschmelzung, Spaltung, Konzernrecht, 2. Aufl., München 1992

Reck, Reinhard — Auswirkungen der Insolvenzordnung auf die GmbH aus strafrechtlicher Sicht, GmbHR 1999, S. 267 ff.

Reiner, Günter — Der deliktische Charakter der „Finanzierungsverantwortung" des Gesellschafters: Zu den Ungreintheiten der Lehre vom Eigenkapitalersatz in Festschrift für Karlheinz Boujong, S. 415 ff., München 1996

Roth, Günter — Unterkapitalisierung und persönliche Haftung, ZGR 1993, S. 170 ff.

Sandberger, Andreas — Die Außenhaftung des GmbH – Geschäftsführers, Baden – Baden 1997 (Diss.)

Schmidt, Karsten — Finanzplanfinanzierung, Rangrücktritt und Eigenkapitalersatz, ZIP 1999, S. 1241 ff.

Schmidt, Karsten — Eigenkapitalersatz und Überschuldungsfeststellung, Ein Diskussionsbeitrag gegen Fehlschlüsse aus der Insolvenzordnung, GmbHR 1999, S. 9 ff.

Schmidt, Karsten — Kein Abschied vom „Quotenschaden" bei der

| | |
|---|---|
| | Insolvenzverschleppungshaftung !, Altgläubigerschutz, Neugläubigerschutz und § 92 InsO, NZI 1998, S. 9 ff. |
| Schmidt, Karsten | Insolvenzordnung und Gesellschaftsrecht, ZGR 1998, S. 633 ff |
| Schmidt, Karsten | Gesellschaftsrecht, 3. Aufl., Köln, Berlin, Bonn, München 1997 |
| Schmidt, Karsten | Zwerganteile im GmbH – Kapitalersatzrecht, Bemerkungen zum Referentenentwurf zur Ergänzung des 32 a Abs. 3 GmbHG, ZIP 1996, S. 1586 ff. |
| Schmidt, Karsten | Anm. zu BGH, Beschl. v. 20.9.1993 – II ZR 292/91, NJW 1993, S. 2934 f. |
| Schmidt, Karsten | Konkursverschleppungshaftung und Konkursverursachungshaftung, ZIP 1988, 1497 ff. |
| Schmidt, Karsten | Summenmäßige Grenzen der Haftung von Mitgesellschaftern aus rücksändigen Einlagen (§ 24 GmbHG) und verbotenen Ausschüttungen (§ 31 Abs. 3 GmbHG), BB 1985, S. 154 ff. |
| Schmidt, Karsten / Uhlenbruck, Wilhelm (Hrsg.) | Die GmbH in Krise, Sanierung und Insolvenz, 2. Aufl., Köln 1999 |
| Schmidt – Räntsch, Ruth | Insolvenzordnung mit Einführungsgesetz, 1. Aufl., Köln 1995 |

| | |
|---|---|
| Scholz / Bearbeiter | Kommentar zum GmbHG, I. Band, §§ 1-44, Anh. Konzernrecht, 9. Aufl., Köln 2000 |
| Scholz / Bearbeiter | Kommentar zum GmbHG, II. Band., §§ 45-85, 8. Aufl., Köln 1995 |
| Seibert, Ulrich | Der Bundestag greift in die Diskussion zum Eigenkapitalersatz ein, GmbHR 1998, S. 309 f. |
| Sieger, Jürgen / Aleth, Franz | Finanzplankredite: Stand der Rechtsprechung und offene Fragen, GmbHR 2000, S. 462 ff. |
| Soergel / Bearbeiter | Bürgerliches Gesetzbuch mit Einführungsgesetz und Nebengesetzen, Band. 2. Schuldrecht I (§§ 241 – 432), 12. Aufl., Stuttgart, Berlin, Köln 1990 |
| Stapelfeld, Ait | Die Haftung des GmbH – Geschäftsführers für Fehlverhalten in der Gesellschaftskrise, Bremen 1990 |
| Stimpel, Walter | „Durchgriffshaftung" bei der GmbH: Tatbestände, Verlustausgleich, Ausfallhaftung in Festschrift für Reinhard Goerdeler, S. 601 ff., Düsseldorf 1987 |
| Thümmel, Roderich | Anm. zu BGH BB 1999, 1672 |
| Thümmel, Roderich | Haftungsrisiken der Vorstände, Geschäftsführer, Aufsichtsräte und Beiräte sowie deren Versicherbarkeit, - Anmerkungen zu Directors´ und Officers´ Policen in Deutschland, DB 1995, S. 1013 ff. |

| | |
|---|---|
| Uhlenbruck, Wilhelm | Die Durchsetzung von Gläubigeransprüchen gegen eine vermögenslose GmbH und deren Organe nach geltendem und neuem Insolvenzrecht, ZIP 1996, S. 1614 ff. |
| Ulmer, Peter | Die Aktionärsklage als Instrument zur Kontrolle des Vorstands- und Aufsichtsratshandelns, vor dem Hintergrund der US-Erfahrungen mit der shareholders′ derivative action, ZHR 1999, S. 290 ff. |
| Ulmer, Peter | Anm. zu BGH NJW 1994, 2220. |
| Ulmer, Peter | Gesellschafterhaftung gegenüber der GmbH bei Vorteilsgewährung unter Verstoß gegen § 30 Abs. 1 GmbHG in Festschrift 100 Jahre GmbH-Gesetz, S. 363 ff., Köln 1992 |
| Ulmer, Peter | Umstrittene Fragen im Recht der Gesellschafterdarlehen (§ 32 a GmbHG), ZIP 1984, S. 1163 ff. |
| Ulmer, Peter | Volle Haftung des Gesellschafter / Geschäftsführers einer GmbH für Gläubigerschäden aus farlässiger Konkursververschleppung ? NJW 1983, S. 1577 ff. |
| Ulrich, Norbert | Außenhaftungsrisiken des Geschäftsführers in der Krise der GmbH nach aktueller zivilgerichtlicher Rechtsprechung, DZWIR 2000, S. 177 ff. |
| Walter, Bernhard | Gesetzliches Garantiekapital und Kreditentscheidung der Banken, AG 1998, S. 370 ff. |
| Wassermeyer, Franz | Eigenkapitalersetzende Leistungen aus der Sicht |

| | |
|---|---|
| | des Steuerrechts, - Hintergrundinformationen zu den BFH-Urteilen vom 05.02.1992 -, ZGR 1992, S. 639 ff. |
| Westermann, Harm Peter | Die gesetzlichen Neuregelungen im Kapitalersatzrecht, DZWIR 2000, S. 1 ff. |
| Westermann, Harm Peter | Anm. zu BGH DNotZ 1991, 809 |
| Westermann, Harm Peter | Kapitalersetzende Darlehen bei Publikums–Personengesellshaften – Skizze eines Sonderrechts im Sonderrecht in Festschrift für Hans-Joachim Fleck, S. 423 ff., Berlin, New York 1988 |
| Westermann, Harm Peter | Anm. zu BGH ZIP 1987, 1113 |
| Westermann, Harm Peter | Kapitalersetzende Darlehen eines GmbH-Gesellschafters als Gegenstand von Verrechnungsabreden in Festschrift für Walter Oppenhoff, S. 535 ff., München 1985 |
| Westermann, Harm Peter | Banken als Kreditgeber und Gesellschafter, - Zur Entscheidungsfreiheit der Bank im Kreditgeschäft – ZIP 1982, S. 379 ff. |
| Westermann, Harm Peter / Gursky, Karl-Heinz / Pinger, Winfried | Sachenrecht, begründet von Harry Westermann, Band 1, Grundlagen und Recht der beweglichen Sachen, 6. Aufl., Heidelberg 1990 |
| Westermann, Harm Peter / Mutter, Stefan | Die Verantwortlichkeit von Geschäftsführern einer GmbH gegenüber Dritten – eine Bestandsaufnahme nach der Neuordnung durch |

die Rechtsprechung -, DZWIR 1995, S. 184 ff.

Wiedemann, Herbert — Gesellschaftsrechtliche Probleme der Betriebsaufspaltung, ZIP 1986, S. 1293 ff.

Wiedemann, Herbert — Anm. zu BGH NJW 1984, 2284, NJW 1984, S. 2286 f.

Wiedemann, Herbert — Gesellschaftsrecht, Ein Lehrbuch des Unternehmens- und Verbandsrechts, Band I, Grundlagen, München 1980

Wilhelm, Jan — Konkursantragspflicht des GmbH-Geschäftsführers und Quotenschaden, ZIP 1993, S. 1833 ff.

Wilhelm, Jan — Rechtsform und Haftung bei der juristischen Person, Köln, Berlin, Bonn, München 1981

Wilken, Oliver — Einlagensplitting in der Gmbh & Co. KG, ZIP 1996, S. 61 ff.

## II. Veröffentlichungen zur österreichischen Rechtslage


| | |
|---|---|
| Achatz, Markus/ Jabornegg, Peter/ Karollus, Martin (Hrsg.) | Eigenkapitalersatz im Gesellschafts -, Steuer – und Arbeitsrecht, Wien 1999 |
| Behrens, Peter (Hrsg.) | Die GmbH im internationalen und europäischen Recht, Teil Österreich, bearbeitet von Peter Behrens, S. 89 ff., 2. Aufl., Berlin New York 1997 |
| Berger, Kurt | Grundlagen des Eigenkapitalersatzrechts, Wien 1996 (Diss.) |
| Dellinger, Markus | Quotenschaden oder Vertrauensschaden? Zum Schutzzweck der Konkursantragspflicht, WBl 1996, S. 173 ff. |
| Dellinger, Markus | Anmerkung zu OGH 22. 12. 1993 ecolex 1994, 234, ecolex 1994, S. 235 f. |
| Dellinger, Markus | Noch einmal: Quo vadis Kridahaftung ? Aus Anlaß einer beabsichtigten Änderung der deutschen Rechtsprechung zum Schutzzweck der Konkursantragspflicht, WBl 1994, S. 44 ff. |
| Dellinger, Markus | Kridahaftung der GmbH-Gesellschafter sowie zur Ersatzfähigkeit und Berechnung des Vertrauensschadens der Neugläubiger, Zugleich eine Besprechung der Entscheidung des 6 Ob 656 / 90, WBl 1993, S. 203 ff. |
| Dellinger, Markus | Vorstands – und Geschäftsführerhaftung im Insolvenzfall, insbesondere gegenüber sogenannten Neugläubigern, Wien 1991 (Diss.) |

| | |
|---|---|
| Dellinger, Markus | Anm. zu OGH 29.3.1990, 6 Ob 532/ 90, WBl 1990, S. 346 ff. |
| Frotz, Gerhard / Dellinger, Markus | Eigenkapitalersatz De Lege Ferenda, ecolex 1994, S. 164 ff. |
| Jabornegg, Peter | Die Lehre vom Durchgriff im Recht der Kapitalgesellschaften, WBl 1989, S. 43 ff. |
| Karollus, Martin | Verstärkter Kapitalschutz bei der GmbH & Co KG, ecolex 1996, S. 860 ff. |
| Karollus, Martin | Anm. zu OGH 6.12.1988, 2 Ob 548/88, WBl 1989, S. 118 f. |
| Koppensteiner, Hans-Georg | GmbHG: Kommentar, 2. Aufl., Wien 1999 |
| Koppensteiner, Hans-Georg | Kritik des „Eigenkapitalersatzrechts“, AG 1998, S. 308 ff. |
| Koppensteiner, Hans-Georg | Zur Haftung des GmbH-Gesellschafters, WBl 1988, S. 8 ff. |
| Krejci, Heinz | Eigenkapitalersetzende Bankdarlehen bei Kreditsicherung durch Konzernschwestern, ecolex 1993, S. 308 ff. |
| Ostheim, Rolf | Unternehmensreorganisation und Eigenkapitalersatzrecht, WBl 1998, S. 234 ff. |

| | |
|---|---|
| Ostheim, Rolf | Zu Rechtsgrund und Reichweite der Regln über eigenkapitalersetzende Gesellschafterdarlehen, WBl 1995, S. 217 ff. |
| Ostheim, Rolf | Zur Behandlung „stehengelassener" Gesellschaftsdarlehen, WBl 1994, S. 185 ff. |
| Ostheim, Rolf | Zur geplanten Neuregelung eigenkapitalersetzender Gesellschafterdarlehen im Entwurf zum Insolvenzrechts –Änderungsgesetz, WBl 1993, S. 386 ff. |
| Schmidsberger, Gerald | Eigenkapitalersatz im Konzern, Wien 1996 (Diss.) |
| Schummer, Gerhard | Das Eigenkapitalersatzrecht: notwendiges Rechtsinstitut oder Irrweg ?, Wien 1998 (Habil.) |
| Schummer, Gerhard | Entwicklung und Stand im Recht der eigenkapitalersetzenden Gesellschafterleistun gen, ÖJZ 1996, S. 241 ff. |
| Schummer, Gerhard | Zur Rückzahlung eigenkapitalersetzender Gesellschafterdarlehen, ecolex 1993, S. 312 ff. |
| Schwimann / Bearbeiter | Praxiskommentar zum Allgemeinen Bürgerlichen Gesetzbuch samt Nebengesetzen, Band 5, §§ 1293-1502 ABGB, bearbeitet von Friedrich Harrer, Heinrich Honsell, Peter Mader, Wien 1987 |
| Schwimann / Bearbeiter | Praxiskommentar zum Allgemeinen Bürgerli chen Gesetzbuch samt Nebengesetzen, Band 4, 1. Halbband, §§ 859-1089 ABGB, bearbeitet von Peter Apathy und Martin Binder, Wien 1988 |

| | |
|---|---|
| Strigl, Walter | Kridahaftung des Geschäftsführers wegen Uneinbringlichkeit von Gewährleistungsforderungen gegen die insolvente GmbH, WBl 1997, S. 203 f. |

## III. Veröffentlichungen zur englischen Rechtslage


| | |
|---|---|
| Armour, John | Share Capital and Creditor Protection: Efficient Rules for a Modern Company law, MLR 2000, S. 355 ff. |
| Behrens, Peter (Hrsg.) | Die Gesellschaft mit beschränkter Haftung im internationalen und europäischen Recht, Teil Großbritannien und Irland, bearbeitet von Peter Behrens, S. 840 ff., 2. Aufl., Berlin, New York 1997 |
| Bernstoff, Christoph Graf von | Einführung in das englische Recht, 2. Aufl., München 2000 |
| Blumenwitz, Dieter | Einführung in das anglo – amerikanische Recht, 6. Aufl., München 1998 |
| Bödecker, Carsten | Die Kapitalerhaltung im englischen Gesellschaftsrecht, Frankfurt a. M., Berlin, Bern, New York, Paris, Wien 1994 (Diss.) |
| Bourne, Nicholas | Wrongful trading and liability, Estates Gazette 1995, S. 123 f. |
| Cheffins, Brian R. | Company Law: Theory, Structure, and Operation Oxford 1997 |
| Davies, Paul | Legal capital in private companies in Great Britain, AG 1998, S. 345 ff. |
| Farrar, John / Hanningan, Brenda M. / | Farrar´s Company Law, 4. Aufl., London, Edinburgh, Dublin 1998 |

| | |
|---|---|
| Furey, Nigel E. / Wylie, Philip price ? Finch, Vanessa | Security, Insolvency and Risk: Who pays the MLR 1999, S. 633 ff. |
| Gore-Browne | Gore-Browne on Companies, Part VII: Winding up, 44. Aufl., Bristol 1986 |
| Gower, L. C. B. | Principles of modern company law, 6. Aufl., London 1997 |
| Güthoff, Julia | Gesellschaftsrecht in Großbritannien, Eine Einführung mit vergleichenden Tabellen, 2. Aufl., München, Berlin 1998 |
| Hicks, Andrew | Directors′ liability for management errors, LQR 1994, S. 390 ff. |
| Hyde, Mark | Directors′ liabilty, Solicitors Journal 1997, S. 307 ff. |
| James, Philip S. | Introduction to English Law, 12th ed., London 1989 |
| Kisker, Arnd | Die Struktur der deutschen GmbH im Vergleich zur Struktur der englischen Private Limited Company, Münster, Hamburg 1992 |
| Mayson, Stephen W. / | Company Law 1999-2000 edition, London 1999 Franch, Derek /Ryan, Christopher L. |

Neuling, Jasper — Deutsche GmbH und englische private company, Monismus oder Dualismus im System des Kapitalgesellschaftsrechts, Köln, Berlin, Bonn, München 1997 (Diss.)

Pennington, Robert — Company Law, 7. Aufl., London, Dublin, Edinburgh 1995

Pennington, Robert — Directors' Personal Liability, Kent 1987

Perker, Susanne — Das Reorganisationsverfahren im englischen Insolvenzrecht im Vergleich zur geplanten deutschen Insolvenzordnung, München 1994 (Diss.)

Pettet, B. G. (Hrsg.) — Company Law in change, Current Legal Problems, London 1987

Riley, C. A. — The company director's duty of care and skill: The case of an onerous but subjective standard, MLR 1999, S. 697 ff.

Rogers, W. V. H. — Winfield & Jolowicz on tort, 15. Aufl., London 1998

Schulte, Richard — Corporate groups and the equitable subordination of claims and insolvency, The Company Lawyer 1997, S. 2 ff.

Sealy, L. S. — Disqualification and personal liability of directors, 3. Aufl., Bicester 1989

Shearman, Jennifer — Die Gesellschaft mit beschränkter Haftung in England und Wales, GmbHR 1992, S. 149 ff.

| | |
|---|---|
| Triebel, Volker / Hodgson, Stephen / Kellenter, Wolfgang / Müller, Georg | Englisches Handels – und Wirtschaftsrecht, 2. Aufl., Heidelberg 1995 |
| Walker, R J, Ward, Richard | Walker & Walker's English Legal System, 7th ed., London, Dublin, Edinburgh 1994 |
| Westminster Management Consultants Limited | A Practicionner's guide to corporate insolvency and corporate rescues, London 1991 |
| Williams, Christina | Section 214 of the Insolvency Act 1986 and the private company: Why it may fall short of the mark, The Company Lawyer 1991, S. 222 ff. |
| Williams, Christina / McGee, Andrew | Curbing unfit directors – is personal liability an empty threat? Insolvency Lawyer 1993, S. 2 ff. |

## IV. Veröffentlichungen zur französischen Rechtslage


| | |
|---|---|
| Bachelot, Yves | Problèmes posés par la pratique des prêts participatifs, Droit des Sociétés 1995, Éditions téchniques Nr. 6 |
| Behrens, Peter (Hrsg.) | Die Gesellschaft mit beschränkter Haftung im internationalen und europäischen Recht, Teil Frankreich, bearbeitet von Peter Behrens, S. 254 ff., 2. Aufl., Berlin, New York 1997 |
| Calvo, Jean | Les comptes courants d´associés: Aspects juridiques et fiscaux, Les petites affiches 1998, S. 4 ff. |
| Centrale für GmbH | Maier-Bridou, Arno: Die GmbH in Frankreich, S. 77 ff., Dr. Otto Schmidt Köln 1993 (Hrsg.) |
| Champaud, Claude / Danet, Didier | Sociétés et autres groupements, RTD com. 1998, S. 614 ff. |
| Chaput, Yves | Anm. zu Cass. com. vom 17.11.1992, La responsabilité financière des dirigeants d´une société en redressement judiciare, Rev. soc. 1993, S. 445 ff. |
| Chaussade-Klein, Bernardette | Gesellschaftsrecht in Frankreich, Eine Einführung mit vergleichenden Tabellen, 2. Aufl., München, Berlin 1998 |
| Couret, Alain | Dépendance ou indépendance des qualités d´associé et d´apporteur en compte courant, Bull. Joly 1992, S. 7 ff. |

Couret, Alain — comptes courants d'associés et entreprises en difficulté, Banque 1981, S. 1422

Cozian, Maurice / Viandier / Alain — Droit des sociétés, Paris 1998

Cozian, Maurice / Petitjean, Maurice(Hrsg.) — Jaquemont, André: Droit des procédures collectives, procédures d'alerte, règlement amiable, 7. Aufl., Paris 1997

Daigre, Jean-Jacques — De l'inapplicabilité de la responsabilité civile de droit commun aux dirigeants d'une société en redressement ou en liquidation judiciaire, Rev. soc. 1988, S. 199 ff.

Dammann, Reinhard — Das neue französische Insolvenzrecht, ZIP 1996, S. 300 ff.

Danet, Didier — Comptes courants d'associés: pour en finir avec un apartheid juridique, RTD com. 1993, S. 54 ff.

Ebenroth, Carsten Thomas/ Rouger, (Hrsg.) — Die außervertraglichen unternehmerischen Verhaltenspflichten zum Schutze fremden Vermögens / La responsabilité non-contractuelle en matière commerciale, Heidelberg 1995, daraus: Piot, Bernard / Allain, Serge, Les obligations pésant sur les banques et les différentes collectivités publiques à l'ocassion de l'assainissement des entreprises dans la jurisprudence française, S. 118 ff.

Ebenroth, Carsten Thomas / Kieser, Markus — Die Qualifikation der action en comblement du passif nach Art. 180 des neuen französischen Insolvenzrechts, eine Studie unter Berücksichtigung der Rechtsprechung des BGH zum Universalitätsprinzip, KTS 1998, S. 19 ff.

Faugérolas, Laurent — La subordination des créances, La semaine juridique 1991, S. 84 ff.

Geninet, M. — Les quasi-apports, Rev. soc. 1987, S. 28 ff.

Gibirila, Deen — Le dirigeant de société, Statut juridique, social et fiscal, Paris 1995

Guimezanes, Nicole — Introdruction au droit francais, 1. Aufl., Baden–Baden 1995

Hohloch, Gerhard (Hrsg.) — EU-Handbuch Gesellschaftsrecht, Berlin 1997, Tillmanns, Wolfhard, Teil Frankreich, S. 68 ff.

Hübner, Ulrich / Constantinesco, Vlad — Einführung in das französische Recht, München 1994

Junker, Abbo — Die faktische Geschäftsführung (gérance de fait) in Frankreich und ihre Gefahren für deutsche Unternehmen, RIW 1986, S. 337 ff.

Kremer, Thomas — Unternehmenssanierung in Frankreich, Köln 1994

Likillimba, Guy-August — Le soutien abusif d´une entreprise en difficulté. Recherche d´une approche global, Paris 1997.

Maier, Arno — Die GmbH im französischen Recht, GmbHR 1990, S. 379 ff.

| | |
|---|---|
| Miellet, Dominique / Richard, Bertrand | Dirigeant de société: Un métier à risques, statut et responsabilité du mandataire social, Paris 1996 |
| Niggemann, Friedrich | Frankreich, Insolvenzrecht, Das französische Unternehmenssanierungsgesetz vom 25.1.1985 nach der Reform vom 10.6.1994, Köln, Berlin 1995 |
| Obadia, Eloïse / Sexer / Yves | La responsabilité des dirigeants sociaux et l'article180 de la loi du 25 janvier 1985, Bull. Joly 1994, S. 617 ff. |
| Saintourens, Bernard | Anm. zu Cass. com. vom 24.06.1997, Confirmation de la qualification des sommes déposés en compte courant d'associé en „prêt“ en non en apport social, Bull. Joly 1997, S. 871 |
| Saintourens, Bernard | L'entreprise en société à responsabilité limitée, Paris 1994 |
| Schmidt, Dominique / Niggemann, Friedrich | Die Stellung der Gläubiger im französischen Unternehmenssanierungsgesetz, RIW 1986, S. 246 ff. |
| Sonnenberger, Hans Jürgen | Französisches Handels- und Wirtschaftsrecht, unter der Mitarbeit von Reinhard Dammann, 2. Aufl., Heidelberg 1991 |
| Sortais, Jean-Pierre | Anm. zu Cour d'Appel d'Aix-en-Provence vom 06.10.1981, Rev.soc. 1982, S. 308 ff. |

Terboven, Julia — Zivilrechtliche Geschäftsleiterhaftung bei Kapitalgesellschaften in Frankreich, Münster 1993 (Diss.),

Urbain-Parleani, Isabelle — Anm. zu Cass. com. vom 18.11.1986, Reprise d'entreprise en règlement judiciaire et avances en comptes courants d'associés, Rev. soc. 1987, S. 581 ff.

Weber, Karl-Heinz / Hoffmann, Thomas — Das französische Insolvenzrecht, 3. Aufl., Bielefeld 1996

Zahn, Philipp Johannes — Geschäftsleiterhaftung und Gläubigerschutz bei Kapitalgesellschaften in Frankreich – Eine rechtsvergleichende Untersuchung, Frankfurt a.M. 1986 (Diss.)

## V. Veröffentlichungen zur schwedischen Rechtslage


| | |
|---|---|
| Andersson, Jan | Kapitalskyddet i aktiebolag, en lärobok, 2. Aufl., Stockholm 1999 |
| Bernstorff, Graf Christoph von | Vertrags-, Kauf-, Handels- und Mitgliedschaftsrecht in den Mitgliedstaaten der Europäischen Union, München 1998, S. 182 f. |
| Brocker, Stefan / Garpatin, Jan | Ansvarsgenombrott, Stockholm 1996 |
| Dotevall, Rolf | Skadestandsansvar för styrelseledamot och verkställande direktör, en aktiebolagsrättslig studie i komparativ belysning, Stockholm 1989 |
| Foerster, Alexander | Die schwedische Aktiengesellschaft, RIW 1992, S. 808 ff. |
| Hohloch, Gerhard (Hrsg.) | EU-Handbuch Gesellschaftsrecht, Berlin 1997, Foerster, Alexander, Teil Schweden |
| Korkisch, Friedrich / Carsten, Gebhard | Das schwedische Aktienrecht, 2. Aufl., Frankfurt a.M. 1986 |
| Lindskog, Stefan | Aktiebolagslagen, 12:e och 13:e kapitlet, Kapitalskydd och likvidation, JF-kommentaren, Stockholm 1994 |

## VI. Veröffentlichungen zur dänischen Rechtslage


| | |
|---|---|
| Andersen, John Peter | Anpartsselskaber, Håndbog for selskabsejere, Kopenhagen 1994 |
| Behrens, Peter (Hrsg.) | Die Gesellschaft mit beschränkter Haftung im internationalen und europäischen Recht, bearbeitet von Gebhard Carsten, Teil Dänemark, 758 ff., 2. Aufl., Berlin, New York 1997 |
| Centrale für GmbH | Die GmbH-Rechte in den EG-Staaten, Köln 1993, Dr. Otto Schmidt (Hrsg.), Die GmbH in Dänemark, bearbeitet von Claus Cornelius, S. 35 ff. |
| Dahl, Börge / Melchior, Torben / Adam, Lars / Tamm, Ditlev | Danish Law in a European Perspective, Kopenhagen 1996 |
| Dübeck, Inger | Einführung in das dänische Recht, Baden-Baden 1996 |
| Gomard, Bernhard | Bestyrelsesansvar, UfR 1993, Teil B, S. 145 ff. |
| Hansen, Sören Friis | Anpartsselskaber efter loven af 1996, Kopenhagen 1998 |
| Hansen, Sören Friis / Krenchel, Jens Valdemar | Introduktion til selskaps- og foreningsretten, Kopenhagen 1998 |
| Hohloch, Gerhard (Hrsg.) | EU-Handbuch Gesellschaftsrecht, Teil Dänemark, bearbeitet von Peter Alsted / Sören Friis Hansen, Berlin 1997 |

| | |
|---|---|
| Langsted, Lars Bo (Hrsg.) | Selskabers kapital, Nye tendenser i skandinavisk selskabsret (3), Kopenhagen 1999 |
| Pedersen, Godsk | Civilrettlig identifikation i relation til kreditorer, UfR 1985, S. 352 ff |
| Rosenberg, Ida / Sneholt, Lone / Thomsen, Niels | Anpartsselskabsloven af 1996, 1. Aufl., Kopenhagen 1997 |

## VII. Veröffentlichungen zur norwegischen Rechtslage


| | |
|---|---|
| Aarbakke, Magnus / Skåre, Jan / Knudsen, Gudmund / Ofstad, Tone / Aarbakke, Asle | Aksjeloven og allmennaksjeloven, Oslo 1999 |
| Andenæs, Mads Henry | Konkurs, Oslo 1999 |
| Andenæs, Mads Henry | Aksjeselskaper og allmennaksjeselskaper, Oslo 1998 |
| Den norske Revisorforening The Norwegian Institute of Public Accountants | New Norwegian Company Legislation, 2. Aufl., Oslo 1999 |
| Jakhelln, Henning | Ansvarlig lånekapital, TfR 1967, S. 422 ff. |
| Lödrup, Peter | Lærebok i erstatningsrett, Oslo 1995 |
| Marthinussen, Fredrik / Aarbakke, Magnus | Aksjeloven, Oslo 1986 |
| Normann Aarum, Kristin | Vortrag vor Norwegens Juristenverbund, Privatgruppe 25. November 1996 |
| Normann Aarum, Kristin | Styremedlemmers erstatningsansvar i aksjeselskaper, Oslo 1994 |

## VIII. Veröffentlichungen zur griechischen Rechtslage


| | |
|---|---|
| Behrens, Peter (Hrsg.) | Die GmbH im internationalen und europäischen Recht, Teil Griechenland, S. 1498 ff., bearbeitet von Vassilios Digenopoulos, Berlin, New York 1997 |
| Rokas, Nikolaos | Die Regelung von Gesellschafterdarlehen an die Gesellschaft nach dem griechischen Gesetz betreffend die Gesellschaften mit beschränkter Haftung, ZHR 1966, S. 297 ff. |
| Rokas, Konstantinos / Skouras, Themisland | Die Errichtung einer Tochtergesellschaft in Griechenland, ZGR 1975, S. 317 ff. |
| Simitis, Spiros | Bemerkungen zur rechtlichen Sonderstellung des Geldes, AcP 159 (1960), S. 406 ff. |
| Soufleros, Ilias | Die GmbH im griechischen Recht, GmbHR 1992, S. 276 ff. |
| Papagiannis (Hrsg.) | Griechisches Wirtschafts – und Unternehmensrecht, fakullas Beck 1997 |
| Kluiver, Jan De, | The European Private Company?, Antwerpen-Apeldoorn Gerven, Walter Van (Hrsg.) 1995 |

## IX. Veröffentlichungen zum Europarecht, IPR und zur Rechtsvergleichung


| | |
|---|---|
| Bar, Christian von | Gemeineuropäisches Deliktsrecht, Erster Band: Die Kernbereiche des Deliktsrechts, seine Angleichung in Europa und seine Einbettung in die Gesamtrechtsordnungen, München 1996 |
| Behrens, Peter | GmbH im internationalen und europäischen Recht, Europäische Rechtsangleichung, S. 64 ff., 2. Aufl., Berlin, New York 1997, |
| Bernstorff, Christoph Graf von | Das Unternehmensrecht in Europa, EWS 1998, S. 397 |
| Callies, Christian / Ruffert, Matthias (Hrsg.) | Kommentar zu EU – Vertrag und EG – Vertrag, Neuwied, Kriftel 1999 |
| Grünwald, Alfons | Europäisches Gesellschaftsrecht, Wien 1999 |
| Oppermann, Thomas | Europarecht, 2. Aufl., München 1999 |
| Schön, Wolfgang | Mindestharmonisierung im europäischen Gesellschaftsrecht, ZHR 1996, S. 221 ff. |
| Zweigert, Konrad / Kötz, Heinz | Einführung in die Rechtsvergleichung, 3. Aufl., Tübingen 1996 |

Kolibri 360 GmbH
Ferdinand-Jühlke-Straße 7
99095 Erfurt, Deutschland
produktsicherheit@kolibri360.de

Druck:
CPI Druckdienstleistungen GmbH
im Auftrag der
Kolibri 360 GmbH
Ferdinand-Jühlke-Str. 7
99095 Erfurt